esotera
Taschenbuch
im Verlag Hermann Bauer

Der englische Journalist und Schriftsteller *Paul Brunton* zählt zu den besten westlichen Kennern östlicher Weisheitslehren. Auf seinen Reisen nach Ägypten, China, Japan und Indien ließ er sich von vielen Heiligen und Gurus unterweisen. Zu den bedeutendsten zählt Sri Ramana Maharshi – einer der größten indischen Heiligen. Aufgrund dieser Begegnung betrachtet sich Brunton als dessen Schüler. Paul Brunton lebte von 1898–1981.

Paul Brunton

Karma – Kette von Ursache und Wirkung

Verlag Hermann Bauer
Freiburg im Breisgau

Die Deutsche Bibliothek – CIP-Einheitsaufnahme

Brunton, Paul:
Karma: Kette von Ursache und Wirkung / Paul Brunton.
[Dt. von Johanna Göhner]. –
4. Aufl. – Freiburg im Breisgau : Bauer, 1996
(esotera-Taschenbuch)
Einheitssacht.: Essays on the quest ⟨dt.⟩
ISBN 3-7626-0628-5

Die englische Originalausgabe erschien 1984 unter dem Titel
Essay on the Quest
bei Rider & Company, London

Deutsch von Johanna Göhner

Die Reihe *esotera-Taschenbuch* erscheint im
Verlag Hermann Bauer KG, Freiburg im Breisgau

4. Auflage 1996

Umschlag: Ralph Höllrigl; Designagentur Peter Krafft
Druck und Bindung: Clausen & Bosse, Leck
Printed in Germany

ISBN 3-7626-0628-5

Gedruckt auf chlorfrei gebleichtem Papier

Inhalt

Es gibt ein Leben, das das Maß der Menschheit übersteigt: die Menschen leben es nicht kraft ihrer Humanität, sie leben es kraft eines göttlichen, in ihnen vorhandenen Faktors. Wir sollten nicht auf diejenigen hören, die den Menschen warnen, nicht über das menschlich Gedachte hinauszudenken. Vielmehr sollten wir laut der höchsten Sache im Menschen leben; es mag zwar klein sein; aber an Macht und Wert übersteigt es alles übrige.

Aristoteles.

Einleitung

Diese Aufsätze wurden aus den Akten des verstorbenen Dr. Paul Brunton ausgewählt. Sie sind heute noch so aktuell wie zur Zeit ihrer Entstehung und strahlen die Inspiration der göttlichen Quelle aus, die so oft seine Feder führte.

Paul Brunton starb am 27. Juli 1981 in Vevey, Schweiz. 1898 in London geboren, schrieb er dreizehn Bücher; das erste *Von Yogis, Magiern und Fakiren* erschien 1934 als Originalausgabe (1937 erste deutsche Ausgabe), das letzte, *The Spiritual Crisis of Man*, 1952. Er wird allgemein als der anerkannt, der Yoga und Meditation im Westen eingeführt hat und der deren philosophischen Hintergrund in einfacher Sprache deutlich gemacht hat.

Er schrieb seine Werke, indem er sich immer, wenn er eine Inspiration hatte, kurze Notizen machte. Oft schrieb er sie auf die Rückseiten von Briefumschlägen oder die Ränder von Zeitungen, wenn er durch die Gärten am Genfer See spazierte. Später wurden diese Notizen dann mit der Maschine geschrieben und nach Themen geordnet. Schließlich fügte er sie zu einer einheitlichen Darstellung zusammen.

Paul Brunton hat zwanzig Jahre lang in der Schweiz gelebt; er liebte das milde Klima und die majestätische Bergszenerie. Besucher und Briefe erreichten ihn von überall auf der Welt. Er spielte eine wichtige Rolle im Leben vieler Menschen.

»P.B.«, wie er von seinen Anhängern genannt wurde, war ein sanfter Mensch, von dem eine Aura der Freundlichkeit ausging. Seine wissenschaftlichen Kenntnisse waren im Schmelztiegel des Lebens geformt, und seine Spiritualität strahlte wie ein Leuchtfeuer aus ihm. Aber er vereitelte alle Versuche, einen Kult um sich entstehen zu lassen: »Ihr müßt euren eigenen ›P.B.‹ in euch selbst finden«, pflegte er zu sagen.

Kenneth Thurston Hurst

1 Das Rätsel des Bösen

Der Schriftsteller pflegt nicht, seine Kritiker zu kritisieren oder auf deren Ablehnung seines Werkes einzugehen. Menschliche Meinungen sind so unterschiedlich, intellektuelle Standpunkte gehen so weit auseinander und die emotionelle Beschaffenheit der Gemüter ist so verschieden, daß ein Autor allein schon aus diesen Gründen hin und wieder mit Rezensionen rechnen muß, die von unverdientem Lob bis zu unverdienter Verleumdung reichen. Darüber hinaus liegt ihm nicht sonderlich daran, sein Werk zu verteidigen. Denn kaum ist ein Buch erschienen, so wird er sich der darin enthaltenen Fehler und Irrtümer, Mängel und Unzulänglichkeiten in zunehmendem Maße bewußt, und das mit solch innerer Erregung, daß er absichtlich davon Abstand nimmt, über sein früheres literarisches Werk nachzudenken, weil diese Beschäftigung immer mit einem Gefühl des Bedauerns verbunden ist. Nur wenn andere dieses Thema zur Sprache bringen und er sich damit auseinandersetzen muß, um ihnen eine Antwort zu geben oder ihnen zu helfen, unterzieht er sich dieser Feuerprobe.

Diese Einstellung ist teilweise auf die veränderte Perspektive und die Fortschritte im Wissen zurückzuführen, welche ihm das Schicksal bald nach jeder Veröffentlichung auf die eine oder andere Art beschert. Die Tatsache bleibt bestehen, daß er mit seinen Büchern nicht zufrieden ist und ihre Unvollkommenheiten ihn bedrücken. So zittert er jedesmal, wie Emerson, wenn jemand mit Dankbarkeit und Anerkennung über sie schreibt und tut einen Seufzer der Erleichterung, wenn jemand davon absieht! Was alles wirklich nur eine Präambel zu der Feststellung sein soll, daß er sich selbst der ärgste Kritiker ist!

The Times Literary Supplement, Englands führendes literarisches Journal, nimmt für gewöhnlich Notiz von den Büchern des Schriftstellers und obendrein noch positive. Aber *Die Weisheit des Überselbst* fiel wahrscheinlich in die Hände eines neuen Rezensenten, wenn man nach den inneren Anhaltspunkten seines Ansatzes und den äußeren seines Stiles urteilen darf. Den meisten Platz hat er auf die Besprechung einiger unwichtiger Feststellungen im einleitenden Kapitel verwendet und den Rest auf ein Zitat aus der Mitte des Buches, das vom Problem des Bösen handelt, wobei der Rezensent seiner Meinung Ausdruck gab, daß es diesem Zitat – das, wie er behauptet, des Autors Zusammenfassung dieses Problem darstellt – an »Endgültigkeit«

fehle und dieses Problem mit Indifferenz behandelt würde. Die Hauptmasse der in diesem Buch enthaltenen Lehre und dessen Hauptideen sind überhaupt nicht diskutiert worden.

Der Autor ist dem Rezensenten der *Times* dankbar, daß er ihn auf die – und darin stimmt er ihm demütig bei – unbefriedigende Behandlung eines wichtigen Thema aufmerksam gemacht hat, bedauert aber die Nutzlosigkeit der anderen Bemerkungen den Lesern gegenüber, die wissen wollen, was der Inhalt des Buches ist. Die Behandlung ist unbefriedigend, aber nicht, weil er nun einen Teil davon zurücknehmen wollte, sondern nur, weil sie so, wie sie jetzt dasteht, ungleich und unvollständig ist und sich lediglich mit einem Bruchteil ihres Gebietes beschäftigt. Man sollte sie einerseits mit den Paragraphen in Verbindung bringen, die in dem Kapitel »Der Krieg und die Welt« enthalten sind und von ungesehenen bösen Kräften handeln, und andererseits mit denen, die sich im einleitenden Band, *Die Philosophie der Wahrheit – tiefster Grund des Yoga,* befinden und von der Notwendigkeit des doppelten, eines philosophischen und praktischen Standpunktes handeln. Mit einer solchen Kombination würde die höhere Lehre über dieses Problem mit größerer Genauigkeit dargestellt werden, aber selbst dann nicht vollständig. Deswegen hat der Verfasser dieser beiden Bücher hier, auf den folgenden Seiten versucht, das vorzubringen, was dort vernachlässigt worden ist und das, was dort zu kurz gekommen ist, stärker zu betonen.

Der Autor geht sogar soweit zu behaupten, daß es nicht nur die sichtbaren und gewöhnlichen Instrumente des Bösen gibt, von denen wir so offensichtlich umgeben sind, sondern auch solche – tatsächlich bösen Geister –, die wir nicht sehen. Verfällt man im Zuge mystischen Mißbrauchs der schwarzen Magie oder dem Okkultismus des Bösen, so stellt das den Versuch dar, über andere entweder mit telepathischen oder mentalen Mitteln Macht zu gewinnen oder sie gar zu verletzen.

Die zwei Standpunkte

Was ist nun der wahre Platz des Bösen in einem Universum, dessen beseelende Seele selbst eine mildtätige ist? Wie es sich damit in Wahrheit verhält, läßt sich nur herausfinden, wenn das Böse nicht als etwas in künstlicher Isolation Existierendes, sondern als ein Teil der göttlichen Ordnung des Universums betrachtet wird. Alles was sich heute in der Welt ereignet oder morgen ereignen wird, ereignet sich nicht außerhalb der göttlichen Kenntnis und wird deshalb auch nicht der Kraft der göttlichen Gesetze entrinnen.

Die Gegenwart des Bösen wurde vor den Blindgläubigen von alters her als der Wille *Gottes* gerechtfertigt, aber der Gläubige der Moderne entwikkelt sein Denkvermögen. Er akzeptiert den Willen *Gottes* bereitwillig, möchte aber zumindest eine rationalere Antwort auf die Frage, warum diese Sache überhaupt existiert. Es bieten sich ihm zwei Gesichtspunkte an: der populäre und der tiefgründige. Dieses Problem läßt sich rational nicht lösen, wenn man es ausschließlich im Sinne des ersten Gesichtspunktes behandelt, kann aber gelöst werden, wenn bei seiner Behandlung der eine mit dem anderen verbunden wird. Es gibt keine populäre Erklärung des Bösen, die ein genügend scharfsinniger Kritiker nicht restlos zerpflücken könnte. Da gibt es kein Entrinnen. Wir dürfen uns nicht mit dem zufrieden geben, was Erfahrung und gesunder Menschenverstand uns sagen, sondern sollten auch dem Gehör schenken, was metaphysische Reflektion und mystische Offenbarung zu sagen haben. Zu praktischen Zwecken kann man mit dem ersten Gesichtspunkt auskommen, aber zu philosophischen ist es nötig, den zweiten dazuzufügen. Bei einer umfassenden ausgeglichenen Mentalität schließen sich diese beiden Gesichtspunkte nicht aus, sondern lassen sich leicht miteinander verquicken; bei einer engstirnigen können sie sich nicht einmal treffen.

Konfrontiert man den Materialisten, Egoisten und Oberflächlichen mit diesen zwei Arten, die Welt zu sehen, so findet er sie gegensätzlich und unverträglich, ausgesprochen widersprüchlich und hoffnungslos unvereinbar. Sie gleichen einer Kutsche, deren Räder sich gleichzeitig in gegensätzliche Richtungen drehen. Aber der philosophische Student, mit seiner vollständigeren und viel ausgewogeneren psychischen Bildung, ist in der Lage, sie nebeneinander existieren zu lassen, ohne sich dabei in zwei getrennte Persönlichkeiten zu spalten. Er kann sie durchaus verbinden, ohne dabei eine Bewußtseinsspaltung zu entwickeln. So vereinigt sich bei der abgerundeten Persönlichkeit das vernunftmäßige Weltverständnis perfekt mit der sinnlichen Erfahrung der Welt; die mystische Lebensauffassung hält sich ganz ohne Widerspruch im Gleichgewicht mit den emotionellen Reaktionen auf das Leben. Nichts wird weggenommen und nichts verleugnet.

Das Verständnis dieser Sache macht uns Schwierigkeiten, weil wir uns nicht die Mühe machen, unsere Benutzung des Wortes »böse« zu definieren. Wir sollten uns weigern, die Existenz des Bösen zu leugnen oder umgekehrt zu bejahen, ohne vorher die Frage »was bedeutet der Ausdruck ›das Böse‹ eigentlich?« diskutiert zu haben. Wenn das erzielt worden ist, wird sich herausstellen, daß sich das Böse, von dem wir gerettet werden sollen, größtenteils – aber nicht völlig – in uns selbst befindet. In *Die Philosophie der Wahrheit* wurde erklärt, wie Worte ganz eng verknüpft sind mit dem Stoff, aus dem die menschliche Intelligenz gemacht ist. Wenn wir die Sprache untersuchen, in welcher unsere Begriffe Form annehmen, dann untersuchen wir die Begriffe selbst. Dabei mögen wir zu unserer großen Überraschung feststellen, wie wichtig die psychologischen Einflüsse sind, die von den

Worten und Phrasen ausgeübt werden, die zu standardisierten Klischees ohne definitive Bedeutung geworden sind. Wir werden zur Kenntnis nehmen, wie der ganze Charakter eines unverständlichen Problems plötzlich klar zu Tage tritt. Dem Ursprung des Bösen kommt man leichter auf die Spur, wenn man erst einmal sein wahres Wesen bloßgelegt hat.

In den Tropen kann man beobachten, wie »böse« Frösche »gute« Glühwürmer jagen und wie ihrerseits die »bösen« Schlangen die »guten« Frösche erlegen. Was innerhalb oder außerhalb eines Lebewesens einen Konfliktzustand hervorruft und so dessen Glück stört oder gar zerstört, ist ›böse‹ für dieses Lebewesen. Das Böse mag seinen Ursprung in einem Tier haben, das seinen Trieben nachgeht, oder in einem Menschen, der böse handelt, oder in einem Gewaltakt seitens der *Natur.* Es mag sich aus einem Vorgang ergeben, einer Handlung oder aus einer Beziehung zwischem beidem. Das ist durchaus wahr, aber es ist nur begrenzt und in einem relativen Sinne wahr. Tatsache ist, daß jedes Geschöpf das Böse einer Situation ›denkt‹.

Wenn wir uns fragen warum es im Universum überhaupt wilde Tiere geben soll, dann denken wir dabei an deren Auswirkungen auf andere Geschöpfe, uns selbst miteinbezogen. Der Gedanke, warum diese Tiere nicht für sich und um ihrer selbst willen existieren sollten, kommt uns erst gar nicht in den Sinn. Was aus ihnen geworden ist, ist das Ergebnis der Aktion und Interaktion, der Entwicklung und des Verfalls der hellen Seite der Dinge und mußte so und nicht anders sein. Die einen waren nicht ausschließlich dazu bestimmt, einer Gattung zu dienen, ebensowenig wie die anderen ausschließlich dazu bestimmt waren, dieser Gattung Leid zuzufügen.

Im Falle des Menschen wird für gewöhnlich all das als böse betrachtet, was nicht in seinen menschlichen Gesichtspunkt hineinpaßt, was für seine menschliche Selbstsucht unbequem ist, gegen seine menschlichen Sehnsüchte läuft und seinem menschlichen Körper Schmerzen zufügt. Das Böse in der Welt ist nur relativ und teilweise böse, niemals absolut und ewig. Es ist böse zu einem bestimmten Zeitpunkt, an einem bestimmten Ort oder in bezug auf eine bestimmte Kreatur. Dieses Prinzip der Relativität der Ideen führt zu seltsamen Ergebnissen. Ein erstes ist, daß etwas böse sein mag vom Standpunkt eines Individuum aus, das sich zu einem bestimmten Zeitpunkt in bestimmten Umständen befindet, aber von einem universellen Standpunkt aus nicht. Karl der Große schlug mit seinem Schwert für die katholische Kultur einen Weg durch das umnachtete Europa. Aber als ein und dieselbe Kultur zu engstirnig und intolerant wurde, zerstreuten die in Konstantinopel einbrechenden türkischen Horden die klassischen Texte, die so lange in den byzantinischen Büchereien gehortet worden waren, vertrieben deren Verwahrer nach Italien und setzten so neue Kräfte auf Europa frei, die die damals bereits existierenden Renaissancebewegung in großem Maße stimulierten. In beiden Fällen brachten ›böse‹ Kriege ›gute‹ kulturelle Ergebnisse hervor. Zu unseren eigenen Lebzeiten haben wir die Erfahrung gemacht, wie atheistisches Übel sein Werk der Zerstörung der dekadenten Religion in Angriff nahm. Aber wir sahen dann letzten Endes auch, wie es in den Händen einer höheren *Vorsehung* indirekt dazu benutzt wurde, die Religion zu läutern und sie so wirklich zu fördern.

Die göttliche Idee entwickelt sich sowohl durch menschliche Schwächen als auch durch menschliche Tugenden. In diesem Sinne ist das Böse gelegentlich unser Lehrer. Es wäre nützlich, die Anzahl der Fälle aufzuzählen, in denen uns aus Leid etwas Gutes erwuchs und Gram sich als Friede in Verkleidung herausstellte. Nach den Erfahrungen der Schattenseite des Lebens sind wir besser imstande, zur lichteren Seite des Lebens aufzurücken, zu der sie uns ja hinführen. Vor dem Krieg suchten einige von uns lange nach einem *Messias,* aber wir wollten ihn zu unseren selbstsüchtigen Bedingungen. Wir wollten, daß er sanft und milde sei – ja selbst, daß er uns sentimental schmeichle. Wir hätten uns niemals träumen lassen, daß statt seiner ein Vorläufer wie Hitler kommen könnte, ein so restlos harter und erbarmungsloser, dazu bestimmt, uns für unseren persönlichen Materialismus und unsere nationale Selbstsucht zu bestrafen. Wir hielten nach Erlösung Ausschau, rechneten aber nicht im Traume damit, daß wir durch die schreckliche Macht des aus dem Bösen geborenen Leidens erlöst werden müßten. Eine Kompensation für die durch andere Menschen verursachten Kriegsleiden ist, daß letztere eine Anzahl von Köpfen und Herzen wachrütteln und sie dazu veranlassen, sich auf den Weg zu machen, die Bedeutung des Leidens und des Lebens an sich ausfindig zu machen. Aber solange sie nicht aufhören, die Relativität der Ideen zu ignorieren und ihre persönlichen Meinungen oder individuelle Vorliebe als Wahrheit aufzustellen, solange werden sie sich selbst und andere täuschen; solange werden sie ihre Leiden unnötigerweise in die Länge ziehen. Das Böse, das den Ereignissen auf den ersten Blick innezuwohnen scheint, mag auf den zweiten verschwinden. Das ist so, weil der Ordnung des universellen Lebens eine letzte Rechtmäßigkeit innewohnt.

Wer ist Satan?

»Das Böse ist vergänglich. Letzten Endes richtet es sich selbst zugrunde. Es führt nur ein negatives Leben. Es stellt das Nicht-Sehen dessen dar, was ist, das Nicht-Handeln in Harmonie, das Nicht-Verstehen der Wahrheit. Kurz gesagt: das Böse ist ein Mangel an richtigem Verstehen, ein zu weites Sichentfernen vom wahren Sein, ein ungenügendes Lebensverständnis. Wenn man Einsicht gewinnt und diese Fehler korrigiert werden, dann stellt es seine Tätigkeiten ein und löst sich in Luft auf. Der Mystiker, der bis zum tiefen Grund des Seins vordringt, findet das Böse dort nicht vor.«

Dieses Zitat aus *Die Weisheit des Überselbst*, das, wie der Rezensent der *Times* behauptet, ›die Zusammenfassung‹ des Autors darstellen soll und von ihm deswegen kritisiert wird, war selbst schon damals absolut nicht als ›Zusammenfassung‹ gedacht. Aber ein hinreichendes Verständnis der Lehre verlangt eine Kenntnis der Tatsache, daß deren Haltung gegenüber dem Bösen mit diesem Zitat nicht erschöpfend behandelt ist, sondern in Wirklichkeit einen doppelten Charakter hat. Der Glaube an eine satanische Opposition (den der Rezensent zu vertreten scheint) ist auch Teil der Haltung des Autors, wennschon auf eine andere Art und Weise. Er streitet die Existenz individueller Mächte, die der geistigen Evolution entgegenwirken, nicht ab. Im Gegenteil. Er erkennt sie voll und ganz an. Er stellt die Anwesenheit bösartiger und satanischer Mächte keineswegs in Frage.

Es gibt böse Mächte, und zwar nicht nur außerhalb, sondern auch innerhalb des Menschen. Diese übernatürlichen Agenten operieren in der unsichtbaren Welt und mischen sich unter bestimmten abnormalen Bedingungen unter lebende menschliche Persönlichkeiten mit dem Ziel, deren Gedanken und Handlungen zu beeinflussen oder deren geistige Fortschritte zu behindern. Der geistige Kandidat stößt unausweichlich auf die Opposition dieser widrigen Elemente, und die Mächte des Bösen gehen auf gerissene Art und Weise gegen ihn vor. Seine Absichten mögen anfangs noch so gut und seine Ideale noch so nobel gewesen sein, ihre bösartige Macht kann ihn trotz alledem wider seinen Willen und ganz unmerklich beeinflussen. Wenn er ihnen unterliegt, werden ihn einige seiner Vertrauten verraten, seine Entscheidungen und Handlungen werden sich als falsch herausstellen und die äußeren Umstände gegen ihn arbeiten. Sie führen von einer Tat zur andern, zuerst durch innere Versuchungen und später durch äußere Zwänge, wobei er bei jedem Schritt immer mehr bedroht und von immer schlimmeren Folgen heimgesucht wird. Um jeder Folge bei ihrem Zustandekommen zu entrinnen, muß er neue Taten begehen, die ihn noch weiter nach unten ziehen. Letzten Endes verfängt er sich in tragischen Umständen und wird vom Unglück übermannt. Könnten wir offensichtliche Effekte auf ihre verborgenen Ursachen zurückführen, dann könnten wir so manche Schwierigkeiten auf solche widrigen übersinnlichen Kräfte der unsichtbaren Welt zurückführen.

Der Zweite Weltkrieg war ein hervorragendes Beispiel. Er hatte schon vor seinem physischen sichtbaren Beginn einen übersinnlichen Inhalt. Was immer seine politische oder militärische Bedeutung gewesen sein mag, er stellte darüber hinaus auch einen dramatischen Kampf zwischen den Kräften des Guten und den Mächten der Finsternis dar. Wir können sicher sein, daß, wer den Versuch unternimmt, Haß gegen das Gute und Zorn gegen das *Wahre* zu schüren, sich dazu hergibt, ein Werkzeug der dunklen Mächte der *Natur* zu werden. Die Nazihierarchen waren von faul verpesteten Dämonen besessen und beseelt von heimtückischen Kräften der Okkultregionen. Sie trachteten danach, ihre eigene Schuld mit dem althergebrachten Trick der hämisch erfundenen Lüge zu verdecken. Hinter Hitler waren andere nichtmenschliche Wesen am Werk. Er trachtete danach, den Menschen zum gefährlichsten aller Tiere zu machen, indem er ihn in ein gerissenes Biest zu verwandeln suchte, ohne moralische Urteilskraft und ohne Zugang zur höheren Reflexion. Es gab gottlose Werkzeuge, menschlich, aber ohne menschliche Gestalt, die die Nazibewegung inspirierten. Sie alle waren teuflisch: alle waren Mächte der niedrigsten Höllen. Daher die Lügen, Unterdrückungen und Grausamkeiten, der Materialismus, die Habgier und Entartung, die sie überall verbreiteten. Die Nazis trachteten danach, die Menschheit ans Kreuz beispielloser Qualen zu schlagen, aber das weniger durch ihre arrogante Aggressivität und gewalttätige Brutalität, als durch ihre Verneinung der Gerechtigkeit, ihren Kampf gegen die Geistigkeit und ihre Verachtung der Wahrheit. Im innersten Kern des Nazitums lag eine unbeschreiblich schwarze Schändlichkeit, die unermeßlich viel schlimmer war als jede Geißel, die die Menschheit jemals heimgesucht hat. Denn sie entsprang infernalisch teuflischen Regionen, einer gigantischen Massenattacke unsichtbarer unheilvoller Mächte, die darauf hofften, die Seele zu zerstören und den Körper des Menschen zu ihrem Knecht zu machen. Diesen gefährlichen Einfall der Kräfte des Bösen in die Angelegenheiten der Welt hat es niemals zuvor in einem so großen Umfang gegeben. Man kann mit Sicherheit sagen, daß die Menschheit nur um Haaresbreite dem schrecklichsten Rückschlag in ihrer Geschichte entronnen ist. Hätten die Nazis gesiegt, dann wäre jedes geistige Ideal abgewürgt und jeder geistige Wert erstickt worden. Aber die innere Gerechtigkeit der Dinge durchkreuzte ihre Pläne, und die Menschheit ging, wenn auch angeschlagen und verwundet, so doch sicher und am Leben aus ihrer großen Gefahr hervor, aber nur, um sich einem weiteren Versuch seitens derselben dunklen Mächte gegenübergestellt zu sehen, die die Welt aufs neue zu beherrschen suchten, sich diesmal allerdings eines anderen Weges bedienten.

Aber das alles stellt die gegeneinander kämpfenden Mächte in diesem universellen Kampf nicht auf eine gleiche Ebene mit den Kräften des Guten; sie spielen ihre notwendige Rolle, und wir müssen sie nicht für unvorhergesehene Fehler oder böse Unfälle im Denken Gottes halten. Die bösen Mächte sind immer aggressiv, weil sie immer versuchen müssen, das zu zerstören, was sie letzten Endes selbst zerstören wird. Nur das Gute dauert an. Es liegt in der Natur von bösen Wesen wie auch von bösen Gedanken, sich gegenseitig anzugreifen und sich letzten Endes gegenseitig zu vertilgen. Aber unterdessen sind ihre Kräfte streng begrenzt, und in Wirklichkeit hilft uns ihr Widerstand, ist er erst einmal überwunden, das Gute in uns zu entfalten. Wir können ohne Bedenken darauf bauen, daß das Gute letztlich immer den Sieg davontragen, daß es *das Böse immer überleben wird,* daß keine Art des Bösen unabhängig für sich existiert, sondern daß alle Arten nur relative Aspekte des Daseins darstellen. Aber dieser Kampf und dieser Triumph können nur in jedem einzelnen Lebewesen existieren. Sie können im Kosmos als einem Ganzen nicht existieren, weil er selbst eine Offenbarung Gottes ist. Hier herrscht nur der Wille Gottes.

Es gibt tatsächlich böse Menschen und böse Geister, aber ob es auch ein unabhängiges Prinzip des Bösen gibt, das ist eine ganz andere Sache. Wer an das ewige Dasein Gottes glaubt und gleichzeitig an die ewige Realität des Bösen, wird letztere auf ihren Ursprung zurückführen müssen. Ist dieser Ursprung eine Persönlichkeit oder ein Prinzip, das gleichzeitig und gleichbleibend mit dem Universum ist, dann tut jenes sein abgefeimtes Werk trotz Gott; dann gibt es tatsächlich zwei hohe Wesen. Die Anforderungen der Logik der Einheit lassen aber eine derart unmögliche Schlußfolgerung nicht zu. Sie beraubt *Gott* seiner vielgerühmten Omnipotenz und stellt einen Dualismus dar, der die Nachdenklichen, die an ihn glauben, in ein großes Dilemma stürzt. Wird der Ursprung des Bösen andererseits auf ein geringeres Prinzip oder eine geringere Persönlichkeit zurückgeführt, dann stecken sie erneut in einem Dilemma. Denn eine solche Schlußfolgerung läßt die Frage offen, warum *Gott* die Existenz eines so abscheulichen Wesens überhaupt duldet und statt dessen nicht jede Spur des Bösen aus *Seinem Universum* ausmerzt. Wäre das wahr, dann müßte *Gott* an *Satans* Schuld teilhaben! Führt man das Böse nun zu guter Letzt auf den Menschen selbst zurück, dann weiß Gott, sofern er den Menschen seinem eigenen Untergang überläßt, entweder nichts vom Frevel *Seiner* Geschöpfe oder sie sind ihm einfach gleichgültig.

Wenn die Philosophie einerseits sagt, daß sich die anthropomorphische *Gottesvorstellung* nur für unreife Köpfe eignet, so behauptet sie andererseits, daß sich umgekehrt die anthropomorphische Vorstellung des Bösen, die in der Figur des *Satans* ihre Verkörperung gefunden hat, auch nur für unreife Köpfe eignet. Es gibt individuelle böse Einflüsse, ja sogar individuelle böse Geister, und sie stellen gelegentlich einen Widerstand für den Aspiranten dar. Aber der größte Widerstand rührt nicht von einer Kreatur, die Satan genannt wird, her; sie rührt vielmehr von des Aspiranten eigenem Herzen her, von seinen eigenen Schwächen, seinen eigenen bösen Gedanken. Die Erkenntnis dieser unsichtbaren Kräfte darf ihn aber unter keinen Umständen blind machen für seine eigene Verantwortung, die an allererster Stelle steht.

Es ist nicht angemessen, hier die Frage nach der Natur Gottes aufzugreifen; es wird lediglich darauf aufmerksam gemacht, daß die Philosophie die Transzendental- und Immanenzsicht kombiniert. Aber jedes dualistische Gedankengebäude, welches das Gute und Böse als voneinander getrennte, wirklich seiende und ewige Kräfte anerkennt, wird sich immer wieder in diese Widersprüche verstricken. Und jede Doktrin, die lehrt, daß es zwei ursprüngliche Kräfte in der Welt gäbe, und nicht eine, ist eine dualistische. Die altgläubige und populäre Sicht, die behauptet, daß die göttliche Macht auf immer und ewig einen verzweifelten Kampf gegen eine satanische führt und daß die letztere völlig unabhängig von ihr ist und ihr auf ewige Zeiten Widerstand leistet, ist eine dualistische Sicht. Deswegen ist auch sie in diese Widersprüche verwickelt, aber sie stellt den haltbarsten, unmittelbarsten Standpunkt dar. Die Philosophie geht jedoch weiter und tiefer als die bloß äußeren Erscheinungen, und deshalb stellt sie auch den letzten Gesichtspunkt dar.

Es steht uns zu, diejenigen, die die geistigen Werte aus ihrer Weltsicht verbannt haben, zu fragen, was sie damit nun gewonnen haben. Keine Antwort kann die häßliche Tatsache einer vom Bösen und von Schmerz ergriffenen Welt vertuschen. Unser Fehler, die geistige Realität nicht zu einem Teil unserer Lebensauffassung zu machen, hat zu den unglückseligsten äußeren und inneren Konsequenzen geführt. Er hat ein Jahrzehnt hervorgebracht, in dem die beispiellosen Verbrechen gewissenloser Tyrannen und das Mißgeschick hilfloser Massen alle Nachdenklichen und Gutherzigen zutiefst entsetzt haben. Diese düstere Herabsetzung der menschlichen Würde ist der logische Schluß des Materialismus, und diejenigen, die sich einen Begriff von den kolossalen Problemen des Schicksals der menschlichen Rasse machen können, welchen die Menschheit heute gegenübersteht, müssen aus eben diesen Gründen hart gegen den Materialismus kämpfen, als ob sie einen Kreuzzug gegen ihn führten. Der Krieg und die Krise stellen ein tragisches Urteil an einer Gesellschaft dar, die Hals über Kopf in den Abgrund einer so falschen Weltanschauung fiel. Ihre gegenwärtigen Ängste und ihr Zustand der Verwirrung zeigen zu ihrer Schande, wie wenig die Menschen doch wissen und wie schwach sie immer noch sind. Sie sind aber auch ein Beweis dafür, daß der Materialismus keine Zukunft hat, denn er kann weder für eine gesunde moralische Lebensbasis sorgen noch für eine aussichtsreiche metaphysische Basis unserer Gedanken über die Menschheit.

Weil unsere Generation solch dunklen Aspekten des Lebens wie dem Tod und dem Leid, welche die meisten Generationen gewohnheitsmäßig ignorieren, gewaltsam gegenübergestellt und von ihnen zutiefst erschüttert worden war, muß sie sich entweder mit ihnen auseinandersetzen oder ihnen den Rücken kehren. Der erste Weg führt sie zu einem vitalen religiösen Empfinden hin oder zu einem rebellisch atheistischen. Der zweite stürzt sie in die Sinnlichkeit. Dieses Jahrhundert ist das Jahrhundert der Herausforderung. Die Menschheit muß sich entscheiden, ob sie in der alten materialistischen Lebensweise weiterlebt oder ob sie nun mit einer neuen geistigeren beginnt. Und wenn die Qualen des Krieges und der Krise nicht genügend viele Menschen geistig religiös wachrütteln, dann sieht die Zukunft schwarz für uns aus. Die Situation ist immer noch sehr ernst. In Kürze werden wir genau erfahren, wie weit wir mit diesem Erwachen nun gekommen sind. Die Ereignisse werden die Menschheit nicht in Ruhe lassen; sie treiben sie gegen eine leere Wand, von der es kein Entrinnen gibt. Sie muß eine neue und bessere Art zu leben finden – oder eben zu Boden sinken und vergehen. In *Die Weisheit des Überselbst* steht geschrieben, daß die Menschheit sich am Rande eines Abgrundes bewege. Diese Warnung muß hier noch einmal ausgesprochen werden: Wenn die Menschheit nicht auf die neuen Anforderungen reagiert, solange noch Zeit ist, dann sind ihre Tage der Sicherheit gezählt. Die Alternativen sind klar. Die Menschheit muß entweder Buße tun und ihren Horizont so erweitern, daß jener die geistige Lebensbasis mitbeinhaltet, oder sich auch weiterhin auf einen manchmal offen an den Tag gelegten und manchmal getarnten Materialismus beschränken. Im ersten Fall wird sie sich selbst und ihre Kultur retten; im zweiten wird sie dem Übel und der Verderbtheit, die solcher Materialismus hervorbringt, unterliegen.

Wenn wir diese Geschehnisse im Lichte der Philosophie interpretieren, dann können wir feststellen, daß sich die Angelegenheiten der Menschen immer von Fehler zu Fehler und von Elend zu Elend bewegten, solange sie nur an einem persönlichen, parteiischen oder kollektiven Triumph über andere Menschen interessiert waren, anstatt nach dem Triumph des Guten über das Böse zu trachten. Solche Menschen üben natürlich, aber ganz zu Unrecht, Kritik an anderen, an widrigen Ereignissen oder Dingen. Aber hinter den politischen und sozialen Problemen steckte ein noch viel tiefersitzendes Problem. Diejenigen, die sich schnell ein Urteil bildeten, das auf begrenzten Tatsachen fußte, oder diejenigen, die glaubten, daß der Geist ein bloßes Nebenprodukt der Materie sei, konnten diese Wahrheit freilich nicht erkennen. Bei all diesem Lärm von Gerede und Systemen, von Individuen und Interessen, gerieten die grundlegenden Probleme außer Sicht, und ihr im wesentlichen mentaler und moralischer Charakter blieb unsichtbar. Der geistige Fehlschlag und die politische Krise dieser Epoche erreichten vor dem Krieg einen Tiefpunkt; weder ihr Kopf noch ihr Herz waren in der Lage, das eine der Vergessenheit zu entreißen und das andere zu lösen. Ihr vielgerühmter Fortschritt war nur hauchdünn.

Die Philosophie lehnt die esoterischen Ansichten der Hindus ab, die besagen, daß das *Universum* nichts weiter als eine Illusion sei, daß dessen

Kämpfe *Gottes* spaßiger Zeitvertreib seien oder dessen Geburt ein grober Fehler *Gottes.*

Und doch ist es falsch zu sagen, daß der *Allerhöchste* das Böse erschaffe. Der Mensch erschafft es; der *Allerhöchste* läßt es nur zu. Wenn dem nicht so wäre, dann könnte der Mensch Anspruch auf Befreiung der persönlichen Verantwortung für seine Vergehen erheben. Wenn der individuelle Wille des Menschen teil des mächtigeren Willen der *Natur (Gottes)* und ihm untergestellt ist, dann verfügt er immer noch über die Unabhängigkeit, sich für die Kraft zu schöpfen zu entscheiden und für die Freiheit, innerhalb fest umschriebener Grenzen zu handeln.

Es ist nicht inkonsequent zuzugeben, daß das Böse seinem unmittelbaren Wesen nach zwar tatsächlich existiert und tatsächlich über eine große Reichweite und gewaltige Macht verfügt, aber seinem letzten Wesen nach eher die Abwesenheit des Guten darstellt. Erfahrung bestätigt das. Aber es existiert als unsere menschliche *Idee* und in einem relativen Sinn. Die Philosophie verkündet hier keine neue Doktrin. Im Mittelalter hat Thomas von Aquin behauptet, daß die Unendlichkeit Gottes eben darum solche Unvollkommenheiten wie moralische und körperliche Übel miteinbeziehen müsse und daß diese Unvollkommenheiten die Allmacht *Gottes* nicht verletzten, sondern in Wirklichkeit auf *seine* Unendlichkeit hinwiesen. Im vorchristlichen Zeitalter überlieferte Platon eine Tradition, die das Böse als die Verneinung der positiven Wohltätigkeit *Gottes* betrachtete.

Es ist ein langer und anstrengender Weg. Aber Tatsache ist, daß die Menschen, bevor sie nicht ein fortgeschritteneres Entwicklungsstadium erreicht haben, nur dadurch lernen, daß sie sich die Lehre des Leidens und die Lektionen der Not zu Herzen nehmen, indem sie Kenntnis nehmen von dem Elend, das falschen Handlungen unnd Vergehen auf dem Fuße folgt.

Das schreckliche Schauspiel organisierten Hasses wäre allein schon genug, aus jedem einen zynischen Pessimisten zu machen was die menschliche Natur betrifft. Wenn man sich das Ausmaß des dem menschlichen Charakter überall in der Welt innewohnenden Bösen vor Augen führt, und besonders wenn man feststellt, wie tief es selbst in sogenannte geistige Kreise vorgedrungen ist, dann muß man sich vor Entsetzen und Furcht für die eigene Person verzweifelt, und ohne Hoffnung für die Menschheit, zurückziehen. Dann muß man das Gefühl haben, daß das römisch-katholische Dogma der Ursprünglichkeit der Sünde nicht gar so weit von der praktischen Wahrheit entfernt ist, wenn auch weit entfernt von der letzten Wahrheit. Eine solche Lage der Menschheit ist voll der schlimmsten Gefahren und kann nicht mehr viel länger als ungefähr ein Jahrzehnt andauern. Wenn ihr nicht bald ein Ende gemacht wird, dann werden die evolutionären Kräfte unserer anmaßenden menschlichen Zivilisation ein Ende machen.

Man hielt Hitler, einen von Teufeln besessenen Mann, für einen neuen Messias, für einen Propheten *Gottes.* Daß Hitler in kürzerer Zeit mehr dazu beigetragen hat, das Denken und Leben von Millionen zugunsten des Bösen zu gestalten als das jemals ein anderer zugunsten des Guten hat tun können, ist ein trauriger Beweis dafür, daß die Moralität eher verfällt als ansteigt und daß Geistigkeit viel schwerer zu erlangen ist als Materialismus. Die Deutschen folgten diesem *Antichristen* mit einer Hingabe und einem Glauben, der größer war als der, den sie *Christus* entgegengebracht hatten.

Der Antichrist eröffnet den Kampf immer vor, während oder nach der für die Erscheinung des wahren Christus bestimmten Stunde. Aber in unserer Zeit trifft das nicht ausschließlich auf geistige – d.h. religiöse, mystische, moralische und metaphysische – Fragen zu, sondern auch auf ihre sozialen Spiegelbilder. Weil die schnelle Bewegung der modernen Technik dringend nach einer Parallelbewegung der Nationen auf eine übernationale Weltvereinigung hin verlangt, hat der Nazismus im voraus seine eigene selbstsüchtige karikierte Version dessen, woraus eine solche Vereinigung bestehen solle, angeboten und hat sie mit Gewalt zu verwirklichen versucht. Erfolg hätte die Gründung einer echten Vereinigung verhindert. Die Naziversion war ganz einfach. Sie sah vor, daß die deutsche Riesenschlange alle anderen Tiere verschlinge und so einen Zusammenschluß von allen ins Leben rufe! Die Nazis waren intelligent und willens genug, sich ein paar geistige Werte anzueignen, indem sie deren materialistische Fälschungen anboten. Was bestürzt, ist, daß sie ein scheußliches Zerrbild der für die Aufnahme in die Lebensauffassung des modernen Menschen reifen Hauptideen geschaffen haben. Sie hofften, sich den Zeitgeist auf diese Art und Weise zunutze zu machen, um ihn so zu täuschen.

Man mag freilich die Frage stellen, warum man, wenn das Böse eine relative und nicht eine absolute Sache ist, diese die Nazis inspirierenden Kräfte nun ›böse‹ Kräfte nennt. Die erste Antwort lautet, daß den deutschen Massen zu einem bestimmten Zeitpunkt in ihrer allgemein erreichten ethischen Entwicklung das, was sie als das Rechte hätten erachten sollen, von den Nazis als das Falsche hingestellt wurde, und umgekehrt, was sie als das Falsche hätten erachten sollen, als das Rechte. Die zweite lautet, daß bösartige verlogene Geister die Nazibewegung von innen her geleitet haben... warum nicht ausschließlich für die eigene Selbstverherrlichung arbeiten, wenn das Selbst nicht mehr ist als die körperliche und egoistische Person? Warum soll man den Krieg nicht Millionen von Männern, Frauen und Kindern vernichten lassen, wenn jene einem solchen persönlichen Triumph im Wege stehen – wenn sie sowieso dazu verurteilt sind, früher oder später auf immer zu vergehen? Warum nicht die Anhäufung von Besitz und immer mehr Besitz mit selbst den fürchterlichsten Mitteln als ein Ziel aufstellen, wenn eine erfolgreiche Anhäufung von materiellen Dingen das einzig sinnvolle Lebensziel des Menschen ist? Warum nicht jedem Geistlichen, jedem Literaturstudenten, jedem Prediger der Sittenlehre, jedem Philosophen des Geistes, jedem inspirierten Künstler den Kopf einschlagen, wo dessen Einfluß seinen Anhängern doch die unterminierende Idee eingibt, daß es sehr wohl eine Wirklichkeit geben kann, die jenseits dieses fleischlichen Häufchens und dessen irdischer Umwelt liegt? Für die Nazis waren die Fragen durchaus tragbar, denn ihr Denken war von Feindseligkeit gegen das Göttliche in ihnen selbst beseelt und von Haß gegen das Göttliche in anderen. Daher ist ihr schlimmstes Nachkriegsvermächtnis an die Welt Voreingenommenheit, Tücke, Mißtrauen, Intoleranz, Neid, Zorn, Unausgeglichenheit, Habgier, Grausamkeit, Gewalt und Haß – Übel, die die Herzen mit schrecklicher Intensität zersetzen.

So sieht also die gefährliche emotionelle Situation aus, die das Nazitum der Menschheit hinterlassen hat. Niemals zuvor hat es in der Geschichte soviel Haß und Böswilligkeit in der Welt gegeben. Noch niemals in der Geschichte war die Not an gutem Willen und Gegenseitigkeit der Menschen untereinander so gigantisch. Die Situation schockiert und bestürzt jeden wahren Gönner der Menschheit. Welche Lehre hat die Menschheit aus diesem Grunde jetzt am allernötigsten? Die Lehre des Mitleids und des Erbarmens. Der Bedarf an mehr Liebe und weniger Haß in der Welt ist offensichtlich. Und doch weisen die äußeren Ereignisse und emotionellen Bewegungen unserer Zeit mehr Haß, aber weniger Liebe auf. Wo ist unser berühmter Fortschritt geblieben? Der letzte Punkt, auf den dieser ganze Trend in den Jahren vor 1939 hinauslief, war die Trostlosigkeit und Gewalt des Krieges. Der letzte Punkt, auf den dieser in der Friedenszeit hinausläuft, mag auf seine eigene Art und Weise katastrophal sein. Die jüngere Generation ist in einer explosiven, selbstsüchtigen materialistischen Atmosphäre herangewachsen. Wenn die öffentliche Tragödie und die private Leere unserer Zeit nicht in der Lage sind, sie, und genug von denen, die älter sind, dazu zu bewegen, sich auf eine geistige Lebensweise zu besinnen, dann ist nichts anderes dazu schnell genug in der Lage.

Für diejenigen, die dafür ein Auge hatten, war es selbst während des Höhepunktes des Nazitums klar, daß eine seiner historischen Hauptaufgaben darin bestehen würde, diesen Prozeß gerade in Deutschland zu beschleunigen, wo die Naziformen nach einer noch kürzeren Existenz völlig zusammenbrachen. Und das, weil diese Formen für ein solches Zeitalter im wesentlichen zu rückschrittlich waren. Sie versorgten ihre Anhänger mit all der Illusion, aber mit nur wenig wirklichem Fortschritt. Auf diese Art stellten sie giftige Abzweigungen vom wahren Verlauf des Fortschrittes dar. Es war Teil Hitlers halbbewußter Mission, die alte Ordnung der Dinge zu liquidieren und Weltanschauungen zu zerstören, die nicht mehr zeitgemäß und unbrauchbar geworden waren. Obwohl Hitler seiner Zeit in dieser Hinsicht weit voraus war, hinkte er ihr in anderer natürlich weit hinterher. Er verstand nicht, daß die Zeit der moralischen Dinosaurier und mentalen Pterodactylen längst vorbei war.

Der in der Welt vorherrschende Zustand des Materialismus und der sich daraus ergebende Einfluß auf den Charakter des Menschen mag zu etwas weitaus Verheerenderem führen als dem Krieg. Es könnte gut sein, daß die *Natur* ihrerseits in dieses Schauspiel eingreift. Innerhalb von zwei Monaten verloren kurz nach Ende des Ersten Weltkrieges mehr Menschen ihr Leben durch eine Grippeepedemie als durch den vier Jahre dauernden Krieg selbst. Die Wissenschaft und Zivilisation, die Kultur und die Städte von Atlantis wurden vom Antlitz der Erde getilgt, von großen Wassermassen verschlungen, deren unablässiges jahrtausendwährendes Tosen diese Stätte von ihrer uralten Schändlichkeit reingewaschen hat. Durch solche Katastrophen befreit sich die *Natur* von der abscheulichen Gegenwart böser Menschen, reinigt sie ihren Körper von Nestern der Korruption und verteidigt sich gegen die Laster, die ihre eigene Brut auf ihr anzupflanzen sucht. So also gibt sie der Menschheit die Strafen ihrer eigenen Schandtaten zurück. Ist die Gewalt der *Natur* gar so groß wie bei Erdbeben und Wirbelstürmen, oder wenn die Schicksalschläge so hart sind, daß die Menschen ihre Nichtigkeit und Hilflosigkeit zu spüren bekommen, dann tritt der Instinkt, sich resigniert oder mit Bitten an eine höhere Macht zu wenden, spontan zu Tage. In unserem Zeitalter sind viele durch einen harten Materialismus so abgestumpft worden, daß sie die Realität dieses Instinkts leugnen, aber sie haben ihn nur überdeckt. Sie können ihn nicht zerstören.

Aber die Herausforderung hat sich nun durch eine neue auf die Welt losgelassene Kraft, die Atom- und Wasserstoffbombe, dramatisch und unwiderruflich zugespitzt und ist von absoluter Dringlichkeit! Jetzt liegt die durch atomare Zerstörung freigesetzte Energie in unseren Händen. Das, was einst der fanatische Traum von ein paar Wissenschaftlern war, ist zur schrecklichen Realität der modernen Geschichte geworden. Der neue Bombentyp hat Effekte ohnegleichen. Er kann ein unermeßlich großes Gebiet mit einer bisher nie gekannten Gründlichkeit in die Luft sprengen und in Brand setzen; er kann durch die unglaublich große Konzentration von Brand- und Explosionskräften in einem einzigen Angriff ganze Städte dem Erdboden gleichmachen. Er hat alle bekannten militärischen Waffen und viele Sicherheitsprobleme überholt. Seine Möglichkeiten für Massenmord stellt die größte Enthüllung unserer Zeit dar. Es ist bedeutsam, daß die Atombombe erst zu Ende des Krieges gegen Japan auf der Bildfläche erschien und überhaupt nicht im Krieg gegen Deutschland. Das weist darauf hin, daß, sollte es zu einem weiteren Krieg kommen, diese neue Art der Kriegsführung im Plan des Schicksals und den Annalen der Geschichte allein für ihn reserviert worden ist. Der Krieg muß jetzt entweder den Großteil der menschlichen Rasse zunichte machen oder sich selbst durch seine eigene Vollkommenheit. Das stellt vielleicht die dramatischste und sichtbarste Form des Bösen in der ganzen Menschheitsgeschichte dar.

Die Ordnung, die sich die Menschheit für sich selbst aufbaut, ist schließlich Ausdruck ihrer geistigen Erkenntnis oder geistigen Blindheit. Die neue Ordnung wird nicht besser sein, wenn die Erkenntnis nicht besser ist. Alle, die den direkten kausalen Zusammenhang zwischen dem inneren und äußeren Leben erkennen können und die die präzise unbeirrbare Wirkung der Moralgesetze ignorieren, geben sich falschen Hoffnungen hin. Die weitverbreiteten Krisen und Katastrophen, von denen die Welt heimgesucht worden ist, haben bei Millionen von Menschen lebhafte Hoffnungen auf einen auf der Hand liegenden sozialen Umbruch und eine universelle Erneuerung in den geistigen und materiellen Gesellschaftsformen geweckt. Diese schrecklichen Qualen haben eine Anzahl von Leidenden dazu veranlaßt, sich auf die Suche nach der Selbsterlösung zu begeben. Wie groß diese Zahl ist, kann jetzt noch niemand exakt feststellen, aber jeder kann langsam erkennen, wie klein sie im Verhältnis zur Gesamtbevölkerung sein muß.

Weil das Schicksal zuließ, daß der Menschheit die ungeheuerlichen Konsequenzen der Atomkraft genau zu diesem kritischen Zeitpunkt der Geschichte zur Verfügung gestellt worden ist, können wir sicher sein, daß ein ungeheuerlicher Grund dafür vorliegt. Daß in dieser Generation alles in einen Krisenzustand versetzt worden ist, ist deswegen alles andere als ein Zufall. Ein höherer Wille leitet jetzt die Angelegenheiten der Welt. Dieser Zustand hätte sich nicht zu einem früheren Zeitpunkt entwickeln können, denn dann wäre er wirklich verfrüht eingetreten. Sein karmischer und innerer Zusammenhang ist synchronisiert mit dem großen Wendepunkt in der Evolution des menschlichen Wesens und begleitet von einer Abkehr von diesem unausgeglichenen Aufgehen in den körperlichen Äußerlichkeiten und der exzessiven Bindung an die Persönlichkeit. Wieviel menschlich Böses würde sich in Luft auflösen, wenn die Menschen ihren Horizont erweiterten und ihre Ichbezogenheit herabsetzten! Die äußeren Effekte dieser inneren evolutionären Bewegung werden überall stark bemerkt, aber nirgendwo verstanden. Die in *Die Philosophie der Wahrheit* aufgestellte Behauptung, daß die Menschheit sich sozusagen an der Schwelle des Erwachsenseins befinde, bedeutet, daß der Anfang der neuen evolutionären Wende gleichzeitig auch den Anfang vom Ende der unwissenden kindlichen Entwicklung des menschlichen Wesens darstellt. Bisher ist es in seinen jungen Jahren halb blind herumgestolpert. Von nun an wird es Wissen erhalten und in der Lage sein, sich bewußter zu bewegen; es wird außerdem mehr und mehr von der Verantwortung, die mit der geistigen Reife kommt, übernehmen müssen. Wenn die gegenwärtige Krise schließlich zu Ende geht, wird es zu einer inneren Freisetzung, zu einem Einströmen des Göttlichen kommen, und äußerlich werden verschiedene hochgradige geistige Lehrer auftreten. Das zwanzigste Jahrhundert wird tatsächlich ›das Jahrhundert der Aufklärung‹ sein. Auf diese Art leistet der Mensch zuerst unfreiwillig und später freiwillig dem höheren Zweck Folge, der für ihn im Plan Gottes vorgesehen ist. Dieser Zweck muß erfüllt werden, denn jedes Ding in diesem Universum arbeitet auf dieses Ziel hin. Aber seine Erfüllung hängt nicht von des Menschen bewußter Mitarbeit ab, noch kann sie durch seine blinde Opposition vereitelt werden. Er mag sie fördern oder gegen sie arbeiten. Der erste Weg führt letztlich zur Freude, der zweite zu Kummer und Leid. Es fällt dem Menschen, so wie er angelegt ist, nicht leicht, den weiseren Weg einzuschlagen. Aber die Evolution wird ihn Schritt für Schritt dazu zwingen, ob es nun leicht ist oder nicht, denn die Welt hat eine Ordnung, die recht ist.

Die Bewegung der Menscheit verläuft in Zyklen, und zu dem Zeitpunkt, zu dem das Rad zu einer neuen Umdrehung ansetzen muß, treffen die zwei universellen auf immer miteinander ringenden Kräfte, die Kraft, die den Menschen erhöht, und die, die ihn herabsetzt, die evolutionären und feindlichen *Naturelemente,* in einem ungeheueren Handgemenge aufeinander, dessen Spannung bisher beispielslos ist. Wer nicht erkennen kann, daß es sich hier um das fundamentale Problem schlechthin handelt, oder wer es erkennt und trotzdem versucht, ihm aus dem Weg zu gehen, trägt mit zur Verantwortung für die Reihenfolge der Ereignisse bei. Wenn wir die sich in der Welt am Werke befindenden menschlichen und übermenschlichen Kräfte nicht verstehen, dann werden wir auch nicht wissen, wie wir die Weltkrise selbst richtig anpacken sollen. Wir müssen uns klar werden, welche Richtung die unvermeidlichen historischen Kräfte hinter den sichtbaren Geschehnissen verfolgen; wir müssen lernen, die verschiedenen in der Nachkriegszeit entstandenen Strömungen und Gegenströmungen richtig zu interpretieren.

Die atomaren Entdeckungen zwingen die Menschheit, zwischen zwei Alternativen zu wählen: wirkliche Annahme des moralischen Gesetzes oder buchstäbliche Selbstzerstörung. Darauf läuft das göttliche Wirken hinaus. Heute ist in der Tat eine schicksalsträchtige Zeit. Heute leben wir alle mit solch schrecklichen unsichtbar über unseren Köpfen hängenden Bomben! Nur ein drastischer Umschwung in unserer ethischen Haltung kann mit ihrer gefährlichen Herausforderung effektiv fertig werden. Und was ist das anderes als die Wahl, entweder eine größere Selbstdisziplin zu pflegen oder sich weiter an eine veraltete Selbstsucht anzuklammern; als eine Entscheidung zwischen einer Allianz mit der heiligen ›Gegenwart‹ oder der nicht aufhörenden Indifferenz ihr gegenüber? Wenn wir nicht die richtige Wahl treffen, dann wird das Leben der Kulturnationen auf diesem Planeten bald sein Ende finden.

Der Verlauf der Ereignisse nach dem zweiten Weltkrieg kann nicht dem Verlauf der Ereignisse nach dem ersten gleichen. Alles spricht dagegen. Denn diesmal sieht sich die Menschheit einem Ultimatum gegenübergestellt, einer endgültigen Herausforderung, eine neue und noblere Epoche ins Leben zu rufen oder ansonsten größtenteils zugrunde zu gehen und vom Antlitz dieser Erde zu verschwinden. Die Alternativen, zwischen welchen wir wählen müssen, sind uns ganz klar dargelegt worden. Da gibt es keinen Mittelweg.

2 Das Abenteuer der Meditation

Bei den gelehrten Professoren der metaphysischen Psychologie hat sich die Lehre eingebürgert, daß das Bewußtsein immer einen Bezug auf ein Objekt in sich schließt, weil es immer auf etwas gerichtet ist. Das ist richtig, trifft aber nur auf die Ebene der normalen Erfahrung zu. Es gilt jedoch nicht mehr für die Ebene der höchsten Gattung der mystischen Erfahrung. Hier kann das Bewußtsein ohne jeglichen Bezug existieren, denn es kann auf sich selbst gerichtet werden. Dies ist das eine Erlebnis, das sich im Geist vollzieht und unter keinen Umständen in Wechselbeziehung zu dem steht, was sich zur gleichen Zeit innerhalb oder außerhalb des Körpers ereignet oder davon bestimmt wird. Es selbst ist deswegen ein Beweis für das falsche materialistische Menschenbild. Die Welt der gewöhnlichen Erfahrung ist nicht die letztmögliche. Es gibt eine tiefere und göttlichere Welt, oder, wie Wordsworth trefflich sagt, eine ›unbekannte Seinsweise‹, die dem, der sich wagt, offensteht. Der Mensch hat das wahre Selbstbewußtsein noch nicht erreicht; dafür lebt er noch zu ausschließlich auf der niedereren Ebene seines Daseins. Es ist höchste Zeit, daß er völlig Besitz von sich nähme.

Aber die äußere Begegnung mit mystischen Behauptungen ist eine Sache, während das persönliche Erlebnis mystischer Zustände eine ganz andere ist. Die mystische Theorie muß sich im mystischen Erlebnis beweisen. Und dazu ist sie durchaus in der Lage. Ihr praktisches Wesen läßt sich am besten an Hand eines solchen Erlebnisses beweisen. Dann wird sich herausstellen, daß man es nicht einfach als eine Schimäre abtun kann. Denn die Erfahrung von Tausenden von Menschen aus allen Lebensschichten hat in der ganzen Geschichte die Realität und Erreichbarkeit des transzendentalen Zustandes bestätigt. Aber im Vergleich zur Gesamtzahl der Menschen in der Welt, handelt es sich nur um eine Handvoll von Sensitiven, die diese mystischen Oktaven des menschlichen Daseins zu Ohren bekommen haben. Man sollte den Mystiker jetzt aber nicht für einen hochspezialisierten Menschentyp halten. Er ist nicht anders als wir, hat aber den Weitbick und die Geduld gehabt, einen Akt des Glaubens mit einer langen Reihe von aktiven Experimenten weiter zu verfolgen, um die Wahrheit dieses Glaubens einer Prüfung zu unterziehen. Wenn einer dieses höhere Bewußtsein berührt hat, dann kann es von allen berührt werden. Das Vorrecht ist kein exklusives, sondern ein inklusives, kein persönliches, sondern das Vorrecht aller.

Es gibt etwas in uns, dessen wir uns normalerweise nicht bewußt sind. Nur in ganz seltenen Augenblicken werden wir uns sozusagen eines zweiten, eines nobleren und gelasseneren Selbsts bewußt, und das nur schwach. Vielleicht haben wir bereits einen solchen inneren Auftrieb für nur wenige Minuten erlebt, aber er wird uns auf immer mit einem Gefühl seiner großartigen Bedeutung heimsuchen. Denn wir spüren, daß wir damals mit etwas anderem, etwas Erhabenerem als unserem normalem Selbst Kontakt hatten, welches diesem doch auf irgendeine Weise verwandt ist. Diejenigen unter uns, die eine solche inspirierte Stimmung aus eigener Erfahrung kennen, die ihre Heiterkeit gefühlt und ihre Macht gekostet haben und dem Folge leisteten, was sie uns tun hieß, wissen nur zu gut, daß wir nur damals wirklich voll und ganz gelebt haben. Die stacheligen Argumente anderer Skeptiker können gegen die unumstößliche Tatsache unserer eigenen so überwältigenden Erfahrung nichts ausrichten. Sie läßt sich durch nichts ersetzen. Sie übersteigt alle intellektuelle Gelehrsamkeit und alle religiösen Rituale.

Dabei handelt es sich um nichts anderes als um die Erkenntnis der ›Seele‹. Die Seele existiert, soviel ist gewiß, doch wenn der Mensch sich nicht nach innen wendet und sich ihrer nicht annimmt, dann ist sie, was ihn betrifft, nicht existent. Aber in Wirklichkeit ist sie immer gegenwärtig. Das Versagen, ihre Existenz zu erkennen, ist wirklich das Unvermögen, unsere Aufmerksamkeit von der endlosen Vielfalt der Dinge abzukehren, von der sie ständig extrovertiert wird. Aus diesem Grund ist das Meditieren, die Kunst, die Aufmerksamkeit zu introvertieren, so notwendig. Wir können die Seele mittels unseres eigenen Verstandes entdecken. Wenn das introvertierte von der Aktivität der fünf Sinne abgekehrte Bewußtsein sich selbst kontempliert, so führt es zunächst die ›Gegenwart‹ und wird sich später des göttlichen Verstandes bewußt, der sich in ihrem Hintergrund befindet. Deshalb ist die Ausübung der geistigen Introversion oder Meditation absolut wesentlich auf dieser Suche.

Wir können diese glorreichen Momente des Wiedererkennens zwar nicht wiederholen, aber wir können sie auch nicht vergessen. Diese qualvolle Situation legt sich mit einer rastlosen Unruhe auf unser Gemüt, die erst dann verebbt, wenn wir uns auf die Suche begeben, und nicht vorher. Soll uns der *Geist* immer und überall inspirieren, dann müssen wir uns zuerst einmal zu einer bestimmten Zeit und an einem bestimmten Platz von ihm inspirieren lassen. Das stellt einen der Gründe dar, aus welchem die Meditation gerechtfertigt ist. Denn alle Inspiration steigt aus den inneren Tiefen unserer Natur empor. Wir können sie nicht erzwingen, aber wir können sie anlocken. Wir können sie nicht beherrschen, denn sie beherrscht uns. Die beste Methode, inspiriert zu werden, besteht deshalb daraus, sie intuitiv auf ihre Quelle, das heißt auf das göttliche sich in uns befindliche Selbst zurückzuführen. Die

Meditation fördert diese Entfaltung der latenten Intuition, denn sie selbst stellt einen intuitiven Prozeß dar.

Der Mystizismus ist ein Gebiet, mit dem der Durchschnittsmensch so gut wie nicht vertraut ist und auf das er sich nur, wenn überhaupt, mit einem gewissen Unbehagen und Zaudern begibt. Es ist folglich allgemein üblich, daß ignorante Kritiker den die Fähigkeit der inneren Einkehr hegenden und pflegenden Mystiker als morbide verhöhnen. Tatsache aber ist, daß er, vorausgesetzt er ist ein philosophischer Mystiker, eher zum triumphierenden Meister als zum morbiden Opfer der inneren Einkehr wird. Wer durch ständiges Üben mit dem Prozeß der Meditation Erfolg gehabt hat, wird zum lebenden Beweis für deren über jeden Zweifel erhabenen Wert. Er beweist an seiner eigenen Person, daß die Ergebnisse, die sie uns verspricht, realisiert werden können, daß es sich hier nicht um einen wilden Traum oder eine phantastische Abstraktion handelt. Wenn wir uns bisher noch nie in der Kunst des Meditierens versucht haben, dann können wir unsere Zeit mit Sicherheit zu keinem besseren Zweck verwenden, als damit jetzt zu beginnen. Dadurch führen wir einen neuen Rhythmus in unser Leben ein, der uns letzten Endes auf alle erdenkliche Art und Weise helfen wird, der uns die Verbesserung unseres Charakters und unserer Fähigkeiten, unserer Moral und unseres Bewußtseins, unseres Verständnisses und unseres Friedens, unserer Intuition und manchmal sogar unseres Geschickes möglich machen wird. Bei gewissenhaftem, sich über einen genügend langen Zeitraum erstreckenden Üben wird sie uns unsere Anstrengungen reichlich vergelten und uns Vorteile zuteil werden lassen, nach denen sich viele sehnen, die aber von nur wenigen gefunden werden. Auch die Geschichte liefert dafür Beweise. Aber unser bilderstürmendes, seinem Wesen nach so verwirrtes Zeitalter mag diesen wenig Bedeutung beimessen. Das Yogasystem ist schon lange bevor Rom seinen Höhepunkt erreicht hatte, an den Ufern des Ganges gelehrt und praktiziert worden. Die Quäkermethode des stillen ›Wartens auf Gott‹ wurde während der Moderne in englischen Dörfern und amerikanischen Städten ausgeübt. Der Studierende kann sich, wenn er die Zeit dazu hat, hundert verschiedene Formen der mystischen Methode aus den Archiven des Mystizismus zusammensuchen. Es ist immer noch möglich, der verwirrenden Sammlung von Ideen eine Praxis für eine methodische Pflege des inneren Lebens zu entringen, die eindeutig allen zu eigen ist.

Mit einer präziseren und weniger poetischen Beschreibung der Kunst der Meditation als sonst üblich wäre dem abendländischen Anfänger besser gedient. Warum sollte es denn keine Wissenschaft ihrer technischen Seite geben, wie es ja auch schon Wissenschaften der technischen Aspekte von so vielen anderen Künsten gibt? Die folgenden Seiten stellen einen Beitrag zum Versuch dar, eine solche wissenschaftliche Aussage zu formulieren.

Der Bedarf an Einsamkeit und Zeit, um das innere Leben zu einer metaphysischen und mystischen Phase zu pflegen, ist das erste Gebot. Das Alleinsein ist nötig, weil die Gegenwart anderer den Ausleerungsprozeß entschieden stört, und die Zeit, weil der Verstand gewohnheitsmäßig mit Gedanken an die äußere Welt vollgestopft ist; es ist wesentlich, daß er sich ihrer für eine Weile völlig entleere, und das regelmäßig, gewohnheitsmäßig und mit Vorsatz. Ohne gezielt entschlossenen Einsatz der Willenskraft fällt es allerdings den meisten schwer, die Einsamkeit oder die Zeit aufzutreiben.

Wenn sich die eine Vorraussetzung einesteils aus des Aspiranten Notwendigkeit, seine Gedanken ohne Unterbrechung konzentrieren zu können ergibt, so ergibt sie sich andernteils auch aus der Unruhe der geistigen Sphäre, die die meisten Menschen mit sich herumtragen. Sie selbst scheuen davor zurück, alleine zu sein und üben natürlich einen gegensätzlichen Einfluß aus, wo immer einsames Meditieren praktiziert wird. Vielleicht überfällt sie diese Angst vor der Einsamkeit, weil diese in ihnen das Bewußtsein der geistigen Ziellosigkeit und intellektuellen Leere ihres Aufenthaltes auf Erden wachruft. Die Angst vor dem Alleinsein bedeutet einfach, daß ein Mensch überhaupt kein inneres Leben hat. Die Wertskala, auf der die Einsamkeit als ein entsetzliches Übel verzeichnet wird, das es unbedingt zu vermeiden gilt, oder die das Verlangen nach Einsamkeit als einen exzentrischen oder sogar antigesellschaftlichen Wesenszug betrachtet, ist materialistisch und stupide. Der Mystiker, der die Kunst der kreativen Einsamkeit erlernt hat, vermag in ihrer inneren Stille eine geistige Stimme hören. Aus diesem Grunde ist die Einsamkeit für ihn eine Quelle der Erleuchtung. Andere macht sie wahnsinnig.

Was die andere Vorraussetzung betrifft, so muß sich der Aspirant täglich für eine gewisse Zeit von all der üblichen körperlichen Arbeit und intellektuellen Tätigkeit lossagen, um so einen Zeitraum zu schaffen, in dem er körperlich und geistig ganz still werden kann. Man muß ein oder zweimal am Tag ein wenig Zeit zum Meditieren reservieren, genauso wie man Zeit zum Essen reserviert. Das ist unerläßlich. Andernfalls erzielen wir keine geistigen Fortschritte. Für die meisten ist es aber praktisch durchführbar, eine Routine zu schaffen, die der Notwendigkeit, sich zum Meditieren zurückzuziehen, gerecht werden, aber trotzdem nicht mit den weltlichen Tätigkeiten und Verpflichtungen in Konflikt geraten würde.

Es tut not, die Dinge der Zeit gelegentlich beiseite zu schieben, um nach dem Zeitlosen zu suchen, sich von der äußeren Welt zu isolieren, um sich auf die Suche nach der inneren zu begeben. Der psychologische Zweck einer solchen Isolation besteht darin, sich eine neue Angewohnheit und eine neue Einstellung zu verschaffen. Bei der Angewohnheit dreht es sich um das Meditieren, bei der Einstellung um die Kehrtwendung nach innen. Der Aspirant wird an die schwierige Aufgabe herangeführt, sein Wahrnehmungsvermögen, sein Verständnis und seine Aufmerksamkeit umzuschulen. Diese Fähigkeiten müssen durch eine Reihe von regelmäßigen Übungen herangezogen und kultiviert werden. Das beinhaltet Selbsttraining innerhalb eines ganz fest umschriebenen Aufgabengebietes und eine lange progressive Lehrzeit. Das Meditieren ist eine Kunst, die man, so wie die Kunst des Klavierspielens, durch wiederholtes Üben erlernen muß. Sie geht so gut wie niemandem instinktiv von der Hand. Ihre Methode verlangt eine Fertigkeit, die wie die jeder anderen Kunst gelernt sein will.

Hier kann uns freilich die gewohnheitsbildende Tendenz des Geistes eine ausgezeichnete Hilfe sein. Man wird mehr von regelmäßigen Übungen profitieren, die sich, sagen wir, über einen Zeitraum von sechs Monaten erstrecken, als von Übungen, die zwar diesselben sind und sich über dieselbe Anzahl von Monaten erstrecken, aber nur sporadisch ausgeführt werden. Es sollte also eine bestimmte Tageszeit für sie festgesetzt werden. Der ideale Rhythmus bestünde darin, dreimal am Tage in Einklang mit dem Rhythmus der Sonnenbewegung, das heißt in der Morgendämmerung, Mittags und bei Einbruch der Dunkelheit zu meditieren. Aber das alles läßt sich unmöglich auf einmal erreichen. Man könnte am besten mit einer einzigen Periode anfangen und damit monate- oder selbst jahrelang weiterarbeiten, bis man meint, vorrücken und eine zweite Periode hinzufügen zu können. Man wird für eine beträchtliche Zeit an der Einhaltung dieser zwei Perioden, ob es sich nun um die Morgen- und die Abenddämmerung oder um die Mittags- und Abendzeit handelt, arbeiten müssen, bevor damit zu rechnen ist, daß die innere Eingebung uns einen weiteren Schritt tun und die dritte Periode hinzufügen heißt. Selbst dann mag es uns nicht immer möglich sein, das festgesetzte Programm gewissenhaft einzuhalten. Gesellschaftliche Bedürfnisse mögen uns beispielsweise dazu zwingen, fast jede Woche die eine oder andere Periode auszulassen. Wir müssen also innerhalb der Grenzen unserer persönlichen Lebensumstände unser Bestes tun.

Die Lebenslage des Durchschnittsabendländers ist gewöhnlicherweise so beschaffen, daß er täglich nur eine einzige Meditation praktizieren kann – mehr bereitet ihm Unannehmlichkeiten. Das genügt, und man kann auf einer solchen Basis befriedigende Fortschritte machen. Sollten uns die Stunden des Sonnenaufgangs oder Sonnenuntergangs nicht zur mystischen Praxis zur Verfügung stehen, dann mögen wir den richtigen Zeitpunkt für diese ganz nach unserem Belieben wählen. Obschon es ein allgemeiner Grundsatz ist, daß das Meditieren kurz vor einer Mahlzeit viel einfacher und erfolgreicher ist, muß man diesen nicht immer streng befolgen. Wenn es beispielsweise angenehmer ist, erst nach der ersten Mahlzeit des Tages zu üben, und wenn dieses Frühstück leicht ist, dann stellt dies kein Hindernis dar; oder wenn man, gleich zu welcher Tageszeit, wirklich hungrig wird, dann wäre es besser, diesen Hunger zuerst zu stillen und dann zu versuchen zu meditieren, als von ihm während der Übungsperiode gestört zu werden. Der Grundsatz, für das Meditieren eine Zeit vor den Mahlzeiten auszuwählen, trifft nicht auf fortgeschrittene Studenten zu. Wenn in ihrem Fall ein Kontakt mit dem höheren Element während der Übungszeit zustande kommt und dies dann unterbrochen wird, um eine Mahlzeit einzunehmen, wo häusliche Bequemlichkeit, gesellschaftliche Notwendigkeit oder andere Umstände die Zeit ihrer Kontrolle entziehen, dann können sie, wenn sie wollen, die Meditation wieder aufnehmen, wobei sie für gewöhnlich feststellen werden, daß sich der Kontakt schnell und leicht wiederherstellen läßt.

Es wird eine Weile dauern, bevor sich die geistige durch unsere völlige Vertiefung in weltliche und persönliche Angelegenheiten entstandene Aufregung legt. Erst wenn das eintritt, kann der Aspirant zur positiven Meditationsarbeit übergehen. Bis dahin muß er sich der rein negativen Aufgabe stellen, solche ihn ablenkenden Erinnerungen beiseite zu schaffen. Aus diesem einen Grund wird im Orient die Morgenzeit für eine solche Praxis empfohlen. Zu Beginn unseres Tages sind die Gedanken und Emotionen noch ungestört, so daß es dann leichter ist, sich in deren Zentrum zurückzuziehen. Aber einige mögen den Morgen mit seinen erwartungsvollen, auf noch nicht begonnene Unternehmungen gerichteten Gedanken uninteressant finden für diesen Zweck und mögen gerade die durch einen harten Arbeitstag hervorgerufene Müdigkeit als einen Anreiz dazu empfinden, sich abends zu entspannen und inneren Frieden zu suchen. Des Verfassers eigener sich aus seinen Lebensumständen als ein vielbeschäftigter und hart arbeitender Mensch ergebender Rhythmus verläuft folgendermaßen: morgens ruft er sich im Gebet den höheren Zweck seines Lebens aufs neue ins Gedächtnis, und sei es für nur zwei oder drei Minuten. Abends zieht er sich, wenn er kann, zu einer einstündigen Meditation zurück.

Stellt sich heraus, daß die regelmäßige Meditationsstunde hin und wieder ungelegen kommt, dann kann sie ruhig auf später verschoben werden. Sollte das nicht möglich sein, dann kann man an diesem Tag völlig auf sie verzichten. Wenn die volle Zeitspanne, die, wie früher festgestellt wurde, für eine derartige Übung wünschenswerterweise zur Verfügung stehen sollte, mit Ausdauer eingehalten werden kann, dann trägt das dazu bei, eine vorteilhafte Angewohnheit zu erzeugen. Sollte andererseits die Müdigkeit an einem bestimmten Tag unerträglich werden, dann ist es ebenfalls besser, die Übung für diesen Tag aufzugeben. Abgesehen von diesen festgelegten Zeiten, oder vielleicht sogar um sie zu verschieben, wird es wiederholt zu der intuitiven Aufforderung kommen, alle physische Arbeit und intellektuelle Beschäftigung fahren zu lassen.

Man sollte ihr Folge leisten. Es kann durchaus sein, daß man mitten in einer Geschäftsangelegenheit oder der täglichen Arbeit unversehens in einen Zustand innerer Versunkenheit verfällt, der normalerweise von ganz kurzer Dauer ist und sich auf keinen Fall in die Länge ziehen sollte. Aber es lohnt sich, solche Momente zu hegen und zu pflegen, gleich wo oder wann sie sich einstellen. Wenn man das häufig und gewissenhaft tut, dann steigert sich die Fähigkeit zu meditieren.

Obwohl es nicht klug ist, eine universell haltbare Zeitspanne festzulegen, denn sie wird immer abhängig sein von persönlichen Umständen und Fähigkeiten, kann man doch behaupten, daß eine vollständige, perfekte, zweieinhalb Minuten dauernde Konzentration oder eine vollständige, perfekte, zweiundvierzig Minuten dauernde Meditation durchaus ausreicht. Die vorbereitenden Maßnahmen, sich alle ablenkenden Gedanken sozusagen aus dem Kopf zu räumen, sind in den oben angegebenen Zahlen nicht enthalten. Dem Fortgeschrittenen, der in der Lage ist, auf die dritte Stufe, das heißt zur Kontemplation überzugehen, wird seitens der Tradition der verborgenen Lehre, in seinem eigenen Interesse und in dem der Gesellschaft, dringend nahegelegt, dieses erfreuliche Erlebnis auf sechsundzwanzig Minuten zu beschränken. Aber, wie bereits gesagt, eine für alle zu jeder Zeit und an jedem Ort geltende Grundregel wäre eine unkluge Sache. Der Meditationslehrling ermüdet leicht und wird besser vorankommen, wenn er sich zunächst leichte Aufgaben stellt und kurze Übungsperioden ansetzt. Diese können schrittweise höhergeschraubt werden, sobald ihn die Stimme des Herzens dazu veranlaßt. Wo der Aspirant den Punkt erreicht, an dem er intuitiv das Gefühl hat, daß sich mit ein bißchen mehr Übungszeit ein großes Ergebnis erzielen lassen könnte, sollte er diesem Gefühl Folge leisten und Mittel und Wege ausfindig machen, eine Viertelstunde oder zwanzig Minuten und so weiter anzuhängen. Dies kommt für gewöhnlich nur in einem gewissen Stadium seines Fortschrittes vor und sollte auch nur mit diesem in Verbindung gebracht werden.

›Ich denke oft, wie dünn der Faden ist, der unsere Gedanken zusammenhält. Hunger, Durst, Hitze, Kälte – ein leichter Anfall von dem einen oder anderen, und schon ist alle Ästhetik verschwunden… wie mit einem Zauberstab.‹ So schreibt Robert Gibbing in seinem Reisebuch ›*Coming Down the Wye*‹. Gerade diese Abhängigkeit von Äußerlichkeiten macht es erforderlich, daß der Aspirant sie so gestalte, daß sie ihm nicht mehr hinderlich sind, sondern ihn unterstützen. Der körperliche Meditationsapparat sollte ihn nicht stören, sollte aber auch nicht von ihm vernachlässigt werden. Zu viel Licht, zum Beispiel, wirkt sich beim Meditieren störend aus. Tagsüber sollte man die Vorhänge zuziehen. Und abends, so wird der Stadtmensch feststellen, ist indirektes oder abgeschirmtes Licht am besten.

Der erste Punkt, um den wir uns nun zu kümmern haben, ist der Ort, an dem wir praktizieren wollen. Es sollte sich dabei um einen Ort handeln, an dem wir während der von uns festgelegten Zeit ungestört bleiben können und, wenn irgend möglich, eher um einen Ort auf dem Lande als um einen in der Stadt. Aber oft steht uns die Wahl hier nicht frei. Wir müssen die wohltuende Friedlichkeit des Landlebens nur einmal mit der nervtötenden Hast des Stadtlebens vergleichen, um zu erkennen, wo der Mystiker sein Ziel am besten erreichen kann. Das Großstadtleben mit seinem konstanten Verkehr ist der Meditation nicht förderlich. Wälder stellen eine besonders freundliche Umgebung für den Aspiranten dar, der nach der richtigen Atmosphäre für tiefe friedliche Meditationen sucht; Gärten für den, der auf der Suche nach glücklichen mystischen Ekstasen ist.

Der nächste Punkt betrifft den Körper. Ein gerades, in der Senkrechten gehaltenes Rückgrat, der Kopf erhoben und aufrecht wie das letztere – diese Haltung trägt oft dazu bei, die Aufmerksamkeit des Meditierenden wach zu halten und verleiht der Konzentration mehr Stärke. Er sollte versuchen, sich anzugewöhnen, während dieser Periode genauso reglos dazusitzen wie eine Figur in einem Gemälde. Zuerst wird er es schwierig finden, während der Übungszeit auch nur körperlich still zu halten, und noch schwieriger geistig; aber letzten Endes unterliegen die alten Angewohnheiten, nervös oder unruhig zu sein, unseren Bemühungen. Es ist jedoch absurd, diesen speziellen Vorschlag zu einem rigiden universellen Dogma zu erheben, wie das von vielen Yogis getan wird. Die Wichtigkeit, die sie einer bestimmten Körperhaltung beim Meditieren beimessen, ist übertrieben. Sie bestehen auf einem absolut geraden Rückgrat als eine Voraussetzung für den Erfolg. Aber die sufistischen Mystiker im Nahen Osten und Iran haben tausend Jahre mit nach vorne, auf die Brust geneigtem Kopf oder mit einem so nach vorne gekrümmten Rückgrat, daß das Gesicht fast die Knie berührte, oder sogar mit schwankenden rhythmischen Vorwärts- und Rückwärtsbewegungen meditiert. Ihrer Meinung nach stellt dies kein Hindernis zum Erfolg dar, und sie haben Leistungen vorzuweisen, die denen der Yogis in nichts nachstehen. Ralph Waldo Emerson, der den meisten orientalischen Mystikern und Yogis in mystischer Erkenntnis und moralischer Breite ebenbürtig war – und angesichts seiner intellektuellen Errungenschaften und psychologischen Ausgeglichenheit vielen von ihnen zweifelsohne überlegen –, benutzte an seinem Schreibtisch einen Schaukelstuhl. Dessen rhythmisches Auf und Ab half ihm bei seiner Arbeit. Während der körperlichen Handlung des Schreibens selbst hätte ihm das freilich nicht helfen können – denn diese wäre davon gestört worden –, sondern nur während der Kontemplationsintervalle, von denen er bei seiner Schreibarbeit unterbrochen wurde. Dessen Bewegung half ihm also und stellte kein Hindernis für ihn dar. Vor dreißig Jahren konnte der Autor, was seine eigene Person betrifft, die mystische Versenkung nur dann erreichen, wenn er auf dem Rücken im Bett lag. Zehn Jahre später war das die Lage, die es ihm effektiv unmöglich machte, jene zu erreichen! Und heute ist es gleich, ob er sitzt, liegt oder den Kopf nach vorne hängen läßt – der konzentrierte Gedanke an den *innig Geliebten* reicht aus, den Geist unversehens und schnell mit dem *Geliebten* zu vereinen.

Was ist nun die Moral davon? Die erste Moral ist, daß der *Gedanke* das Wichtigste ist und daß das, was sich innerlich im Herzen und Denken zuträgt, wichtiger ist als die bloß äußere Tätigkeit. Warum schreiben die großen orientalischen Religionen wie der Islam, der Zoroastrismus und der Hinduismus Waschungen vor dem Gebet vor? Damit soll in Wirklichkeit sichergestellt werden, daß man frei von der geistigen Unruhe ist, die durch einen unreinen Körper erzeugt wird, in welchem man sich infolgedessen nicht wohlfühlen kann. Reinlichkeit stellt keineswegs eine mystische Tugend dar. Einige der berühmtesten Heiligen im Westen und Fakire im Osten sind körperlich schmutzig gewesen. In Tibet nehmen viele Lamas monatelang kein Bad. Der wirkliche Wert der Reinlichkeit besteht darin, einen Störfaktor zu beseitigen, der die geistige Konzentration beim Gebet unter Umständen brechen könnte. Deswegen sollten alle Regeln, die sich im Zusammenhang mit dem Gebet oder der Meditation auf den Körper beziehen – und dazu gehört die Körperhaltung –, nicht überbewertet, vergöttert oder zum Zwang gemacht werden.

Die zweite Moral ist, daß jeder einzelne die Körperhaltung wählen sollte, die ihm zur Zeit am besten paßt, oder die, welche eine innere Eingebung ihn einnehmen heißt. Wir sollten uns nicht mit dem Versuch abquälen, einem System streng zu folgen, wenn uns dieses unbequem oder unmöglich erscheint. Je stiller wir unseren Körper machen und je regloser wir ihn halten können, um so besser wird unsere Konzentration werden und um so früher werden wir mit deren Entwicklung Fortschritte machen. Bequem dasitzend, ohne Verkrampfung, die Nerven und Muskeln entspannt – so still muß unser fleischliches Haus gehalten werden, so still wie eines Tages dessen geistiger Bewohner im höchsten Stadium sein wird. Wir haben unsererseits unsere Aufgabe zu Ende gebracht, wenn wir während der vorgeschriebenen Übungsperiode reglos dasitzen können, ohne auch nur einen Arm zu rühren und ohne ein anderes Anzeichen von körperlicher Rastlosigkeit oder geistiger Unaufmerksamkeit.

Als nächstes muß das Wesen und der Gegenstand der hier verlangten Konzentration untersucht werden. Diejenigen, die das Wort mit dem gleichsetzen, was normalerweise unter ihm verstanden wird, haben gleichzeitig recht und unrecht. Es trifft zu, daß viele, die noch nie in ihrem Leben vom Yoga gehört haben, wie etwa Geschäftsleute in führenden Positionen, über eine gut entwickelte Konzentrationsfähigkeit verfügen, was ihre berufliche

Arbeit betrifft. Aber das bringt sie keineswegs näher an das innere Selbst heran. Ganz im Gegenteil. Sie benützen ihr Konzentrationsvermögen dazu, eine noch engere Bindung an äußere Dinge zu verlieren und oft sogar im Glauben, daß die Materie wirklich sei. Die Art von Konzentration, die ein führender Geschäftsmann notwendigerweise praktiziert, ist in mancher Hinsicht dieselbe, aber in anderer wesentlich verschieden von der ganz bewußt praktizierten eines Mystikers. Bei der einen sind wir gewöhnlich von dem Wunsch beseelt, unseren irdischen Besitz beizubehalten oder zu vermehren; bei der anderen von dem Wunsch, daß unser höheres Selbst Besitz von uns nehme. Die eine ist ganz und gar den intellektuellen Denkprozessen verhaftet; die andere ist froh, daß sie sich zu einem gewissen Zeitpunkt völlig in der Stille verlieren lassen kann. Die eine konzentriert sich auf äußere Dinge, von denen sie sich in der Vorstellung ein ganz konkretes Bild machen kann; die andere konzentriert sich auf abstrakte Konzepte, die sich letztlich zur bildlosen Ebene emporschwingen. Das heißt, daß der Verstand bei der einen Konzentrationsart oft extrovertiert und bei der anderen immer introvertiert wird – was einen diametral entgegengesetzten Prozeß darstellt. Die Anstrengungen des Mystikers sollten darauf abzielen, immer mehr in sein eigenes bewußtes Wesen vorzudringen. Bei der Anfangsphase dieser Meditation hat man eine doppelte Aufgabe: Die eine besteht paradoxerweise darin, zu vergessen, und die andere darin, sich zu erinnern. Einerseits muß man sich ständig anstrengen, das irdische Selbst loszulassen und zu vergessen. Andererseits muß man sich nicht minder anstrengen, das höhere Selbst zu fassen zu kriegen und dessen Existenz wiederzuentdecken, das heißt, sich dessen Ursprungs zu erinnern.

Alle normale Konzentration beschäftigt sich mit dem *formalen* Aspekt der Dinge und nicht mit ihrem *wesentlichen*. Der Mystiker mag in der Tat keine größere Konzentrationsfähigkeit an den Tag legen als der Nichtmystiker in seiner besten Form, aber da er sich auf das *Innere* richtet, benützt er sie dazu, sich von der äußeren Welt zu trennen, um seinen Glauben an die Realität der Materie zu untergraben und um sich seiner selbst geistig bewußt zu werden. Die Antennen seines Denkens und Fühlens müssen danach greifen, was sie jetzt weder hören noch sehen können. Die erste Bewegung, und es handelt sich hier um eine Bewegung, die bei der mystischen Erforschung des menschlichen Bewußtseins zustande kommt, ist der Sinn, in welchem die Philosophie das Wort Konzentration verwendet. Wenn die Denkprozesse angehalten werden, dann stellen die Sinne automatisch ihre Tätigkeit ein. Wenn die Fähigkeiten des Geistes völlig stillgelegt worden sind, was ja im Tiefschlaf der Fall ist, dann können wir weder sehen, noch hören, weder fühlen, schmecken oder riechen. Der Mentalismus behauptet demzufolge, daß der Geist das eigentliche Erfahrungsagens sei, der eigentliche Träger der

Erfahrung. Der Mystizismus nützt diese wissenschaftliche Tatsache dazu aus, eine Methode zu entwickeln, mit der die Gedanken völlig unter Kontrolle gebracht oder sogar ausgeschaltet werden können, die Sinnesberichte abgeschwächt oder sogar vertrieben, aber die geistige Fähigkeit des Selbstbewußtsein am Leben erhalten wird. Die auf die Außenwelt gerichteten Tendenzen des Selbst werden durch eine vorsätzliche Willensanstrengung ab- und zurückgerufen, die Aufmerksamkeit gesammelt und ihre gewohnheitsmäßige Richtung durch Introversion umgekehrt, so daß die Sinnesberichte an Schärfe verlieren und etwas verschwimmen. Deshalb besteht das erste Arbeitsprinzip beim Yoga darin, daß Aufmerksamkeit und Interesse von den äußeren Dingen ab- und auf eine Idee, auf ein Gefühl, auf eine Reihe von Gedanken oder auf ein gedachtes Bild hingelenkt werden, das die so entstandene Leere ausfüllt. Wenn die Gedanken unablässig auf die Sinne geheftet sind, dann halten sie einen rastlosen Rhythmus von Anziehung und Abstoßung, von Freude und Leid aufrecht, der uns mißbraucht und sich zwischen uns und den dauerhaften Frieden drängt. Diese Minuten der geistigen Stille müssen dem heiligen Zweck gewidmet werden, das ständige Sich-nach-außen-Orientieren der Gedanken zu unterdrücken, sie nach innen zu kehren und sie schließlich in ihrem unbeschreiblichem Ursprung gefangenzuhalten.

In unserem tiefsten Inneren sind wir bereits so göttlich, wie wir es jemals sein werden. Daher kann uns kein inneres Training geben, was wir schon längst besitzen, aber ein passendes Training kann uns das *Bewußtsein* dieses Besitzes vermitteln. Es gibt kein praktisches System, das eine Seele für uns entwickeln könnte, denn sie ist bereits vorhanden; aber ein passendes kann uns zu ihrer Erkenntnis führen. Und von den Meditationsübungen, die bei einem solchen System notwendigerweise an erster Stelle stehen, ist keine einzige absolut oder unerläßlich. Es gibt keine universelle Übungsformel zum Meditieren, die sich stets für alle und jeden eignet. Für den Aspiranten ist es keine vorteilhafte Sache, sein ganzes Leben im Bett einer einzigen Formel zu verbringen. Schon allein das philosophische Ideal einer ausgeglichenen Entwicklung und einer sich im Gleichgewicht befindlichen Persönlichkeit würde das verbieten. Ganz im Gegenteil. Es wird sich herausstellen, daß wir zu verschiedenen Zeiten unserer mystischen Karriere verschiedene Methoden anwenden müssen.

Der Rhythmus der mystischen Laufbahn verläuft in einer spiralförmig aufwärts verlaufenden Bewegung. Bilden beispielsweise unsere Charakterschwächen die ersten Meditationsthemen und werden diese später durch abstraktere ersetzt, dann werden wir eines Tages wieder auf die ersteren zurückgreifen, aber diesmal von einem höheren Standpunkt aus, wodurch wir dementsprechend Wichtigeres gewinnen. Wir mögen unsere Aufmerksamkeit entweder auf ein geistiges Bild oder eine abstrakte Idee, auf ein spezifisches Thema, ein vages Gefühl oder auf einen scharfsinnigen rationalen Gedankengang heften oder letztlich darauf, überhaupt nicht zu denken. Aber mit all diesen Übungen wird ein und dasselbe Ziel verfolgt. Alle stellen verschiedene Methoden dar, mit denen ein und derselbe psychologische Zustand erreicht werden soll. Ihre Verschiedenheit rührt daher, daß ihre Ansatzpunkte verschieden sind. Wir müssen nachsichtig lächeln, wenn einige darauf bestehen, daß ihre spezielle Methode die einzig effektive sei, und tolerant, wenn einige die Wahrheit auf ihre kleinkarierte Wahrheitsvorstellung begrenzen wollen. Die Philosophie behauptet nicht, daß der Aspirant eine solche Methode nicht befolgen solle. Er sollte ihr durchaus folgen, aber nicht unter Ausschluß aller anderen. Eine Methode oder Technik, die für den einen gut ist, mag für den anderen schlecht sein. Und die Methoden, welche einst für die Alten geeignet waren, mögen sich schlecht für die modernen Denker eignen, während die zu früheren Zeiten niedergelegten Bedingungen der heutigen Zeit nicht angemessen sind.

Aber gleich für welche Übungen wir uns nun entscheiden, wir dürfen dabei vier unerläßliche Punkte nicht vergessen. Erstens müssen wir bei unserer Meditationsarbeit versuchen, sämtliche Gedanken auszuschalten, ausgenommen den ihres Themas. Zweitens wird unsere Konzentration um so erfolgreicher werden, je mehr wir uns für das interessieren, ja sogar je mehr wir uns für das begeistern, was wir denken. Aber auch das Gegenteil trifft zu. Drittens muß sich die Konzentration, die bisher daraus bestand, über einen gewählten Gegenstand logisch nachzudenken, jetzt in den Gegenstand selbst hineinversetzen, in ihm zur Ruhe kommen und dort sozusagen vor Anker gehen. Wenn viertens der erste Schritt darin besteht, unsere Gedanken und Gefühle fest in den Griff zu kriegen, das heißt, das Ziel der Konzentration zu erreichen, dann besteht der zweite darin, jene über alle weltliche Tätigkeit und Sehnsucht hinaus zu erhöhen, das heißt, das Ziel der Meditation zu erreichen. Die Meditation nimmt einen guten Anfang, die mit einem inbrünstigen Gebet oder einer innigen Anbetung beginnt. Der Mensch muß sich dem göttlichen Inneren aus eigenen Stücken mit all der Verehrung, deren er fähig ist, nähern und an dessen Schwelle die schmutzigen Schuhe des weltlichen Zynismus ablegen.

Wirkliches Meditieren ist ein intuitiver Prozeß. Aber die in unserem Denken und Fühlen vorherrschenden Spannungen verhindern gewöhnlicherweise, daß wir diese Intuition wahrnehmen, und, was noch mehr ist, daß wir ihr gegebenenfalls nachgehen. Wenn wir denselben Gedanken, denselben Sorgen und denselben Hoffnungen, die uns zu anderen Zeiten beschäftigten, jetzt nicht den Rücken kehren, dann können wir genausogut mit dem weitermachen, womit wir uns vor der Meditationsstunde beschäftigt haben. Der erste Vorteil der Meditation, der zugleich die erste Voraussetzung ist, besteht darin, daß sie sich mit etwas völlig anderem befassen wird. Es ist ihre Aufgabe, uns aus dem Strom unseres persönlichen Lebens herauszuheben. Sie muß, kurz gesagt, mit dem Thema aufhören, mit dem sie angefangen hat: dem *Überselbst.* Deshalb sollten wir unsere Gedanken zu Beginn des Meditierens sowohl von unseren persönlichen Angelegenheiten als auch von denen der Welt abwenden und sie statt dessen auf den Gegenstand unserer Suche konzentrieren – das *Überselbst.* Zu diesen Zeiten sollten wir die Fähigkeit kultivieren, uns von unseren weltlichen Belangen zu distanzieren und unsere nach außen rennenden Emotionen zu beruhigen. Wenn wir ›in die Stille hineingehen‹, wenn wir uns zum Meditieren niedersetzen, dann müssen wir uns als erstes die ganzen Belange und Dinge, die uns den Tag über in Anspruch genommen haben, aus dem Kopf schlagen. Wenn wir die Meditationskammer betreten, dann sollten wir nicht nur der Tür zur Außenwelt, sondern auch der Tür zu der Innenwelt, in der Trivialitäten, Routinehaftes, Geschäftsangelegenheiten, Zorn, Ressentiments, Ärger und Leidenschaften zu Hause sind, den Riegel vorschieben. Gleichermaßen sollten wir die Vergangenheit auf sich beruhen lassen und Gedanken an die Zukunft keine Aufmerksamkeit schenken. Wir sind dazu da, eine heiligere Aufgabe zu verfolgen als die, welcher alle Welt normalerweise nachgeht, um einem göttlicheren Plan zu folgen als dem Lebenskreis, welcher der Persönlichkeit vom Schicksal vorherbestimmt ist, und um unsere Gedanken auf Ebenen zu bringen, die höher liegen als die gewöhnlichen. Der uns während dieser Periode abverlangte Verzicht ist sowohl ein innerer als auch äußerer Verzicht: Er muß radikal sein. Die Mutter muß ihre Kinder beiseiteschieben, als ob sie niemals das Licht der Welt erblickt hätten. Der Wissenschaftler muß seine Bücher vergessen, als ob sie niemals in den Regalen gestanden hätten. Der Fabrikant muß in die Ferne reisen, weit weg von seiner Fabrik, als ob sie der toten Vergangenheit angehöre. Die Arbeiter müssen dem Heer der Arbeitslosen beitreten, als ob sie nie etwas anderes gekannt hätten. Das Versagen beim Meditieren wird häufig durch diesen einen Fehler verursacht: daß wir unsere Gedanken nicht von den persönlichen Angelegenheiten unseres Alltags loseisen können. Dem läßt sich zuerst einmal dadurch Abhilfe schaffen, daß wir ein Thema auswählen, das von sich aus interessant genug ist, unsere Gedanken zu fesseln, und zum zweiten dadurch, daß wir unsere Aufmerksamkeit jedesmal, wenn wir merken, daß wir abschweifen, strickt wieder zu diesem Thema zurückbringen.

Theoretisch sollte die Aufmerksamkeit nicht einmal für nur eine einzige Sekunde von dem Gedanken abschweifen, auf den sie konzentriert wird. Praktisch gesehen wird sie das mit Sicherheit tun, denn auf Grund uralter Angewohnheiten ist sie ruhelos, widerspenstig und unbeständig geworden.

Wie schwach der Mensch geworden ist, zeigt sich daran, daß die meisten von uns nicht fähig sind, sich auch nur eine halbe Stunde lang von den Angelegenheiten unserer persönlichen Individualität zurückzuziehen, um mit unserer höheren Individualität eine halbe Stunde lang unablässig zu kommunizieren. Die Konzentration verlangt unerbittlich, daß der Verstand in zwanzig Minuten nicht an zwanzig verschiedene Dinge und Menschen denkt. Doch sobald wir uns zum Meditieren niedersetzen, hämmert eine buntgemischte Schar von Gedanken an die Tore unseres Bewußtseins. Keiner, außer dem Erfahrenen, der jahrelang geübt hat, und das mit Regelmäßigkeit, Entschlossenheit und Verstand, kann damit rechnen, daß er vor dieser lästigen Plage geschützt ist. Diese Ablenkungen sind so hartnäckig und so unangenehm, daß viele Anfänger, wenn nicht die meisten, die Hoffnung aufgeben und verzweifeln oder sich maßlos langweilen, und deswegen die Meditationsübungen letzten Endes ganz einstellen. Wer hat nicht diese zeitraubende Erfahrung gemacht: Wir denken ein oder zwei Momente lang über das geistige Thema, das wir uns selbst gestellt haben, nach, lassen es aber bald fallen, und im Handumdrehen wird es von einer Menge irrelevanter Gedanken, Erinnerungen und Erwartungen, die meistens weltlicher Natur sind, verdrängt. Schließlich erheben wir uns ganz erleichtert von dieser beschwerlichen Anstrengung, sobald die dafür festgelegte Periode zu Ende ist. Wie oft haben wir nicht auf das Gefühl des göttlichen Kontaktes gewartet, nur um am Ende der Meditationsperiode feststellen zu müssen, daß es sich wieder einmal nicht eingestellt hat! Wie oft haben wir voller Erwartung angefangen, aber voller Verzweiflung aufgehört, als sich diese quälende Ausweicherei aufs neue wiederholte. Wenn andere das göttliche Selbst dadurch gefunden haben, daß sie sich nach innen wandten, dann haben wir für unsere Person das Pech gehabt, dabei nur auf eine gleichgültige Leere zu stoßen.

Der Aspirant muß willens sein, diese langweiligen Vorübungen durchzustehen und bereit, das deprimierende Unbehagen seiner frühen Experimente auzuhalten. Wir können ihnen in unserem derzeitigen Stadium nicht entrinnen. Beim Meditieren verschwenden wir einen Großteil unserer Zeit damit, gegen unsere geistige Rastlosigkeit und emotionales Abgelenktsein anzukämpfen. Während sich ein Gedanke nach dem anderen in unsere Aufmerksamkeit hineinstiehlt, müssen wir versuchen, jeden beiseite zu schieben sobald er auftaucht, und unsere Wachsamkeit in dieser Sache nicht zu verlieren. Das wird uns eine Art von Selbstbeherrschung abverlangen, eine innere Reserve, die sagt – ›so weit und nicht weiter‹. Es ist eine anstrengende Übung, unser Denken, ohne uns ablenken und stören zu lassen, ausschließlich auf die Suche nach dem freien Selbst zu konzentrieren. Wir sind es gewöhnt, so aktiv, so ruhelos und so extrovertiert zu sein, daß eine Umkehr unserer Angewohnheiten unvermeidlich auf starken hartnäckigen Widerstand stößt. Selbst bei den vielen, die es in der Kunst zu einem bescheidenen Maß an Erfolg gebracht haben, ist die Meditation keineswegs eine klare Sache. Auch für sie gibt es Zeiten, wo die Meditationsstunde mit einer wüstengleichen Trockenheit ausgefüllt ist, die den Gedanken keine Ruhe läßt und unsere Emotionen langweilt. Und trotzdem sind solche Stunden nicht vergeudet, denn sie lehren uns Geduld und Demut. Zwar werden wir jetzt nicht mehr bei jeder Übungsperiode die natürliche Trägheit der extrovertierten Mentalität überwinden müssen, aber dennoch bleibt uns immer noch der Kampf mit dem inneren Widerstand einer turbulenten Mentalität – obwohl diese bei einem ungeübten Menschen bedeutend größer ist – und dazu noch der Widerstand fremder Gedankenzustände und Gefühlsbelastungen, die wir zeitweilig ›aufgelesen haben‹ von unseren Kontakten und Begegnungen mit anderen. Das ist in der Tat ein weiterer Grund, warum die Studenten im Orient den gesellschaftlichen Umgang vermeiden und sich in die Einsamkeit zurückziehen. All diese Widerstände rufen die dunklen Phantome der Depression, ja der Verzweiflung herbei, die wir dadurch überwinden können, daß wir ihnen mit dem Schwert der *Geduld* den Garaus machen. So sollten wir, außer wenn die Müdigkeit nicht länger zu ertragen ist, nicht ungeduldig werden und mit einer Übung einfach aufhören, weil sie uns nutzlos vorkommt, sondern durchhalten und vielleicht mit einem Gebet an das höhere Selbst um Hilfe bitten.

Nur wenige von denen, die den farbenreichen Teppich der Meditation ausbreiten, gelingt es, den Zustand der geistigen Stille zu erreichen. Das stellt ein positives und späteres Ergebnis dar, während die vorangehenden Arbeitsergebnisse einen negativen Charakter haben. Der Kampf, die Aufmerksamkeit während des Vorbereitungsteils einer Meditation aufrecht zu erhalten und zu stabilisieren, ist intensiv. Viele verlieren angesichts der Schwierigkeit dieser Aufgabe den Mut. Aber je öfter wir es versuchen, um so leichter wird es uns mit der Zeit fallen, das ist sicher. Der Schüler sollte erkennen, daß so, wie wir oft eine gewisse Zeit brauchen, uns in ein intellektuelles Thema ausreichend einzuarbeiten, so brauchen wir auch eine gewisse Zeit, uns in diese geistige Aufgabe hineinzuarbeiten. Nur wer in die geheime Kunst des Meditierens eingeweiht worden ist, kann unmittelbare Erfolge erzielen; alle anderen müssen sich Schritt für Schritt zu diesem Ziel durcharbeiten. Der Aspirant sollte sich damit abfinden, daß diese negativen, keine unmittelbaren Früchte tragenden Vorbereitungen notwendigerweise den Großteil seiner festgesetzten Zeit in Anspruch nehmen und daß er nicht nach schnellen Ergebnissen Ausschau halten sollte. Das läßt sich nicht ändern. Er muß Mut fassen und daran denken, daß Ausdauer mit Geschicklichkeit belohnt wird, aber bis dahin muß er geduldig darauf hinarbeiten, daß die aufgewühlte Mentalität sich sammelt und beruhigt und ihr Themen- und Gedankenstrudel zu Ende kommt. Wir müssen uns vor Augen halten, daß das Meditieren zwar äußerst schwierig, aber absolut wesentlich ist; daß wir nur dann in der Lage sind, uns von unseren irdischen Sehnsüchten zu distanzieren oder uns an das *Überselbst* anzuhängen, wenn wir diese unablässige Übung zum wesentlichen Bestandteil unseres Alltaglebens machen. Ungeduld ist hier ein Zeichen dafür, daß das niedrigere Selbst sich natürlich dagegen wehrt, nach innen ins Meditieren hineingezogen zu werden, denn seiner Meinung nach führt ein solcher Weg letztlich zum Verlust der eigenen Souveränität. Wenn die alltäglichen Fähigkeiten der Geduld und Ausdauer irgendwo einen Wert haben, dann hier. Mit ihrer Hilfe und mit unserem Pflichteifer beim Üben mögen wir uns nach einer langen Versuchsperiode eine gute Technik zu eigen machen. Es war kein geringerer Meister dieser Kunst als Shankara, der berühmte indische Weise, der sagte, daß die Meditation, wenn mit Ausdauer und Begeisterung betrieben, ihr Ziel in nicht allzulanger Zeit erreichen würde.

All die starken und vorherrschenden Tendenzen, die sowohl die Bewegung der Gedanken als auch die ständige Nachaußenkehrung der Aufmerksamkeit zu den eingefleischten Gewohnheiten macht, die sie in Wirklichkeit sind, stürmen auf den Studenten ein und schleppen ihn zurück in das gewöhnliche Sklavendasein, das er und die ganze Menschheit bisher geführt haben. Es ist seine Pflicht, seine innere Kraft aufzubieten, um der Rückkehr dieser Gedanken und den sich seiner Aufmerksamkeit aufdrängenden Objekten Widerstand zu leisten und sie zurückzuschlagen. Der Versuch, den introvertierten Zustand aufrechtzuerhalten, muß auf eine ungezwungene und sanfte Art und Weise, und nicht auf eine gewalttätige oder befangene in Gang gehalten werden. Und er muß Tag für Tag wiederholt werden, ohne nachzulassen, bis der Erfolg vollends erzielt und permanent ist. Viele Anfänger sind fälschlicherweise der Meinung, daß sich das Resultat jeder einzelnen Meditation – wenn überhaupt – notwendigerweise zur Zeit der Übung einstellen müsse und daß sie bei einer Meditation versagt haben, weil sie das Ende einer Meditation so vorfindet wie ihr Anfang, und weil sie ihnen unfruchtbar, trocken und ergebnislos zu sein scheint. Aber das trifft nicht zu, denn das Resultat mag sich etwas später zeigen, und die Mühe ist keinesfalls umsonst; es ist nur so, daß der Gewinn die Bewußtseinsschwelle noch nicht überschritten hat. Diese Übungen mögen das Vorwärtskommen langsam und mühsam erscheinen lassen; wir sollten sie als eine Art von turnerischer Disziplin betrachten, als ein Selbsttraining, dessen Resultate in der Selbstentfaltung sicher zu Tage treten werden, obschon zu einem nicht festlegbaren Zeitpunkt.

So wie wir einen Spiegel nicht wegwerfen, nur weil wir unser Gesicht zunächst nicht in ihm sehen können, sondern ihn solange abwischen und polieren, bis wir es sehen können, so sollten wir unsere regelmäßigen Meditationsübungen nicht einfach wegwerfen, weil wir im ersten Jahr unser geistiges Selbst nicht in ihnen zu sehen bekommen, sondern solange weiterüben, bis es uns gelingt, die vom Körper ausgehenden Energien zu beschwichtigen. Abstand von der aktiven Funktion der Sinne zu nehmen und dem Auf und Ab der Gedanken Einhalt zu gebieten, ist eine Aufgabe, die natürlich eine enorme Konzentration all unserer Kräfte erfordert. Es ist also keine leichte Aufgabe, aber trotzdem ist sie nicht unmöglich. Hunderte von Männern und Frauen haben sie während der letzten Jahrhunderte in verschiedenen Ländern mit Erfolg erfüllt. Das Geheimnis dieser Leistung liegt darin, die Suche nicht aufzugeben, weil sich Resultate wiederholt nicht einstellen wollen, unseren Bemühungen nicht durch Ungeduld, Ärger oder Verzweiflung ein Ende zu bereiten. In den Anfangsstadien kommt uns die Meditation mühselig und profitlos vor. In den mittleren Stadien gibt es Perioden bewußten Fortschrittes, durchsetzt mit Abschnitten, wo alles schal ist, denn der Verstand arbeitet zu diesem Zeitpunkt nach dem Prinzip eines Preßluftbohrers. Beharrliches Streben führt zum Können, zweifelsohne unregelmäßig, aber in einem immer zunehmenden Maße. Wenn das denkende Bewußtsein sich auch über diese täglichen Angriffe auf sein umherschweifendes Wesen ärgert und an seinen alten Gewohnheiten bockig festhält – eines Tages wird sein Widerstand erschöpft sein, und dann wird es lautlos nachgeben.

Monate – und vielleicht jahrelang wird der Praktiker die Aufmerksamkeit gewaltsam von diesen Streifzügen zurückholen müssen, aber wenn er nicht aufgibt, dann kommt der Tag, an dem sich diese aus freien Stücken einstellen wird und gerne die Ruhe sucht, welche die Meditation ihr zu bieten hat. Früher oder später wird die Stunde gekommen sein, wo er nicht mehr versuchen muß zu meditieren: die Meditation kommt aus eigenem Antrieb zu ihm, leicht und reibungslos. Fachkenntnisse in der Kunst des Meditierens sind, wie in allen anderen Künsten, das Ergebnis unermüdlichen Übens. Jetzt fällt die Konzentration leicht und ist eine angenehme Sache. Beim Meister verschwinden die inneren Spannungen, und sein ganzes Wesen wird gut im Gleichgewicht sein und harmonisch entspannt.

In dieser Entwicklung gibt es drei Stufen: erstens den langen, eintönigen und ermüdenden Kampf gegen die herumschweifenden Tendenzen des Intellektes; zweitens den kürzeren und nicht so schwierigen Kampf, die Konzentrationsfähigkeit, ist sie erst einmal entwickelt worden, aufrechtzuerhalten und auszudehnen; drittens den mühelosen Triumph der gewohnheitsmäßig ausgeführten Übungen, der die fachliche Qualifikation letzten Endes zu einem Naturphänomen macht. Die Unverrückbarkeit, mit der er an der einen Idee, das göttliche Selbst zu finden, festhält und die Unmittelbarkeit, mit der er zu dessen Suche zurückkehrt, sobald er bemerkt, daß er mit seinen Gedanken woanders war, wird bei jeder Übung das Ende des ersten Stadiums bedeuten. Ist das erste Stadium einer konzentrierten, nach innen, auf den Geist an sich gerichteten Aufmerksamkeit mit Erfolg erzielt worden, dann besteht das zweite Stadium darin, das erste in die Länge zu ziehen. Das zweite Stadium ist zufriedenstellend erreicht worden, wenn die Übung mit Freude begonnen und nur ungern wieder beendet wird, wenn der Geist in der Lage ist, sich zu Beginn einer Meditation einer oder zwei Minuten zu konzentrieren und nach innen zurückzuziehen. Wir mögen es dabei zu einer solchen Fertigkeit bringen, daß wir sofort, mit Leichtigkeit und nach Belieben zum ersten und dann zum zweiten Stadium der Meditation übergehen.

Während wir mit den Effekten der Meditation immer vertrauter werden, wächst sowohl unser Verständnis ihres Mechanismus als auch unsere Gewandtheit bei ihrer Ausübung. Diese zunehmende Leichtigkeit, die uns im Verlauf der Zeit zuteil wird, wird begleitet sein von unserer Freude am Abnehmen der Ablenkungen. Und immer kürzer wird das Warten bei den Einübungsperioden, in denen die durch unser äußeres Leben geweckten Gedanken, Erinnerungen, Erwartungen, Emotionen und Erregungszustände zutagetreten und vollkommenes Konzentrieren verhindern oder die innere Selbstversunkenheit verzögern. Jeder, der es auf der Suche bereits weit gebracht hat, empfindet die Meditation als eine erfreuliche Verabredung mit dem Geliebten, während der Anfänger, der die ersten Schritte tut, sie oft als ein verdrießliches Rendezvous mit der Langeweile ansieht. Der Neuling geht nur zögernd und mit Unwillen an seine sich selbst auferlegte Pflicht des täglichen Meditierens über sein höheres Selbst heran. Aber der Könner, der sich die technische Seite erobert hat, geht voller Freude und Erwartung auf sein von *Gott geheiligtes* Geschenk der täglichen Kommunion mit seinem höheren Selbst zu. Was früher Plackerei war, ist jetzt Privileg. Das voll entwickelte Meditationsleben zeichnet sich durch Leichtigkeit, Natürlichkeit und Stabilität aus. Es legt sicheres Auftreten und Ausgeglichenheit an den Tag. Der Unterschied zwischen einem rastlosen Geist und einem disziplinierten gleicht dem Unterschied zwischen bloßem Geschwätz und einem guten Gespräch.

Die innere Suche nach dem geistigen Selbst muß unentwegt und ohne Unterbrechung vonstatten gehen. Findet und fühlt der Suchende zuerst nichts, dann darf ihn das nicht entmutigen. Er gräbt nach einer Quelle. Manche müsse lange und tief graben, bevor sie auf Wasser stoßen, und aus diesem Grunde sollten wir mit unserem Suchen noch tiefer gehen. Das Wasser des Lebens existiert; da brauchen wir keinen Zweifel hegen. Jeder Seher der Antike, jeder Heilige des Mittelalters und jeder zeitgenössische Mystiker bezeugen diese Tatsache. Unsere mystischen Fortschritte werden sich durch ein zunehmendes Sich-in-uns-selbst-Zurückziehen auszeichnen, durch einen Rückzug von den körperlichen Sinnen und durch ein Verinnerlichen und Unbeweglichmachen der Aufmerksamkeit. Unser Bewußtsein wird tiefer und tiefer sinken, weg von der Umwelt und in sich selbst hinein. Während sich der Geist auf sich selbst zurückbewegt, werden wir eindeutig das körperliche Gefühl haben, nach innen zu gehen, als ob wir versuchten, eine geistige Schicht nach der anderen zu durchdringen. Wir müssen nicht nur sämtlichen Sinneswahrnehmungen der äußeren Objekte den Riegel vorschieben, sondern auch denen der Existenz unseres eigenen Körpers.

Es ist eine Sache, die Aufmerksamkeit bis zu diesem Tiefpunkt zu introvertieren, aber eine völlig andere, die Introversion als solche aufrechterhalten zu können. Wir müssen sie nicht nur voll und ganz erreichen, sondern darüber hinaus sogar eine Zeitlang in sie versenkt bleiben, um ihre Stärke und Wirksamkeit zu steigern, so daß sie sich täglich aufs neue und fast augenblicklich einstellen kann. Gelegentlich werden wir von der lästigen Versuchung überwältigt, uns zu erheben und mit unserem Versuch vor Ablauf der zum Meditieren bestimmten Zeit aufzuhören. Ihr nachzugeben heißt, daß wir uns geschlagen geben. Widerstehen wir ihr aber, dann bedeutet das ein Stück Weiterkommen auf der Straße zum Sieg. Oder wir werden von der Versuchung heimgesucht, aufzustehen, um uns mit dem einen oder anderen zu beschäftigen, um über dieses oder jenes – sogar einen geistigen Gegenstand – nachzudenken. Wir müssen festbleiben und nicht nachgeben. Das ist nicht so einfach, aber nur weil wir so lange – wahrscheinlich ein ganzes Leben lang – zuließen, daß unsere Aufmerksamkeit ganz von der Außenwelt in Anspruch genommen wurde, mit dem Erfolg, daß diese jetzt natürlich dazu neigt, ihr in dem Augenblick, in dem unsere Wachsamkeit aufhört, wieder zuzufliegen. Durch beständiges Üben und geduldige Pflege wird uns diese Umkehr zur inneren Welt, dieses Stillhalten des Körpers und Geistes, zweifellos so leicht von der Hand gehen, wie sie uns jetzt schwerfällt.

Jetzt haben wir den entscheidensten und wichtigsten Abschnitt unseres Abenteuers beim Meditieren erreicht, nämlich die Grenze, wo unsere eigene Anstrengung allmählich aufhören und die der Seele anfangen muß. Jetzt müssen wir völlig still dasitzen, reglos, ohne uns zu bewegen, ohne zu denken, damit wir uns von dieser anderen Gegenwart mit einer glückseligen Stille überschatten lassen können. Das kann sie nicht, wenn wir physisch beschäftigt und mit unseren Gedanken woanders sind oder uns emotionell von jemandem oder etwas angezogen fühlen oder abgestoßen. Also werden wir nichts hereinbringen, was die heilige Gegenwart daran hindert, sich über unseren Körper zu stehlen und unseren Geist in ihren Besitz zu nehmen. Das alles kann buchstäblich gefühlt werden. Aber der kleinste Widerstand verursacht ihren sofortigen Rückzug. Früher waren wir positiv. Jetzt müssen wir passiv werden. Hier hat das tiefe Geheimnis der *Gnade* seine Hand im Spiel.

Der psychologische Zustand dieses Grades wird ganz unwillkürlich herbeigeführt, während die der früheren Grade nicht ohne unseren Willenseinsatz zustande kommen können. Wo der Meditierende dessen erste Anfänge nicht auf die Seite schiebt oder auf eine andere Weise blockiert, nimmt dieser oft so rasch eine derartig hypnotisierende Stärke an, daß er völlig unwiderstehlich wird. Und obwohl es sich hier um eine Kraft handelt, die außerhalb unseres normalen Selbstes liegt, handelt es sich in gewisser Weise auch um eine, die von diesem Selbst nicht getrennt ist. Der Effekt dieser Gnade ist gewaltig. Bei jedem Einströmen der Gnade fühlen wir, wie sich eine Veränderung an uns vollzieht, obschon diese Veränderung eine Reihe verschiedener Formen annehmen kann. Aber gleich welche Form, fest steht, daß der große Druck, von dem unsere früheren Versuche in der Konzentration begleitet waren, zu Ende kommt, und daß wir nicht mehr von den Kämpfen gequält werden, durch die wir uns damals haben durcharbeiten müssen. Der Aspirant muß sich mit Gefühl in diese höhere Stimmung hineintasten, so wie der Künstler, der sich auf seine Art in eine kreative Stimmung hineinfühlen muß. Die Aufmerksamkeit muß sich hier so wachsam bewegen wie ein Mensch, der auf der schmalen auskragenden Brüstung eines Dammes am Flußufer entlang geht. Wenn das Zentralbewußtsein mühelos an diesem Mittelpunkt verankert daliegt, die Aufmerksamkeit jetzt völlig im Griff, dann ist die Noviziatszeit mit ihren entmutigenden Fehlschlägen eindeutig zu Ende. Unsere vagen Gefühle werden jetzt langsam konkrete Formen annehmen.

Wenn der Student diese Unterweisungen gewissenhaft befolgt und diese Übungen beharrlich ausführt, dann wird er sich früher oder später dieser in seiner geistigen Atmosphäre anwesenden subtilen Gegenwart bewußt werden. Und das wird etwas Erhabenes sein, etwas Nobles, Heiteres und Transzendentales, aber auch etwas, das wir nicht behalten können, sondern rasch wieder verlieren. Aber es wird immer wiederkehren. Sobald wir uns zum Meditieren niederlassen, werden wir wie verzaubert sein.

Wir sollten uns ohne Zögern diesem mysteriösen, aber wunderbaren Einfluß ausliefern. Der Prozeß, dieses neue Leben in sich zur Welt zu bringen, der bisher natürlich ein schmerzhafter und langwieriger war, wird künftig eine Quelle wachsender Freude sein. Nach und nach werden wir bei unseren Meditationen unsere weltlichen Angelegenheiten aus den Augen verlieren und uns unserer geistigen in zunehmendem Maße erinnern. Wir werden die Ruhe und Zufriedenheit lieben lernen, welche uns aus diesen Perioden fruchtbarer Kontemplation erwachsen und welche denen fremd sind, die auf solche Übungen keinerlei Wert legen. Das Gefühl erquickender Ruhe, das uns in diesem Stadium überkommt, wird immer bemerkbar sein. Wenn es einsetzt, werden wir uns jedesmal wie ein müder Reisender fühlen, der das Ende eines langen Exils erreicht hat, wie ein erschöpfter Wanderer, der nach Hause zurückgekehrt ist. Während dieser kurzen Zeiträume wird unser Bewußtsein mit einer Wissensreife ausgestattet werden, die es außerhalb dieser nicht besitzt.

Das Wichtigste, was wir in diesem Stadium zu lernen haben, ist in einem gewissen Sinne leicht, ganz einfach. Aber in der Praxis, so stellt sich heraus, ist es schwierig und fast nicht zu definieren. Es besteht darin, daß wir alles ›loslassen‹, daß wir unsere Bemühungen einstellen, in unserem Willen nachlassen, aufhören zu denken, das *Überselbst* sei etwas, das wir ergreifen müßten, sondern im Gegenteil uns von ihm ergreifen lassen. Darüber hinaus sollte sich diese Haltung nicht auf die Meditationszeit beschränken, sondern auch in unserem Alltag tagsüber mehrere Male kurz angewendet werden. Wie ein Schwimmer sollten wir sein, der hin und wieder die Rückenlage einnimmt und mit ein paar leichten Fußbewegungen still dahingleitet, während er sich zuvor mit kräftigen Armschlägen laut durchs Wasser wühlte; oder wie der Bogenschütze, dessen Aufgabe darin besteht, sich darauf zu konzentrieren, den Pfeil so weit als möglich zurückzuziehen, ohne selbst die tatsächliche Triebkraft zu liefern. Des Yogis Aufgabe besteht also darin, seine Aufmerksamkeit mit aller Konzentration, deren er fähig ist, nach innen zu richten; aber den tatsächlichen Übergang zum mystischen Bewußtsein kann er nicht festlegen. Diese Entscheidung liegt völlig außerhalb seiner Kompetenz. Diese innere Suche beim Meditieren gleicht in etwa der äußeren eines Radiohörers, der solange ziellos am Programmeinstellknopf herumdreht, bis er Kontakt mit einer befriedigenden Sendung herstellt. Denn der Meditierende, dem es gelungen ist, seine Aufmerksamkeit gut nach innen zu richten, muß diese dann dazu verwenden, sein inneres Wesen zu erforschen, mit dem Ziel, einen Kontakt mit dessen tiefstem Punkt, dem mystischen Mittelpunkt, herzustellen, wo sich unser Alltagsbewußtsein aus dem *Überselbst* entwickelt. Unsere ersten Forschungsversuche werden natürlich langsam, blind und tastend sein, solange wir uns nicht in dieser mysteriösen Kunst durch jahrelanges Üben trainiert haben. Aber mit der Zeit werden aus ihnen nicht weniger natürliche gut gezielte Bewegungen geworden sein, die uns rasch an den gesuchten Punkt bringen. Sobald wir ihn berühren und uns getreulich an ihm festhalten, werden wir nicht mehr aktiv sein dürfen, sondern sollten ganz still werden und offen für den göttlicheren Einfluß, der sich jetzt auf uns auswirken wird – so wie der Radiohörer passiv bleiben muß, sobald er den gewünschten Sender gefunden hat, und offen sein für die Klänge, die jetzt auf sein Trommelfell fallen. (Diese Vergleiche dienen der Unterweisung und sind nicht wörtlich zu nehmen. Sie stellen nur Analogien dar und sollten nicht über ihren Zweck hinaus strapaziert werden. Andernfalls geraten wir mit ihnen in Schwierigkeiten). Ein Grund, warum so sehr auf der Meditation als einem Teil der vierfältigen Suche beharrt wird, mag uns nun klarer sein. Bei all unseren weltlichen Angelegenheiten benutzen wir normalerweise unseren persönlichen Willen, während das philosophische Ideal verlangt, daß dieser kapituliert und einem höheren Willen unterstellt wird. In der fortgeschrittenen Meditationsphase können wir diesen Verzicht auf die tiefste Art ausüben. Daher ist die Meditation schon allein aus diesem Grunde ungeheuerlich wichtig und absolut notwendig. Was wir während dieser kurzen Übungszeiten vorübergehend bei der Verdrängung des Egos und der Stilllegung des Verstandes erreichen, wird zur Wurzel, aus der die Möglichkeit eines permanenteren Ergebnisses durch die Erde unseres ganzen Charakters erwachsen kann.

Eine Rückkehr zur Haltung des Gebets ist hier oft hilfreich, den Anfang des Zustandes der Ruhe anzuziehen. Das stellt den Weg der äußersten Demut dar, denn bei dieser Methode wird lediglich eine Suche aufgestellt, und dann wartet man, bis das Göttliche in uns aufsteigt und der Suche durch seine eigene Selbstoffenbarung ein Ende bereitet. Dieser Weg stimmt mit den Worten Christi überein, der die von ihm niedergelegten Bedingungen selbst erfüllte, wenn *Er* sagte, ›Nur wenn ihr wie die Kindlein werdet, könnt ihr das Königreich Gottes auf Erden betreten‹. Der Hauptgedanke dieses neuen Stadiums ist Verzicht, völliger und endgültiger Verzicht. Wir müssen die göttliche Strömung ungehindert und unreguliert fließen lassen und nicht den Versuch unternehmen, sie willkürlich in von unserem Ego ausgesuchte Bahnen zu lenken, sonst verschwindet sie. Der Augenblick, in dem wir spüren, wie sich der ›*Zauber des Überselbstes*« über uns stiehlt, ist von größter Bedeutung. Wir müssen uns ihm unterwerfen, sofort und ohne zu zögern. Andernfalls mag er für diesen Tag ›wie vom Winde verweht sein‹. Alles, was wir zu tun haben, ist, Demut zu empfangen, und nicht, egoistisch zu wollen. Unsere Arbeit besteht darin, uns auszuliefern; die des *Überselbstes* darin, Besitz von uns zu nehmen.

Wenn das erste Stadium dieses Abenteuers einen eifrigen und gezielten geistigen Einsatz beinhaltet, dann beinhaltet das letzte eine stille, passive Auslieferung. Wenn das eine ganz und gar von den Bemühungen des Aspiranten abhängt, dann hängt das andere ganz und gar von der Gabe der Gnade des *Überselbstes* ab. Beim ersten und zweiten Stadium, das heißt bei der Konzentration und Meditation, ist der Wille äußerst aktiv, so daß die Ergebnisse sein Produkt sind; aber bei der Kontemplation, die das dritte Stadium darstellt, ist genau das Gegenteil der Fall. Wir haben absolut nichts zu tun, außer bereit zu sein, das zu empfangen, was uns das höhere Selbst in seiner Güte gibt.

Der Zustand des wachsamen Vertieftseins ist kein passiver. Wie könnte er, wo der Geist stark genug gemacht werden muß, diese Strapaze auszuhalten, und stabil genug, absolut stillzuhalten, wenn die Gedanken fallengelassen werden? Sein Verhältnis zur Außenwelt ist ein eindeutig aktives und positives, aber notwendigerweise plastisch und empfänglich für das Einströmen aus dem tieferen Geist. Wir müssen uns sogar davor hüten, unsere Meditationen nur zu negativen Meditationen zu machen, und nichts mehr. Wir müssen uns vor der oberflächlichen Zusicherung hüten, daß wir nichts weiter zu tun hätten, als uns hinzusetzen und darauf zu warten, daß ›der Geist‹ Einzug in uns halte, mit der nicht ausgereifte Mystiker oder inkompetente Lehrer so schnell bei der Hand sind. Denn das ist ein Weg, der uns den ›Geist‹ eben nicht bringen, sondern auf reinen Zeitverschleiß oder psychische Gefahr hinauslaufen wird. Wenn wir uns niederlassen, dürfen wir keinesfalls vage, nebelhaft oder ohne Ziel sein, sollten wir es nicht auf eine reine Leere abgesehen haben. Ganz im Gegenteil. Wir müssen vollwach und aufmerksam sein, positiv eingestellt und genau wissen, was wir zu tun versuchen. Es muß ein bestimmtes Thema geben, von dem unsere Gedanken ausgehen können und erst danach das Ziel, diese Gedanken zu unterdrücken. Erst dann werden wir aufnahmefähig und voller Erwartung sein können; aber ein derartiger Entspannungszustand sollte dem eines Adlers gleichen, der wachsam mitten in der Luft über einer möglichen Beute seine Kreise zieht. Die Gefahren der Meditation – der Mangel an persönlicher Unterweisung und allgemeiner Lebenserfahrung, aus welcher der westliche Mensch bei seinen Versuchen schöpfen könnte, die Exzesse, Extravaganzen, Absurditäten und Fehltritte, denen neurotische Meditierer so leicht verfallen – all das stellt zwar einen triftigen Grund zu informierter Wachsamkeit und Kontrollmaßnahmen dar, die auf gesundem Menschenverstand beruhen, aber nicht, mit dem Meditieren völlig aufzuhören.

Was ist der körperliche Zustand des Meditierenden, wenn er diesen Grad erreicht?

Es kann eindeutig und in einem wirklichen Sinne behauptet werden, daß wir während der fortgeschrittenen Stadien unseres Versuches, wo wir langsam ins Herz sinken und unterwegs aufhören zu denken, buchstäblich in uns selbst hineingehen. Bei zunehmender Vertiefung der Aufmerksamkeit geht die Meditation zur Kontemplation über, und die Welt der fünf Sinne tritt in den Hintergrund. Wir werden wie ein festverwurzelter Baum dasitzen. Denn mit der großen Stille, die sich über unser Denken und Fühlen ausbreitet, zieht in unserem Körper eine dementsprechende Reglosigkeit ein. Der gesamte Muskelapparat wird unwiderstehlich lahmgelegt, jedes Glied auf eine sanfte Art starr. Eine andere Kraft als die unsere hält unseren Körper und dessen Gliedmaßen, unseren Verstand und dessen Gedanken gefangen. Wir können die einen weder rühren, noch die anderen dirigieren. Wir sind ihr hilfloses Opfer. Für eine kurze Zeit hat der Körper nicht die Kraft, sich zu bewegen, die Lippen sind nicht in der Lage, ein Wort hervorzubringen, und der Wille ist wie gelähmt. Wir werden uns natürlich vor dem Unbekannten fürchten; wir werden uns instinktiv dagegen wehren, in diesen Zustand versetzt zu werden, bei dem wir anscheinend Gefahr laufen, unser Bewußtsein zu verlieren oder die hiflosen Opfer unbekannter Mächte zu werden. Aber dieser Zustand ist absolut harmlos, seine Starrheit vorübergehend und die Gefangenschaft äußerst erfreulich. Ach, welch himmlischer Taumel durchdringt unsere Gefühle! Keine irdische Verzückung kann ihm jemals das Wasser reichen. Wir mögen sogar unwissentlich in das tiefste Stadium der Selbstabsorption hineingleiten, in welchem die Gesichtshaut häufig blaß wird und ganz straff gespannt, wobei es zu der ätherischen Erscheinung kommt, die mit den Heiligen in Zusammenhang gebracht wird.

Ob unsere Augen nun geschlossen sind oder nicht, hängt teilweise von der Natur der vorhergegangenen Meditationsübungen ab und teilweise von der speziellen Art von Gnade, die uns unter den gegenwärtigen Umständen zuteil wird. Allgemein gesprochen wird der Prozeß des Sich-nach-innen-Ziehens dadurch gefördert, daß wir die Augen schließen, und der Prozeß des Stabilisierens dadurch, daß sie geöffnet sind. Aber in dieser Angelegenheit haben wir nichts zu sagen; sie wird nicht von uns geregelt werden, sondern von unserem höheren Selbst. Bleiben sie offen, dann schauen die Augen ohne zu sehen in ihre Umgebung oder ins Leere. Denn der Meditierende wird mit seiner Aufmerksamkeit woanders sein und diese Welt vergessen, um sich einer besseren zu erinnern. Während dieser halbbewußten automatischen Fixierung des Blickes können die Lider entweder ein bißchen weiter geöffnet sein, als das normalerweise der Fall ist, wobei Pupille und Iris völlig zu sehen sind, oder sich so weit schließen, daß sie mandelförmige Schlitze formen. Die Gedankenform der Umwelt kann bei geschlossenen Augen total verschwinden oder bei nur leicht geöffneten in der Form eines vagen, verschwommenen, kaum wahrgenommenen Bildes weiterexistieren. Bei Eintritt des ersten Zustandes gibt es keine Sinneswahrnehmungen der Welt als ein Erfahrungsgebiet und kein Wollen von Handlungen. Bei dieser vollständigen Selbstvertiefung stellen die Sinne jedwede Aktivität ein und sind nicht in der Lage, Sinneseindrücke von außerhalb des Körpers zu empfangen.

Aber heutzutage erreicht der Durchschnittsmeditierende nur in seltenen Fällen einen absoluten Rückzug von allen Sinneseindrücken der Außenwelt. Das ist auch nicht wirklich notwendig. Der Meditierende braucht sein Bewußtsein der ihn umgebenden Dinge nicht zu verlieren und braucht seine persönliche Identität nicht völlig zu vergessen, das heißt, er muß nicht in eine Trance völliger Gefühllosigkeit verfallen. Das wird nur bei den alten

Yogamethoden erwartet, aber nicht bei dem hier entwickelten philosophischen Weg. Die Nachteile dieser alten Methoden bestehen darin, daß sie zum Verlust aller Sinneswahrnehmungen führen, das heißt zur Unbewußtheit der äußeren Umwelt. Aufs Äußerste getrieben, wie das beim Yoga der Körperbeherrschung tatsächlich der Fall war, führen diese zur kompletten Bewußtlosigkeit. Der Vorteil der hier vertretenen Methode liegt darin, daß das Bewußtsein der Welt, das heißt die Sinneswahrnehmung des Sehens, des Tastens und des Hörens etc., bis zu einem gewissen Grad beibehalten werden kann, ohne den höheren Zustand zu unterbrechen. Der Trancezustand ist keineswegs erforderlich auf diesem Weg. Er stellt eine körperliche Rückwirkung dar, die bei manchen, aber nicht bei allen, zustande kommt. Wenn das Bewußtsein in der Lage ist, völlig konzentriert und völlig introvertiert zu werden, dann spielt die An- oder Abwesenheit der Trance keine Rolle. Wer bei seinen Meditationen eine komplette Selbstabsorption erzielt, kann das Bewußtsein der Außenwelt und die Fähigkeit, wahrzunehmen, was um ihn herum geschieht, völlig verlieren oder auch nicht. Es ist kein wesentlicher Zustand. Der moderne, in einem westlichen Milieu lebende Mensch wird ihn wahrscheinlich nicht erleben. Für ihn wird die Welt nicht zu etwas völlig Abwesendem, und er hat die ganze Zeit über eine vage Vorstellung von dem, was sich um ihn herum abspielt. Aber sie wird schwach und liegt in weiter Ferne. Bei ihm tritt eine tiefe Absorption in sich selbst ein.

In manchen Fällen, aber nicht in allen, geschieht es, daß wir beim Erreichen des beim Meditieren genannten ›neutralen‹ Punktes – der Punkt, wo sich unser Bewußtsein der Dinge der Außenwelt plötzlich in das Bewußtsein des fundamentalen Selbsts verwandelt – unmerklich in eine totale Bewußtlosigkeit hinübergleiten, die sich in nichts von einem erfrischenden Tiefschlaf unterscheidet. Aber dieser Zustand währt bestenfalls ein paar Augenblicke oder ein paar Minuten.

Gleich wie das körperliche Endergebnis eines erfolgreichen Abenteuers auf dem Gebiet der Meditation aussehen mag, der Aspirant wird ausnahmslos feststellen, daß er für eine kleine Weile körperlos zu sein scheint – ein fleischloses Wesen aus reinem Denken, ein unsichtbarer Geist aus passiver Ruhe. Erst nach einem solchen Erlebnis mag er tatsächlich das Gefühl haben, daß der Körper ein fremdes Selbst darstellt.

Wenn die körperlichen Sinneswahrnehmungen und Bilder der Umwelt durch diese Verinnerlichung der Aufmerksamkeit mehr oder weniger aus dem Geist vertrieben worden sind, dann werden sie durch abstrakte Ideen, durch empfundene Emotionen oder bildhaft vorgestellte Formen ersetzt, die bewußt als ein Objekt der Konzentration aufgestellt worden sind. Als nächstes müssen auch diese aus dem Geist vertrieben werden. So wie sich die Aufmerksamkeit bereits ihrer Sinnesberichte entleert hat, so entleert sich jetzt der Intellekt allmählich seiner Gedanken und seiner bildhaft anschaulichen Vorstellungen, was das letztwichtige Zeichen darstellt, welches am Ende des zweiten Stadiums in Erscheinung tritt. Der Übergang zur dritten Stufe vollzieht sich nahezu unmerklich und ohne unser Zutun. Der Denkprozeß ist stillgelegt, das Gedächtnis verblaßt, die Fähigkeit, bildliche Vorstellungen zu produzieren, stellt ihre Funktion ein, und diese mystische Stille bricht über die Seele herein. Sobald der Zustand der Träumerei herbeigeführt werden kann, ohne eine Träumerei über etwas Besonderes zu sein, sobald der Studierende in der Lage ist, alle geistigen Bewegungen zum Stillstand zu bringen, sobald er imstande ist, seine Aufmerksamkeit unverwandt aufrechtzuerhalten, ohne sie auf einen besonderen Gegenstand oder Gedanken außer auf sein geistiges Wesen zu fixieren, wenn er die Kunst des Stillhaltens gelernt hat, wenn er seinen Gedanken nicht mehr hinterherrennen braucht und wenn er aufhört, mit der Zeit Schritt halten zu wollen, dann hat er diesen Teil der Übung gemeistert. Zuerst muß das Denken reine Objekte verbannen und als nächstes seine eigene Aktivität. Denn in diesem Endstadium stellt der Intellekt ein Hindernis für die Kontemplation dar. Der Aspirant muß diesen Prozeß zwar in die Wege leiten, aber er kann ihn nicht vollenden; das wird durch eine Kraft zu Wege gebracht werden, die außerhalb seines Wollens liegt. Der Versuch, alle Gedanken gewaltsam zu unterdrücken, alle intellektuellen Vorgänge und emotionalen Bewegungen zum Stillstand zu bringen, wird nur dann Erfolg haben, sobald und wenn das höhere Selbst diese Sache in seine eigenen Hände nimmt. Allerdings kann der Prozeß einerseits dadurch unterstützt werden, daß wir uns, im Lichte der hier vermittelten Erkenntnisse, im klaren sind, was wir in den verschiedenen Stadien zu tun haben, und andererseits dadurch, daß wir den uns so fremden und mysteriösen Veränderungen in unserer Psyche, die das höhere Selbst an uns zu bewirken sucht, nicht aus Angst oder Ignoranz Widerstand leisten.

Die Macht, die unseren Geist ergreift, wird diesen keine Gedanken formen lassen oder, sollte es ihm gelingen, wird sie ihn diese nicht aufrechterhalten lassen. Das, was alle Gedanken aus unserem Bewußtsein hinausbefördert, ist nichts weniger als die Gnade. Auf unserer Reise nach innen erreichen wir einen Punkt, wo wir gebremst werden und die Fähigkeit des logischen Denkens ihre Funktion einstellt. Unsere Gedanken sind dabei zwar komplett zum Schweigen gebracht worden, aber einer bleibt übrig, nämlich der Gedanke des Konzeptes oder Symbols, welches die höhere Macht für uns darstellt und welcher der Gegenstand unserer Hingabe und Sehnsucht ist. Aber dabei handelt es sich um einen Gedanken, der gefesselt, fixiert und unbeweglich ist und der nicht den Anfang einer Kette von aufeinanderfolgenden Gedanken bildet. Unsere Aufmerksamkeit muß mit soviel Fingerspitzengefühl und Präzision auf das ›andere‹ konzentriert werden – sei es unser höheres Selbst, unsere Gottesvorstellung, eine verehrte biblische Figur oder ein lebender geistiger Lehrer – daß wir letzten Endes in ihm aufgehen und von unserem Wissen um unsere eigene persönliche Existenz wegsterben. Jetzt müssen wir selbst diesen letzten Gedanken völlig loslassen und uns dann an die heilige Leere klammern, heilig, weil wir von einem unbeschreiblichen Gefühl göttlicher Seligkeit übermannt werden. Wenn diese letzte Tätigkeit des Denkens ganz sanft, fast unmerklich zu Ende kommt, dann kommt auch notwendigerweise die Konzentration unseres Bewußtseins in der Eigenpersönlichkeit zu Ende. Das bedeutet aber nicht, daß alles Bewußtsein aufhört. Vielmehr, daß es sich auf unsere höhere Individualität, auf unsere Seele verlagert. Das Bewußtsein in der gewöhnlichen Form, in der es beim heutigen Menschen auftritt, wird schwinden; aber es wird nicht verlorengehen.

Dies ist also die psychologische Situation der ›Selbstaufgabe‹, die, wie jeder geistige Lehrer betont hat, von entscheidender Wichtigkeit ist. Dabei kommt es zu einem überwältigenden Gefühl der Befreiung, und das Ego wird in das *Überselbst* aufgenommen und von ihm absorbiert werden. Wir haben das Gefühl, daß aus den mysteriösen Tiefen unseres eigenen Seins ein anderes Selbst zum Vorschein gekommen ist und Besitz von uns ergriffen hat. Was hier stattfindet, ist eine buchstäbliche Verdrängung des niederen Bewußtseins seitens des höheren, so wie die sich in einem Gefäß befindliche Wassermenge von einem in dieses Gefäß gelegten Gegenstand verdrängt wird. Wir haben einen Übergang vom niederen Selbst zum höheren bewirkt, vom niederen Willen zum höheren. Es ist der heilige Moment, in dem ein Mensch sein höheres Potential verwirklicht, das heißt, in dem er sich seines göttlichen Teiles bewußt wird. »Dadurch, daß sie weder denkt noch Wünsche hat, gelangt sie zur mystischen Stille, in der Gott mit der Seele spricht und dieser die Weisheit lehrt,« so erklärte Miguel de Molinos, der spanische Adept, der als Dank für seine Dienste, die er mystischen Suchern überall in Europa erwiesen hatte, gefoltert wurde. Erst jetzt können wir verstehen, warum es trotz der Behauptung, daß das *Überselbst* wartend im Herzen thront, ein Fehler wäre, es als eine rein passive Wesenheit zu betrachten und den Weg zu ihm als ein einseitiges Unterfangen. Ganz im Gegenteil. Es hat unsere Suche gelenkt, zieht uns nach innen zu sich selbst und verbreitet seine belebende Gnade zu verschiedenen Zeiten. Erst jetzt sind wir in der Lage zu sehen, daß das, was wir für unsere eigene letzte Entdeckung hielten, in Wirklichkeit ein wahrer Akt der Selbstoffenbarung seitens des *Überselbstes* ist, genauso wie der letzte Akt der Vereinigung, der *Unio mystica*, eine Adsorption durch das höhere Selbst darstellt. Wenn der Geist im ersten Stadium die äußeren Ablenkungen hinter sich lassen muß und im zweiten die inneren, dann muß er im dritten seinen eigenen Egoismus hinter sich lassen. Seine Suche nach der inneren Realität seiner eigenen Selbstheit, der Quintessenz seines eigenen Bewußtseins ist damit zu Ende gekommen.

Obwohl wir das Gefühl haben, in eine andere Seinswelt hineingezogen zu werden, empfinden wir bei diesem Erlebnis eine so lebensspendende Selbsterfüllung, daß wir mit unverrückbarer Überzeugung wissen, daß es sich hier um das handelt, wonach wir schon immer am meisten gesucht und dem wir schon immer den höchsten Wert beigemessen haben. Während wir uns in diesem Stadium befinden und ganz in ihm gesammelt sind, empfinden wir sogar das außerordentliche Gefühl, daß wir keine Fremden sind, daß wir schon immer hier gewesen sind und daß dies unsere natürliche Beschaffenheit ist. In diesem Tiefschlaf der körperlichen Sinne und Gedanken der Person wird die ursprüngliche Form des wahren menschlichen Seins gefunden. Dann wissen wir, daß es sich hier um den unendlichen Ursprung unserer endlichen Existenz handelt. Hier frohlockt der müde Wanderer ob seiner Rückkehr in sein wahres Vaterland. Die Überzeugung, daß dies tatsächlich das *Wirkliche* ist, wird hier stärker empfunden als das jemals bei anderen Arten von Erlebnissen der Fall war. Daß das höhere Selbst dort, in dieser mystischen Region, durch lange Ewigkeiten hindurch auf uns gewartet hat und daß diese Begegnung mit ihm die folgenschwerste unseres ganzen Lebens ist, ist eine Intuition, die uns heftig durchzuckt.

Zu solchen Zeiten ist es die Seele, die unser Alltagsselbst in die Hand nimmt. Dieser psychologische Zustand ist instinktiv von dem ausgeprägten Gefühl begleitet, daß wir uns zu einer höheren Ebene unseres Seins hinaufschwingen, und von der Freude angesichts unserer Befreiung von den gewöhnlichen Erschütterungen und Unruhen des Egos. Das bewirkt, daß wir das Gefühl haben, in uns selbst vollständig und zufrieden zu sein, ein wundervolles Gefühl, das wir niemals übertreffen können. Denn das Selbst, dessen wir uns jetzt bewußt werden, ist soviel erhabener als unser gewöhnliches ewig frustriertes Ego, wie eine echte Blume im Vergleich zu einer künstlichen. In diesem Moment, in dem die Stimmung der Kontemplation zu ihrer vollen Entfaltung kommt, fühlt der Mensch, daß er von einer geringeren Daseinsdimension zu einer neuen höheren übergegangen ist, daß es sich dabei um einen Zustand handelt, dessen Realität und Autorität sich selbst bestätigen, daß jener geistig aufklärt, unseren persönlichen Willen zeitweilig außer Kraft setzt und daß nichts, wonach wir uns jemals gesehnt haben, so befriedigend sein kann wie dieses wunschlose Bewußtsein. Angesichts des glücklichen Glanzes, der majestätischen Stille und des dynamischen Erwachens dieses Erlebnisses wird die Seele, die bisher nur ein intellektuelles Konzept, nur eine frucht- und blutlose Vorstellung war, mit Leben und Kraft erfüllt. Die normale Herrschaft des Egos verschwindet, aber dessen Bewußtsein wird nicht aufgehoben, während das *Überselbst* uns durchdringt. Sie beide existieren Seite an Seite, wie zwei konzentrische ineinanderliegende Kreise, nur mit dem einen Unterschied: daß alles Böse, das im Ego vorhanden ist, für die Zeit dieses Überschattens völlig neutralisiert und alle weltlichen Einstellungen und irdischen Wünsche restlos transzendiert worden sind. Das gesamte moralische Wesen des Menschen wird geläutert und erhöht. Die Strömung, die in uns eingedrungen ist, wirkt auf die letzten Überbleibsel unserer niederen Natur wie ein Lösungsmittel, wobei insbesondere Eigenschaften wie animalische Begierden, intellektuelle Zweifel, Böswilligkeit, Stolz, Trägheit und Rastlosigkeit aufs Korn genommen und unverzüglich still gelegt werden.

Mit dem Verblassen der Sinneswahrnehmungen, Gedanken, Wünsche, Emotionen und des Wollens im tiefsten Stadium verblaßt auch das Ego mit seinen irdischen Interessen und verschwindet ganz und gar. Wo sich alle Fähigkeiten in der mystischen Stille gesammelt haben, wo Wille und Denken reglos in deren Armen liegen, wo keine Gedanken eindringen, um sie zu stören, da ist der Geist von Natur aus im Gleichgewicht und außergewöhnlich heiter. Der Strom der Gedanken kommt zu Ende. Wir versinken in eine heilige Stille – weit, tief und vollständig – wie wir sie nie zuvor gekannt haben. Je näher wir dem *Überselbst* kommen, um so bewußter werden wir uns der Stille, die es wie eine Aura zu umgeben scheint. Der sich beim Meditieren vollziehende Übergang vom Normalbewußtsein zur mystischen Kenntnis stellt einen Übergang vom quälenden Aufruhr zur heilenden Heiterkeit dar. Wir scheinen ein Land ewiger Ruhe und Stille zu betreten, dessen mysteriöser Friede sich mit einem unglaublichen Entzücken auf unsere Seele legt. Ein seltsames Gefühl überkommt uns, als ob ein milder Zauber uns gefangen hielte, als ob ein kleiner Kreis unbewegter Stille um unsere sitzende Figur gezogen worden sei.

Es gibt eine Totenstille, die lediglich die Abwesenheit von Worten bedeutet, und es gibt eine lebendige Stille, die wirklich die Gegenwart Gottes bedeutet. Es ist dieser Zustand, zu dem Sankt Augustin in Europa folgende Überlegung angestellt hat: »Hörst du in deinem Innern die Affirmation ›Wahrheit‹, dann verharre dort, wenn du das kannst.« Und Gaudapa hatte in bezug auf diesen Zustand im Himalaja geraten: »Berühre ihn [den Geist] nicht, wo er den Zustand des Gleichgewichts gefunden hat.«

Aber wenn der Meditierende einerseits nicht zu schnell von dieser inneren Stille abfallen sollte, dann sollte er es sich andererseits auch nicht angewöhnen, zu lange in ihr zu verweilen. Es ist bereits erwähnt worden, daß für diese Übung des kontemplativen Grades sechsundzwanzig Minuten ausreichen. Aber solcher Rat wird nur den Studenten des philosophischen Mystizismus gegeben, denn nur sie suchen ein ausgeglichenes und integrales Ergebnis zu erreichen. Alle anderen werden ihn verwerfen.

Gelegentlich geht die Verbreitung der Gnade, die das Bewußtsein nach ›innen‹ zieht, so schnell vonstatten, daß sie den Widerstand des Egos mit Gewalt überwinden muß. Ist das der Fall, dann kommt es zu einer abrupten, aber intensiven Zusammenballung der Emotionen im Herzen, zu einer plötzlichen, aber überwältigenden Sehnsucht nach der in diesem weilenden Seele und zu einer ungeheueren Erregung der Gedanken allgemein. Es ist möglich, daß die Augen sich unwillkürlich schließen, damit wir uns besser konzentrieren können, wobei sich die sie umgebenden und hinter ihnen liegenden Muskeln um einen gemeinsamen Mittelpunkt – die Lücke zwischen den Augenbrauen – stark zusammenziehen. Nach einer Weile läßt die nervöse Aufregung nach, und eine wunderschöne Ruhe tritt an ihre Stelle, der die liebende freudige Wahrnehmung der Seele entspringt, die bereits an anderer Stelle beschrieben worden ist.

Aber der Meditierende, der dieses Stadium erreicht – und das gelingt nur ein paar Entschlossenen – erfreut sich dessen zauberhafter Beschaffenheit nur für eine begrenzte Zeit. Wir erleben wiederholt, daß das *Überselbst* für eine Weile Besitz von uns nimmt, was mit einer Verdeckung des Egos zusammenfällt, und daß umgekehrt das Ego wieder in Erscheinung tritt und dann das *Überselbst* verdeckt wird. Aber alsbald verliert sich dieses Gefühl, von einem anderen Wesen überschattet und von dessen göttlicher Aura umschlossen und gehalten zu sein. Unser Verlangen nicht beachtend, kommt die Visitation zu Ende. Diesen Verlust können wir weder durch Willenskraft noch durch List verhindern. Eine derart tiefgründige Selbstabsorption kann nur für eine kurze Zeit erreicht werden. Daß uns dieser heilige Zeitraum überhaupt zuteil wird, ist eine Sache. In der Lage zu sein, ihn aufrechtzuerhalten, eine ganz andere. Mag sich dieses schöne Erlebnis auch verlieren, so bleibt doch dessen schöne Erinnerung zurück.

Wird nun die Frage gestellt, warum diese Stadien nicht außerhalb der Spitzenstunden der Meditation aufrechterhalten werden, dann verbirgt sich die Antwort auf diese Frage in der Frage selbst. *Mit dem Meditieren alleine ist es nicht getan.* Die Erfüllung aller Vorraussetzungen hinsichtlich der Ausübung der Meditation bringt uns in unserer Berufung als Mystiker voran, ist aber für sich genommen nicht ausreichend. Darüberhinaus werden wir aufgefordert, *philosophische* Mystiker zu werden, die Möglichkeiten unserer ganzen Psyche zur Entfaltung zu bringen und nicht nur unsere intuitiven. Der Versuch, das geistige Bewußtsein zu erlangen, ist nicht ausschließlich eine Sache der Aneignung von Konzentration, sondern auch eine Sache, die jeden Aspekt des menschlichen Lebens betrifft. Wäre die Suche nur ein technischer Prozeß und ihre Probleme nur Probleme der Meditationsmethodik, dann wäre sie ein Leichtes. Aber sie ist mehr, viel mehr als das. Denn sie geht auch die Emotionen, Sehnsüchte und Wünsche, den Willen und sogar einen unbekannten Faktor – die Gnade des *Überselbstes* an. Wir müssen eine integrale und komplette Suche verfolgen. Trifft der Aspirant bei seinen Versuchen, mit nach innen drängender Konzentration nach innen zu gehen, auf Hindernisse, dann steht mit Sicherheit fest, daß einige dieser Hindernisse von seinen irdischen Bindungen und ihn extrovertierenden Wünschen herrühren. Deswegen müssen unsere Versuche, den Zustand der stillen, sich auf einen Punkt konzentrierenden Aufmerksamkeit zu erlangen, unbedingt Hand in Hand mit einer analytischen und emotionellen Läuterung des Herzens gehen.

Wir können mit der Meditation nur dann Erfolg haben, wenn wir über Ehrfurcht und Sensitivität verfügen, nur dann, wenn wir ihr den Charakter einer Handlung liebevoller Hingabe geben und sie einer tiefempfundenen Verehrung entspringt. Das Ausbleiben erfolgreicher Ergebnisse rührt in vielen Fällen ausschließlich von der Mißachtung dieser Regel her. Es ist eine unerläßliche Vorraussetzung für Fortschritte auf dieser Suche, daß die Liebe zur göttlichen Seele mit leidenschaftlicher Inbrunst empfunden werde. Nur der komplette vierfältige Weg kann zu einer bleibenden Erkenntnis führen. Aus diesem Grunde sollten sich unsere weiteren Anstrengungen auf dieses Ziel richten. Eben dieses vereinte Bemühen von Wille und Intuition, von Denken und Fühlen, ist das, was den integralen Weg ausmacht. Durch unentwegtes Ausüben der Meditation und durch beharrliche Mühe werden wir mit der Zeit in der Lage sein, uns nach Belieben in diesen tieferen Zustand zu versetzen und unser Bewußtsein in diesem aufrechtzuerhalten. Wo diese Meditation über das *Überselbst* als unser eigenes Selbst durch die gemeinsame und gehobene Anstrengung des Denkens, Fühlens, Wollens, der Intuition und des unermüdlichen Strebens ununterbrochen ausgeführt und auf immer stabilisiert wird, soll der Mensch das höchste Ziel des Lebens erreicht haben.

3 Karma – das Gesetz von Ursache und Wirkung

Die wörtliche Bedeutung des Wortes Karma ist ›handeln‹ und die angewandte besagt einfach, daß das Karma eines Menschen selbstgemacht ist. Durch seine Handlungen hat er sich zu dem gemacht, was er jetzt ist – die ursprüngliche Bedeutung des Begriffes Karma beinhaltet auch die geistigen Handlungen des Menschen. Karma stellt einfach eine Kraft des *Universalgeistes* dar, Ordnung zu bewirken, das Gleichgewicht wiederherzustellen und Ausgleich zu schaffen. In der Sphäre menschlichen Betragens führt das zu dem Ergebnis, daß jede Handlung des Menschen irgendwie, irgendwann und irgendwo letzten Endes auf ihn selbst zurückfällt. Keine Tat verbraucht sich bei ihrer Ausführung; früher oder später trägt sie Früchte, die der Täter unweigerlich wird ernten müssen. Das Karma ist eine sich selbst bewegende Kraft. Niemand, ob Mensch oder Übermensch, muß sie in Betrieb setzen und bedienen.

Praktisch geschrieben und nicht akademisch würden wir als Philosophen und nicht als Philologen behaupten, daß Karma Ergebnis bedeutet, das Ergebnis dessen, was gedacht und getan wird. Ein solches Ergebnis mag sich augenblicklich einstellen oder verschoben werden; es mag, soweit wir das feststellen können, teilweise erzielt werden, aber in seinem vollen Ausmaß wird es jenseits unserer bewußten Kenntnis erzielt werden. Der Glaube, daß es völlig mit weit in der Ferne liegenden Wiedergeburten verknüpft sei, ob mit vergangenen oder zukünftigen, ist maßlos übertrieben. Die Hauptsphäre seiner Auswirkungen ist immer das Leben, in dem diese Gedanken und Handlungen zustande gekommen sind.

Niemand braucht sich vor dem Wort Karma zu fürchten, weil es einen exotischen Klang hat. Es bedeutet das, was auf einen Menschen als Konsequenz seines Denkens und Handelns zukommt, und es bedeutet die Kraft oder das Gesetz, welche ihm solche Konsequenzen zuteil werden läßt. Aber es bedeutet auch, daß die Vergangenheit eines Menschen sich in diesem jetzigen Leben auswirkt. Schicksal bedeutet die Art und Weise dieser Verarbeitung.

Mit diesem Schlüssel des Karmas in unseren Händen können wir sehen, wie das Leben von einer klaren Unvermeidlichkeit regiert wird, wie die Effekte vergangener Handlungen uns nur allzuoft in derselben Geburt wieder einholen, und wie so vieles, was uns passiert, das verkettete Resultat dessen ist, was wir früher getan haben. Wir müssen keineswegs immer auf eine weitentfernte zukünftige Inkarnation warten, um die Auswirkungen des Karmas zu spüren. Sie lassen sich oft in der gegenwärtigen beobachten. Wieviele Handlungen im Leben eines Menschen, wieviele seiner emotionellen Neigungen und geistigen Angewohnheiten lassen sich nicht direkt auf die Ereignisse zurückführen, von denen er in seinem gegenwärtigen Leben persönlich betroffen worden ist?

Allerdings tragen wir die angehäuften Erinnerungen der Ereignisse aller vergangenen Leben nicht mit uns herum. Was für eine Last sie für uns darstellten, wenn dem so wäre! Aber das, was das Wertvollste an ihnen ist, tritt als unser Gewissen wieder in Erscheinung, und das, was am einträglichsten ist, als unsere Weisheit, während all unsere Erfahrung als unsere derzeitigen Eigenschaften und Neigungen wieder zum Vorschein kommen.

Intelligenz und Gewissen pflichten einer solch tragbaren und noblen Doktrin gerne bei.

Die Existenz des Karmas als ein Prinzip in der Natur kann nur abgeleitet werden; sie läßt sich auf keine andere Art und Weise beweisen. Aber diese Art von Schlußfolgerung gehört zu der gleichen Kategorie wie die, auf Grund welcher ich die Existenz der Antarktis bejahe. Ich habe die Antarktis noch nie besucht, bin aber gezwungen, die Tatsache ihrer Existenz aus vielen anderen Tatsachen abzuleiten. Gleichermaßen bin ich gezwungen, die Tatsache des Karmas aus vielen anderen abzuleiten.

Wir können das Wesen des Karmas besser begreifen, wenn wir es mit dem Phänomen der Elektrizität vergleichen, deren Übersetzung, Leitung und Bewegung gute Parallelen zur karmischen Wirkungsweise darstellen.

So wie eine den Berg herabstürzende Lawine keinen moralischen, sondern einen natürlichen Prozeß darstellt, so stellt auch das über einen Menschen hereinbrechende Leid nur eine kausale Konsequenz und keine moralische Strafe dar. Besser gesagt handelt es sich hier um eine Richtigstellung des Gleichgewichts, und nicht um eine vorsätzliche Berichtigung einer Ungerechtigkeit seitens der Gottheit.

Ist die poetische Idee der Nemesis unbegründet oder kann sie wirklich als eine Tatsache angenommen werden, die einerseits unabhängig von persönlicher Überzeugung oder individueller Erfahrung ist, aber andererseits wie alle wissenschaftlichen Tatsachen abhängig von den Proben der Vernunft und der Nachprüfung? Die Antwort lautet ›ja‹; die Wiedergeburt kann für wahr gehalten werden, weil sie, wie alle wissenschaftlichen Gesetze, mit allen anerkannten Beweisen übereinstimmt. Dennoch ist es falsch und unwissenschaftlich, von einem ›Gesetz‹ des Karmas zu sprechen. Das Karma ist nicht ein Gesetz, das befolgt oder nicht befolgt werden soll, und es ist auch nicht ein Strafkodex für Übeltäter. Es stellt einfach das Prinzip der unvermeidbaren Konsequenzen dar.

Karma und Willensfreiheit

Wer behauptet, daß das Karma alle Zufälle ausschließt, predigt Prädestination und beweist dadurch, daß er das Karma nicht verstanden hat, denn der Unterschied zwischen diesen beiden Lehren ist wie der Unterschied zwischen einer festen Struktur und einem flexiblen Prozeß.

Ist der menschliche Wille frei oder nicht? Die Behauptung, daß unser Schicksal sich in unseren Händen befinde, entspricht nicht der vollen Wahrheit; wahr ist, daß es sich teilweise in unseren Händen befindet. Uns sind Grenzen gesteckt, innerhalb welcher wir unser Leben leben müssen. Aber diese Situation unterscheidet sich radikal von der, in welcher wir keinerlei Einfluß auf unsere Zukunft haben. So etwas wie eine völlig fatalistische Form, in welche unser Leben gegossen werden müßte, gibt es nicht; wir verfügen über ein gewisses Maß an Freiheit, aber nicht über totale Freiheit.

Es ist wahr, daß sich die Zukunft des Menschen weder vorhersehen noch berechnen läßt, solange er das Element der inneren Freiheit in sich trägt. Aber dieses Element existiert nicht für sich allein. Es gibt darüber hinaus eine ungebrochene, aber verborgene Kette von Ursachen, die unser gegenwärtiges Leben mit dem verbindet, was in unserer weit entfernten Vergangenheit früherer Leben seine Wurzeln hat. Zu behaupten, daß unser Wille frei sei und es mit einer solchen Feststellung getan sein lassen, heißt eine Halbwahrheit aufstellen. Unser Wille und unser Karma sind immer gleichzeitig vorhanden.

Wir tolerieren die Tyrannei der Vergangenheit, weil wir schwach sind, weil wir noch nicht diese Erkenntnis unseres ureigenen Seins gewonnen haben, die uns stark und überlegen macht. Wir erben den Körper von unseren Eltern durch die Gene, die dessen unentwickelte Anfänge darstellen, aber unseren Geist erben wir von uns selbst. Was wir in früheren Leben geistig gesehen waren, ist das Erbe, das wir in unserem jetzigen antreten und entfalten. Sowohl Vererbung als auch Umwelt stellen den Nährboden des sich entfaltenden Geistes des Menschen dar, der selbst woanders geboren war, wenn es sich auch so verhält, daß dessen Attraktionen und Affinitäten zu eben dieser Vererbung und Umwelt geführt haben.

In diesem Kampf gegen vom Schicksal gesandte Zustände können menschlicher Wille und persönlicher Einsatz im Umfang ihrer eigenen Grenzen durchaus etwas ausrichten.

Wir fragen uns vielleicht, ob es auf unserem ganzen Weg nicht einen Punkt gibt, wo wir wirklich eine Wahl haben, wo wir wirklich die Möglichkeit haben, die eine oder die andere Richtung einzuschlagen und tun können, was wir tatsächlich tun wollen. Unsere Freiheit besteht darin, daß uns zwar frei steht, zwischen der einen oder anderen Handlung zu wählen, wir aber zwischen den sich aus diesen Handlungen ergebenden Konsequenzen nicht wählen können. Wir haben Anspruch auf unseren inneren Frieden, gleich wie unsere äußere Zukunft aussieht. Es steht uns zu, unsere eigenen Lebensziele festzulegen, uns unsere eigenen Überzeugungen auszusuchen, unsere eigenen Ideen zu bilden, unseren Wünschen nachzugeben und unseren Aversionen Ausdruck zu geben, all das ganz nach Belieben. Hier in dieser Sphäre des Denkens und Fühlens, von Aktion und Reaktion, kann sich unser Wille größtenteils frei bewegen.

Wir sind die Opfer unserer Vergangenheit, die ihre Schatten auf uns wirft. Es ist nicht möglich, sie völlig auszuradieren und mit der Aufzeichnung unserer Lebensgeschichte auf einem frischen Blatt zu beginnen. Wir müssen uns mit den Konsequenzen unserer Gedanken und Taten abfinden, bis wir aus ihnen lernen und weise werden. Dann werden wir durch eine Veränderung gegenwärtiger Ursachen dazu beitragen, diese Effekte der Vergangenheit zu modifizieren. Tränen können sie nicht wegweinen.

Unser Leben wird durch das Schicksal bestimmt, aber es wird nicht völlig von ihm vorherbestimmt. Eine ausschließlich fatalistische Lebensanschauung ist falsch; schlimmer, sie ist darüber hinaus gefährlich, weil sie uns die Hoffnung gerade dann verwehrt, wenn sie am meisten not tut.

Es ist klug, sich in das Unvermeidliche zu schicken, aber zuerst müssen wir sicher sein, daß es das Unvermeidliche ist. Es gibt Zeiten, wo es weiser ist, gegen das Schicksal wie ein gefangener Tiger anzukämpfen, und Zeiten, wo es weiser ist, angesichts seiner so still zu sitzen wie eine schnurrende Katze am Kamin.

Der Verlauf unserer Erfahrung, insofern er freud- oder leidbringend ist, ist teilweise durch unsere Handlungen in vergangenen Existenzen vorherbestimmt und teilweise die Konsequenz der Ausübung unseres freien Willens. Die beiden Faktoren der dynamischen Freiheit und des deterministischen Schicksals sind in unserem Leben ständig am Werk.

Jeder Mensch ist sein eigener Vorfahre. Unser vergangenes Denken ist der Vater unserer gegenwärtigen Tendenzen und trägt zu unseren gegenwärtigen Taten bei.

Daß Zufälle und Glück ihre Rolle im Leben eines Menschen zu spielen scheinen, ist eine Tatsache, die niemand, der über eine reiche Lebenserfahrung verfügt, bestreiten könnte. Aber die Behauptung, daß diese Ereignisse ganz blind sind, ist nicht gerechtfertigt. Wir mögen die seltsamen Entscheidungen des Schicksals vielleicht nicht verstehen können, aber wir sollten immer fest daran glauben, daß das Schicksal seinerseits von einem unerbittlichen Gesetz regiert wird. Es gibt tatsächlich eine äußere Triebkraft, die ihre Hand mit im Spiel des Lebens hat, und hinter dem menschlichen Dasein liegt eine unendliche Weisheit.

Das Karma hat einen doppelten Charakter. Einerseits gibt es die Art von Karma, die durch nichts, durch keine noch so cleveren Pläne geändert werden könnte, und andererseits gibt es die Art von Karma, die wir durch Gegengedanken und Gegenmaßnahmen, oder durch Reue und Gebet verändern können. Böses Karma läßt sich nicht ohne moralische Reue ausmerzen, obschon es durch Scharfsinn modifiziert werden kann.

In einem Kapitel von *Living Philosophies* stellt Albert Einstein fest: »Ich bin nicht der Meinung, daß wir philosophisch gesehen jemals in den Besitz der Freiheit kommen können, denn wir handeln nicht nur unter äußerem Zwang, sondern auch aus innerer Notwendigkeit heraus.« Schopenhauers Äußerung: »Der Mensch kann sicher tun, was er will, aber seine Motive kann er nicht bestimmen,« hat in meiner Jugend einen großen Eindruck auf mich gemacht und war mir immer eine Quelle des Trostes, wenn ich die Härte des Lebens mit ansehen mußte oder sie am eigenen Leibe zu spüren bekam.

Willensfreiheit kontra Schicksal – das stellt eine uralte und unnütze Streitfrage dar, die völlig künstlich ist und aus diesem Grunde so, wie sie gewöhnlich dargestellt wird, nicht gelöst werden kann. Es handelt sich hier nicht um Widersprüche, sondern um Ergänzungen. Sie stellen keine Gegensätze dar. Der Kluge kombiniert beide. Angesichts unserer Unkenntnis der Faktoren des Karmas und der Evolution sind alle Diskussionen eines solchen Themas unwirklich, oberflächlich und illusionär. Als geistige Wesen sind wir freilich im Besitz eines freien Willens, nicht aber als menschliche Lebewesen. Das ist der Schlüssel zu dieser ganzen Angelegenheit.

Wenn wir die Bedeutung der Worte untersuchen, anstatt so leichtfertig mit ihnen umzugehen, dann wird sich herausstellen, daß in diesem Falle der Begriff ›Willensfreiheit‹ häufig das glatte Gegenteil von der Idee darstellt, die er eigentlich bezeichnen soll. Wo ist denn die wirkliche Freiheit eines Menschen, welcher der Sklave seiner Gelüste und seinen Leidenschaften verfallen ist? Wo wir dem Ausdruck geben, was wir für unseren eigenen Willen halten, da geben wir in Wirklichkeit dem Willen dieser Gelüste und Leidenschaften Ausdruck. Solange Begierde, Leidenschaft, Umwelt, Erbgut und Suggestionen von außen den tatsächlichen Ursprung unserer Handlungen darstellen, wo bleibt da unsere wirkliche Willensfreiheit? Ohne Befreiung vom Wollen und Wünschen gibt es keine Freiheit des Willens. Solange der Mensch sein wahres Selbst nicht findet, kann er auch nicht seinen wahren Willen finden. Das Problem Schicksal kontra Selbstbestimmung kann erst gelöst werden, wenn wir es verstanden haben, und nicht vorher. Und dieses Verständnis liegt außerhalb unserer Reichweite, solange wir an dieses

Problem mit der gewöhnlichen oberflächlichen Methode herangehen, anstatt mit dem selteneren semantischen Ansatz. Unser Wille ist frei, aber nur relativ frei.

Die Willensfreiheit ist eine Tatsache des menschlichen Daseins, aber das Schicksal ist eine größere Tatsache. Um uns ein genaues Bild von diesem Dasein machen zu können, dürfen wir diese beiden Faktoren nicht voneinander trennen, wobei sich deren genaues Größenverhältnis allerdings nicht bestimmen läßt. Wir wissen aber, daß dem Schicksal ein größeres Gewicht beizumessen ist. Uns steht nur ein begrenztes Maß an Willensfreiheit zur Verfügung; wir können unser Leben nicht völlig selbst bestimmen.

Der Lauf des Schicksals wird weder vom blinden Zufall beherrscht noch durch ein unerbittliches Los bestimmt. Der menschliche Wille ist teilweise frei und die menschliche Umgebung teilweise festgelegt. Dinge, mit denen wir nie gerechnet haben, tauchen in unserem Leben mit schmerzhaftem Schock oder erfreulicher Überraschung auf. Die Freiheit, die wir gerne besäßen oder zu besitzen meinen, wird immer von einem unberechenbaren Element durchkreuzt.

Ort und Zeit, Art und Bedingungen der Geburt eines jeden Menschen, wie auch seines Todes, sind völlig durch eine sich außerhalb des persönlichen Willens und der persönlichen Freiheit dieses Menschen befindlichen Kraft vorherbestimmt. Genauso wie die Hauptereignisse und Hauptgestalten des früheren Erdenlebens eines Menschen nach dessen Tode vor ihm wie in einem Spielfilm in Erscheinung treten werden, so werden die neuen Ereignisse und Gestalten seiner kommenden Inkarnation vor ihm in Erscheinung treten, wenn er seinen neuen irdischen Wohnsitz aufschlägt. Genauso wie er im Erlebnis nach dem Tode den Gesamtverlauf seines früheren Lebens vom gehobenen Standpunkt seines höheren Selbstes aus betrachtet und deshalb die Gründe und Ursachen, die zu diesen Situationen und Handlungen führten, wahrnimmt – wobei er zu der Erkenntnis kommt, daß das menschliche Leben von Weisheit, Zweck und Gerechtigkeit bestimmt ist –, so ist er umgekehrt in der Lage, das kommende Erdenleben von diesem höheren Standpunkt aus zu betrachten und die karmischen Ursachen der auf ihn zukommenden Ereignisse und Handlungen zu verstehen, die seine früheren Tendenzen aller Wahrscheinlichkeit nach zustande bringen werden. Diese bildliche Vergegenwärtigung der Vergangenheit und Zukunft hat durchaus ihren Wert, wobei es sich allerdings um einen unterbewußten Wert handelt. Die Folge ist, daß tief im Denken und Herzen des Egos etwas registriert wird. Schließlich weist die Philosophie darauf hin, daß das Schicksal die größere Rolle im Leben eines Menschen spielt. Das bedeutet aber nicht, daß die Ereignisse unabänderlich vorherbestimmt sind. Sie sind nur teilweise vorherbestimmt. Eine derart statisch fatalistische Lebensauffassung bedeutet ein Leben, in dem jedwede Initiative abgetötet und jedweder Fortschritt zertreten worden ist. Diese blinde Teilnahmslosigkeit fußt nicht auf wirklicher Geistigkeit, sondern auf falschem Denken. ›Weil das ganze Universum ein Ausdruck des Willens *Gottes* ist und weil jedes Ereignis im Universum stattfindet, muß jedes Unheil notgedrungen als ein Ausdruck des göttlichen Willens akzeptiert werden.‹ So lautet die Logik.

Die beste Methode, mit welcher der in dieser Behauptung versteckte Trugschluß aufgezeigt werden kann, ist, ihn neben einen Gegensyllogismus stellen. ›Weil das ganze Universum ein Ausdruck des Willen *Gottes* ist und weil sich jeder individuelle Widerstand gegen das Unglück in diesem ereignet, ist ein solcher Widerstand notwendigerweise ein Ausdruck des Willens Gottes‹.

Es darf aber nicht angenommen werden, daß der Mensch tatsächlich so hilflos ist, wie er uns scheint. Ein Großteil seines Schicksals wurde von ihm selbst in der Vergangenheit verursacht. Er hat es verursacht, und deswegen kann er dazu beitragen, es zu ändern. Das Schicksal ist Herr über ihn, aber sein freier Wille hat ein gewisses Maß an Kontrolle über das Schicksal. Allerdings trifft das nur in dem Maße zu, in dem er aus den Lektionen, die ihm auf Grund seiner Erlebnisse erteilt werden, lernt und diesen freien Willen kreativ ausübt.

Weil die göttliche Seele im Menschen vorhanden ist, ist der Mensch verpflichtet, in seinem Denken und Leben göttliche Eigenschaften widerzuspiegeln. Wenn er dem zu entrinnen sucht, dann wird ihm dieser Wille unter großen Schmerzen aufgezwungen. Dann wird er sich niemals eine wirkliche Willensfreiheit verschaffen können.

Karma und Wiedergeburt

Wie ist angesichts der Abwesenheit eines den Körper überlebenden Egos die endlose Fortsetzung des Karmas möglich? Wie kann es zu einer Kontinuität der karmischen Existenz kommen, wenn diese einen kompletten Bruch erleidet? Das ist eine Frage, die auch von denen noch nie adäquat beantwortet worden ist, die, wie die buddhistischen Philosophen, über die animistischen Seelenwanderungsvorstellungen, die bei den gewöhnlichen unphilosophischen Hindus vorherrschen, hinausgegangen sind. Noch kann sie jemals adäquat beantwortet werden, solange wir uns nicht den rationalen Schlüssel zu diesem wichtigen Problem verschaffen – nämlich den Schlüssel des *Mentalismus;* denn nur mit Hilfe des Mentalismus können wir die Widersprüche erklären, die mit der Behauptung verknüpft sind, daß das Karma angesichts der Abwesenheit eines Ego-Wesens, an welches es sich sozusagen klammern könnte, weiter besteht. Und das wird auf die folgende Art und Weise bewerkstelligt: erstens postuliert der Mentalismus, daß alle Dinge geistige Dinge sind; zweitens, daß der Geist zwei Phasen hat, die bewußte und unterbewußte; drittens, daß das, was aus dem Bewußtsein verschwindet, ins Unterbewußtsein geht; viertens, daß letzteres einen wundervollen Verwahrungsort aller jemals existierenden Ideen und Kräfte darstellt, wenn sie dort auch in nur rein latenter Form aufbewahrt werden; fünftens, daß sowohl Ego als auch Karma ihr von Geburt an existierendes Verbindungsglied aus dieser unterbewußten Schatzkammer erhalten. Karma als ausgleichender Prozeß ist im Unterbewußtsein zu Hause. Auf unmerkliche Art verbindet es die Frucht einer Handlung mit ihrem Agens, die Konsequenzen unserer Taten mit dem Ego; und da Zeit und Ort im Unterbewußtsein nicht existent sind, ist es in der Lage, ungehindert zu funktionieren und den Abgrund zwischen Wiedergeburten zu überbrücken. Das Ego, so betonte Buddha, entsteht temporär als eine Verbindung von fünf Dingen: nämlich dem Körper, den einzelnen Sinneswahrnehmungen, den Maximen, den typischen Eigenschaften und dem Wachbewußtsein; aber wenn diese beim Tod zerfallen, dann geht auch das Ego zugrunde. Man darf sich das Ego nicht als ein Einzelwesen vorstellen, das diese fünf Elemente miteinander verbindet, sondern vielmehr als die illusorische Konzequenz ihres gleichzeitigen Beisammenseins und Verschmelzens. Aber das Ego ist nicht auf immer und ewig zunichte gemacht, sondern wird dem Unterbewußtsein einverleibt, wo es als eine latente Möglichkeit weiter existiert. Die Macht des Karmas, die an sich eine Macht des unterbewußten Geistes ist, nimmt letztere zur angemessenen Zeit auf und verkehrt sie in eine Tatsache, das heißt, es kommt zu einer neuen Wiedergeburt, deren Körpertypus und Schicksalsumstände gemäß der früheren Leben von dieser diktiert werden. Es handelt sich hier also nicht um ein Ding, das von einem Körper zum anderen wandert, sondern um einen geistigen Prozeß.

Die Schwierigkeiten des Lebens haben ihren Ursprung größtenteils in unserem persönlichen Schicksal, wobei letzteres durch die Gedanken und Taten unserer früheren Leben vorherbestimmt ist. Der Ausweg aus vielen dieser Schwierigkeiten besteht darin, die Wurzeln ihrer Ursache, oder anders ausgedrückt, die Macht dieses früheren Karmas zu entfernen, welche nur deshalb weiter lebt, weil wir als Einzelwesen weiterleben. Aus diesem Grunde sollte die Beseitigung des Individualitätsgefühls unser Hauptziel darstellen, aber eine derartige Beseitigung kann erst bewirkt werden, nachdem wir herausgefunden haben, was Individualität wirklich ist.

Aus Erfahrung lernen heißt, aus einer langen Reihenfolge von Versuchen und Irrtümern lernen. Durch das dabei zustandekommende Leiden werden wir gezwungen, unsere Urteilsfähigkeit ins Leben zu rufen, was uns wiederum dazu veranlaßt, unsere fehlerhaften und falschen Geisteshaltungen fallenzulassen und uns auf eine höhere Ebene zu begeben. Der Mensch wird von Ereignissen erzogen, und er kann nicht damit rechnen, in einem Leben alle Aufgaben zu meistern, die das Leben stellt.

Selbst inmitten der Schrecken, die das Leben des Menschen heute vom Meer, der Luft und Erde aus bedrohen, tun wir gut daran, uns vor Augen zu halten, daß die Möglichkeiten des menschlichen Lebens nicht durch die Ereignisse dieser einen Inkarnation erschöpft werden, gleich wie diese beschaffen sind. Wir werden zurückkehren, um die alte Suche wieder aufzunehmen, um sie einen Schritt weiter zu verfolgen; und alles, was wir in unserem Denken gemeistert und in unserem Tun erreicht haben, wird bald wieder aufs neue versammelt sein. Nichts, was des Geistes ist, geht jemals verloren, ja sogar unsere großen Lieben und die, die wir hassen, werden unsere Bahnen mit freundlichen oder unfreundlichen Gesichtern wieder kreuzen. Die Schüler werden höher und immer höher nach ihrem wahren Lehrer suchen und keine Ruhe finden, bis ihre Ohren den Klang der richtigen Worte vernehmen; der Lehrer wird gezwungen sein, auf ihre langsame Wiederbelebung einer uralten Erinnerung und geistigen Reife mit Gleichmut, aber voller Mitgefühl zu warten.

Der Mensch vergißt schnell, aber das Karma erinnert sich immer. Das Gehirn, mit welchem der Geist arbeiten muß und welches bei jedem neuen Körper ein neues ist, kann an diesem unendlichen Reichtum von Erinnerungen nicht teilhaben. Nur dem Menschen, der in einer speziellen Meditationsmethode, bei der eine intensive Konzentration auf die Erinnerungen des jetzigen Lebens verlangt wird, ausgebildet worden ist, ist es gelegentlich möglich, einige dieser Erinnerungen wieder ins Leben zu rufen; aber hin und wieder tauchen solche Erinnerungsfragmente bei ungeschulten dafür sensitiven Persönlichkeiten spontan auf.

In bestimmten Fällen, in denen ein Mensch, dem auf der geistigen Suche großartige Fortschritte vorherbestimmt waren, sich willentlich weigert, diese anzutreten oder einen solchen Antritt ungeduldig auf später verschiebt, greift das *Überselbst* nicht selten in den Verlauf der Dinge ein, indem es das Karma frustrierter Ambitionen, enttäuschter Hoffnungen und sogar zerstörter Gesundheit freisetzt. Dann wird der Wanderer aus lauter Verzweiflung oder von qualvollen Schmerzen gepeinigt vom Becher der freiwilligen Entsagung trinken oder die schäbigen Kleider der Selbstverleugnung anlegen. Aus diesem Leid heraus läßt die Kraft seines Egos nach. Unser wirklicher Feind auf diesem Weg ist das ›Ich‹, denn es stellt die Ursache unserer materiellen Leiden und seelischer Qualen dar und blockiert darüberhinaus die Pforten zur Wahrheit. Je bedrückender der Verlauf der weltlichen Ereignisse für ihn wird, um so häufiger wird er lernen, sich dieser Depression zu entziehen, um Vergessenheit in der geistigen Kontemplation zu suchen. Für einen Anhänger des Mystizismus genügt es, auf dieser Art und Weise einen temporären Frieden zu finden; aber nicht für einen Anhänger des philosophischen Mystizismus. Ein solcher muß die Frage der Bedeutung dieser Ereignisse teil seiner Kontemplation machen. Wenn er diese unpersönliche Einsicht gewonnen hat, dann mag er auf sein vergangenes Leben zurückblicken und verstehen, warum so vieles, was geschehen ist, einfach geschehen mußte.

Die Lehre des Karmas klärt die Bedeutung einer unglückseligen Situation auf, in der sich ein Mensch befindet. Ohne ihr Licht werden wir oft, aber zu Unrecht, der Meinung sein, daß die Schuld ausschließlich bei anderen liege – und können nicht erkennen, daß wir zumindest teilweise mitschuldig sind.

Die Geschenke und Rückschläge des Schicksals müssen gleichermaßen als Ideen betrachtet werden. Nur so können wir uns erheben und in eine Region wirklicher Ruhe vordringen.

Die törichten Fehler der Vergangenheit werden bald in Vergessenheit geraten sein, aber unser Charakter wird sich ihrer erinnern. Obwohl die Kräfte der Vererbung und der Einfluß der Umwelt die Hauptkräfte hinter den Handlungen eines Menschen zu sein scheinen, gibt es auch tief verwurzelte Tendenzen, die aus einer unbekannten und längst vergessenen Vergangenheit mit herübergebracht worden sind. Der Mensch kann seiner Vergangenheit nicht völlig entrinnen; die Auswirkungen sind hier in ihm vorhanden und in seiner Umwelt. Nicht alle der von ihr verursachten Probleme sind gelöst, nicht alle Schulden beglichen worden. Alle vergangenen Gedanken und früheren Erfahrungen haben seine Intelligenz und seinen Charakter zu ihrer gegenwärtigen Entwicklungsstufe gebracht. Alles Karma aus früheren Inkarnationen hat uns zu dem Punkt gebracht, an dem wir uns jetzt als ein spezielles menschliches Wesen befinden. Jetzt läßt sich nichts an dem ändern, was wir sind. Wir sind heute die Gesamtsumme einer Myriade von vergangenen Eindrücken.

Der Mensch ist der Niederschlag seiner eigenen Vergangenheit und verursacht umgekehrt im Laufe seines Lebens einen neuen Niederschlag. Auf diese Art also ist die Menschenrasse dem Prozeß der körperlichen Wiedergeburt unterworfen. ›Laßt uns unsere Augen offen halten, damit sie nicht unter Schmerzen für uns geöffnet werden‹, so plädierte Albitis, der türkische Schriftsteller.

Buddha sagte:

›Und so geschieht es, meine Schüler, daß ein mit Glauben versehener, ein mit Rechtschaffenheit versehener, ein mit der Kenntnis der Lehre versehener, ein mit Resignation und Weisheit versehener Bhikshu auf die folgende Art Zwiesprache mit sich selber hält.‹ »Wohlan, könnte ich, wenn sich mein Körper beim Tode auflöst, eine Wiedergeburt in eine mächtige Prinzenfamilie hinein erwerben?« Er denkt diesen Gedanken, verweilt bei diesem Gedanken und läßt diesen Gedanken nicht mehr los. Die Shankaras und Viharas (innerer Zustand), die er so in sich bewahrte und hegte und pflegte, führten zu seiner Wiedergeburt in einer solchen Existenz. Dies, oh Schüler, ist die Straße, dies ist der Weg, welcher zur Wiedergeburt in einer solchen Existenz führt.‹

Es gibt keine einfachere oder befriedigendere Erklärung der Armut oder des Reichtums, wodurch die eine menschliche Herkunft sich so stark von der anderen abhebt, und keine logischere Lösung der so stark auseinandergehenden Unterschiede, die im menschlichen Charakter geradezu im Überfluß vorhanden sind. Wir kommen immer wieder auf diese Erde zurück, weil dies der wirksamste Weg ist, Weisheit zu lernen. Wir schließen nur deswegen Freundschaften auf den ersten Blick, weil wir die Fäden einer verborgenen Vergangenheit wieder aufnehmen.

Das Karma und die Religionslehren

Professor Hocking hat, wie verlautet, festgestellt, daß das Christentum nur dann eine Weltreligion werden kann, wenn es die Wiedergeburtsidee von den Hindus übernimmt, und daß die Bergpredigt ohne diesen Glauben nicht zu verstehen ist.

Die ersten Glaubensbekenntnisse impften vermittels geschichtlicher Mythen und legendärer Gestalten und vermittels ihres Appells an die Angst und Hoffnung ethische Gebote ein; die neuesten Glaubensbekenntnisse werden die schlichte ungeschminkte Wahrheit zum Ausdruck bringen, daß der Mensch richtig leben muß, weil er die Früchte seiner eigenen Taten wird essen müssen. Der reife Kopf braucht eine philosophische Erklärung, während der kindliche, von Aberglauben benebelte, mit einer erdichteten zufrieden ist. Die Ethik der früheren Jahrhunderte beruhte auf vagen Ängsten vor einem mit höchster Wahrscheinlichkeit existierenden Gott; die Ethik unserer jetzigen Zeit beruht auf einer völligen Indifferenz gegennüber einem nicht existierenden Gott. Erstere führte zu einem gewissen Maß an Zügelung des menschlichen Betragens, die zweite führt zu keinerlei Zügelung. Die Ethik der Zukunft wird auf dem rationalen Verständnis der Macht des Karmas, des Gesetzes der persönlichen Verantwortung beruhen; und dies wird zur richtigen Zügelung des menschlichen Verhaltens führen. Wenn wir die Grenzen der Lebensumwelt kontemplieren, die ungewollten Annehmlichkeiten und unvermeidlichen Härtefälle, werden wir uns der Macht des Karmas bewußt.

Auf dem Gebiet des menschlichen Betragens ist Karma mit dem Charakter des Menschen gleichzusetzen, nicht mehr und nicht weniger. In Wirklichkeit haben wir so viel Willensfreiheit, wie wir brauchen. Wenn wir die sich uns anbietenden günstigen Gelegenheiten nicht beim Schopfe packen, weil wir zu blind sind, sie zu erkennen, dann liegt der Fehler bei uns. Wenn wir uns auf eine Sache einlassen, die anfänglich und äußerlich gesehen profitabel ist, aber letztlich vollkommen gegen uns arbeitet und eine ganze Reihe von anderen nicht wünschenswerten Handlungen zur Konsequenz hat, dann sollten wir nicht über die Grausamkeit des Karmas weinen, sondern über unseren eigenen Mangel an Intelligenz. Die gewohnheitsmäßigen Selbstbemitleider mögen im Karma einen günstigen Sündenbock sehen, aber die Wahrheit ist, daß es der ethische Standard und die geistigen Eigenschaften eines Menschen sind, die die verborgenen Faktoren darstellen, von welchen sein Schicksal vorherbestimmt wird. Das Karma ist keineswegs eine Idee, die das Denken des Menschen abzustumpfen oder ihm die Hände zu lähmen braucht. Es hat einen positiven Wert und übt einen wiederbelebenden Einfluß aus, denn es erweckt sowohl bei Nationen wie auch beim Einzelmenschen einen Sinn für moralische Verantwortlichkeit, was bewirkt, daß wir die von vergangenen Fehlern verursachten Wunden freiwillig heilen.

Früher oder später wird der Mensch die ihn dominierenden Gedanken und Emotionen in die Tat umsetzen oder verbal zum Ausdruck bringen. Da gibt es kein Entrinnen, denn die Welt, die ihn umgibt, ist zum großen Teil ein Spiegelbild seines eigenen Charakters. Ist der Abzug einer Pistole erst einmal abgedrückt worden, dann kann keine spätere Handlung seitens des Schützens die Kugel aus ihrer vorherbestimmten Schußbahn bringen. Mit anderen Worten, eine abgeschossene Kugel kann nicht wieder in die Revolvertrommel zurückgerufen werden; sie muß ihren Lauf nehmen, bis sie irgendwo trifft. Und wenn die Gedanken und Gefühle der Menschen intensiv genug und lang genug gehegt worden sind, treffen sie irgendwo in dieser materiellen Welt auf ein Ziel und treten entweder als physische Ereignisse oder physische Umgebungen wirder vor ihnen in Erscheinung. Die karmischen Prozesse gehören dem Bereich des Bewußten an – das heißt dem Bereich des Individuums, dem Gebiet von Raum und Zeit.

Kulte, die lehren, daß das Schicksal entweder keine Rolle spielt oder nicht existiert, sind Kulte, die den Menschen niemals wirklich zum Glück führen können, denn sie sind ein Beispiel für das blinde Führen der Blinden, etwas, was uns sicher nicht unbekannt ist. Das Schicksal existiert, und es ist klug, sich dieser Tatsache zu stellen und sie anzuerkennen. Dessen Existenz einfach zu leugnen, schafft es nicht aus der Welt. Es ist da, und es läßt sich durch nichts wegbeten und wegmeditieren, denn es existiert zugunsten des Menschen – um seiner ethischen und intellektuellen Erziehung und Bildung willen – und weil er, solange er in dieser Welt lebt, das eine nicht ohne das andere haben kann. Die Christenlehre ist entkräftet und hat keinen Einfluß mehr, weil es ihr an Aktualität und Unmittelbarkeit fehlt. Wenigen Menschen wird heute die Aussicht auf einen Aufenthalt in einem zweifelhaften Fegefeuer Angst einjagen, noch lassen sich die wenigsten durch die Aussicht auf einen unsäglich langweiligen Aufenthalt in einem orthodoxen Himmel erfreuen. Was sie brauchen, ist etwas, das sich jetzt und hier aufs Leben und nicht auf unsichtbare Himmelreiche anwenden läßt. Heute kann der moderne Mensch im orthodoxen Dogma nicht die ausreichende Antriebskraft finden, die ihn dazu bewegte, eher ein moralisch gutes Leben zu führen als ein schlechtes. Die Schwierigkeiten der Welt lassen sich auf diesen Mangel an einer gesunden Basis für die Ethik zurückführen, durch die die zerbröckelnde von der Religion gelieferte Basis ersetzt werden könnte. John Locke hat gesagt, ›Wenn es keinen Gott gäbe, dann müßten wir einen erfinden, um die Menschen im Zaum zu halten‹. Ich bin allerdings der Meinung, daß eine solche Erfindung unnötig ist; mit der Einführung des Glaubens an die Lehre des Karmas könnte das gottlos schlechte Betragen der Menschen genausogut gezügelt werden. Die aktuelle und uralte Idee, daß der Atheismus notwendigerweise zu Unmoral und Verderbtheit führt, trifft nicht auf die philosophische Sorte des Atheismus zu, weil hier der Karmabegriff dazukommt, demzufolge der Mensch sich selbst bestraft.

Es ist von größter Wichtigkeit, daß die Massen unter keinen Umständen ihren Glauben verlieren, daß die Welt von einem moralischen Zweck regiert wird, selbst wenn sie ihre Religion verlieren. Es gibt kein übernatürliches und außerhalb befindliches Wesen, welches willkürlich karmische Belohnungen oder Bestrafungen verabreicht oder darüber Kontrolle hat. Wir selbst produzieren deren Saat, ohne uns dessen bewußt zu sein; bei der nächst günstigen Gelegenheit keimt sie und bringt ihre eigenen Früchte hervor.

Heutzutage praktiziert eine große Anzahl von Menschen Moralität, ohne aktiv an die Religion zu glauben. Wer das anzweifelt, hat die Tatsache nicht gründlich genug untersucht. Die Moralität ist nicht so abhängig von der Theologie, wie sie das bei primitiven Gesellschaften war, denen es an Bildung fehlte. Heute holen sich die Menschen effektiven Rat aus Zeitungsartikeln und Büchern, die von vernünftigen und rationalen Denkern verfaßt werden, und Rat von den Wissenschaftlern der Welt – all dies ohne ein einziges Wort von der Kanzel.

Worin besteht dann die Hoffnung für den Westen? Ein neues Glaubensbekenntnis mit seinen unbegründeten Versprechungen eines zukünftigen Paradieses zu propagieren, heißt lediglich, mehr Religion anbieten, mehr von einer Medizin, die bereits versagt hat, die Leiden der Menschheit zu lindern. Es gibt nur eine einzige Hoffnung, nämlich die Wahrheit zu verabreichen.

Die Rechtfertigung der Religion bestand darin, daß sie die Massen innerhalb bestimmter moralischer Grenzen gehalten hat, aber das hat sie durch Drohungen und Furcht erreicht. Wenn der Aberglaube, welcher offen gesagt eine Lüge bedeutet, in der Lage ist, die Massen innerhalb moralischer Grenzen zu halten, dann kann die Wahrheit sicher genauso viel wenn nicht mehr ausrichten. Die Antwort lautet, daß sie dazu in der Lage ist. Wir brauchen den Massen nicht die ganze Wahrheit anzubieten, denn sie sind nicht bereit, sie zu empfangen, aber wir können ihnen eine wichtige Lehre geben, welche weder mit der Vernunft noch mit der Wissenschaft in Konflikt gerät und welche ihnen doch eine solide Grundlage für eine echte Moralität liefert. Es handelt sich dabei um die Lehre des Karma. Gleichzeitig wird ein auf einer solchen Lehre fußender Moralkodex all die Kraft eines auf der Religion basierenden Kodex aufweisen – mit dem einen Unterschied, daß er dort Erfolg erzielen muß, wo die Religion versagt hat. Laßt uns also den Versuch unternehmen, einen solchen Kodex auf dieser festeren Grundlage aufzubauen. Aber ein Wort der Warnung: So etwas wie das Proselytentum gibt es nicht, und wer sich einbildet, einen Konvertiten gemacht zu haben, macht sich selber lächerlich. Die Erfahrung formt unsere Ansichten, Unterweisung bestätigt sie nur.

Stellte das unfehlbare Karma die einzige Kraft hinter dem menschlichen Glück und Unglück dar, dann stünde es um die meisten von uns schlecht. Wir verfügen weder über die Kenntnis, die Kraft, noch die Tugendhaftigkeit, viel guten Verdienst anzuhäufen. Ganz im Gegenteil, wir verfügen über all die Unkenntnis, Schwäche und Sündhaftigkeit, ganze Berge von Fehlern anzuhäufen. Aber die Mildtätigkeit hinter dem Universum ist dergestalt, daß wir nicht ausschließlich der Behandlung durch das Karma anheimgestellt sind. Neben ihm gibt es noch eine andere Kraft – die Kraft der Gnade. Beide Kräfte wirken zusammen, obschon niemand voraussagen kann, wie viel vom einen oder wie wenig vom anderen in einem gegebenen Fall zu Tage treten wird. Allerdings mögen wir der Realität und Aktivität der Gnade unumstößlich versichert sein. Gäbe es keinen endgültigen Weg der Befreiung von irdischer Knechtschaft, dann würde unser Vorrat an selbstverschuldetem Schmerz bei jeder Geburt in einem solchen Ausmaß anwachsen, daß er sich nie erschöpfte. Dann könnte uns unsere enorme Last karmischer Sünde niemals vergeben werden, und wenn er sich erst einmal im Bösen verlöre, dann wäre der Mensch auf immer verloren. Aber die Erlösung ist unser aller letztes Los, und nicht das Monopol einiger weniger; und keiner wird von der Erlösung ausgeschlossen sein, denn wir alle sind im Kreis der göttlichen Liebe enthalten.

Karma und zwischenmenschliche Beziehungen

Die dem Familienleben eigenen Umstände bringen nicht selten zwei Seelen zusammen, deren karmische Beziehung nicht eine Liebes-, sondern eine Haßbeziehung ist. Sie mögen als Bruder und Schwester oder sogar als Mann und Frau zusammengebracht werden. Welche philosophische Haltung sollte der eine dem anderen gegenüber einnehmen? Nehmen wir als konkretes Beispiel einen Fall ehelicher Zwietracht, dann kann – ohne Vorurteil gegen solche praktische Methoden wie Trennung und Scheidung, die durchaus notwendig erscheinen mögen – gesagt werden, daß der aufgeklärtere Partner den anderen in erster Linie als einen Mittler zur Offenlegunng sehen sollte, der seine oder ihre eigenen Fehler scharf umreißt, und in zweiter, als Labor, in dem er oder sie mit der Ausmerzung solcher Fehler experimentieren kann. Wenn nun die Frau häufig in leidenschaftliche Zornesausbrüche gerät oder ständig nörgelt und mit Beleidigungen um sich wirft, dann sollte verhindert werden, daß ihre Provokationen ihrerseits den Zorn des Mannes hervorrufen, sondern im Gegenteil seine latente Selbstbeherrschung; ihr Mangel an Rücksichtnahme sollte bei ihm keinen dementsprechenden Mangel hervorrufen, sondern umgekehrt mehr Rücksichtsnahme. Auf diese Art kann die durch ihr Betragen entstandene Situation in eine günstige Gelegenheit umgewandelt werden, zu höheren Dingen emporzusteigen. Jeder häusliche Zank, gleich wie geringfügig, sollte ihn in die Lage versetzen, etwas von den in ihm selbst vorhandenen göttlicheren Aspekten an den Tag zu legen. Gesetzt den Fall, die beiden Ehepartner sind absolut nicht für einander geschaffen oder werden sich später trennen müssen, dann sollte der Aufgeklärtere das dadurch verursachte Elend dazu benutzen, bei seiner Suche nach dem Glück mit noch größerer Entschlossenheit auf die Unabhängigkeit von äußeren Dingen hinzuarbeiten und sich mehr auf solch innere Genugtuungen verlassen, welche nur die geistig Besten hervorbringen. Darüber hinaus sollten sie ihm klarmachen, daß er lediglich altes Karma wiedergutmacht, das er durch eigene Impulsivität, Stupidität oder Leidenschaftlichkeit selbst verschuldet hat.

Die schlimmste Art von körperlichem Karma wird durch Mord geschaffen. Da ist die Strafe unvermeidlich, mag sie sich noch so verzögern. Der Mörder wird selbst ermordet werden, aber nicht notwendigerweise in derselben Inkarnation. Die schlimmste Art von geistigem Karma wird durch Haß geschaffen. Ist er intensiv genug und anhaltend, dann kommt es zu destruktiven Krankheiten, die das Fleisch zerfressen.

Es ist nicht einfach, die Flut dieser Gedankenwellen zum Stillstand zu bringen. Wir haben jene im Verlauf vieler Inkarnationen als Angewohnheiten aufgebaut. Diese geistigen Tendenzen, die zu unseren sehnsüchtigen

Wünschen und Leidenschaften geworden sind, sind nichts anderes als Ideen, die uns bei unseren früheren Geburten eingeimpft worden sind.

Gautama legte dar, daß eines der einen Buddha kennzeichnenden Merkmale darin besteht, daß dieser ganz genau *versteht*, wie seine Gedanken, Gefühle und Wahrnehmungen zustande kommen, bestehen und vergehen, und daß jener demzufolge angesichts ihrer nicht ins Schwanken gerät, sondern in der Lage ist, sie komplett in seiner Gewalt zu behalten. Eine derart ideale Perfektion der Selbstbeobachtung und Selbstkenntnis mag dem Durchschnittsmenschen nicht möglich sein, aber man kann zumindest ein bißchen davon erzielen, wobei der Gewinn unverhältnismäßig viel größer ist als der erforderliche Kraftaufwand.

Selbst wenn wir in körperlicher Hinsicht ein beklagenswertes Schicksal zu erdulden haben, sollte unsere Reaktion anders aussehen als die des geistig Unbewußten. Wir mögen dieselben Erfahrungen machen müssen wie er, sollten uns dabei aber immer vor Augen halten, daß wir nicht das Ego sind, und versuchen, uns von diesem unvermeidlichen Leid nicht unterkriegen zu lassen. Ganz im Gegenteil, es soll uns eine Quelle des ständigen inneren Auftriebs sein. Wir sollten immer versuchen, der »Selbstzeuge« zu sein, gelassen und über all das erhaben.

Der Mensch, der unendlich viele Geburten lang auf der Erde gelebt hat, verfügt über einen Reichtum an ereignisreicher Lebenserfahrung und sollte weiser sein als der, der nur ein paar Geburten gehabt hat.

Das Ausmaß der karmischen Konsequenzen einer Tat entspricht dem Nachdruck, mit dem sie ausgeführt wird. Der *Weltgeist* zeichnet unsere höchsten Bestrebungen, aber auch unsere gemeinsten Gelüste gewissenhaft auf. Ist der Gedanke, die Emotion oder willig ausgeführte Tat nur flüchtiger und nichtiger Natur, dann bleibt der Eindruck lediglich latent. In diesem Fall wird kein Karma erzeugt. Eindrücke, die sehr schwach sind oder nicht durch Wiederholung aufgebaut werden, sind ziemlich ineffektiv, aber wenn sie sich durch ständige Wiederholung und gehäuftes Auftreten verstärken, dann werden sie schließlich karmisch und führen zu eindeutigen Ergebnissen. Schon allein aus diesem Grunde ist es klug, einen Fehler – vorausgesetzt man bemerkt ihn – im Keime zu ersticken und ihm den Garaus zu machen, bevor er stark genug wird, ernsthafte Schäden anzurichten. Darüber hinaus ist es weise, sich folgende Tatsache vor Augen zu halten: daß hohe Ideale, an denen man unerschütterlich festhält, und hohe, tief im Herzen verwurzelte Sehnsüchte zur gegebenen Zeit qualitativ gleichartige Früchte tragen.

Wir sollten uns klarmachen, daß jeder Mensch gemäß seiner langen Lebenserfahrung denkt und handelt, die ihn zu der Verständnisebene gebracht hat, auf welcher er sich jetzt befindet. Deswegen kann ein solcher Mensch nur so sein, wie er ist, nicht anders.

Verfolgen wir einmal die karmischen Einflüsse. Wo gibt es denn die reiche, von allen beneidete Familie, die nicht ein Gerippe des Leidens, Unglücks oder der Krankheit im Schrank stehen hätte? Wer kennt nicht den, bei dem sogar zwei oder drei solche Skelette vorzufinden sind? Wir mögen, wie so viele andere in dieser umnachteten Zeit, die Erfahrung gemacht haben, daß das Leben mysteriöse und potente karmische Einflüsse in sich birgt, die mit ihren verhängnisvollen Händen das zerstören, woran uns am meisten liegt; die uns Erfolge erzielen lassen und diese dann vor unseren Augen zunichte machen; die sich verheerend auf die Gesundheit und vielleicht sogar das Leben derer auswirken, die uns so lieb und teuer sind. Das Herz mag uns so oft wortlos geblutet haben.

Wir verursachen unsere eigene Last latenten Leidens, wenn wir mit unseren Handlungen anderen Unrecht tun, und rufen bittere letzte Konsequenzen ins Leben, wenn wir Gedanken des Hasses entstehen lassen. Die Macht der Wollust, Habsucht und des Zornes ist blind und führt für die Menschheit, wenn sie nicht kontrolliert und nicht in Zaum gehalten oder gesteuert wird, zu unendlich viel Leid und Elend.

Ein Feuer kann dazu benützt werden, einen Braten zu braten, oder dazu, einen Menschen am Marterpfahl zu rösten. Das Feuer an sich ist nichts Böses, aber sein Gebrauch oder Mißbrauch sind entweder gut oder böse; und das hängt wiederum von den Impulsen ab, die im Herzen eines Menschen wirken, von den Tendenzen, die er aus seinen vergangenen Leben mit herübergebracht hat. Im Grunde genommen sind böse Kräfte unsere eigenen bösen Gedanken. Die Welt wird vom Bösen befreit sein, sobald der Mensch sein Denken befreit. Aber nicht vorher. Der Geist stellt das Agens dar, welches die karmischen Vorgänge bewirkt. Es ist nicht nötig, ein außerkosmisches übernatürliches Wesen hinzuzuziehen, um zu erklären, wie des Menschen Taten vergolten werden.

Nationales Karma

Das Karma ist kein Traum. Wer Tatsachen haben will, der kann sie haben. Die Russen haben ihren riesigen Damm und riesiges Wasserkraftwerk bei Dnieperpetrovsk zum größten Teil mit Hilfe der den Bauern und politischen Gefangenen abgenötigten Zwangsarbeit errichtet. Dieses Bauwerk war der ganze Stolz der Kommunisten. Aber als die deutsche Armee im Anmarsch war, sahen sie sich gezwungen, es in einem einzigen Tag mit ihren eigenen Händen zu zerstören. Was sie mit derart unethischen Mitteln aufgebaut hatten, nützte ihnen letzten Endes nichts. Das Karma stellt keine verknöcherte Fossiliendoktrin dar. Im innersten ihrer Herzen erkennen die Menschen, daß die Welt vom Gesetz der ewigen Gerechtigkeit regiert wird, welches sowohl den, der Gutes, als auch den, der Schlechtes wirkt, unerbittlich zur Rechenschaft zieht; man muß ihnen diese Wahrheit nur wieder ins Gedächtnis rufen – dann akzeptieren sie sie. Bei unserem modernen Lebenswandel mag sie fast ein Leben lang unterdrückt werden, aber letzten Endes beugen sich die meisten von uns dem Glauben, daß ein Teil der Zukunft bereits vorherbestimmt ist und jedermann unsichtbar auf der Stirn geschrieben steht. Emerson sagte einmal: »Wenn wir eine Kette um den Hals eines Sklaven legen, dann legen wir das andere Kettenende um unseren eigenen Nacken.«

Mit Gewaltanwendung oder Hirn oder mit beidem kann sich ein Mensch Erfolg verschaffen, aber die Angelegenheit hört dort nicht auf. Nach dem erzielten Erfolg tritt das Gesetz des Karmas in Kraft und verlangt seinen Preis; bezahlen müssen wir mit Fehlschlägen oder Leiden oder mit beidem.

Das Schicksal nimmt seinen immerwährenden Lauf, verzögert ihn hin und wieder, um neue historische Kanäle zu finden, die für seinen weiteren Gang nötig geworden sind. Die Nation, die als erste Gasbomben auf eine unbewaffnete Zivilbevölkerung wirft, wirft sie auf die eigene. Wenn es ihr nur bewußt wäre: Die Nation, die die Gesetze der Rechtschaffenheit bricht, zerbricht auch ihr eigenes Glück und ihren eigenen Wohlstand.

»Wer die Ungerechtigkeit liebt, winkt das Unglück herbei; es ist, als ob uns das Echo unserer eigenen Stimme wieder antworte.« Hätten die Japaner sich diesen weisen Rat aus einem ihrer alten Bücher, dem aus dem neunzehnten Jahrhundert stammendem *Teaching of the words of Truth,* zu Herzen genommen, dann wäre ihnen die mißliche Lage, der sie sich am Ende des zweiten Weltkrieges gegenübergestellt sahen, erspart geblieben.

Wenn wir verstehen wollen, was in der Welt vor sich geht, dann müssen wir zuerst einmal verstehen, daß das kontinentale und nationale Karma die versteckten Ursachen der Qualen darstellt.

Eine Nation kommt durch die Addition jedes Einzelwesens zustande. Wir sind eines dieser Individuen, deren Denken und Betragen mit dazu beiträgt, das Karma unserer Nation herzustellen. Das Thema des Kollektivschicksals ist äußerst kompliziert, weil es sich aus so viel mehr Elementen zusammensetzt als dem Einzelschicksal. Der einzelne, der in eine bestimmte Nation hineingeboren wird, muß sowohl am Allgemeinschicksal dieser Nation teilhaben als auch an seinem eigenen. Sollte er es vorziehen, diese Nation zu verlassen, um in ein anderes Land überzusiedeln, dann wird er an einem neuen kollektiven Schicksal teilnehmen, das sein eigenes zwangsläufig abändern und bei ihm seine Spuren hinterlassen wird. Auf Grund dieser Spuren tritt entweder eine Verbesserung seines Schicksals ein, indem ihm bessere Gelegenheiten geboten werden, oder eben dessen Verschlechterung.

Es gibt ein kollektives Nationalkarma, das langsam anwächst und dann zur Tatsache wird. Wenn eine Gruppe von Menschen zusammen lebt und arbeitet, entweder in einem Land oder einer Stadt, dann schaffen sie sich allmählich ein nationales oder kommunales Schicksal, das sie zu tragen haben. Gelegentlich fällt das Ergebnis gut aus, gelegentlich schlecht, aber allgemein gesehen stellt es eine Mischung aus beidem dar. Daher treffen wir in der Geschichte solche Dinge wie National- und Rassenschicksal an. Das Karma wirkt nicht weniger unter den Gesellschaften der Menschheit als unter den einzelnen selbst. Das Leben von Nationen, wie auch das von einzelnen, bildet einen Wechselrhythmus von Finsternis und Licht. Auf Epochen großer Rückschritte folgen Epochen großartiger Fortschritte.

Hätte die Geschichte Indiens wohl eine gänzlich andere Richtung eingeschlagen, wenn es keinen Clive gegeben hätte, der die britische Armee zum Sieg führte? War Indiens Geschichte von vornherein schon so vom Schicksal bestimmt, daß die Pistole, mit welcher sich der junge, damals in Madras weilende Clive zweimal zu erschießen beabsichtigte, einfach nicht feuern wollte und Clive weitere Selbstmordversuche unterließ?

Wenn ein ganzes Volk die Straße des Vergehens und Verbrechens beschreitet, dann bittet es das Leid zu Gast, daß es es läutere und aufkläre. Solange eine Gesellschaft von Selbstsucht regiert wird, solange wird sie ihre Leiden aufgetischt bekommen müssen. Solange Nationen die Not anderer Nationen gleichgültig ist, solange werden sie früher oder später von diesen Nöten mitbetroffen sein. Ein reiches Volk kann sich nicht der Mitverantwortung entziehen, die ihm aus seiner Weigerung, den ärmeren Völkern beizustehen, erwächst, noch kann sich ein mächtiges ihrer entziehen, wenn es nichts gegen die Verfolgung anderer unternimmt, noch eine aggressive Rasse, wenn sie sich mit Gewaltanwendung zum Herrn der Schwächeren macht. Die Weltkriege liefern unzählig viele Beweise für diese Wahrheiten. Große Sünden haben große Strafen mit sich gebracht. Wir leben in einer Zeit unermeßlicher, sich durch Leiden vollziehender Läuterung.

Aber selbst inmitten dieses Sogs von Haß und angesichts der grausigen Schrecken dürfen wir niemals die innere Einheit der Menschheit vergessen und daß selbst die Tyrannen in ihrem innersten Wesen dieser letzten göttlichen Einheit teilhaftig sind.

Letzten Endes muß gesagt werden, daß die traurige Situation in der Welt eine selbstverschuldete war; und weil sie selbstverschuldet war, war sie notwendig. Die Welt mußte erleben was sie erlebte, weil sie ethischer und intellektueller Unterweisung bedurfte, obschon diese spezielle Form der Erziehung unangenehm und schmerzhaft ist. Was die Menschheit ganz offensichtlich aus ihrem weiteren gegenwärtigen Leiden zu lernen vermag, ist, daß es einen tatsächlichen Frieden nicht geben kann, solange wir einander nicht mit gutem in die Tat umgesetzten Willen begegnen, sondern nur mit dessen Vortäuschung, daß äußerer Frieden sogar als Deckmantel für die Vorbereitung zum Krieg dienen mag. Wir haben ja gelernt, daß Verträge nichts mehr als Papierfetzen sind, wo sie nur mit Tinte und nicht auch im Herzen geschrieben stehen. Die klügsten Köpfe Europas haben versucht, die Probleme zu lösen, von denen sie auf allen Seiten umgeben waren, aber ohne Erfolg. Sie hatten zwar den Verstand, aber nicht den guten Willen; hätten sie den besessen, dann hätten sich diese Probleme leicht lösen lassen. Aber der gute Wille fehlte, und er fehlte wegen der den Menschen angeborenen Hab- und Selbstsucht. Solange wir meinen, um jeden Preis an dem festhalten zu müssen, was wir unseren Besitz nennen und darüber hinaus der Ansicht sind, daß wir diesen ständig zu mehren verpflichtet seien, solange werden wir wohl kaum vom guten Willen motiviert. Selbstsucht zwingt den Menschen, an seinen Besitzgütern festzuhalten und sie zu mehren; dagegen gemahnt ihn das Gute, daß er nur deren Verwalter ist. Nur auf Grund wiederholter Leiden fangen wir an zu lernen, daß Gerechtigkeit und guter Wille, die Haltung, zu geben und zu nehmen und sogar der Geist der Großzügigkeit absolut wesentlich sind zur Aufrechterhaltung des Friedens. Es handelt sich hier nur um ethische Eigenschaften, aber trotzdem – ohne sie gibt es keinen Frieden, ohne sie wird es immer Krieg geben. Wenn die Menschheit vermeiden möchte, dieses uralte Los immer wieder aufs neue zu erleiden, dann gibt es nur einen Ausweg, altmodisch und äußerst simpel: einen Gesinnungswechsel. Ohne diesen Gesinnungswechsel kann es nur zu einem Aufschub des Krieges kommen, zu einem temporären Herumflicken an den Problemen, aber nicht zu einer echten friedlichen Lösung. Und so kehren wir also zu einer sehr vertrauten Position zurück, daß, wenn wir zuerst nach dem Königreich Gottes suchen, uns all diese Dinge – selbst der Friede – mit zufallen werden.

Der Westen hat die Karma- und Wiedergeburtsidee nötig, wenn er nicht von seiner eigenen Unwissenheit zerstört werden will. Und in diesen intellektuellen Zeiten kann der Idee der Moralität nur durch eine solch intellektuelle Grundlage eine effektive Wirksamkeit verliehen werden.

Karma und Gewaltlosigkeit

Wir haben die Behauptung aufgestellt, daß das Karma den verborgenen Herrscher über das Glück oder Unglück des Menschen darstellt und daß die Gewalt nicht dessen letzter Richter sein kann. Aber wir sind deswegen nicht notwendigerweise der Meinung, daß eine Ethik der Gewaltlosigkeit die Anwendung der Gewalt überflüssig mache. Verweichlichte, verschwommene und sentimentale Mystiker befleißigen sich eines geradezu pathetischen Glaubens an die Macht der Gewaltlosigkeit, mit welcher sich aggressive totalitäre Systeme und brutale Waffengewalt angeblich vernichten lassen sollen. Ihre Haltung weist den Fehler auf, daß sie unangenehme Tatsachen nicht wahrhaben wollen, während ihr Heilmittel – so hochherzig es auch sein mag – einer Reise ins Absurde gleichkommt. Wenn wir die Lehre der Gewaltlosigkeit einer praktischen Prüfung unterziehen, der einzig sicheren, was tritt dann zutage? Was trug sich vor mehr als einem Jahrhundert zu, als ein paar hundert junge amerikanische Neger in West-Afrika landeten, um die Republik Liberia zu gründen? Sie sind damals speziell wegen ihrer religiös mystischen Veranlagung und wegen ihres noblen Charakters ausgesucht worden. Die meisten von ihnen waren darüber hinaus noch Quäker, und es ist eine weithin bekannte Tatsache, daß die Gewaltlosigkeit eine der Hauptlehren der Quäker darstellt. Sie waren unbewaffnet und erklärten öffentlich, daß sie ganz auf Gottes Schutz vertrauten. Aber in Wirklichkeit beschützte sie weder ihr Pazifismus noch ihr Gott: sie wurden alle bis auf den letzten Mann brutal umgebracht.[1]

Um ein weiteres Beispiel zu bringen, kommen wir nun unseren eigenen Zeiten etwas näher, zu einem Inder, der nicht nur ein ergebener Gandhianhänger war, sondern selbst für seinen heiligen Charakter berühmt. Es war Ganesh Shankar Vidyarthi. Die Geschichte betrifft einen der vielen zwischen Moslems und Hindus ausgetragenen Kommunalaufständen in Kanpur. G.S. Vidyarthi war felsenfest davon überzeugt, daß er einem fanatischen, außer Rand und Band geratenen Moslemmob nur mit der Waffe der Gewaltlosigkeit gewappnet gegenübertreten müsse und sie so tatsächlich beruhigen und den Frieden wiederherstellen könne. Was sich tatsächlich zutrug ist, daß sie ihn schnurstracks umbrachten.

Der Weise akzeptiert die mystische Doktrin der Gewaltlosigkeit aus verschiedenen philosophischen Gründen nicht. Sein praktischer Hauptgrund ist jedoch darin zu sehen, daß er den, der Unrecht begeht, nicht in seinem Unrecht zu bestärken wünscht, daß er letzterem weder den Weg ebnen und ihn auf diese Art zum Bösen ermuntern möchte, noch dessen Partei zu ergreifen gedenkt. Eine lammfromme Unterwürfigkeit unter den Willen eines Angreifers veranlaßt den Aggressor zu der Meinung, daß sich seine Methoden bezahlt machen, während ein fest entschlossener Widerstand dessen moralisches Absinken drosselt, Zweifel aufkommen läßt und im Falle einer Bestrafung sogar als eine Quelle der Belehrung dient.

Die Doktrin der Gewaltlosigkeit leitet sich von dem uralten indischen Ahimsagesetz ab. Himsa bedeutet die Zufügung von Schmerz, Leid, Körperverletzung und Brutalität gegen alle empfindungsfähigen Lebewesen – sowohl Tiere als auch Menschen. »A« stellt ein negatives Präfix dar, das die

Wortbedeutung natürlich ins Gegenteil verkehrt. Hat der Glaube, daß die Weisen einen derart nachsichtigen Verzicht, andere zu verletzen oder ihnen Schmerz zuzufügen, als eine universelle, unbedingt auf alle Personen zutreffende Ethik gelehrt haben, denn seine Berechtigung? Ganz im Gegenteil. Sie machten es klar, daß diese nur innerhalb gewisser Grenzen, was den Staatsbürger betrifft, gilt, während sie in ihrem vollen Umfang nur von solchen Mönchen und Einsiedlern angewandt werden sollte, die der Welt entsagt haben und für die die Wohlfahrt der organisierten Gesellschaft nicht mehr von Belang ist. Es ist die Pflicht und Schuldigkeit derer, die sich nicht vom Existenzkampf zurückgezogen haben, das menschliche Leben seines höheren Wertes wegen zu beschützen, wo es von wilden Tieren bedroht wird – selbst wenn wir diese töten müssen. Gewaltlosigkeit ist demzufolge keine unabänderliche Verhaltensregel, was das Tierreich angeht. Und sie ist es auch nicht, was menschliche Beziehungen angeht. Umstände treten ein, wo es recht und billig ist, sich zur Verteidigung seines Vaterlandes zu bewaffnen und die Angreifenden zu töten, oder, wenn es moralisch korrekt ist, einen mörderischen Gegner umzubringen. Was aber unter allen Umständen vermieden werden muß, ist die Zufügung von unnötigem Schmerz.

Wer zum Pazifismus als einer universell auszuübenden Lehre aufruft, mißbraucht ein ethisches Gesetz, das nur für Mönche und Asketen, die sich von der Welt losgesagt haben, Gültigkeit hat und mißversteht einen mystischen Lehrsatz der Einheit, der nur auf die innere Erkenntnis zutrifft. Beim Mystiker ist der Pazifismus bewundernswert, aber völlig fehl am Platz beim Menschen, der in der Welt steht.

Karma und des Menschen Reaktion

Der abendliche Brauch der Pythagoreer, sich selbst mit solchen Fragen wie »Was habe ich falsch gemacht?« und »Welcher Pflicht bin ich nicht nachgekommen?« ins Verhöhr zu nehmen, war ein ausgezeichnetes Gegenmittel gegen schlechtes gerade im Entstehen befindliches Karma, wobei ihr anderer Brauch, nichts zu sagen und nicht zu handeln, solange sie sich unter dem Einfluß einer Leidenschaft befanden, nicht minder hervorragend war.

Karma ist reziprok. Es bringt zurück, was wir aufbieten. Wenn der Mensch wie ein Tier lebt, dann hat er seine Geburt als Mensch mißbraucht und hat es sich nur selbst zu verdanken, wenn er in einem Tierkörper wiedergeboren wird.

Jede Religion, ob östlich oder westlich, kommt auf die qualvollen Leiden zu sprechen, welche die Gottlosen im Zustand nach dem Tode ertragen müssen. Sie verweilen angeblich für eine geraume Zeit in einer Art Unterwelt, einem Fegefeuer. In Wahrheit handelt es sich dabei um ein primitives Symbol für den höheren Lehrsatz, daß die Gottlosen nach dem Tode tatsächlich leiden, aber erst im Falle ihrer Wiedergeburt auf Erden.

Ist das Karma so eisern, daß für den Menschen keine Hoffnung besteht, dessen starkem Mechanismus zu entrinnen? Die Antwort lautet, daß wir eine solche Hoffnung ganz gewiß hegen dürfen, wenn wir auch nicht auf einen Ausweg, auf dem uns das karmische Leiden erspart bliebe oder auf dessen Abschaffung hoffen mögen. Wir dürfen allerdings darauf bauen, daß es uns erträglicher und weniger schmerzhaft gemacht werden wird – so wie die Narkose einen chirurgischen Eingriff weniger schmerzhaft und erträglicher macht – aber nur unter der einen Bedingung, daß wir die nötigen Vorraussetzungen der Reue, Wiedergutmachung und des Verzichts erfüllen. Karmische Bedrängnisse *zwingen* uns nicht, auf eine gewisse Art und Weise zu handeln, üben aber einen Druck auf uns aus, so zu handeln. Wenn wir uns dazu entscheiden, können wir diesem Druck innerlich Widerstand leisten und so dessen Effekt reduzieren oder sogar abwandeln.

Die karmischen Auswirkungen einer schlechten Tat lassen sich mit deren Gegenteil ausgleichen; und die böser Gedanken oder einer verrohten Sprache damit, daß wir ganz gezielt das Umgekehrte pflegen. Wenn einem Menschen etwas entwendet wurde, dann sollte ihm freiwillig etwas gegeben werden, das ihm gleichviel oder gar mehr bedeutet.

Wenn es wahr sein soll, daß wir unser schlechtes Karma nicht wegwünschen können, dann ist es nicht minder wahr, daß wir es mit gutem ausgleichen können und damit dessen Auswirkungen kompensieren. Buddha, der einer der größten Vertreter der Lehre vom Karma war, wies darauf hin, daß richtiges Denken und gute Taten in der Lage seien, einen Fluch des Karmas in einen Segen umzuwandeln.

Das ständige Konzentrieren auf die eine starke Idee übt sozusagen einen Druck von innen aus, was zur Folge haben mag, daß sich das physische Karma eines Menschen ändert. Karma ist ebensoviel Gedanke wie auch Handlung, dringendes Bedürfnis wie auch Tat. Das eine ist der Same, aus dem Frucht des anderen wird. Sie lassen sich nicht voneinander trennen. Auf Grund dieser lautlosen geheimen Aufzeichnung im *Weltgeist* sind diese karmischen Arbeitsvorgänge überhaupt erst möglich, so wie die Tonrillen auf einer Schallplatte es uns möglich machen, das auf ihr aufgezeichnete Lied zu hören.

Das Schicksal scheint oft auf ganz willkürliche Art und Weise zu handeln, wobei es den Verruchten scheinbar vorzieht und den, der es nicht verdient, scheinbar zu Grunde richtet, aber das ist eine Illusion, die der dunklen Umnachtung entspringt, in welcher wir uns gewohnheitsmäßig bewegen.

Denn beide Handlungen wurzeln letztlich in der Natur des Menschen selbst, der ja der endgültige Hauptrichter seines eigenen Schicksals ist. Der Mensch gleicht einer Rasse von Liliputanern, die in einem Engpaß zwischen den gigantischen Wänden der Gerechtigkeit lebt und mit ihrem Kopf unentwegt gegen diese steinernen Barrieren rennt. Die vier Götter stehen dabei und sehen zu, manchmal nachsichtig und dann wieder hart, aber immer gerecht. Von jedem verlangen sie Vergütung und Rechenschaft für die von ihm begangenen Taten. Und so hoch sind diese Wände, daß kein Mensch sie hat jemals durchbrechen können.

Die Dinge verhalten sich gemäß ihrer Natur. Die Natur zeichnet diese Handlungen auf geheime Art und Weise auf und wirft die angemessenen Ergebnisse wieder zurück, sowohl bei Gegenständen wie auch beim Menschen. Jeder von uns singt sozusagen einen Ton ins Universum hinaus, und das Universum antwortet uns in derselben Tonart. Das Karma ist das Bett, welches wir uns unbewußterweise bereiten und auf welchem wir uns eines Tages zur Ruhe legen müssen.

Bei Vorlage unserer Rechnung für das Glück oder Unglück, das uns zuteil geworden ist, vergessen wir für gewöhnlich, die ethischen Werte anzugeben, welche uns durch jedes unserer Erlebnisse vermittelt worden sind. Aber hat ein Mensch erst einmal ein gewisses Maß an Verständnis erreicht, dann wird er auch die große Wahrheit des Karmas verstehen – und zwar nicht als ein nur intellektuelles Dogma, sondern als eine ganz tiefempfundene Überzeugung. Dann wird er voller Entsetzen vor der Erinnerung seiner vergangenen Sünden und Fehler zurückschrecken. Aber er weiß nur zu gut, daß er sie nicht vermeiden kann. Er muß sie konfrontieren. Und dann wird er sich aus eigenem Antrieb, aus seinem inneren Wesen heraus, und nicht auf äußeres Anraten hin, eine Pflicht auferlegen – nämlich die Pflicht der Sühne. Er wird, soweit ihm das möglich ist, jene ausfindig machen, denen er Unrecht getan hat, und angemessene Genugtuung leisten. Weigert er sich, diese Aufgabe zu erfüllen, dann wird er seinen Frieden von diesen Erinnerungen verletzt sehen, die ihm immer und immer wieder ungeheißen aufstoßen.

Wir mögen unsere Niederlagen entweder mit Verbitterung und Ressentiment hinnehmen oder mit melancholischem Pessimismus. Beide Haltungen sind gänzlich profitlos. Es gibt einen dritten, einen besseren Weg – nämlich die Niederlage zum Ausgangspunkt für einen anderen Vormarsch zu machen. Das läßt sich erstens dadurch bewerkstelligen, daß wir uns freimütig und ohne Groll einer Selbstuntersuchung unterziehen, um unsere Fehler aufzudecken und einzugestehen, und zweitens dadurch, daß wir Reue üben und Schadenersatz leisten und einer neuen Weltanschauung den Weg bereiten.

»Der Mensch kennt seine eigene Kraft und seinen eigenen Wert erst, wenn ihm eine Prüfung auferlegt wird. Unheil spornt zur Geistesgröße an«. Wenn Seneca diese Worte zu Papier hat bringen können, als der Tyrann Nero sein Gebieter war, dann können auch wir deren Wahrheit zu einer Zeit ausfindig machen, wo die modernen Tyrannen die Welt auf den Kopf stellen.

»Jetzt, wo ich von meinem siebzigsten Lebensjahr aus zurückblicke, kommt es mir so vor, als ob mir in meinem Arbeitsleben jede Karte auf eine solche Art und Weise ausgeteilt worden sei, daß ich nicht anders konnte, als sie zu spielen wie sie kam.« Dieses Eingeständnis von Rudyard Kipling zeigt ganz deutlich, wie sein Leben in hohem Maße vom Schicksal geformt worden ist.

Das Karma behauptet nicht, daß der Mensch, der im Elendsviertel auf die Welt gekommen ist, dort stecken bleiben muß bis er stirbt. Es plaziert ihn dort, das ist wahr; aber es liegt bei ihm, seinen Kopf zu gebrauchen und sich durch persönlichen Kraftaufwand aus diesem herauszuarbeiten. Freilich ist es wahr, daß er nicht alles tun kann, was er will, denn er muß bei seiner Entwicklung von dem bereits existierenden Material ausgehen. »Ein General kann kein Glück haben, wenn er nichts riskiert«, meinte der General Sir Archibald Wavell. Das gleiche trifft auf das Schlachtfeld des Lebens zu. Wenn wir es als Sieger verlassen wollen, müssen wir bereit sein, hie und da ein Risiko einzugehen.

Die Menschen klagen über ihr hartes Schicksal und ihr ungünstiges Karma. Was wird mit uns geschehen, wenn wir erst einmal den Mantel der Philosophie anziehen? Wird die Wahrheit unsere unangenehme Zukunft annulieren und uns auf Rosen betten, als Belohnung dafür, daß wir sie angenommen haben? Setzen wir unser Karma mit unserer tiefen Einsicht außer Gefecht? Aber ach, diese trostreichen Erwartungen erfüllen sich leider nicht. Das bereits verzeichnete Karma steht immer noch, aber unsere Haltung ihm gegenüber macht eine Kehrtwende. Die Schatten, welche die Sterne auf uns werfen, verändern sich nicht, sondern wir selbst verändern uns. Von nun an sind wir entschlossen, unsere Leiden im hehren Geist der Geduld zu akzeptieren, entschlossen, uns in unser Schicksal zu fügen, aber nicht aus Schwäche heraus, sondern aus Stärke. Gelegentlich mag uns das Unglück geradezu willkommen sein, wenn wir wissen, daß es uns von unseren blockierenden Charakterschwächen befreien wird, die unserer wahren Entwicklung im Wege stehen. Bisher fiel dem Leiden die Aufgabe zu, uns zu erziehen oder uns beizubringen, das Dauerhafte anders zu behandeln als das Kurzlebige, jetzt besteht sie darin, uns auf den Zahn zu fühlen. Es bietet uns die rechten Gelegenheiten, unsere Kräfte zu messen und herauszufinden, ob das Haus des Lebens, das wir errichten, aus festen Ziegelsteinen oder aus zerbrechlichen Bedürfnissen gebaut ist.

Diese Lehre macht den Menschen nicht zum lethargischen Fatalisten und duldet auch nicht, daß wir zu aufgeblasenen eingebildeten Individualisten werden. Sie bietet weder eine Ausrede für miserable Schwächen, noch hält sie eine eingebildete Stärke künstlich aufrecht. Aber sie inspiriert und vermittelt uns eine ausgewogene Sicht unserer Möglichkeiten, eine gesunde Sicht unserer Kräfte.

Wir müssen in die Schule des Lebens gehen und vielgestaltige Erfahrungen sammeln. Wir sollen unsere Weisheit nicht nur aus Büchern zusammentragen und nicht nur aus der Meditation, sondern auch aus dem Leben an sich. Es mag sein, daß wir uns in Situationen geworfen sehen, die für unsere spirituelle Entwicklung unbrauchbar zu sein scheinen und noblen Zielen nicht gerecht werden. Aber das *Überselbst* mit seinem weitsichtigen Wissen weiß es besser. Vom philosophischen Standpunkt aus gesehen besteht kein Anlaß zum Bedauern, wenn wir mit mißlichen Umständen konfrontiert werden. Ganz im Gegenteil, sie stellen eine Herausforderung dar. Die Frage ist, was wir aus ihnen machen können. Dabei kommen drei Möglichkeiten in Betracht: Verfall, Stagnation oder Wachstum. Wenn wir uns lange genug mit diesen Ideen beschäftigt haben, sie uns vertraut und nicht mehr neu sind, wenn wir sie als das Produkt unseres eigenen Denkens und unserer eigenen Schlüsse, zu denen wir auf Grund unserer Erfahrung gekommen sind, für uns rekonstruiert haben, dann werden wir in der Lage sein, den Herausforderungen des Schicksals und den Veränderungen des Glücks mit bisher ungekannter Kraft und Klugheit gegenüberzutreten.

Dann fangen wir an zu sehen, daß dem offensichtlich menschlichen Zweck der Beziehungen mit all diesen anderen Männern und Frauen, die unsere Wege kreuzen oder Teil unseres Lebens bleiben, ein anderer tieferer Zweck zu Grunde liegt. Ob es sich dabei nun um Freunde oder Feinde handelt, ob sie uns nun Freude bringen oder Qualen, das Erlebnis, mit ihnen zusammenzutreffen, dient letzten Endes dem Zweck, uns etwas beizubringen.

Stellt sich heraus, daß jemand, auf den wir unser ganzes Glück bauen, uns in den Rücken fällt und uns untreu wird, dann können wir auf diese Episode auf zwei verschiedene Arten reagieren. Wir können auf die gewöhnliche Art reagieren und uns furchtbar ärgern, verbittert werden, uns zutiefst gekränkt fühlen und regelrechte Qualen erleiden. Oder wir reagieren auf eine ungewöhnliche Art, werden klüger, wenn auch trauriger, und besser unterrichtet, was unsere eigenen Werte und anderer Menschen Schwächen angeht. Aus einer solchen Episode läßt sich lernen, daß wir das Glück, welches durch äußere Gegenstände und durch Menschen auf uns zukommen mag, gerne willkommen heißen dürfen. Aber wir sollten uns nicht auf diese Dinge als etwas Grundsätzliches und an erster Stelle Stehendes verlassen. Ein solcher Stellenwert kann nur dem göttlichen inneren Selbst mit Sicherheit zugestanden werden. Weiter mögen wir daraus folgendes lernen: je mehr sich das

Ego über die Ursache seines Elends ärgert, je mehr es den damit verknüpften Lektionen Widerstand leistet – um so mehr leidet es. Kurz gesagt, mit diesem Vorgang bietet sich uns eine Gelegenheit, unsere Werte zu korrigieren, auf einen höheren Standpunkt zu springen und spirituellen Fortschritt zu erzielen.

Die Vergangenheit ist völlig unabänderlich, und die Gegenwart ist größtenteils durch die Vergangenheit bedingt. Aber die Zukunft ist weniger abhängig von letzterer und deshalb formbarer. Über selbstverursachtes vergangenes Unglück zu trauern, ist durchaus nützlich, vorausgesetzt es führt dazu, daß wir unsere Fehler eingestehen, unseren Schwächen, die zu diesen Fehlern führten, auf die Spur kommen und dazu, daß wir uns ernsthaft bemühen, diese Schwächen loszuwerden. Inwieweit vergangenen Taten durch unser gegenwärtiges Denken entgegengewirkt werden kann, ist unterschiedlich und läßt sich nicht mit Sicherheit feststellen. Das Studium unserer vergangenen Erlebnisse birgt Weisheiten in sich, die unser geradezu harren. Die Annahme der dadurch erteilten Lektionen birgt Kräfte, die von uns erworben werden wollen, und mit unseren Versuchen, zu einem Verständnis zu kommen, warum uns bestimmte Mißgeschicke widerfahren sind, wird uns Praktisches vermittelt.

Wenn wir uns besonders anstrengen, anderen Gutes zu tun und uns selbst einzuschränken, fördern wir dadurch die Wiedergutmachung unserer alten Sünden und die Milderung des Karmas, welches sie ansonsten mit sich gebracht hätten.

Karma und die Wahl des richtigen Standpunktes

Vom Karma lernen wir, wie schwer die Wichtigkeit der Wahl des richtigen Zeitpunktes wiegt. Wer das Richtige zur falschen Zeit tut, befindet sich fast in der gleichen Lage wie derjenige, der das absolut Falsche tut.

Es gibt Kräfte, die unser Schicksal vorherbestimmen, und wir müssen abschätzen können, zu welchem Zeitpunkt Kämpfe einerseits durch Rückzugsmanöver gewonnen werden müssen und andererseits dadurch, daß wir uns den Fügungen des Schicksals unterwerfen, wie das bei Napoleon der Fall war. Im letzten Kapitel des Buches *Die Philosophie der Wahrheit – tiefster Grund des Yoga* wurde eine von erfahrenen Boxern angewandte Technik empfohlen, die sich als ein ausgezeichnetes Prinzip anbietet, mit dem wir den unvermeidlichen Schlägen eines schlechten Karmazykluses entgegentreten können. Eine weitere hilfreiche Veranschaulichung dieses Punktes ist Jiu-Jitsu. Beim Prinzip des Jiu-Jitsu kommt es auf folgendes an: ein Gegner wird dadurch besiegt, daß man ihm auf so geschickte Art und Weise ausweicht, daß er gezwungen ist, seine eigene Kraft zu benutzen, um sich entweder selbst eine Niederlage zu erteilen oder seinen Muskeln eine Verletzung zuzufügen. Unabänderlich schlechtem Karma mögen wir also dadurch beikommen, daß wir eine Zeitlang nachgeben, aber letzten Endes dadurch, daß es uns eine solche Weisheit und Reaktion abverlangt, daß wir höher steigen als zuvor.

»Sobald der rechte Zeitpunkt für den Überlegeneren gekommen ist, steigt er empor; aber wenn die Zeit gegen ihn arbeitet, dann bewegt er sich, als ob er über seine eigenen Füße stolpere.« So äußerte sich Lao Tzu Konfuzius gegenüber während eines denkwürdigen Interviews.

Mit zunehmendem Alter – ob es sich dabei nun um Jahre oder um irdische Inkarnationen handelt – werden wir anfangen, der unsichtbaren Verbindungslinie von Ursache und Wirkung Aufmerksamkeit zu schenken, die zwischen unseren Handlungen und deren späteren Konsequenzen für uns selbst und andere besteht, was bedeutet, daß wir klüger und bewußter werden und wahrscheinlich weniger aus Impulsen, sondern eher aus ruhiger Überlegung heraus handeln werden.

Für den Studenten muß das ganze Leben ein einziges Experiment darstellen, das sich immer und immer wieder aufs neue wiederholt, allerdings mit abnehmender Häufigkeit, bis er endlich herangereift und das vollausgereifte Verständnis des Weisen erreicht. Mittlerweile sollte er sich all der ethischen Fehler, die manche Sünden nennen, gut erinnern und sich deren Lektionen gründlich durch den Kopf gehen lassen, wie er sich auch des Leides erinnern sollte, welches deren unvermeidliche, wenn auch verspätete Frucht war.

Es ist Aufgabe der Weisheit zu lernen, wann Schwierigkeiten nun mit einer mutigen Offensive angegriffen oder mit Geduld oder List umgangen werden sollen. Für jedes Ereignis gibt es einen richtigen Zeitpunkt. Wird es verfrüht in die Wege geleitet, dann sind die Folgen eine Mischung aus Gut und Böse, ganz als ob es zu spät in die Wege geleitet worden wäre. Verfügen wir aber über die Geduld, auf den richtigen Augenblick warten zu können und dazu noch auf die Klugheit, ihn als einen solchen zu erkennen, dann werden die Ergebnisse unvermischt gut sein. Das Karma kommt zum Tragen, sobald eine passende Kombination von Faktoren vorhanden ist. Es gibt deshalb auch keine wirkliche Flucht vor den Konsequenzen unserer Taten, sondern nur eine scheinbare.

Karma und Umwelt

Die Philosophie ist nicht so dumm, als daß sie die Macht und wichtige Rolle der Umwelt in Frage stellte, hat dem aber hinzuzufügen, daß die geistige Haltung gegenüber der physischen Umwelt trotz allem wichtiger ist. Ist dieses Verhalten etwa von einer völligen Umweltabhängigkeit gekennzeichnet, dann wird der Mensch deren Sklave und Opfer sein; ist es aber von nobler Abhängigkeit von seinem inneren Selbst, dann ist er zum Teil ihr Meister. Ein Teil des Menschen ist das Produkt seiner sich verändernden Umwelt, aber es gibt einen anderen, der absolut kein Produkt dieser Umwelt ist. Manchmal muß die Umwelt notwendigerweise größer sein als der einzelne, aber manchmal wird sich herausstellen, daß der einzelne größer sein kann als die Umwelt.

Kein Mensch sollte sich von seiner Umwelt beherrschen lassen, so viel steht fest. Aber er kann auch nicht von ihr geschieden werden. Einerseits hindert sie ihn auf grausame Art und Weise und andererseits hilft sie ihm – er kann sich jedenfalls nicht gegen ihren Einfluß wehren. Wieviel bedeutete es nicht einem müden, entmutigten, deprimierten und schlecht bezahlten Arbeiter, bei seiner abendlichen Heimkehr ein lichtes, fröhliches Zimmer vorzufinden mit besänftigenden Wänden, wohlproportioniertem Mobiliar und angenehm gemustertem Teppich? Die Umwelt zählt gewiß.

Die Umgebung eines Menschen trägt dazu bei, seine angeborenen Fähigkeiten entweder hervorzubringen oder sie am Erscheinen zu hindern, aber sie ist nicht die Erzeugerin dieser Eigenschaften. Wenn das der Fall wäre, dann könnte man die Herstellung von Genies bei jeder Schule und in jedem Studio in Auftrag geben.

Karma und Leiden

Das Leid ist eine zwangsläufige Begleiterscheinung des Lebens. Der Krieg wirft diese Wahrheit auf eine ganz lebendige und spektakuläre Weise auf den Bildschirm des menschlichen Bewußtseins, während dessen Normalbetrieb nur mit mühsamer Langsamkeit und sporadisch vor sich geht.

Hat ein Mensch sich erst einmal verbrannt, dann kann ihn nichts dazu verleiten, seine Finger in die Flamme zu stecken – gleich wie schön ihre Farbe oder wie anziehend die Wärme, die sie ausstrahlt. Die quälenden Schmerzen seines früheren Irrtums haften ihm noch allzu lebhaft im Gedächtnis, denn sie leben in Form von Erkenntnis weiter. Er glaubt nicht nur, sondern weiß mit Sicherheit, daß Feuer ihn verbrennen und ihm Schmerz verursachen kann. Er muß es nicht nochmal ausprobieren und denselben

Fehler zum zweiten Mal begehen, denn diese Erkenntnis ist ihm in Fleisch und Blut übergegangen. Genauso wird dem Menschen, der weiß, daß er auf Grund des *Überselbsts* seinem Wesen nach eins ist mit allen anderen, nicht der Irrtum unterlaufen, auch nur eine einzige Person zu verletzen; ganz im Gegenteil, er wird darin einen starken Beweggrund sehen, ein altruistisches Verhalten an den Tag zu legen. Er ist sich der Tatsache bewußt, daß er sich letzten Endes selbst verletzt, wenn er andere verletzt; denn das unfehlbare Gesetz der Vergeltung bringt ihm entweder die Schmerzen oder aber den Segen zurück, welchen er anderen zuteil hat werden lassen. Seine Sympathie mit allen Lebewesen, ob menschlicher oder nichtmenschlicher Natur, ist so total, daß er darauf bedacht ist, keinem von ihnen Leid zuzufügen; ganz im Gegenteil, es freut ihn, ihr Wohlergehen zu verbessern. Diese Haltung entspringt einem Wissen um die Realität der zugrundeliegenden Einheit des Lebens, ein Wissen, das weder blinder Glaube noch frommer Wunsch ist, und ausschließlich vermittels des letzten Weges entdeckt werden kann. Die unglückselige Unkenntnis dieser so unglaublich wichtigen Tatsache ist schuld an dem entsetzlichen Schauspiel einer in zwei Lager gespaltenen Welt, die bereit sind, sich gegenseitig total zu zerstören. Wir mögen noch so viel zu einem nur allzu fernen Gott beten – damit können wir die Menschheit nicht vor solchen Katastrophen bewahren, aber sie kann mit Sicherheit dadurch gerettet werden, daß wir intellektuell die Wahrheit der Einheit akzeptieren, womit wir einen ersten Schritt auf das Ziel deren endgültiger Erkenntnis machen. Jeder von uns, der zu einer intellektuellen Erkenntnis dieser Wahrheit gekommen ist, hat die Pflicht und Schuldigkeit, einen Teil seiner Zeit darauf zu verwenden, anderen zumindest eine Gelegenheit zu bieten, sich mit ihr vertraut zu machen. Wenn eines Menschen Schicksal – das ihm zugeteilte Schicksalsfragment – aber die Erfüllung einer speziellen Aufgabe, einer speziellen Mission, verlangt, dann – und da mag er noch so viel Zeit damit verplempern, in Klausur zu gehen – wird es ihn mit einem inneren Drang versehen, der ihn zur angekündigten Stunde aus seinem Privatleben heraus und zurück in die öffentliche Arena schleppen wird. Selbst wenn ihm diese Aufgabe während all der früheren Jahre fern lag und nichts mit seinen Wünschen zu tun hatte, versteckt seiner harrte und ihm nie bewußt war, wird er sich dieser unerwarteten inneren Macht beugen müssen, diesem überwältigenden Gebot, das nichts anderes ist als die Stimme des Schicksals, die sich auf diese Art und Weise Gehör verschafft. Aber paradoxerweise trägt man das eigene Schicksal im Innern mit sich herum. Das Karma braucht keinen Rechtsanwalt loszuschicken, der seinen Fall vor dem Tribunal des Menschen vertritt. Am Ende deckt alle Geschichte die Wahrheit auf. Die Welt muß lernen, und wir, die wissen, müssen diesen Lehrsatz lehren, daß jede böse Tat unweigerlich Nachwirkungen qualvollen

Leides hat. »Was wird die nächste Religionsform sein«? wurde A.E. einige Tage vor seinem Tode gefragt. »Eine Religion der Ethik«, gab er zur Antwort. Und das bedeutet eine Religion, die auf der Lehre vom Karma fußt.

»Die verruchte Tat, die der Gottlose herzlos voller Freude beging – unter klagenden Tränen wird er deren Konsequenzen zur gegebenen Stunde ernten müssen,« sagte der Buddha.

Jede Tat trägt ihre eigenen Konsequenzen in sich. Haben wir einen Fehler begangen oder jemandem durch irgendeine Handlungsweise Unrecht getan, dann ist es um so besser, je früher sich Schwierigkeiten einstellen, die uns vor weiteren Fehlern, die in die gleiche Richtung gehen, warnen. Wir sollten sie als einen Wegzeiger betrachten. Wenn das Leben hart ist und uns entnervt, dann müssen wir einen Blick unter die Oberfläche tun. Hat uns eine schlechte Einstellung oder Sicht in Ketten gelegt? Das wirkliche Selbst mag frohlocken, während das an der Oberfläche bittere Tränen vergießt. Denn wir sind hier in diese Welt gesetzt worden, um nach dem Perfekten zu suchen. Als Person sind wir sicher die Leidenden, aber als kosmisches Selbst sind wir die sublimen Zuschauer.

Die Erfahrung klärt den Menschen auf, aber mit einer Langsamkeit, die zum Verzweifeln ist, wenn der Betreffende ethisch unreif und intellektuell unbeteiligt ist. Was er braucht, sind nicht so sehr neue Erfahrungen, als ein rechtes Verständnis der alten. Wenn er nicht anspringt, dickköpfig oder läppisch ist, dann wird er nur durch weitere Erfahrung eines Besseren belehrt werden können. Aus diesem Grunde ist es unsere Aufgabe, ihm zu helfen, und zwar dadurch, daß wir ihm die innere Bedeutung seiner Erlebnisse erklären, indem wir ihm auf einfache Art und Weise die philosophischen Früchte unserer reicheren und so viel längeren Erfahrung zur Verfügung stellen.

Wenn der Mensch die Lehren seiner vergangenen Fehler verarbeitet hat, dann wird das Leid, welches sie ihm brachten, nicht umsonst gewesen sein. Lernt er nicht dazu, dann wird er immer weiter, von einer Katastrophe zur anderen schreiten. Wo er wirklich belehrbar wird, kann er diese wiedergutmachen. Wenn wir bei unserer Erfahrung die Vernunft nicht zum Gelten bringen, dann liegt sie brach und bleibt fruchtlos, dann werden weder Freud noch Leid ihr Geheimnis preisgeben, und das Herz wird uns umsonst von regelmäßig wiederkehrendem Aufruhr verwüstet. Freude kommt selten allein. Oft folgt ihr das Leid, so wie der Schatten einen in der Sonne gehenden Menschen verfolgt. Den Dummen wird solches Leid immer verbittern und unaufgeklärt lassen, während der Weise immer reifer wird und es sich zur Lehre gereichen läßt. Denn die Mißgeschicke des Lebens rühren von unserem vergangenen Karma her; das Elend, welches wir ihretwegen ertragen, von unserer eigenen Blindheit.

Die allgemeinen Kriegsumstände haben mit ihren Nachwirkungen das Problem des Leidens in den Vordergrund des Denkens gestellt. Warum leiden wir? Das wird zur Frage, nach deren Beantwortung mit solch aufrichtiger Ernsthaftigkeit gesucht wird, welcher aber nur durch die Lehrsätze des Karmas genüge getan werden kann.

Wie wir auf die Lage, in welcher wir uns befinden, reagieren, ist ein unmißverständliches Zeichen unseres spirituellen Status'. In Krisenzeiten wird uns auf den Zahn gefühlt, ob wir die Eigenschaften, die wir brauchen, um die Schwierigkeiten des Lebens mit Klugheit in Angriff zu nehmen, auch tatsächlich mit in unseren Charakter eingebaut haben, oder ob wir immer noch auf die eine oder andere Art von Eskapismus bauen. Es gibt kein einziges Menschenleben, das völlig sorgenfrei wäre. Gott hat es so eingerichtet, daß Sorgen teil unserer Existenz sind, und kein mystischer Weg kann das ändern. Was sich allerdings ändern läßt, ist unsere Reaktion darauf.

Das Leiden stellt einen der Naturprozesse dar, mit welchem dem Menschen gezeigt wird, wo er sich zu falschen Handlungen hat hinreißen lassen. Wenn er mit seinen Sünden nicht aufhört, dann wird die Natur ihm deren Konsequenzen mittels schmerzvoller Erlebnisse klarmachen. Dem Menschen, der der Selbstkorrektur unfähig ist, wird diese Fähigkeit durch äußere Erlebnisse aufgezwungen, und bei wem sich kein Sinn für spirituelle Verantwortung entwickelt hat, der wird vom Leid geprüft werden. Die Sorgen, die ein Mensch gerade hat und die noch auf ihn zukommen, sind solange selbstverschuldet, solange er nicht richtig in sich geht und bereut und solange er keine Versuche unternimmt, den angerichteten Schaden wieder gutzumachen.

Es wäre wider die Natur und geradezu unmenschlich, wenn wir, die wir nach einem spirituellen Weg suchen, der uns aus unserem weltlichen Weh und Leid hinausführen soll, das nicht so akut empfinden würden. Nichtsdestoweniger sollten wir uns, wenn die Lebensstürme toben, die ewigen Prinzipien vor Augen halten, sollten daran denken, daß wir im wesentlichen göttlich und unsterblich sind, und unerschütterlich an dem Glauben festhalten, daß das Gute letztlich über das Böse triumphieren muß. Der Tag wird kommen, an dem die Zeit unsere tiefste Wunde geheilt haben wird und dann werden wir unsere Erfahrung der Welt gelassen vom Berggipfel aus betrachten, wie wir das ja bereits in unserem *Überselbst* tun. Letzten Endes lehrt uns solche Erfahrung, daß wir unser Glück auf nichts und niemanden bauen können.

Wenn eine dunkle Stunde über uns hereinbricht, dann sollten wir uns unverzüglich nach innen wenden und dort nach der wahren Hilfe suchen. Wenn unser Leben von dunklen Sorgen berührt wird, wenn Depressionen, Leid, Angstzustände und Furcht uns zu übermannen drohen, dann müssen wir die Technik anwenden, uns sofort nach innen zu kehren und nach dem wahren *Selbst* zu suchen. Am Ende unserer Suche werden wir Frieden und Zufriedenheit, Weisheit und Stärke, Mut und Liebe finden. Wir haben uns, kurz gesagt, in der Kunst zu üben, uns automatisch nach innen zu wenden, sobald wir uns einem scheinbaren Unglück, einer offensichtlichen Ungerechtigkeit oder unangebrachten Versuchung gegenübergestellt sehen. Dann wird, was immer wir in dieser Angelegenheit zu tun gedenken, von innen her gesteuert. Es wird notwendigerweise das Richtige sein, weil es uns nicht vom Intellekt des Menschen diktiert worden ist, sondern von der höheren Weisheit. Nicht daß das göttliche Selbst derartige Angelegenheiten immer von sich aus für uns wieder in Ordnung bringen würde, sobald wir uns ihm in Gedanken zuwenden – aber es wird uns oft dazu anregen, die notwendigen physischen Maßnahmen zu treffen, mit denen sich erfolgreiche Ergebnisse erzielen lassen.

Der Tag wird kommen, an dem wir dieses Leben in einem neuen Licht sehen und es damit einer höheren Macht anheimstellen. In unserem tiefsten Sein befindet sich das *Wirkliche* – unangetastet, ewig und sublim. Es sucht unserer Liebe teilhaftig zu werden und schenkt uns die seine. Es hat den Wunsch, daß wir ihm opfern, aber das Opfer soll tief im Herzen verrichtet werden, im Geheimen und wortlos. Es ist das *Überselbst.* Alles, auch all unsere Probleme mit ihren Frustrationen und Niederlagen sollen ihm voller Andacht auf dem Altar dargebracht werden. Wenn die Antwort eintrifft, und das muß sie früher oder später, dann werden wir eine großartige Erleichterung verspüren. Als ob sich eine schwere Last einfach in Luft aufgelöst hätte.

Das uns durch Krankheit oder Freiheitsstrafe unfreiwillig aufgenötigte Ende unseres aktiven Lebens kann uns dazu verhelfen, geistig aufzuwachen. Oskar Wilde sagte ein paar Monate vor seinem Tode: »Ich habe alles gelebt, was es zu leben gab. Das Süße schien mir bitter, und das Bittere süß. Im Gefängnis war ich glücklich, weil ich dort meine Seele gefunden habe«. Krankheit stellt ein bitteres Karma dar. Damit muß man fertig werden. Aber wenn diese Lektion verarbeitet worden ist, dann haben wir nicht umsonst gelitten.

Der Mensch verursacht einige seiner Sorgen selbst, und zwar dadurch, daß er negativ denkt, in seinen Beziehungen zu anderen zu egoistisch ist, weder sein »Ich« hintanstellen noch sich in andere hineinversetzen kann oder will. Wenn er zugibt, daß sich die Ursache vieler Sorgen in seiner eigenen Person befindet, dann hat er bessere Aussichten, ihrer Herr zu werden. Sorgen stellen äußere Anzeichen von inneren Krankheiten dar.

Ein Mensch muß den Mut haben, sich zu weigern, etwas anderes zum Sündenbock für seine eigene Schuld zu machen. Umgekehrt ist es ein nicht minder schwerwiegender Fehler, den vom Schicksal ausgeübten Zwängen oder dem Willen Gottes das zuzuschreiben, was lediglich des Menschen Art ist.

Gerade wenn die äußeren Qualen des Lebens den inneren Widerstand zunichte machen, wird die Not an spirituellen Dingen eingestanden. Und je unzufriedenstellender das äußere Leben wird, um so zufriedenstellender wird uns das gesegnete Innenleben scheinen, und zwar nicht nur wegen des Kontrastes, sondern auch um seiner selbst willen.

Diejenigen, die der guten Dinge des Lebens genug haben, oder diejenigen, die ziemlich ungehindert und ohne Umstand durchs Leben gehen, sind für gewöhnlich mit sich selbst und mit der Außenwelt zufrieden genug. Sie rennen zwar von einer Art der Befriedigung zur andern – wobei sie jedes Erlebnis mit der pathetischen Illusion beginnen, daß es das höchste sei, nur um am Ende zu der kläglichen Erkenntnis zu kommen, daß dem nicht so ist –, sind aber nicht in der Lage, der Stimme einer Weisheit Gehör zu schenken, die unermeßlich viel älter ist als sie. Diejenigen, die Frustrationen, Entbehrungen und so manches Unglück erlitten haben, sind es, die vor sich selbst und vor der Realität der Welt die Flucht ergreifen wollen. Ihre Hoffnungen sind dahin, und ihr Mut hat sie verlassen. Wenn ihnen die Enttäuschung tief in den Knochen sitzt und permanent ist, dann werden sie die Ohren spitzen und hören.

Die wahren Seher haben immer den Mut, den Tatsachen ins Gesicht zu sehen. Ihnen ist klar, daß das Leben auf Erden zu einem gewissen Zeitpunkt mit Leiden in Berührung kommen muß. Sie lehren den Menschen, wie er sich über Wasser halten kann, wenn das eintritt, und wie er sich selbst von dessen Lektionen so aufklären lassen kann, daß sich die Sorgen und Schwierigkeiten seines irdischen Daseins in Weisheit und Stärke verwandeln.

Diejenigen, die noch keinen Drang verspüren, aus ihrer tierischen Versklavtheit und menschlichen Ignoranz befreit zu werden, werden vom Leben selbst zu einer solchen Sehnsucht getrieben. Wenn sie ihre Erlebnisse des Guten und Bösen, des Geistes und Körpers nur richtig verstehen könnten, was ja im Verlauf der Evolution eines Tages sicher der Fall sein wird, dann würde ihnen klar sein, daß sie schon immer versucht haben, sich selbst zu finden. Diese Suche nach dem Überselbst mag ohne ihre bewußte Kenntnis vonstatten gehen, aber trotzdem ist sie da und bringt die ganze Bewegung des Lebens in Gang.

Der Mensch macht gewisse Schwierigkeiten oder Enttäuschungen im Leben aus einem ganz speziellen Grunde mit. Macht er sich die Mühe, diesen Grund in Erfahrung zu bringen, dann kann er sie bewältigen und seinen Charakter aufbauen, aber er kann sich auch von ihnen überwältigen lassen und charakterlich abbauen. Durch die vielen so völlig unterschiedlichen Erlebnisse wird dem Menschen die Gelegenheit gegeben, seine Denk-

und Urteilsfähigkeit, seinen Willen und seine Intuition zu entwickeln. Erlebnisse, mit denen richtig umgegangen wird, werden zu einem effektiven Mittel, um von einem niedrigeren Standpunkt zu einem höheren überzugehen. Jedes Erlebnis, ob schmerzvoll oder angenehm, sollte um der in ihm enthaltenen Lektionen willen ausgeschlachtet werden, so wie ein Schriftsteller es zur Sammlung von Material für eine Geschichte ausbeutet.

Man sollte erkennen, daß die im Leben eintretenden Situationen häufig auf eine offensichtliche oder ganz versteckte Weise selbstgeschaffen sind und aus diesem Grunde mit Mut angegangen und genau analysiert werden sollten. Sie können durchaus ein vielsagendes Licht auf unseren Charakter werfen. Freilich mag es nicht möglich sein, jene über Nacht zu ändern, aber es liegt durchaus im Bereich des Möglichen, versuchshalber mit einer anderen geistigen Haltung an sie heranzugehen und zu der Erkenntnis zu kommen, daß die innere Entwicklung durch äußeres Mißgeschick, persönliche Widersprüche und Gefahren gefördert wird.

Geistiger Friede kann sich nur dann einstellen, wenn man den Preis dafür bezahlt, und Teil dieses Preises ist, daß wir uns von der übermäßigen Abhängigkeit von äußeren Dingen befreien. Unser Denken und Fühlen muß von seiner inneren Unruhe und Angst befreit werden, anstatt sich diesen Gefühlen in hoffnungsloser Unterwürfigkeit zu überlassen. Dies ruft die beschützenden Kräfte zu Hilfe und unterstützt sie. Alle bitteren Gedanken gegenüber anderen Individuen müssen vertrieben werden. Liebe muß gegeben werden, ob sie nun erwidert wird oder nicht, und sie muß unterschiedslos sowohl den Schwachen wie auch den Starken gegeben werden. Eine reiche innere Kompensation erwartet diejenigen, die auf diese Art und Weise ausharren.

Alles, aber auch alles, was uns geschieht, bringt uns diese Lektion des Nichtverhaftetseins bei, welche durch Nachdenken erlernt und durch Erfahrung getestet werden will. Wie Buddha lehrte, müssen wir immer wieder aufs neue lernen, die Dinge ihren eigenen Lauf nehmen und uns nicht von ihnen binden zu lassen, wobei wir den vergänglichen Charakter alles irdischen Daseins als solchen zur Kenntnis nehmen. Es ist die Gnade der Mutter Natur, daß alles Leid, wie hart es auch sein mag, an dieser Vergänglichkeit teilhat. Am Ende finden wir – wie jetzt schon die wenigen – eine ununterbrochene Ruhe vor, den ewigen Frieden eines Bewußtseins, welches *nicht* das persönliche Selbstbewußtsein darstellt.

Jeder hat uns etwas beizubringen. Anderer Menschen Leben, Wahrnehmungen und Erfahrung, und die Lektionen vergangener Vorkommnisse, wenn wir uns ihrer entsinnen und über sie nachdenken, mögen einen Beitrag leisten, uns anzuleiten und zu führen, mögen uns eine Hilfe sein, der Vernunft den rechten Weg zu weisen, den wir in Zukunft einschlagen sollten. Es kann gar nicht anders sein – wenn wir nicht in der Lage sind, unsere Tugenden durch Nachdenken und Scharfsichtigkeit zu erwerben, dann müssen wir sie uns durch Kampf und Schmerz erarbeiten. Leichtfertige Gedankenlosigkeit kostet. Wenn wir nicht auf die Stimme der Vernunft und des guten Willens hören, dann werden wir die Peitsche des Kummers verspüren müssen. Aber nichts zwingt uns, auf schmerzvolle Schnitzer zu warten, damit uns unsere Torheit aufgeht. Die Vernunft stellt einen angenehmeren und dazu noch kürzeren Weg dar, als der lange Kreislauf von Übersättigung, Ekel und Gleichgewichtsherstellung.

Obschon die Fähigkeit, aus vergangenen Fehlern zu lernen, eine der ersten Eigenschaften ist, die ein Mensch fördern muß, sollte er es nicht soweit kommen lassen, daß ihn die Vergangenheit einkerkert. Wir sollten nur zurückblicken, um bei der Erwägung, was denn unsere Pflicht sei, klarer nach vorne blicken zu können. Der Mensch, der die Fähigkeit besitzt, immer wieder neu anzufangen und sich damit einfach über seine fehlerhafte Vergangenheit hinwegsetzt, ist einer, der es weit bringen kann auf diesem Weg.

Nichts in diesem Leben steht mit absoluter Sicherheit fest, und wir können uns niemals in Sicherheit wähnen. Solche Dinge sind unerreichbar. Nur relative Gewißheit und Sicherheit sind möglich. Und wenn diese rein äußerlich sind, dann wird sich zeigen, daß sie nicht genügen. Sie müssen auch in einem inneren Sinne erworben werden, durch scharfsinniges Denken und Kontrolle der Emotionen, durch Einkehr beim göttlicheren Selbst.

Der philosophische Preis völliger Selbstbeherrschung ist unglaublich viel größer und höher zu bewerten als jeder andere, der uns von unseren Ambitionen und Wunschträumen in Aussicht gestellt wird. Er enthält ein Glück, das wir sonst nicht kennen, und verleiht uns innere Reserven, von denen die materialistisch Orientierten nichts wissen. Wer diesen Preis gewonnen hat, ist innerlich geschützt gegen das Schlagen der rollenden Wellen des Schicksals oder die giftigen Pfeile menschlicher Böswilligkeit. »Wer auf nichts hofft, kann niemals Verzweiflung kennen« sind Worte, die Caesar in Ägypten getan hat. Wo es weder Wünsche gibt noch Erwartungen, da kann es auch keine Enttäuschungen geben.

Elend ist das Ergebnis, wenn wir die Philosophie auch weiterhin auf die Seite schieben. Erhabenheit entsteht, wenn wir nach deren Lehre leben.

Sobald der Mensch sich seinem *Überselbst* zuwendet und sich jenem völlig anheimstellt, erfährt er dessen Kraft, mit der Schwierigkeiten durch die innere Gelassenheit, die auf ihn niederkommt, und durch die damit verbundene Veränderung im Materiellen überwunden werden können. Materiell gesehen mag er die jeweiligen Situationen nicht immer erfolgreich bewältigen, aber spirituell gesehen immer.

Das *Überselbst* als der Christus im Menschen sagt: »Kommet zu mir, die ihr mühselig und beladen seid, bei mir werdet ihr Ruhe finden«. Und als Krishna im Menschen: »Nimm deine Zuflucht bei mir allein. Von allen Sünden will ich dich befreien. Gräme dich nicht.«

Nichts als die Erkenntnis der Seele kann einem Menschen totales Glück bescheren. Sie befreit ihn von der versteckten Angst vor den Wehen des irdischen Daseins; sie befreit ihn von aller Sorge um die Zukunft, und aus den unendlichen Tiefen seines eigenen Wesens kann er all die Weisheit schöpfen, die er braucht, um letzterer zu begegnen. Indem er die Erkenntnis der verborgenen Wahrheit seines eigenen Wesens gewinnt, findet er seine wirkliche Freiheit.

Karma und Prophezeiung

In den letzten Jahren war die Welt Zeuge eines so enormen und raschen Anwachsens des Glaubens an die Astrologie, daß der nüchterne Historiker wie überwältigt sein muß. So viele populäre Zeitungen widmen ihr eine regelmäßig erscheinende Spalte, so viele, den *Old Moore's Almanc* nachahmende astrologische Broschüren sind auf dem Markt erschienen, daß man ohne Übertreibung behaupten kann, das Interesse an diesem Thema habe die Ausmaße einer Überschwemmung angenommen. Eine Erklärung dafür ist der allgemeine Zustand internationaler Unsicherheit und Unstabilität und die privaten Ängste und Sorgen, die nach der Weltwirtschaftskrise herrschten. Aber es gibt auch andere Gründe für das große Ansteigen des Glaubens an die Astrologie. Zum einen haben wir es mit dem unbewußten oder halbbewußten Bedürfnis der Massen nach einem Mittel zu tun, mit dem sich die aufwühlenden Weltereignisse und unsere eigenen persönlichen Qualen nach zufriedenstellenderen Grundsätzen als den traditionell religiösen oder modern wissenschaftlichen interpretieren lassen können. Zum andern ist der religiöse Standpunkt intellektuell inadäquat und der wissenschaftliche ist emotionell inadäquat. Die meisten anderen Hilfen haben sich als genauso unzulänglich erwiesen. Die Astrologie hilft uns, eine solche Interpretation zu bewerkstelligen, und zwar aufgrund ihrer Hauptimplikationen, die sich anscheinend jedesmal bewahrheiten, wenn eine Vorhersage ins Schwarze getroffen hat. Diese sind, (a) daß es eine höhere Macht gibt, die die Geschicke der Menschheit leitet, (b) daß das Leben nach dem Tode überlebt, und (c) daß es eine annähernde Gerechtigkeit im Leben gibt. Ohne jetzt die Masse von abergläubischem Müll, der unter diesem Namen Deckung sucht, oder die Masse von scharlatanischer Praxis und der damit einhergehenden Ausbeuterei gut zu heißen, kann doch wahrheitsgemäß gesagt werden, daß die Astrologie der Lehre vom Karma und der Wiedergeburt als einer Ergänzung bedarf. Die gegenwärtige Welle des Interesses an der Sternenkunde ist demzufolge ein versteckter Versuch, das menschliche Bedürfnis nach dieser wichtigen Lehre zu stillen, welcher die Menschheit vor vielen Jahrhunderten auf so grausame Weise beraubt worden ist.

Die Astrologie kann keinesfalls als eine völlig zuverlässige Quelle der Beratung im Alltagsleben dienen, trotz der übertriebenen von den Astrologen erhobenen Ansprüche. Als eine Erkenntnismasse ist sie unvollständig und unvollkommen. Als eine praktische Kunst der Vorhersage ineffektiv und ungewiß. Aus diesem Grunde sollte niemand all sein Vertrauen ausschließlich in astrologische Interpretationen und Prophezeiungen setzen, oder er geht schreckliche Risiken ein. Aber das soll nicht heißen, daß es sich bei der Astrologie lediglich um einen Aberglauben handelt – wie von ihren Gegnern behauptet wird, noch um absoluten Humbug – was die Position der Weltklugen ist. Sie kann, wenn der genaue Augenblick der Geburt bekannt ist, viele nützliche Hinweise liefern über eines Menschen Charakter, Fähigkeiten, Veranlagung und sein Temperament. Darüber hinaus kann sie, wenn auch in einem bedeutend geringeren Umfang, Hinweise auf einige – aber nicht alle – der wichtigsten, karmisch günstigen Gelegenheiten und karmischen Schwierigkeiten etc. liefern, die aller Wahrscheinlichkeit nach in Erscheinung treten werden.

Bei der korrekten Beurteilung eines Horoskopes sollte letzteres einerseits als *Indikator* der verdienten Umstände verstanden werden, und andererseits als Indikator des in früheren Geburten gebildeten Charakters. Es ist eine Verblendung, dessen planetarische Positionen als unwiderstehliche Kräfte anzusehen, die einen Menschen totsicher zu solchen Erlebnissen und zu diesem einen Charakter treiben.

Wir mögen unser Horoskop beobachten und vom Schicksal, das uns auf unsere Handfläche geschrieben ist, Kenntnis nehmen, ganz wie wir wollen. Aber wir dürfen nicht vergessen, daß diese Dinge keinesfalls die Notwendigkeit verdrängen, klug zu leben, sich einer moralischen Disziplin zu unterwerfen und richtig zu denken. Wir sollten den wichtigsten Dingen Vorrang geben und dem Rat der Seele mehr Glauben schenken als den Warnungen der Astrologen und den Versprechungen der Handleser. Die gesuchte und gefundene Gnade Gottes, ein guter Charakter und hohe Ideale werden uns bei der Durchquerung des Lebenslabyrinths besser schützen als der Rat jedes Wahrsagers.

»Ich verbiete euch, o Bhikshus, Zauberformeln oder Bittgebete zu verwenden, denn sie sind nutzlos, da das Gesetz des Karmas Herr über alle Dinge ist. Der Bettelmönch tut recht, für den Omen, Meteore, Träume und Zeichen abgeschaffte Dinge sind; er ist von all ihren Sünden befreit.« So sprach Buddha zu einem Schüler, als er diesem ›Amitabha‹ erklärte.

»Sternenguckerei und Astrologie, glückliche oder unselige Ereignisse vermittels Zeichen vorherzusagen und Böses oder Gutes zu prognostizieren – all diese Dinge sind verboten« sagte Buddha zu Ananda.

Wenn dich dein Horoskop nicht mehr interessiert; wenn du aufhörst, Wahrsagern hinterherzurennen; wenn du anfängst, die Zukunft um sich selbst kümmern zu lassen, dann hast du Frieden gefunden. Aber wenn du dir Sorgen über die Zukunft machst, wenn du voller Schmerz an deine vergangenen Leiden denkst, dann lebst du in der Zeit; dann wirst du zu einer Kreatur der Zeit und erleidest die Schmerzen der Zeit.

Naive Leute halten vor Ehrfurcht den Atem an, wo sich eine Vorhersage erfüllt. Sie betrachten das als ein Wunder. Sie wissen nichts von den immens vielen Vorhersagen, die sich aufgrund der Ereignisse als falsch erwiesen haben und infolgedessen stillschweigend in Vergessenheit geraten sind. Es wäre tatächlich ein Wunder, wenn es unter der Masse von Prophezeiungen nicht ein paar gäbe, die sich erfüllten.

Wer von jemandem erwartet, daß er alle Ereignisse perfekt voraussage, erwartet implizite, daß er alles, was in der Welt existiert, wisse, das heißt, daß er so allwissend sei wie Gott. Kein einziges menschliches Wesen, nicht einmal ein Weiser, könnte eine solche Allwissenheit wirklich für sich in Anspruch nehmen.

In den alten Hindutexten wird behauptet, daß man nicht mehr auf die Astrologie zählen könne, sobald ein Mensch dem weltlichen Leben den Rücken kehrt und ein spirituelles beginnt. Kein astrologisches Horoskop und kein spiritistisches Hellsehen darf sich wagen, auch nur ein einziges Wort über seine Zukunft mit Sicherheit zu sagen. Von dem Augenblick an, wo das *Überselbst* völlig Besitz ergreift von einem Menschen und dessen Gedanken, Gefühle und Handlungen infolgedessen nicht mehr wie früher wirklich die seinen sind, von dem Augenblick an ist das *Überselbst* für die Ausarbeitung des vergangenen Karmas dieses Menschen zuständig. Von diesem Augenblick an ist der Verlauf seines äußeren Lebens und seines irdischen Geschikkes unvorhersagbar.

4 Befindet sich die Seele im Herzen?

Diese Frage ist wirklich eine uralte. Schon vor Jahrhunderten hat sich Silanka, der indische Denker, in seinem *Sutra Kritanga Tika* sarkastisch beklagt, daß »die einen eine Seele postulieren, die Form hat, während andere behaupten, sie sei formlos. Die einen weisen darauf hin, daß das Herz der Sitz des unsterblichen *Selbsts* sei, während andere einwenden, die Stirn sei der richtige Platz. Wie können sich diese Philosophen da bloß einig werden in ihren Ansichten? Für uns ist Ignoranz bei weitem besser als diese törichten Dummheiten.«

Den Hauptschlüssel zum Verständnis dieses schwierigen Punktes kriegen wir dann zu fassen, wenn wir uns die Idee der zwei Standpunkte klarmachen und infolgedessen zwischen zwei Existenzebenen unterscheiden: die eine scheinbar wirklich, die andere absolut wirklich, die eine nur eine vergängliche Erscheinung, die andere ein ewiges Substrat dieser Erscheinung. Auf diese Art und Weise läßt sich diese scheinbare Anomalie erklären. Und nur so, und nicht anders, lassen sich so gegensätzliche Anschauungen miteinander vereinbaren. Das *Überselbst*, von dem der Autor in früheren Büchern geschrieben hat, stellt die esoterische Auffassung darüber dar. Aber selbst damals wurde darauf hingewiesen, daß es sich hier um ein Paradox handle, daß sich das *Überselbst* zwar im menschlichen Herzen befinde, aber gleichzeitig auch außerhalb des menschlichen Körpers ein unbegrenztes Dasein habe. Vom Standpunkt der gewöhnlich-yogischen Existenz aus sind solche Feststellungen absolut korrekt, weil sie die tatsächlichen Gefühle des Mystikers beschreiben. Falls nun die Frage gestellt wird, warum die volle und letzte Wahrheit, daß das *Überselbst* gänzlich außerhalb aller Vorstellungen von räumlicher Örtlichkeit existiert, nicht schon damals gesagt worden ist, so lautet die Antwort, daß dabei einem uralten, von asiatischen Lehrern benutzen Lehrprinzip Folge geleistet wurde, demgemäß die Wahrheit den geistigen Fähigkeiten der verschiedenen Köpfe angepaßt und der Wissensschatz nur teilweise und in Stufen entfaltet wurde.

Es ist ein großer Unterschied, zum ersten Mal im Leben eine Nuß zu betrachten, die sich in einem ungeöffneten Zustand befindet, und dann den Kern ohne Schale daliegen zu sehen. Und so verhält es sich auch hier. Zuerst sehen wir die Schale, sind aber der Meinung, die Nuß zu sehen; später sehen wir die richtige Nuß und erkennen erst dann, daß unsere Entdeckung der

Schale nur ein Stadium war – obschon ein durchaus nötiges – auf unserem Weg zur Entdeckung des Kerns.

Geistiges *Gefühl* konzentriert sich tatsächlich im Brustkasten um die Mitte des Brustbeins. Als praktische Menschen müssen wir erfahrungsgemäß bestätigen, daß das Überselbst im Herzen zu Hause ist, aber als Metaphysiker müssen wir die Existenz eines speziellen Punktes, in den es sich hineinstopfen ließe, glatt ablehnen. Nur der Weise, der die Philosophie gemeistert hat, der sich harmonisch im ego-losen Yoga des Handelns und Tuns und in der Metaphysik bis zur Vollkommenheit ausgebildet hat, kann es sich leisten, über alle Gesichtspunkte, die sich mit einem Ausschnitt beschäftigen, hinwegzugehen; die anderen müssen sich mit ihnen befassen, andernfalls gerät ihre weitere Entwicklung aus dem Gleichgewicht. Gelingt es dem Yogi, das Ziel der Meditation zu erreichen, so erlebt er ein ganz eindeutiges Glücksgefühl, eine Seligkeit ob seiner Befreiung von der Materie und dem Ego. Ein solches Erlebnis übersteigt alles, was er jemals zuvor erlebt hat, und ist so erhaben, daß er glaubt, eins mit dem *Überselbst* geworden zu sein. Und damit hat er sein Ziel auch wirklich erreicht, aber nur wie von einem früheren Standpunkt aus betrachtet, wie ein Berg, den man aus weiter Ferne sieht. Freilich ist er der Erkenntnis des *Überselbsts* unermeßlich viel näher gerückt als der Normalgläubige mit seinem so unnahbaren anthropomorphischen Gott, denn er hat seinen *Gott* in sich selbst gefunden. Aber er muß erst noch die Schule der Metaphysik und ultramystischen Kontemplationen bestehen, bevor diese Vereinigung schließlich in der Entdeckung des *Überselbsts*, so wie es seinem eigenen Wesen nach ist, und nicht wie von irgendeinem Standpunkt aus gesehen, zur Vollendung gebracht wird. Mit dieser Entdekkung entfällt für ihn die Notwendigkeit, mit dem Meditieren fortzufahren, da er das *Überselbst* nun überall vorfindet – nicht nur im Herzen allein. Und dabei handelt es sich nicht um ein flüchtiges Erlebnis, sondern um eine permanente Einsicht.

Die mystische Sicht dieses Punktes stellt keinen Widerspruch dar und braucht nicht herabgemindert zu werden; sie kann beibehalten werden, wo sie hingehört und dennoch in den höheren philosophischen Gesichtspunkt einbezogen und auf ihn abgestimmt werden. Denn ein praktisches Yogasystem zu erfinden, das in seinen Anfangsstadien ohne einen Brennpunkt für die Konzentration der Gedanken auskäme, ist ein Ding der Unmöglichkeit. Und mit der Verlagerung dieses Brennpunktes in die Herzregion wendet der Mystiker die beste Methode an, seine Aufmerksamkeit von der Außenwelt zurückzuziehen. Deshalb wird in den Svetasvatara Upanischaden auch festgestellt, daß »der Wissende eine gerade Körperhaltung einnehmen solle, wobei Brustkorb, Kehle und Kopf in der Senkrechten zu halten sind, um so alle Strömungen der Furcht und Angst zu überqueren.« Auch in den Mundaka Upanischaden wird geraten: »Gerade im Herzen, wo alle Blutgefäße wie Radspeichen in der Nabe oder im Mittelpunkt zusammentreffen, hat der im Innern waltende *Göttliche Geist* seinen Wohnsitz und zeigt *Seine* Herrlichkeit auf vielfältige Art und Weise. *Ihn,* diesen im Innern waltenden Geist, sollst du kontemplieren, denn nur so kannst du mit Sicherheit den glückseligen Zufluchtsort jenseits des erbärmlichen, durch Ignoranz entstandenen Elends dieses unruhigen Lebensmeeres erreichen.« Im XVIII. Kapitel der Gita, Absatz 6, wird festgestellt, daß die Herzgegend den göttlichen Mittelpunkt darstelle. Und im Alten Testament sagt Salomo: »In ihre Herzen hat *Er* die Ewigkeit gepflanzt.« »Das *Herz* ist der größte und ursprünglichste Hohlraum, den das *Selbst* zum *Wohnsitz* hat. der Körper aus Knochen und Fleisch ist *Sein* Tempel. Diejenigen, die diesen *Geheimen Weg* studieren, erkennen, daß das Individuum dieses *Selbst* ist und nichts anderes. Die fünf Sinne, die den Kandidaten seines starken *Selbsts* berauben, sind die Kerzen, die dieses *Innere Licht* zeigen sollen,« so schrieb Tirumoolar, ein Tamilmystiker des siebzehnten Jahrhunderts.

Es ist eine unumstößliche Tatsache, daß Visionen göttlicher Gestalten oder das *Licht des Überselbsts* zwar hellseherisch im Kopf *gesehen* werden, die Gegenwart des Göttlichsten im Menschen aber mystisch im Herzen *gefühlt* wird; denn die Natur hat eigens in ihm ein geheimnisvolles und heiliges Vakuum geschaffen. Das *Überselbst* als solches ist formlos, aber seine *Offenbarung* im Herzen besitzt Form. In dem unvorstellbar kleinen luftlosen Raum im Herzen, in welchem diese Offenbarung für die gesamte Zeitspanne einer Inkarnation verweilt, erscheint ein aus Licht geformtes Bild, ein Bild, das den genauen Prototyp des materiellen Körpers des betreffenden Menschen umreißt. In unseren Maßen ausgedrückt ist es nicht größer als ein Bruchteil eines Bruchteils eines Punktes. Und doch existiert es. Dies ist »der kleine Mann im Herzen«, von dem der tibetische Okkultismus spricht, der Raum »der Gestalt im Herzen«, von dem in den mystischen Upanischaden der Inder die Rede ist. Im Buch *Das Überselbst* wurde erklärt, daß der göttliche Wohnsitz im Herzen kein Ding sei, sondern ein Raum, den die Alten symbolisch eine »Höhle« genannt haben, bei dem es sich in Wirklichkeit aber um eine Art Vakuum handelt.

Die maßgeblichen Palikommentatoren buddhistischer Texte haben genau dargelegt, daß der Verstand oder das Bewußtsein von der Herzbasis abhängig ist, obwohl Buddha selbst niemals das Organ genannt hat, in dem es existiert. Sie müssen ihre Gründe dafür gehabt haben. Eine bestimmte Vedantarichtung lehrt, daß Brahma im Menschen in dessen Lebenszentrum, im kleinsten Herzventrikel, seine Bleibe habe, während einige Yogalehrer seinen Sitz entweder auf den oberen, mittleren oder unteren Teil des Kopfes festlegen. Shankara, der Weise und Kommentator, bringt diese scheinbar widersprüchlichen Lehransichten über den Sitz des geistigen Selbsts in Einklang. Er zeigt, daß man sich im Tiefschlaf allmählich von einem dieser Orte zum anderen begibt. Das bedeutet aber nicht, daß jedem dieselbe Bedeutung oder derselbe Zweck zuzuschreiben ist. Shankara weist darauf hin, daß sie verschiedenen Zwecken dienen und der Geist infolgedessen zu einem bestimmten Zeitpunkt das Herz und zu einem anderen den Kopf bewohnt.

Der tatsächliche Ort im materiellen Körper, an dem die Erkenntnis der *Seele* geboren zu werden scheint, ist verschieden, und hängt zum einen von der speziellen, ganz überlegt praktizierten Meditationsübung ab, und zum andern von der speziellen Art mystischer Erfahrung, die uns unwillkürlich und spontan zuteil wird.

Fest steht jedenfalls, daß das Gefühl der Gegenwart der *Seele* in den meisten Fällen zuerst einmal in der Herz- oder Brustregion empfunden wird. Gleitet der Mystiker aber in einen tiefen, einer Halbtrance gleichenden Meditationszustand über, so wird dieses Gefühl immer stärker und tiefer und breitet sich gleichzeitig ins *Unendliche* aus. Es beschränkt sich dann nicht mehr auf das Herz oder den Kopf, wo immer es sich auch zuerst bemerkbar gemacht haben mag.

Es ist eine These der verborgenen Lehre, daß die *Vernunft* zwei Phasen hat: eine bewußte und eine unbewußte oder eine aktive und eine inaktive. Bei der zweiten handelt es sich um die Wurzel oder Determinante der ersten. Weiter stellt diese Lehre die These auf, daß die bewußten Denkprozesse in Wechselbeziehung zum Gehirn stehen. Die Wissenschaft kann für jede Veränderung in der Sinneswahrnehmung, das heißt im Bewußtsein, entsprechende Veränderungen im Gehirn nachweisen; aber für das Prinzip des Bewußtseins als solches, das heißt für das Unbewußte, kann es keine derartigen Veränderungen nachweisen. Würde sie das Herz zum Gegenstand ihrer diesbezüglichen Forschungen machen, so dürfte bei ihren Bemühungen mit größeren Erfolgen zu rechnen sein, weil die entsprechenden körperlichen Veränderungen nur dort und nirgendwo anders stattfinden könnten. Aber da das Prinzip des Bewußtseins ein unveränderliches ist, gibt es freilich keine physischen Veränderungen, welche ihm in Wirklichkeit entsprechen. Es ist während unseres Lebens immer vorhanden. Es gleicht einem Kreis, dessen Umfang der ganze Körper und dessen Mittelpunkt das Herz bildet. Ein Herzschuß ist tödlich, und zwar nicht nur im körperlichen, sondern auch im geistigen Sinne.

Was man während vereinzelter, illuminierter Momente erreicht, ist aber nicht genug, denn diese Momente stellen sich anfangs nur periodisch ein. Diesen Brauch, ins Herz hinabzusteigen, muß man sich zur Gewohnheit machen; des Menschen Zentralbewußtsein muß vom Hirn ins Herz verlagert werden. Das soll aber nicht heißen, daß man nun des Denkens unfähig werden müsse, sondern lediglich, daß das Gedankenleben an Wichtigkeit verliert und von nun an eine sekundäre und untergeordnete Rolle im Leben eines Menschen spielt, während der höchste Stellenwert einer konzentrierten Aufmerksamkeit zugeordnet wird, die sich auf das *im Herzen wohnende Göttliche Atom* richtet, und auf die Freude am Frieden, der ihm innewohnt. Man mag das Gehirn dann beliebig benützen und nicht weniger klar oder weniger wirtschaftlich denken als früher; nur wird man nicht mehr zum wehrlosen Opfer der Tyrannei des Denkens werden.

Wenn wir den immer regen Intellekt stillen, so spüren wir, wie sich der Druck im Kopf entspannt und wie ein Gefühl des Friedens langsam unser Herz durchflutet. Dabei handelt es sich um ein durchaus körperliches Gefühl, so daß wir wirklich von der geschäftigen intellektuellen Kopfregion zu der stillen geistigen Region des Herzens hinabsteigen. Der Mystiker läßt sein Bewußtsein ständig im Herzen ruhen, außer wenn er für eine Weile die Welt intellektueller Aktivität betreten muß.

Wir steigen vom Meditieren im Hirn zum Meditieren in der Brust hinab. Eine solche Behauptung mag denen unverständlich sein, deren Gedanken und Meditationen sich immer nur in der Sphäre der kalten logischen Schlußfolgerungen abspielen, aber doch den wenigen etwas einleuchten, die die ersten, kaum spürbaren Strahlen der Gottheit, die das Herz beherbergt, zu fühlen begonnen haben. Denn in Wirklichkeit ist der Mensch im Herzen zu Hause und nicht im Kopf. Er ist weit vom Weg abgekommen.

5. Das innere Wort.

Willst du das Namenlose hören,
Dann steig hinab in die Tempelhöhle deines eigenen Selbst.
Dort am Hochaltar, wo du grübelnd weilst,
Wirst du frohlockend die Erfahrung machen,
Daß das Namenlose eine Stimme hat.

Tennyson »The Ancient Sage«

Wenn Er, der Geist der Wahrheit, gekommen ist,
wird er dich zu aller Wahrheit führen; denn Er wird nicht
aus sich Selbst heraus sprechen: sondern was immer Er vernehmen
wird – diese Worte wird er sprechen.

Jesus

Und auch diese Dinge verkünden wir, aber nicht in den Worten,
die uns die Weisheit des Menschen lehrt, sondern der Heilige Geist.

Paulus

Kannst du nicht tun, was Er dir gebiet', sei versichert: Er wird
tun, worum du bittest;

Awhadi (persischer Mystiker des Mittelalters)

Ein außerordentliches mystisches Phänomen ist das »lebendige Wort«, wie es einige genannt haben. Dabei handelt es sich um die innere Kommunikation mittels klar gefaßter Verkündigungen des Überselbst. Es ist dies eine Sprachform, bei der jeder Satz mit einem Zauber versehen ist, bei der jedes Wort eine lebendige Kraft darstellt und bei der jede Kommunikation eindeutige Auswirkungen hat. Sie übt ihren Einfluß im und auf das Herz aus und wirft das Licht der Weisheit auf unser Denken und Fühlen.

Alle inspirierten Bibeln sind Aufzeichnungen dieser inneren Äußerung, sind Echos ein und derselben Sprache, nur daß diese ihrer lebenspendenden Kraft, ihres hehren überweltlichen Tones und ihrer lebendigen Autorität allmählich verlustig gegangen sind. Alle *wahren* Evangelien werden in dieser mystischen inneren Sprache gesprochen, ausschließlich im Herzen vernommen und nicht mit den Ohren, sind kreative, transfigurierende Kräfte und nicht lediglich intellektuelle Behauptungen. Was man dort im Herzen vernimmt, ist tatsächlich der *Logos, das Göttliche Wort*, das nur auf diese Art vernommen werden kann. Das, was zu Papier gebracht oder gedruckt wird, kann nicht mehr als das Wort des *Menschen* sein und nicht das Wort *Gottes*.

Diese mysteriöse Kraft der Stille in uns in Worten auszudrücken, wird den Aspiranten zunächst einmal in Erstaunen versetzen und später in großes Entzücken. Zeigt er Ausdauer und übt unbeirrbar weiter, dann wird die Stille im Innern allmählich zu sprechen beginnen und seine weiteren Bemühungen lenken. Ihre Worte mögen göttliche Wahrheiten offenbaren, geistig seelische Richtlinien bieten oder die innere Bedeutung von Situationen und Ereignissen erklären. Wenn sie verneint, wird sie seine Sünden mißbilligen, ihn vor seinen Fehlern warnen und seinen Egoismus erniedrigen. Wenn sie bejaht, wird sie ihn zu höheren Standpunkten führen, ihm den rechten Weg weisen, dem er folgen soll, und die wahre Bedeutung aller Heiligen Schriften beleuchten. Sie wird seine Einstellungen korrigieren, sein Verhalten steuern und seinem Denken und Fühlen Unterricht erteilen. Und wer es fertiggebracht hat, diese innere Stimme zu hören, wird solchen Befehlen immer gerne und bereitwillig Folge leisten. Der Kandidat muß lernen, eher auf diese innere Stimme und das innere Licht zu achten als auf die Lehren und Leitung anderer Menschen. Allmählich wird sie für ihn eine unbestreitbare Autorität und eine höchste Wahrheit besitzen. Aber das kann sie erst, wenn er gelernt hat, ganz klar zwischen ihr und ihren Rivalen und Feinden zu unterscheiden – nur mit der Zeit, auf Grund von Erfahrung und konstanter Selbstuntersuchung.

Nachdem wir uns mit Erfolg zur Stabilisierung dieses Erlebnisses der inneren Stimme durchgekämpft haben, werden wir in unserem Herzen immer einen inneren Lehrer vorfinden. Von nun an wird uns das höhere Selbst ständig Wissen erteilen, entweder mitten in unserer Tätigkeit durch *Intuitionen* oder durch *Inspirationen* in den Tiefen der Selbstabsorption.

Nach dieser Methode werden wir ununterbrochen unterrichtet und Schritt für Schritt geschult werden. Eine Stimme, die in unserem Herzen spricht, wird uns von einem Stadium zum andern, von Wahrheit zu Wahrheit, von Wahrnehmung zu Wahrnehmung führen.

Es ist eine mysteriöse Stimme, die die Stille der Ignoranz bricht, welche bei anderen vorherrscht, und deren jedes Wort kreativ, dynamisch und voller Liebe ist. Die Stimme, die jetzt fortwährend zu uns spricht, ist keine metaphorische. Sie ist so wirklich, daß sie, selbst wenn wir sie nur ein einziges Mal vernehmen, unvergeßlicher ist als jede menschliche Stimme es jemals sein könnte, und sei sie noch so schön. Sie ist so heilig, daß wir ihre Äußerungen mit der Ehrfurcht in Empfang nehmen, die wir der Heiligen Schrift zollen, denn sie ist nichts Geringeres.

Wenn es zu einem inneren Gespräch mit dem höheren Selbst kommt, dann empfindet das Ego intensiv die Gegenwart seines Geliebten und bringt seine Sehnsüchte und Gebete, seine Freude und Verehrung zum Ausdruck. Durch das *Innere Wort* reagiert die Seele darauf. Diese inneren Gespräche mögen eine gewisse Zeit lang zu einem wichtigen Bestandteil unseres Lebens werden, wobei sich das Ego gelegentlich an sein höheres Selbst wendet und umgekehrt das höhere Selbst gelegentlich an das Ego. Wir mögen oft das wunderliche Erlebnis haben, an Dialogen zwischen dem vertrauten Ego und etwas, das ein höheres Ego zu sein scheint, teilzunehmen. Daß wir Mitteilungen vom Göttlichen erhalten, mag eine absolut authentische Tatsache sein. Aber die Form, in welche sie gekleidet sind, wird ihnen unweigerlich von unserer eigenen Persönlichkeit auferlegt und ist ganz von ihr gefärbt.

> Und ich mache es mir zur Aufgabe, nur in Seiner Heiligen Gegenwart zu verharren, worin ich mich vermöge einer einfachen Aufmerksamkeit aufhalte und vermöge einer allgemein liebenden Achtung für Gott, was ich wohl eine *tatsächliche Gegenwart* Gottes nennen darf; oder besser gesagt, eine gewohnheitsmäßige, stille und geheime Konversation der Seele mit Gott, was mir oft unsägliche Freuden und Träumereien im Innersten verursacht.
>
> Brother Lawrence, ein Mystiker des siebzehnten Jahrhunderts;
> zitiert aus der französischen Übersetzung von
> *Practice of the Presence of God*

> Daß wir Gott lediglich als unmittelbar bei uns gegenwärtig erkennen müßten, um uns allaugenblicklich an Ihn zu richten, daß wir um Seine Hilfe flehen dürfen, damit er uns in zweifelhaften Dingen kundtue, was sein Wille sei, und darum, daß wir diese zu Rechten vollbringen, von denen wir deutlich wissen, daß er sie von uns fordert, wobei wir sie Ihm anheimstellen, bevor wir sie ausführen, und ihm danken, nachdem wir sie vollbracht haben.
>
> Ibid

Die Dialoge mögen sich ganz spontan entwickeln, und es wird eine nützliche Übung sein, stille Konversationen mit der heiligen Gegenwart zu hegen und zu pflegen, sobald wir den leisesten Hauch ihrer Nähe verspüren. Die Dialogform bezieht sich oft auf Offenbarungen, Anleitung, Ratschläge, Ermutigungen und die Beantwortung von Fragen. Der dritte Teil der *Imitation des Christus* enthält einige ausgezeichnete Beispiele dieser Form.

Ein dem *inneren Wort* verwandtes Phänomen ist der Dialog zwischen einem höheren Wesen, das häufig als Gott oder Engel aufgefaßt wird, und dem Mystiker selbst. Er wird die Worte in Empfang nehmen, aber ihren Sprecher nicht zu Gesicht bekommen. Denn das *innere Wort* stellt ein anderes Phänomen dar als das, bei welchem eine geistige, der Vergangenheit oder Gegenwart angehörende Persönlichkeit als Vision in Erscheinung tritt. Ersteres ist vertrauenswürdiger als das zweite und diesem immer vorzuziehen. Das ist so, weil es sich bei ersterem ausschließlich um eine Mitteilung an den Geist handelt, während es sich beim zweiten darüberhinaus auch um eine Mitteilung an die Sinne handelt, welche viel weniger in der Lage sind, jene zu beurteilen, und zwar deswegen, weil sie sich auf einer niedrigeren Ebene befinden als ihr Ursprung. Der Mystiker ist sich einer anderen Gegenwart bewußt, eines heiligen Wesens, das sich irgendwo in ihm befindet, und allmählich entwickelt sich mit diesem eine wunderbare geistige Gemeinschaft. Es spricht zu ihm in seinem Geist und nicht zu seinen körperlichen Ohren, und das so unzweideutig und spontan, daß er die Wirklichkeit der Existenz dieser Gegenwart einfach nicht anzweifeln kann. Dieses Wesen in seinem Herzen lebt, hat aber keine Form, spricht, hat aber kein Gesicht.

Sind wir erst einmal richtig wach und uns des Gottes, der verborgen im Innersten unseres Herzens thront, bewußt geworden, haben wir es erst einmal gelernt, in die Stille einzugehen und sie zu durchschreiten, dann wird das *innere Wort* aus dieser inneren Stille heraus erklingen. Dieser erstaunliche Augenblick, wo die Stille des höheren Selbst auf dramatische Art und Weise gebrochen wird, wenn dessen Stimme in unserem Herzen spricht, wird sich in gewissen Zeitabständen wiederholen, zuerst bei unseren Rückzugsperioden zum Gebet und zur Meditation, und später zu jeder Zeit. Hier handelt es sich um die mystische Stimme, die Samuel und alle inspirierten Propheten vernommen haben. »Sprich, Herr, denn dein Diener höret«, so reagierte Mohammed auf sie. Sie wird unsere Nerven heilen und die ihr eigene Autorität über unser Denken und Fühlen ausüben. Auf diese Art mögen wir die maßgeblichen Mitteilungen unseres höheren Selbst in Empfang nehmen, die in klaren Worten abgefaßt und doch nichts Hörbares sind. Während der Sitzungsperioden geistiger Stille mag das Überselbst entweder mit Worten in Kontakt mit dem Ego kommen oder ohne. Dabei empfindet man eine Gegenwart, hört eine Stimme, und ein erhebendes Ideal wird uns vor Augen geführt. Einige haben dieses auffallende mystische Phänomen »das lebendige Wort« genannt. Worte formulieren sich im Herzen des Mystikers, er weiß nicht wie, und sie teilen Offenbarungen mit oder geben Rat. Was an anderer Stelle Intuition genannt worden ist – was mehr als alles andere ein in uns vorhandenes Gefühl ist – ist nicht dasselbe wie dies, was eher so ist, als ob jemand zu uns spräche. Hier handelt es sich um einen Aspekt der Macht des Überselbst.

Diese mysteriöse innere Stimme, die keinen Laut tut, den die Ohren hören könnten und doch Mitteilungen formuliert und uns Führung von geistig-seelischer Wichtigkeit zuteil werden läßt, steigt in uns während der Trance auf. Aber sie wird nur auf das innere Leben Bezug haben und uns nicht führen, was das äußere Leben angeht.

Der Kandidat sollte unverwandt in diese Stille hineinhorchen, die er tief in seinem Herzen vorfinden wird, tiefer als all das Durcheinander von Leidenschaften, Emotionen, Instinkten, Sehnsüchten, als all das Anziehende und Abstoßende, das dort für gewöhnlich pulsiert. Kein anderer kann ihm das abnehmen. Die Stimme, die sich unverzüglich, wenn auch nur schwach fühlbar machen wird, wird wie ein Bote aus einer anderen Welt zu sein scheinen. Etwas oder jemand wird sich in unserem innersten Wesen zu regen beginnen und sich mit Worten an uns richten. Weise und instruktiv, warnend oder inspirierend – diese geistige Stimme wird uns wie die eines anderen vorkommen. Aber später, später werden wir uns bewußt werden, daß dem nicht so ist, daß es sich dabei tatsächlich um die Stimme unseres eigenen besten Geistes handelt.

Dieses Erlebnis mag freilich nicht jedermann bevorstehen, aber es ist möglich, daß ein genügend fortgeschrittener Kandidat sich allmählich ein Erbe großer Kräfte antreten sieht, die seit seiner verschwommenen, in weiter Ferne liegenden evolutionären Vergangenheit seiner harrten und sich während all dieser mystischen Anstrengungen in den tiefsten Tiefen seines Wesens langsam entwickelte. Die erste dieser mystischen Kräfte besteht darin, die *Stimme der Stille* zu hören.

Es ist notwendig, die Kunst zu erlernen, zwischen dem echten und dem falschen Inneren Wort unterscheiden zu können. Offenbart es sich während des zweiten Stadiums, bevor wir in der Lage sind, das dritte Stadium zu berühren, dann handelt es sich höchstwahrscheinlich um das Pseudowort, welches das Ergebnis einer geistigen Aktivität seitens des Egos sein mag, vermischt mit ein bißchen reflektiertem Licht, das vom Überselbst herrührt. Das wahre Wort stellt sich erst nach dem dritten Stadium ein. Es spricht aus der geistigen Stille der Kontemplation heraus und ist in der Tat eine ihrer auffallenden Auswirkungen. Es ist die *Stimme der Stille.*

»Ich werde hören, was Gott, der Herr, in mir sprechen wird«. Der fünfundachtzigste Psalm legt Zeugnis ab von der Wahrheit desselben Erlebnisses. Ähnliche Zeugnisse befinden sich in den heiligen Schriften des Orients.

Dr. Singh hat den *Gorakha-Bodh,* einen Dialog zwischen Gorakhnath und Machendra, seinem Lehrer, übersetzt, welcher stilistisch und, was seine Wichtigkeit betrifft, einem Vergleich mit den Yoga-Upanischaden standhält. Ein Auszug folgt:

Frage. Wer vermag einen Pfad ohne Füße zu begehen? Wer ohne Augen zu sehen? Wer ohne Ohren zu hören? Wer ohne Worte zu sprechen?
Antwort. Die Kontemplation vermag ohne Füße zu gehen; die Urteilskraft ohne Augen zu sehen; die Aufmerksamkeit ohne Ohren zu hören; das Selbstgeborene vermag ohne Worte zu sprechen.

Die ewige, wortlose Wahrheit wird in Zeit und Raum zum Ausdruck gebracht.

6. Ist die Welt eine Illusion?

Es überrascht nicht, daß die Mystiker des Ostens wie des Westens, sobald sie eine Metaphysik, die auf den höchsten Höhen hochabstrakter Konzeptionen thront, der es an menschlichen Beziehungen und menschlichem Interesse fehlt und die die ganze Welt als nicht existent abtut, als ihre erhabenste Weisheit betrachten, ihrerseits von den Kritikern des Mystizismus als unpraktische Träumer angesehen werden. Die Konsequenzen einer solchen Entartung sind ernst. Gescheite Köpfe haben nichts besseres zu tun als ganze Inkarnationen mit endlosen, rein logischen Diskussionen zu verschwenden, Diskussionen, denen einerseits das menschliche Kolorit fehlt und die andererseits menschliche Bedürfnisse völlig außer acht lassen.

Aber zuerst sollte untersucht werden, ob es sich hier tatsächlich um der Mystiker höchstes und ältestes Wissen handelt oder bloß um dessen Entartung.

Der Lehrsatz der Weltillusion stellt für die meisten Studenten des Westens ein Hindernis dar. Das ist durchaus verständlich. Viele Inder legen diese bemerkenswerte Lehre mit einem derart hochtrabenden Gehabe und einer derart glatten Zunge aus, daß man intuitiv das Gefühl hat, sie bedeutet ihnen lediglich ein paar Zentimeter Wortschwall. Eine Handvoll von Mutigen und Scharfsinnigen haben allerdings den wahren Gedanken ihrer Meister erfaßt; der Rest wiederholt Worte und Sätze, wie so viele Papageien. Wenn wir nachfragen, worin denn jetzt die höchste, von den orientalischen Weisen erreichte Weisheit bestehe, dann wird uns von vielen Metaphysikern und einigen Mystikern mitgeteilt, jene beruhe auf der Meinung, daß eine mysteriöse Wesenheit, der *Geist*, die einzige Wirklichkeit sei und das Universum an sich nur eine Illusion. Fragen wir sie, wie diese Illusion denn entstanden sei, dann lautet ihre Antwort, daß es, da nur diese Wesenheit wirklich existiere, ja gar keine Individuen gäbe und infolgedessen auch niemanden, der sich in eine solche Illusion verstrickt habe! Wenn wir weiterfragen und von ihnen wissen wollen, was der Zweck des menschlichen Daseins sei, dann geben sie uns zur Antwort, daß er darin bestünde, die Wirklichkeit zu entdecken; aber im gleichen Atemzug sagen sie auch, daß es zwischen der Realität und dem Universum keinerlei Bezug gäbe und infolgedessen auch keinen zum menschlichen Dasein! Aber der gegenwärtige religiöse Glaube des Westens, daß die Welt hauptsächlich eine materielle sei, der irgendwo eine Art zufälliger spiritueller »Geist« innewohne, ist keineswegs besser. Er ist nur einen Schritt weniger materialistisch als der atheistische Glaube, daß es überhaupt keine andere Welt gäbe!

Eine Doktrin, die die Behauptung aufstellt, daß allein das *Perfekte* existiere, daß allein das *Absolute* wirklich sei, daß das Universum illusorisch und unser Wissen über das Universum falsch sei – eine solche Doktrin legt sich unbewußterweise und ungenügenderweise auf die Schlußfolgerung fest, daß die Gottheit ewig Selbsttäuschung begehe! Diese Doktrin, die die Welt zu etwas Nichtexistierendem macht, stellt eine falsche Schlußfolgerung dar, zu der verwirrt rationales Denken und obskures mystisches Gefühl gekommen sind, obschon sie der unleugbaren Tatsache entnommen ist, daß das Zeugnis der Sinne gelegentlich vom Zeugnis der Vernunft widerlegt wird. Der ideentrunkene Metaphysiker oder sich selbsttäuschende Mystiker, der das Universum einfach als eine unbegründete Illusion entläßt, entläßt sich damit freilich nicht selbst. Nun ist er aber Teil dieser Illusion. Und trotzdem behandelt er sich selbst auch weiterhin als eine Realität. Eine solche Unvereinbarkeit wäre an sich schon Beweis genug für die Nutzlosigkeit seiner Anstrengungen und die Unlogik seines Denkens.

Mit der orthodoxen Doktrin einer bewegungsunfähigen, inaktiven *Realität* läßt sich weder erklären, warum das Universum in der Erfahrung vorhanden ist, noch warum wir überhaupt das Gefühl haben, hier zu sein. Freilich brauchen wir diese Doktrin nicht als die beste zu akzeptieren, die uns der Mystizismus anzubieten hat. Diese Metaphysik hat zwar ganz richtig proklamiert, daß der Mensch sein höheres Ziel erreichte, wo er zu der Erkenntnis kommt, daß sein wahres Sein im *absoluten Sein* wurzelt und mit diesem identisch ist. Aber dadurch, daß sie sich in seltsamen fragwürdig-logischen Abstraktionen verstiegen hat, hat sie das individuelle Selbst ganz zu Unrecht zu einer blassen Fiktion und die physische Welt zu einer grotesken Halluzination verdreht. Die Wahrheit ist, daß das eine weder eine Fiktion, noch das andere eine Halluzination ist, sondern daß beides *Offenbarungen* sind. Gleich wie unzulänglich, das *Wirkliche* offenbart sich in ihnen. Es kann nicht von ihnen getrennt werden.

Diejenigen unter den griechischen, alexandrinischen und indischen mystischen Metaphysikern, die der Wirklichkeit des Geistes die Illusion der Materie gegenüberstellten, waren unfähig zu erklären, wie sich beides vereinigen ließe. Infolgedessen plazierten sie erstere auf einen Gipfel, der durch einen unüberbrückbaren Abgrund und von der schöpferischen *Universalseele*, von der materiellen Welt und von der Individualseele getrennt war. All ihre klugen Erklärungen machten entweder am Rand dieses Abgrundes halt und ließen das *Absolute* dort als ein unerklärbares Geheimnis stehen, mit dem das *Relative* nichts zu schaffen hatte, oder ließen die offenbarte Welt als eine zwecklose Schöpfung stehen, wie ein mitten in der Luft dahintreibender Nebenschleier. Über diesen Abgrund kann nur *eine* Brücke gebaut werden, und nur der Mentalismus kann sie bauen.

Wir haben gesehen, daß die »Materie« nicht existent ist und wissen, daß die Gedanken flüchtig sind. Woraus besteht nun der Stoff, mit dem wir es in unserer persönlichen Erfahrung der Welt zu tun haben? Was ist er? Die Antwort des Mentalismus lautet, daß er die permanente Essenz aller Gedanken ist, daß er der *Geist* ist. Diese Entdeckung stellt das Äußerste dar, zu dem wir bei unserer inneren Suche vordringen können. Diese *Geistesessenz* ist die letzte, nicht reduzierbare Wirklichkeit. Sie selbst ist leer, ohne jedwede Formen, ohne jedwede Individualisation. Aber wir müssen unsere Suche auch nach außen richten. Und dann, wenn wir in der Lage sind, zu erkennen, daß es dieser Wirklichkeit im *wesentlichen* überhaupt nichts ausmacht, ob sie nun als vergängliche Gedanken oder als der bleibende *absolute Gedanke* verstanden wird, solange wir sie als *immer* gegenwärtig erkennen, dann sehen wir richtig. Die Welt ist eine Erscheinung, wenn sie als ein Prozeß gesehen wird, aber das einzigartig *Wirkliche,* wenn sie als eine einzige Substanz gesehen wird.

Wenn uns erstens die Wahrheit aufgeht, daß diese mysteriöse, alles in sich schließende und paradoxerweise doch alles ausschließende *Leere* das *Wirkliche* ist; wenn wir zweitens seine selige Gegenwart als etwas in uns Lebendiges empfinden, und zwar nicht nur beim Meditieren, sondern in jedem Zustand, zu jeder Zeit und an jedem Ort; wenn wir drittens das Universum in seiner *Ursache* erkennen können und seine *Ursache* im Universum – *Materie* im *Geist* und der *Geist* in der *Materie,* das heißt beides auf einmal –, dann kann behauptet werden, daß wir Einsicht besitzen. Dann können wir sehen, daß die breite, braune, mit Grün bedeckte, über Hügel und durch Täler dahinrollende Erde substanziell nicht weniger wirklich ist als die *Leere,* essentiell nicht weniger göttlich, obwohl ihre Form nur ein geistiges Bild ist, das vergehen muß. Und wir fühlen, daß sie Teil eines mysteriösen *Ganzen* ist, ein Teil, der auf keine Weise von dem, was ihn am Leben erhält und ihn zärtlich liebt, getrennt werden kann. So lernen wir, daß es nicht nur keine Wirklichkeit gibt, die unabhängig vom *Geist* existiert, und kein letztes Sein, das von unserem eigenen innersten egolosen Selbst getrennt werden könnte, sondern daß es in unserer äußeren Erfahrung auch kein geformtes Ding gibt, das sein essentielles Sein nicht von derselben Quelle bekäme, von der wir unser eigenes ableiten.

Das undurchdringliche und rätselhafte Problem, wie das *Absolute* zum *Relativen* wurde, ist ein erdichtetes. Es existiert nur im wortreichen Gebiet einer von Tatsachen losgelösten Logik, einer Metaphysik, die zwischen *Geist* und *Materie* einen künstlichen Gegensatz aufgestellt hat, und das, weil sie nicht wußte, daß es sich bei diesem Gegensatz lediglich um den *Geist* und seine *Idee* handelt. Denn wenn wir intellektuell alles in den *Geist* werfen, dann erkennen wir sofort das vereinigende Prinzip, das beides ohne Schwierigkeiten enthalten kann, ohne dabei seine eigene Integrität zu verletzen. Der *Geist* wird so also zum ersten Prinzip aller Existenz, aber paradoxerweise auch zum letzten. Das Ego und die Welt des Egos sind Ideen des Überselbst, und das Überselbst ist seinerseits ein Strahl des *Geistes*. So wie sich die Sonne in Millionen von Strahlen aufgespalten zu haben scheint und trotzdem die eine gleiche Sonne bleibt, die sie vorher war, so kann auch der unbeschreibliche *Geist* nur dem Anschein nach, und nicht wirklich, in Teile zerlegt werden, noch in einzelne Wesen, außer im menschlichen Denken. Wer der Meinung ist, daß der *Geist* durch dieses Sich-selbst-Geben auch nur das Geringste verloren hat, jemals weniger geworden ist als zuvor, versteht ihn nicht. Er geht seines ursprünglichen ungeteilten und integralen Charakters niemals verlustig. Wir Menschen sind unserem innersten Wesen nach göttliche Seelen, die von der Sonne im Mittelpunkt ausgestrahlt werden – ein Vergleich, der unserem Denken hilft, sich auf die ihm einzig mögliche Art und Weise ein Bild von der Vertrautheit und unmittelbaren Gegenwart unserer inneren Wirklichkeit zu machen. Wir haben Teil an der Reflexion ihres herrlichen Lichtes.

Das *Eine* wird nicht das *Viele*, denn die Seins- und Bewußtseinskategorien sind verschieden. Es bleibt, was es ist. Das *Viele* ist seine *Emanation*. Beim Universum handelt es sich in erster Linie um eine Emanation, und nicht um eine Illusion, und deswegen darf die *Weltidee* nicht als ein Nicht-Wesen behandelt werden. Man darf sie nicht scharf von der Wirklichkeit trennen. Denn sie *ist* das etwas von sich, auf eine bestimmte Art und Weise offenbarende Wirkliche. Alle Vorgänge stellen lediglich dessen Aktivität dar und alle Dinge lediglich dessen Attribute. Die Relativität existiert zwischen den Ideen selbst, aber das Substratum, welchem sie entspringen, ist ewig und unendlich, ist der selbstexistente und *Absolute Geist*. Materie wird so zu einer rein geistigen Tätigkeit. Zwischen dem *Absoluten* und dem *Relativen* besteht keine unüberwindbare Kluft, denn das *Relative* ist dessen eigene *Idee*. Der Geist an sich ist das, was schon immer existiert hat, was das einzigartige Wesen, die einzigartige Substanz aller Dinge und aller Wesen darstellt, das erste und letzte *Prinzip* des Weltprozesses. Von ihm kann gesagt werden, was sonst von nichts außer vom *Unendlichen Raum* gesagt werden kann: Er *ist*. Und das wird selbst dann noch wahr sein, wenn das ganze Universum samt der in ihm existierenden bewußten Wesen verschwindet. Der Geist hätte auch nicht zu einem spezifischen Zeitpunkt oder aus dem Nichts geboren werden können; demzufolge muß er schon immer existiert haben, und es hat noch nie einen Augenblick gegeben, wo er nicht war.

Im Gegensatz dazu sind unsere Gedanken und die mit ihnen untrennbar verbundene Welt vergänglich und veränderlich. Aber der Geist, der deren Erscheinen möglich macht, ist es nicht. Er allein besteht die Prüfung auf die letzte Wirklichkeit hin, die Prüfung, mit der bewiesen wird, ob er unveränderlich ist und ewig. Alles, was wirklich ist, kann niemals vergehen. Alles, was nur eine Emanation des Wirklichen ist, wird seine Form verlieren, aber nicht seine Essenz. Wenn einerseits wahr ist, daß die Gottheit alle endlichen Dinge transzendiert, so wohnt sie ihnen nichtsdestoweniger untrennbar inne und ist in der Tat die eigentliche Grundlage ihrer Existenz. Als ob der Kosmos außerhalb der Kraft liegen könnte, durch welche er entstand, oder umgekehrt, die Kraft außerhalb des Kosmos! In Wirklichkeit handelt es sich hier nicht um zwei Dinge, sondern um zwei Aspekte eines Dings. Die Welt ist nicht nicht-existent; sie ist ein Gedanke und hat eine geistige Existenz. Unserem natürlichen Wunsch, unserer eigenen Existenz und der der Welt versichert zu werden, und in einem nicht geringeren Maße der Nützlichkeit des Lebens, wird durch diese Wahrheit Genüge geleistet. Somit liefert der Mentalismus eine nahtlose Erklärung des Weltproblems, das sich von diesen Metaphysikern und Mystikern nicht hat erfassen lassen. Aber um diesen Erfolg zu erzielen, müssen wir erst klar verstehen, daß der Mentalismus nicht einfach dasselbe ist wie der Idealismus; er ist eine vollständigere Lehre. Während der Idealismus nur zu gerne aus allem getrennte Ideen machen würde und die Welt dann als solche stehen ließe, macht der Mentalismus sie zwar zu Ideen, aber nur, um diese wieder in einem einzigen Stoff – dem *Geist* – zu vereinen.

Das Wirkliche und seine Erscheinung sind ein und dasselbe Ding, nur von verschiedenen Seiten gesehen. Schließlich werden die unzähligen, in dieser Erscheinung existierenden Subjekte von einem Gedankenprozeß geformt, der eine Kraft darstellt, die eine Kraft des Wirklichen ist. Wir können der Existenz der Welt nicht dadurch Abbruch tun, daß wir sie als unwirklich entlassen. Nur ein unvollständiger Mystizismus oder eine unerleuchtete, rein intellektuelle Metaphysik und nicht eine auf Einsicht basierende Philosophie unterfängt sich, das zu tun. Dadurch, daß die Philosophie die Pluralität in und zu einer Einheit auflöst, offenbart sie, daß die Welt letzten Endes aus demselben Stoff gemacht ist wie ihr ewiger Grund. All die verschiedenen Raum- und Zeitebenen vom *Geist* durchdrungen. Deshalb sind alle Welten eins. Diejenigen, die auf einer speziellen Raum- und Zeitebene leben, haben natürlich eine andere Form von Bewußtsein als die auf einer anderen Ebene Lebenden. Infolgedessen gibt es unzählig viele Bewußtseinsformen, wobei jede für ihre Bewohner eine Welt darstellt. Aber der letzte »Stoff« dieser Welten ist ein und derselbe – *Geist* –, und nur die Art und Weise, auf die er begriffen wird, ändert sich von einer Raum-Zeitebene zur andern. Jede Welt ist wirklich in der Erfahrung derer, die sich in ihr befinden, aber radikal verschieden von den anderen Welten.

Keine Welt ist eine Illusion, denn jede Welt ist aus Gottes eigener Natur gesponnen; aber unsere spezielle räumliche und zeitliche Art, auf welche wir sie erfahren und von ihr wissen, ist illusorisch. Die äußere Erscheinung der Welt ist für diejenigen wirklich genug, die in ihr leben müssen. In Wirklichkeit müssen wir demzufolge nicht zwischen ihr als Illusion und etwas Transzendentalem als Realität unterscheiden, sondern zwischen der Erscheinung und deren verborgenem Grund. Somit entdecken wir bei der Ausdehnung unseres Verständnisses der Welt, daß auch sie göttlich ist. Solange der Mythos der Mannigfaltigkeit unser Denken beherrscht, solange werden wir verwirrt und konfus sein. Wir müssen uns an die Wahrheit wenden: die Einheit. Es gibt nichts anderes als den *Geist*.

Wenn wir diesen Gedanken begreifen, daß der *Geist* die einzige Wirklichkeit darstellt und daß alles andere lediglich dessen Erscheinung oder Offenbarung ist, und wenn wir den Folgesatz dieses Gedankens begreifen, daß auch der Mensch selbst im wesentlichen im *Geist* wurzelt – dann können wir den nächsten Schritt tun: Wenn das menschliche Dasein überhaupt ein letztes Ziel hat, dann kann dieses nur darin bestehen, die Einheit des Seins zu beweisen und darin, daß wir bewußt in dessen verborgene Wahrheit eingehen. Unsere endgültige Schlußfolgerung darf also nicht sein, daß die Welt eine Illusion oder unwirklich sei, sondern daß ihre Existenz außerhalb des Geistes illusorisch und ihre Unabhängigkeit von unserem eigenen Selbst unwirklich ist. Die Welt existiert nicht aus sich selbst heraus. Die stabile Wirklichkeit, die unserer Meinung nach in den Dingen ist, die wir dabei aber fälschlicherweise in deren mit den Sinnen erfahrenen Existenz wähnen, ist also in Wirklichkeit im universellen Geist zu Hause, welcher sich selbst in ihnen kundtut. Unser Gesamteindruck der Wirklichkeit der Welt ist also keineswegs illusorisch, sondern lediglich falsch angebracht. Wenn wir diese Wirklichkeit auf die richtige Art und Weise zu fassen kriegen wollen, dann müssen wir über die Ebene der Sinneswahrnehmungen hinausgehen und zu der Ebene des einen, alles-vereinigenden, hinter ihnen liegenden *Geistes* vordringen.

Diese vom Standpunkt des Mentalismus gelieferte Beurteilung der Natur der wachen Welt der sogenannten Illusion und diese vom Realismus gelieferte Beurteilung ihres Wertes, ist nicht ausschließlich abendländisch. Vor Tausenden von Jahren folgten einige weise eingeweihte Kommentatoren der Mandukya Upanischaden, unter ihnen Gaudapa, der älteste von allen, derselben Richtung. Die alten Meister des Ostens lehrten, daß die Welt nur durch das Selbst existiere. Deshalb nannten sie das ganze geschaffene Universum »Maya« – ein Wort, das wir ganz schlecht mit »Illusion« übersetzen, und zu dessen wahrer Bedeutung man nur durch gründliches Nachdenken über den Mentalismus vorstoßen kann. Sie wiesen darauf hin, daß es unser erster und natürlicher Instinkt ist, die äußere Welt als die endgültige Realität anzunehmen. Aber da die Welt ein bewußtes Selbst nötig habe, das von ihr Zeugnis ablege und die Nachrichten der Sinnesorgane aufnehme, welche sich auf deren Existenz beziehen, sei die höchste Wirklichkeit dann dieses bewußte beobachtende Selbst. Diese Erklärung machte die erste Annahme einer äußeren Realität nicht zunichte; sie ergänzte und vertiefte sie einfach. Die mentalistische Mayadoktrin erklärt also, daß die Welt keine wirkliche Existenz *für uns* hat, wenn wir uns der Welt nicht bewußt sind. Diese beiden Worte *für uns* müssen dreimal unterstrichen werden, denn die meisten Menschen vergessen sie bequemheitshalber oder ignorieren sie aus lauter Dummheit. Somit wird gezeigt, daß das *Bewußtsein* die grundlegende Wirklichkeit ist. Daher der Vers in den Upanischaden:

In mir entstand die ganze Welt
In mir existiert das All
In mir vergeht es.

Die falsche Opposition von *Geist und Materie*, der entmutigende Lehrsatz, daß das materielle Universum keine Bedeutung habe, und der traurige Glaube, daß alle Existenz eine schiere Illusion sei, stellt das beklagenswerte Ergebnis des Einflusses der vollen Wahrheit auf nur halbvorbereitete Köpfe dar.

Würden diese Ansichten jemals ins praktische Leben hineingebracht werden, dann würden sie ihre Vertreter zu völligen Paralytikern machen. Ihr Intellekt würde sich nicht mehr regen, ihr Herz nicht mehr fühlen und ihr Körper seinen Dienst versagen. Aber was immer auch im Altertum oder im Mittelalter der Fall gewesen sein mag, wenn wir uns das praktische Leben der jetzigen Befürworter dieser Ansichten ansehen, dann stellt sich heraus, daß es sich bei all diesem Geschwätz von einem nutzlosen *Absoluten*, das auf immer und ewig von einem sinnlosen Universum abgeschnitten ist, um ein rein sylogistisches Gegaukel und um rein logische Denkübungen handelt; denn sie sind für gewöhnlich genauso stark daran interessiert, sich »illusorische« irdische Vorteile zu verschaffen, wie die so viel verachteten Realisten. Sie bestehen zwar auf dem Nichts der gemeinsamen Welt, und das natürlich im Interesse anderer Menschen, verhalten sich ihr gegenüber in Wirklichkeit aber so, als ob es sich um eine Welt größter Wirklichkeit handelte, und das mit nicht weniger Hartnäckigkeit als andere. Dies ist einerseits ein Beweis für die Nutzlosigkeit einer von der mystischen Wissenschaft getrennten Metaphysik und andererseits ein Beweis für die Gefahr der Übertreibung eines einzelnen Lebensaspektes auf Kosten aller anderen. Jedenfalls ist klar genug, daß für den, der die Konsequenzen solcher Lehren wirklich ernst nimmt und sie infolgedessen in die Tat umsetzt, nur das eine Ziel tragbar ist: nämlich die aktive Welt aufzugeben und zum unbedarften Lotosesser, zum körperhassenden Mönch oder selbstsüchtigen Träumer zu werden.

Für den Westen wird ein solch komplettes Spalten von Leben und Weisheit, von Wahrheit und Erfahrung, wie es von der grundlegenden Doktrin dieser sogenannten höchsten Weisheit vertreten wird, kaum als ein Beitrag des Ostens tragbar sein. Glücklicherweise verdient diese Lehre diesen Titel nicht. In der eigenen Geheimlehre des Ostens liegt eine bessere, eine erhabenere Doktrin, die sowohl den Anforderungen der Vernunft, sowohl den Geboten des Herzens als auch den Eingebungen der Intuition und den Bedürfnissen des praktisch tätigen Lebens Genüge leistet. Sie lehnt es zwar rigoros ab, den Endgültigkeitsanspruch und die Irrtümer der Sinneserfahrung gelten zu lassen, bewirkt damit aber keine pessimistische Abkehr des Menschen von den letzten Werten einer solchen Erfahrung. Es gibt keine Ruhe, keinen Frieden, keine Wahrheit, nicht einmal ein Leben, und mit Sicherheit kein Glück, solange wir uns an das vergängliche Schauspiel der Welt der Erscheinungen *um seiner selbst willen* klammern; aber es gibt endgültigen Frieden und vollständige Erfüllung, sobald wir es als eine flüchtige Offenbarung des unsterblichen *Wirklichen* akzeptieren. Dann können wir alle Dinge und Kreaturen zu Gedanken umwandeln, die Myriaden der Gedanken zu ihrem einzigen Element, dem Geist, und den Geist zu seiner nicht offenbaren, nicht individualisierten, zu seinem unendlichen, absoluten Sein oder seiner Wirklichkeit, dem *Geist schlechthin*. Wir steigen zu einer Region empor, wo alles in uns selbst existiert und deswegen auch nichts verloren gehen kann, wo der Tod eine Fiktion und das Leiden eine Phase ist, die vorübergeht. Dies ist Gott, Nirvana, Überselbst – was immer wir es auch nennen wollen, obschon es keinen Namen gibt, der es jemals erreichen könnte. Man darf es sich nicht als ein zweites, von uns getrennt existierendes Ding vorstellen, sondern als unser Wesen schlechthin. Wir sind hier auf Erden, um das zu finden.

Diese Suche kann nicht zu Ende gebracht werden durch eine rein intellektualistische Abstraktion dessen, was unserer Meinung nach die Illusionen der irdischen Sphäre sind, und ganz gewiß nicht durch eine asketische Flucht vor ihnen. Sie kann nur dann endgültig zu Ende kommen, wenn mitten im vollaktiven Leben, wenn innerhalb der weltlichen Sphäre selbst die sich von diesem Leben ableitende Einsicht in das *Wirkliche* gewonnen wird.

Wenn wir wahrheitsgemäß an die höchste Wirklichkeit denken wollen, dann müssen wir unter zwei Aspekten an sie denken: dem ewig ruhenden und dem ewig tätigen, und im Sinne zweier Formen, nämlich im Sinne von

Stille und Bewegung. Noch können wir mit unserem Verständnis dieser großen Wahrheit an diesem Punkt haltmachen. Wollen wir wirklich gemäß der Art, in der das Leben Gottes gelebt wird, leben, verlangt es uns wirklich danach, die göttliche Existenz in einem solchen Ausmaß und mit so viel Demut zu imitieren, wie wir es uns wagen, dann müssen auch wir unser kleines Leben demselben zweiphasigen Rhythmus großer Stille und arbeitsamer Tätigkeit, innerer Kontemplation und äußeren Kampfes, selbstbetrachtender Befriedigung und selbstloser Werke anpassen.

Dieses Sich-ständige-Erinnern und Konzentrieren auf die stille Leere, während wir mitten in der Arbeit stecken, ist zugestandenermaßen nicht leicht und erfordert nichts weniger als Genialität, um damit mit Erfolg ans Ziel zu gelangen. In der Geheimlehre der Chinesen wird dies »Wu Wei« genannt. Ein unverfälschtes Fragment dieser Lehre existiert in Loa Tzus kleiner Schrift, die den Titel »Tao Teh King« trägt, wobei die Bedeutung dieser Phrase nützlichkeitshalber mit »Nicht-Tun« oder »Untätigkeit« übersetzt wird. Die Mystiker des Ostens wie des Westens waren fälschlicherweise der Meinung, daß damit die Abkehr vom Leben des Handelns durch einen Rückzug ins Klosterleben gemeint sei. Die korrekte Bedeutung ist die innere Realisation der grundlegenden Leere, des immateriellen Wesens des Daseins, während diese Materialität aus praktischen Gründen äußerlich als wirklich betrachtet wird. Untätigkeit zu praktizieren, und zwar so, wie dieser Begriff in der Bhagavad Gita und dem Tao Teh King, zwei mystischen Werken des Orients, verwendet wird, bedeutet nicht physische Trägheit. Das ist ein materialistisches Mißverständnis. Nicht-Tun bedeutet, das Eintreten in die *Leere* zu bewirken *und dann* dieses Gefühl der Leere mitten in das Tätigsein, in das Herz der physischen Existenz, hineinzubringen. Wir müssen begreifen, daß die Geheimlehre allem Anschein zuwider weder zu einem völligen Nihilismus noch zu einem blanken Negativismus führt, sondern eher zu dem, was am wirklichsten im Leben ist. Wenn daher die meisten Mystiker ihr letztes physisches Ziel in einem Zustand inspirierter Untätigkeit sehen, dann sehen alle Philosophen ihr letztes physisches Ziel in einem Zustand inspirierten Handelns.

Wenn wahr ist, daß wir uns alle im *Unendlichen Geist* bewegen, in ihm leben und unser Dasein haben, dann muß genauso gelten, daß die Gegenwart dieses *Geistes* nicht auf Ashrams, Berge oder Klosterklausuren beschränkt ist. Er befindet sich auch hier in London, hier in Chicago und hier in Chungking. Er ist nicht weniger mitten im Gewühl des Broadways und dem tosenden Leben Londons als in irgendeinem in weiter Ferne liegenden tibetischen Kloster. Wenn wir ihn nicht finden könnten, während wir unseren praktischen Alltagsinteressen nachgehen, wenn er völlig außerhalb dieser Interessen läge und sie auf immer überstiege, dann könnte er nicht das

Wirkliche sein. Und wenn der Anfang äußerer Tätigkeit den inneren Frieden annulliert, dann ist die wahre Transzendenz eben nicht gefunden worden. Verstehen wir, daß diese Welt eine Offenbarung der göttlichen Realität an sich ist, dann ist dieses irdische Leben auf keinen Fall eine von Satan gelegte Falle, wie manche glauben, und auch nicht, wie andere behaupten, eine nebelhafte Fata Morgana. Sie ist nicht nur etwas, das von Bedeutung ist, sondern etwas, das dem Wahrheitssuchenden noch viel mehr bedeuten muß als dem Materialisten.

7 Neue Überlegungen zum asketischen Mystizismus

Wir hören oft, daß alle Religionen und mystischen Wege zum selben Ziel führen – zu Gott. Das ist zweifelsohne der Fall, wenn wir die Existenz auf lange Sicht, im Rahmen der Evolution sehen, wenn wir mehr im Sinne von Hunderten von Lebenszeiten denken als im Sinne einer einzigen. Aber wenn wir von den höchsten Überlegungen zu den unmittelbarsten hinabsteigen, dann wird sich herausstellen, daß es wichtige Unterschiede zwischen den Zielen gibt, die uns auf den verschiedenen Wegen gesteckt sind. Der Mystizismus ist ein seltsames Land. Es ist nicht minder wichtig, das verborgene Ziel oder den spezifischen Zweck einer mystischen Methode ausfindig zu machen, als den Menschen zu verstehen, der sie ursprünglich entwickelt hat. Denn auf diesem schwer erfaßbaren Gebiet macht man sich nur allzu schnell und allzu leicht ein oberflächliches Bild; zu einer wissenschaftlichen Beurteilung zu kommen ist schwierig. Und es ist auch nicht damit getan, das jeweils aufgestellte Ziel jedes einzelnen Weges zu akzeptieren. Auch hier ist eine Überprüfung angebracht. »Führt er uns wirklich zu einem solchen Ziel?« – das ist die Frage, mit welcher wir zu dieser Untersuchung ansetzen sollten, wobei eine richtige Antwort nicht nur aufgrund der von diesem Weg aufgestellten Theorien gefunden werden sollte, sondern in erster Linie durch seine gesicherten Ergebnisse. Und das war der Anfang unserer eigenen Pilgerfahrt.

All dies fing damit an, daß wir uns diese eine simple Frage gestellt haben, die sich uns aufgrund unserer Erfahrung, unseres Nachdenkens und des Einflusses durch andere Menschen aufgedrängt hat. Wir wollen wissen, warum die Mystiker im Kollektivleben der Menschheit eine so unbedeutende Rolle spielen, wo sie doch, wenn ihre Theorien wahr und die Kräfte, über die sie verfügen, tatsächlich sind, eine Hauptrolle spielen sollten. Denn wir waren schon damals der Überzeugung, und sind es jetzt in einem noch größeren Maße, daß der höchste Wert einer Lebensanschauung, welche die verborgene Einheit der menschlichen Familie einschärft, in ihrer Kraft liegt, im irdischen Leben der Menschheit wieder zum Ausdruck zu kommen. Wir sind der Meinung, daß diejenigen, die sich im Besitz einer solchen Weltanschauung befinden, versuchen sollten, diese praktisch umzusetzen, und das erstens in ihrem persönlichen Alltagsleben und zweitens im gesellschaftlichen. Sie sollten sich nicht damit zufrieden geben, nur von ihr zu träumen oder zu reden. Im Gegenteil. Wir sind der Ansicht, daß sie geradezu die Pflicht haben, das Denken und Fühlen der Öffentlichkeit zu formen zu *suchen*; daß sie *versuchen* müssen, die derzeitigen öffentlichen Wohlfahrtsbewegungen zu lenken und zu inspirieren; *versuchen* müssen, die Führer und Intellektuellen zu beeinflussen oder zu beraten. Die öffentliche Abneigung gegen den Mystizismus darf ihnen nicht als Ausrede dienen, dieser Pflicht nicht nachzukommen – es wird von ihnen ja nicht verlangt, das Thema an sich an den Mann zu bringen, sondern nur dessen Früchte, die das Ergebnis nützlicher Dienstleistung und kluger Beratung sind. Und sie sollten diese Aufgabe auch nicht ablehnen, weil sie der Meinung sind, daß diese angesichts des bösen Karmas der allgemeinen Öffentlichkeit von vornherein zum Scheitern verurteilt sei. Es ist ihre Pflicht, immer wieder unbesorgt zu neuen Versuchen anzusetzen, wobei alle Ergebnisse dem Überselbst anheimgestellt werden sollten. Um es kurz zu sagen: Wenn ihre Ansprüche auf esoterisches Wissen und außergewöhnliche Kräfte überhaupt einen Wert haben und durch Ergebnisse bewiesen werden können, dann sollten sie versuchen, auf absolut unmißverständliche Art und Weise ihre Spuren in der Geschichte zu hinterlassen.

Aber wenn wir uns umsehen und unseren Blick auf die derzeitige Welt richten, dann stoßen wir tatsächlich auf keinen derart wirksamen Beitrag, obwohl wir in einer Epoche leben, welche die dramatischsten Erschütterungen der Menschheitsgeschichte miterlebt hat. Gleich welch sozialer Vorteil der Welt durch die Mystiker erwachsen ist, er ist nicht aufgrund deren mystischer Weltanschauung entstanden, sondern ihr zum Trotz.

Der mystische Einsiedler, der sich physisch von seinen Mitmenschen zurückzieht, mag ihnen mit der Zeit auch sein mitmenschliches Gefühl entziehen. Wo er sich niederläßt, den inneren Frieden zu genießen, den ihm die Flucht vor der Welt zugestandenermaßen beschert, droht die Gefahr einer kompletten Introversion seiner Anteilnahme, einer gleichgültigen Ichbezogenheit in sozialen Beziehungen und einer kalten Indifferenz gegenüber dem Schicksal der ganzen Menschheit. Das treffen wir bei Asketen und insbesondere bei Yogis an, die – gerade weil sie so völlig in ihrem eigenen inneren Frieden aufgehen – von der ignoranten Masse als perfekte Weise angesehen und dementsprechend verehrt werden. In diesem Zusammenhang muß auf die Folgen hingewiesen werden, die den Millionen von leidenden Menschen durch diese vermeintliche Nichtexistenz dann erwachsen würden. Eine solch kauzig asketische und verwirrt metaphysische Gleichgültigkeit gegenüber der Welt führt notwendigerweise zu einer Gleichgültigkeit gegenüber der ganzen Menschheit. Deren Wohlfahrt interessiert den mystischen Einsiedler nicht. Und daher wird er von einem sozialen Standpunkt aus impotent. Angesichts der Qualen der Welt eine emotionale Kälte und intellektuelle Apathie an den Tag zu legen, ist geistige Größe, die zu erreichen wir keinerlei Interesse haben. Ganz im Gegenteil. Wir würden sie vielmehr als geistige Engstirnigkeit ansehen.

Solche Überlegungen hätten uns vielleicht dazu bewegen können, den Pilgerstab aufs neue in die Hand zu nehmen, hätte das mystische Temperament nicht einen weiteren Fehler aufzuweisen (einen Fehler, den wir einst selbst teilten, aber dessen wir uns glücklicherweise aufgrund unserer geistigen Veranlagung, die zu rational und zu komplex war, doch bis zu einem bestimmten Grad bewußt waren), der darin besteht, daß die Mystiker dazu neigen, plausible esoterische Ausreden für das Unentschuldbare zu erfinden. Infolgedessen mußte das Schicksal, das uns so weit gebracht hatte, eingreifen und uns an den kritischen Scheideweg einer zwingenden und eindeutigen Erkenntnis der Notwendigkeit, weiter, nach einem höheren Wahrheitsquell zu suchen, heranführen. Und das leitete es zuerst durch ein schmerzvolles persönliches Erlebnis in klösterlichen Einrichtungen ein, die rasch genauso verfielen, wie fast alle »geistigen« Einrichtungen, und zweitens durch die Zerstörung der Fassade falschen Glanzes, die diejenigen umgab, auf die wir aufgrund ihres vermeintlichen Status des perfekten Weisen gebaut hatten, wo sie doch bestenfalls nur perfekte Yogis waren. Die Folge war eine Neuorientierung, oder vielmehr eine Rückkehr zu unserer alten Liebe, der Philosophie, wobei wir bemüht waren, unser mystisches Leben zu korrigieren und ins Gleichgewicht zu bringen.

Bevor wir diese Beobachtungen weiter ausführen können, muß kurz etwas vorausgeschickt werden. Es wird allgemein angenommen, daß Autoren, die über höhere geistige Dinge schreiben, die Welt der Politik meiden sollten, aber diese Meinung herrscht nur unter den mystisch Veranlagten oder klösterlich Gesinnten vor, nicht unter den philosophisch Ausgebildeten. In Kürze werden wir erklären, daß die einzige Art von Mystizismus, der wir Folge leisten, der philosophische ist. Unter anderem ist es Teil der Aufgabe der Philosophie, politische Prinzipien und ethische Probleme zu untersuchen. Es empfiehlt sich jedoch, daß Mystiker, Religionsgläubige und Asketen politischen Diskussionen zumindest aus praktisch taktischen Erwägungen aus dem Wege gehen, andernfalls laufen sie Gefahr, Schismen auszulösen oder Spaltungen in ihren Rängen und Institutionen zu verursachen, weil sie ihre politische Treue auf verschiedene Sektionen verteilen. Aber ein solches Risiko hält die philosophisch Orientierten nicht für einen Moment zurück. Letztere sind notwendigerweise unabhängig und dienen weder den Interessen einer radikalen Gruppe, noch einer speziellen Organisation oder politischen Vereinigung. Sie sind der Meinung, daß die Wahrheit in dieser praktischen Welt genauso notwendig ist wie in den weniger besuchten Welten der metaphysischen Lehren. Wahrheit ist ihr erstes Anliegen und ihre erste

Aufgabe, aber sie ist groß genug, Belange zu beinhalten, von denen man fälschlicherweise glaubt, daß sie nichts mit ihr zu tun hätten.

Nichtsdestoweniger mag der Gedanke, daß ein erklärter Mystiker solche Ideen proklamiert, wie sie auf den folgenden Seiten zu finden sein werden, diejenigen überraschen oder gar schockieren, die gewöhnt sind, sich im festumrissenen Kreis des asketischen Mystizismus mit seiner politischen Entrücktheit als Ausdruck seiner Entrücktheit von allem Irdischen zu bewegen. Infolgedessen mögen viele sie falsch beurteilen und der Meinung sein, daß wir damit auf die schmutzige Ebene der Politik absinken oder nationalistische Vorurteile zur Schau tragen. Aber die Freunde, die uns wirklich kennen, werden diesen Fehler nicht begehen. Denn wir sind zu oft auf dieser planetarischen Szene erschienen und haben deswegen zu lange gelebt, als daß uns noch an der Politik des Augenblicks läge, wo doch die Ewigkeit unsere heimatliche Umgebung ist. Wir sind zu weit gereist und haben zu tief nachgedacht, als daß wir ein spezielles Land vorziehen und ihm mehr verwurzelt sein könnten als einem anderen, und wir können mit Thomas Paine ehrlich sagen, »die ganze Welt ist mein Vaterland!« In jedem Land haben wir loyale, liebevolle Freunde gefunden, aber auch bitterböse Feinde, ob unter Orientalen oder Abendländern, und unter Kapitalisten nicht weniger als unter Kommunisten. Und dabei haben wir gelernt, alle Völker mit einem mehr oder weniger gleichen und kosmopolitischen Auge zu betrachten, weil wir nur zu gut wissen, daß es immer, aber auch immer der individuelle *Charakter* ist, der zählt. Ist ein Mensch nun wirklich in das *Überselbstbewußtsein* hinein aufgewacht, dann wird dieses Erlebnis als solches seine Vorurteile auslöschen und ihn im wesentlichen mit anderen Menschen vereinigen. Wenn jemand von Gott spricht, aber einen anderen Menschen aus rassischen Gründen, oder gar weil er eine andere Hautfarbe hat, nicht leiden kann, dann können wir sicher sein, daß er noch immer in geistiger Blindheit lebt. Der Materialist, welcher der Meinung ist, er sei Körper und sonst nichts, verrät, daß er von Natur aus rassische Vorurteile hegt. Der Mentalist, der weiß, daß er eher Geist ist als Körper, streift solche Vorurteile von Natur aus als pueril ab. Unsere Ansichten sind demzufolge ziemlich objektiv und unparteiisch. Wenn wir uns jetzt für wenige Minuten auf ein Gebiet wagen, das nach Politik aussieht, dann nur deswegen, weil wir nichts – nicht einmal die Politik – vom Leben trennen wollen, oder gar von ihm trennen könnten, und deswegen auch nicht von der Wahrheit und der Realität. Wir haben keine Verwendung für eine Tugend, die sich wie eine einsame Blume in der lauen Wüstenluft verschwendet, oder für einen Glauben oder eine Lehre, mit der man sich auf die inaktiven Bücherregale von Büchereien beschränken soll oder auf launenhaftes Teetischgeplauder.

Wir müssen einer weiteren Frage ein Maß an Berechtigung zugestehen, einer Frage, die uns oft von westlichen Kritikern gestellt wird: Warum hat Shangri-la, das traditionelle Traumzuhause des Yoga und das vermeintliche Paradies der Mystiker, ein so geringes Maß an äußeren Vorteilen aufzuweisen, die ihm aus deren Gegenwart und durch deren Kräfte hätten zugute kommen sollen? Eine solche Frage mag die Gemüter vieler Bewohner von Shangri-la in Aufruhr versetzen, aber die meisten Abendländer wird sie immer intellektuell berühren und zum Nachdenken anregen.

Tibet ist mehr als irgendein anderer Teil Asiens der Verführung des asketischen und klösterlichen Mystizismus zum Opfer gefallen. Dort ist man der Meinung, daß das großartige geistige Ziel nur vermittels völliger Isolation zu erreichen sei. Der Typ, der es geistig am weitesten gebracht hat, ist in den Augen der Tibeter der völlige Einsiedler. Zu welchen praktischen sozialen Ergebnissen haben all diese Höhenflüge nun geführt? Dreck, Hunger, Unterernährung, Krankheit und Aberglaube ist, was den Massen allgemein hinterlassen wird, und das, weil diejenigen, die klüger waren und in der Lage, sie aufzuklären und ihnen zu helfen, einfach kein Interesse an derart weltlichen Belangen hatten. Das Bild des »Verbotenen Landes« mit dem romantischen Zauber des Geheimnisvollen zu übertünchen, heißt Selbsttäuschung zu begehen*.

Als wir zum ersten Mal auf der Bildfläche erschienen, um dem Geheimnis des Paradieses auf den Grund zu gehen, waren wir Mystiker, denen die Welt gleichgültig war. Als wir das Geheimnis des Paradieses ergründet hatten und unseren endgültigen Abschied nahmen, gingen wir als Philosophen, als Beobachter der Welt. Warum sind die Yogis und Lamas im heutigen Asien so wirkungslos, und die Mystiker im heutigen Europa so ohnmächtig? Der Idealismus, der mangelhafte Beobachtungsgabe als Tugend vergöttert, der nicht in der Lage ist, aufzunehmen, was um ihn herum geschieht und sämtliche Gegebenheiten einer Situation ignoriert, wenn sie nicht in sein Wunschdenken hineinpassen, ist nicht die Art von Idealismus, in dem unsere Suche nach der Wahrheit auf die Dauer schwelgen könnte.

Wir sehen voraus, daß eine beträchtliche Anzahl von Menschen – davon verwirrt, was der Westen einst geistig *gewesen* ist, und davon geblendet, was der Osten einst geistig *gelehrt* hat – einer zunehmenden Flut von Swamis und Mönchen, Gurus und Yogis zum Opfer fallen wird, die den Westen entweder überschwemmen oder, wenn das nicht verfängt, ihre Möchtegern-

* Anmerkung des Herausgebers: bei einer Unterhaltung im Jahre 1981 stellte Dr. Brunton mit Freude fest, daß der gegenwärtige Dalai Lama diese Probleme nicht nur als solche erkannt hat, sondern darüberhinaus mit seinen Bemühungen, der Theorie und Praxis im tibetischen Buddhismus wieder eine philosophischere Perspektive zu verleihen, Erfolg gehabt hat.

anhänger dazu auffordern werden, ihn überhaupt zu verlassen, um ihren Ashrams beizutreten. Und selbst diejenigen, die den morgenländischen Versionen nicht auf den Leim gehen, werden wahrscheinlich deren abendländischem Gegenstück zum Opfer fallen; es gibt bereits eine Menge von Freakformen des Mystizismus und Okkultismus, die der fruchtbaren Phantasie der Europäer und Amerikaner entspringen, und das natürlich zu deren Vorteil. Einige Paradiesgurus haben in westlichen Ländern bereits Vormarschpersonal (Beauftragte, die selbst Abendländer sind) eingesetzt, um Anhänger an Land zu ziehen, Schüler zu sammeln, »Initiationen« auszuhändigen oder Kandidaten zum Beitritt in ihre Organisation zu überreden. Sie tun ihr Werk, ohne daß ihnen dabei das Rampenlicht der Öffentlichkeit zugute käme, und das zum Teil mit der Absicht, die inspirierende Illusion zu nähren, eine geheime Vereinigung zu repräsentieren. Und sie arbeiten mit Erfolg. Es genügt ihnen, einen einzigen Anhänger zu gewinnen, den sie dann dazu auffordern, seinerseits die Missionslawine in Gang zu bringen. Er setzt seine Freunde unverzüglich in Kenntnis, die wieder andere informieren und so weiter, *ad infinitum*. Es dreht sich hier doch um eine derart einmalige und phantastische Gelegenheit, und sie sagen zu sich selbst: »Stell dir mal vor, der Schüler eines wirklichen Meisters zu werden, hier zu Hause, ohne die lange Reise ins Traumland nach Shangri-la tun und dort jahrelang leben zu müssen. Und all das ist obendrein noch so unkompliziert«. Infolgedessen überschlagen sie sich buchstäblich vor lauter Beitretenwollen – und jeder wird selbstredend aufgenommen.

Diejenigen Zeitgenossen – und es sind wahrhaftig nicht viele –, die vor dem Tumult des Lebens die Flucht ergriffen und in abgeschiedenen Ashrams, oder deren westlichem Gegenstück, Zufriedenheit und Frieden gefunden haben, stellen nicht die Menschheit der Neuzeit dar, sondern deren atavistische Rückkehr zu primitiveren Zeiten und veralteten Weltanschauungen, Menschen, die von der Komplexität und dem starken Druck des modernen Lebens verständlicherweise abgestoßen werden. Leider übersehen sie dabei die Tatsache, daß der Gott, dem sie erklärtermaßen Gehorsam leisten, sie gerade zu diesem Zweck, solche Komplexitäten zu verstehen und einen solchen Kampf zu meistern, in einen modernen westlichen Körper geworfen hat. Glauben sie denn wirklich, daß sie hier auf Erden wiedergeboren werden, nur um jedesmal dieselbe Erfahrung zu machen und dieselbe Umwelt zu erleben? Nein! Das Leben ist ewig frisch, und wir kehren zurück, um aufgrund neuer Erlebnisse neue Erfahrungen in neuen Umwelten zu sammeln. Vor den Schwierigkeiten der Gegenwart weglaufen und zum Rückzug in eine leichtere Vergangenheit aufrufen, den Problemen der Moderne durch eine Flucht ins Altertum aus dem Wege gehen, aus unseren eigenen Reserven keine Inspiration schöpfen und auf die des mittelalterlichen Menschen zurückgreifen, heißt zum Defätisten werden. Aber es wäre absolut falsch, solche Menschen an einem erfolgreichen Fluchtversuch hindern zu wollen. Lassen wir sie doch, wenn das ihr Wunsch ist, und lassen wir sie gerne. Nichts, was hier geschrieben steht, ist für sie gedacht.

Der Krieg bot ihnen die eine Gelegenheit, aufzuwachen, ihren Denkprozeß anzuregen und zu beschleunigen. Aber wenn er diesen mystischen Rip Yan Winkels nicht die Augen geöffnet hat, dann waren seine bestialischen Schrecken und glühender Terror umsonst für sie. Und wenn der Krieg ihre ungesunde Bezauberung nicht gebrochen hat, dann ist auch die Nachkriegsperiode mit Sicherheit nicht dazu in der Lage. Der Mystiker, der nur Zuschauer des Weltkonflikts geblieben ist, mag sich seinen inneren Frieden freilich bewahrt haben. Aber um diese Art von negativem Frieden zu erreichen, braucht man nicht Yoga zu praktizieren. Jeder Friedhofsbewohner hat ihn. Wir schreiben nur für die anderen – und sie stellen die Majorität dar –, die genug aufgerüttelt worden sind, um nicht einem Eskapismus zu verfallen, der den Lebensproblemen nur aus dem Weg geht und sie nicht löst, die in einer progressiven Welt nicht auf geistigen Avatismus zurückfallen wollen, die die Kriegsqualen der Menschheit dazu veranlaßt haben, sich sowohl auf die holprige Straße zur Wahrheit zu machen als auch auf den sanfteren Weg zum Frieden, und die hinreichend verstanden haben, daß die einzig zufriedenstellende Frage die Frage ist, bei der die Jagd nach Wahrheit und Frieden Hand in Hand mit selbstlosem Dienst an der Menschheit geht.

Der Mystizismus wurde allgemein und in den meisten Fällen mit Klöstern, Einkehrtagen, Ashrams, Höhlen und ähnlichen Orten, wo sich Novizen und Möchtegernyogis versammelten, in Zusammenhang gebracht. So kam es, daß er als ein Fluchtweg angesehen wurde, auf dem man häuslichen Schwierigkeiten, Geschäftssorgen und enttäuschten Gefühlen entrinnen konnte, die mit dem menschlichen Dasein so untrennbar verknüpft zu sein scheinen. Diejenigen, die mit den Höhen und Tiefen des täglichen Lebens und mit den Schicksalsschlägen unerwarteten Unglücks oder dem Tod geliebter Verwandter nicht fertig werden konnten, sagten sich abrupt von der Gesellschaft los und suchten ihre Zuflucht im relativen Frieden des Klosterlebens. Diejenigen, die sich nicht qualifizieren konnten, ihren Lebensunterhalt durch körperliche oder geistige Arbeit mühsam zu verdienen, strengten sich nicht weiter an und hoben ihr Versagen und ihre Inkompetenz auf das Postament der Tugend, indem sie erklärten, daß sie die Welt mit all ihrer Schlechtigkeit aufgegeben hätten! Nichtsdestoweniger sind all diese Typen an die Welt herangetreten, ob auf moralischen Umwegen oder direkt, weil sie Almosen, Nahrung und Kleidung von ihr wollten, wofür die Welt auch weiterhin kämpfte, um sich so in die Lage zu versetzen, sie mit dem zu versorgen, was sie brauchten. Noch zögerten sie, ihre geradezu königlich geistige Überlegenheit über die Weltlinge zu proklamieren, von denen sie finanziert und gespeist wurden, eine Überlegenheit, die oft keineswegs im Verhältnis zu ihren eigenen persönlichen Fehlern stand.

Wenn der Mensch große emotionelle Enttäuschungen oder viel weltliches Leid erlitten hat, kann man ihm nicht übelnehmen, daß er die Flucht ergreift, um im Schoße des Mönchstums seine friedliche Zuflucht zu finden, was im Osten für gewöhnlich mit dem Anlegen einer gelben Robe symbolisiert wird. Was aber nicht entschuldigt werden kann, ist erstens, daß wir den Rest unseres irdischen Daseins in den Armen eines solchen »Eskapismus« verbringen; noch kann zweitens die große Anzahl von nichtheiligen »Heiligen« entschuldigt werden, die einen solchen Menschen scheinheilig imitieren, gelbe Gewänder anlegen, Asche auf ihr Köpfe geben oder sich selbst zu Verwaltern von Ashrams machen, um versteckt oder offen ihren Weg durchs Leben zu erbetteln, oder – was noch schlimmer ist – um die Frommen oder nach Höherem Strebenden auszunützen. Sie leisten keinen gesellschaftlichen Beitrag und folgen keiner inneren Suche um ihrer selbst willen, sondern weiden sich an den abergläubischen Hoffnungen und panischen Ängsten der ignoranten Massen, indem sie ihnen einen völlig wertlosen Pseudosegen zuteil werden lassen. Somit legen sie unbewußt genau den Materialismus an den Tag, den sie eigentlich vermeiden sollten! Und in den mystischen Kulten und okkulten Kreisen des Westens gibt es ähnlich gelagerte Typen. Wenn der Mystizismus nur zum Fluchtweg wird, auf dem man Schwierigkeiten entrinnen kann, die von Rechts wegen scharf angegangen werden müssen, oder wenn er eine Atmosphäre hervorruft, in der frömmelnde Scharlatane vorgeben können, das geheiligte Sprachrohr Gottes zu sein, dann ist es an der Zeit, den Mund aufzutun und Einhalt zu gebieten.

Geistiger Friede allein, und sei er noch so perfekt, genügt nicht. Der Mensch, der sich damit zufrieden gibt, ist kein kompletter Mensch. Denn das Leben ist hier und jetzt; ausschließlich in mystischen Freuden zu leben, und zu glauben, daß sie das letzte Ziel seien, heißt, nur auf einer Traumebene leben. Das hat zur Folge, daß das äußere Alltagsleben ausgeschlossen, unangetastet stehen gelassen oder gar mit eindeutiger Feindseligkeit betrachtet wird. Wenn wir, wie die Philosophen, verstehen, daß das Meditieren dem Leben dient, dann sehen wir es richtig; aber wenn wir, wie die Mystiker, nur verstehen können, daß das Leben der Meditation dient, dann sehen wir es falsch.

Es gibt Menschen, die der Meinung sind, die Philosophie sei ein Synonym für Faulheit. Aber die Suche ist eine Sache, die Stärke verlangt – sie ist keine Resignation, die zu Lethargie führt, noch ist sie ein Sichauflösen in Trägheit oder eine Ausrede, nicht zu handeln. Sie ist eine Suche, die nicht zur asketischen Negierung der Welt führt, sondern zur philosophischen Meisterung einer solchen Negierung, nicht zu selbstsüchtiger Apathie, sondern zu altruistischem, klugem und nützlichem Handeln. Der asketische Mystizismus verschmäht die Welt, aber die ein Ganzes bildende Philosophie verleibt sie sich ein. Der Mystizismus muß ein Teil des Lebens werden, und nicht eine Ausflucht vor ihm.

Jedermann muß auf irgendeine Art handeln; es ist ein Ding der Unmöglichkeit, zu leben und nicht zu handeln. Der Asket, der meint, er habe das Handeln aufgegeben, hat lediglich eine Art des Handelns mit einer anderen vertauscht. Angesichts dieser Tatsache ist die Philosophie der Meinung, daß es besser sei, die *Motive* des Handelns nach dem höchsten philosophischen Ideal auszurichten. Alle geringeren Motive sind lediglich Mittel zu irgendeinem Zweck, während dieses sich selbst zum Zweck hat. Der Asket, der den Kontakt mit der Welt abbricht und sich vor deren Verhältnissen drückt, weil er meint, daß dies das eigentliche Ziel der Suche darstelle, wird mit Sicherheit in ein steriles Negieren hineinrutschen; während derjenige, der darin nur eine entscheidende Hilfe zur Erreichung persönlichen Friedens und geistiger Selbstdisziplin sieht, immer wieder zu der Welt, die er verlassen hat, zurückkehren und sich ihre Angelegenheiten bereitwillig zu eigen machen wird. Auf diese Art und Weise kann er den wahren Wert seiner Errungenschaft auf die Probe stellen. Indem er sie dem aktiven Leben anpaßt, kann er sich versichern, daß die Ruhe, die er in einer stillen Ecke gewonnen hat, auch in einer lauten bewahrt werden kann, und denjenigen helfen, die nicht in der Lage sind, der Welt auch nur für einen Augenblick zu entfliehen.

Nun mag das geschützte Ashramleben einen Menschen für den Existenzkampf schwächen; es kann ihn aber auch stärker machen. Das hängt jedoch ganz von der Unterweisung ab, die im Ashram erteilt wurde, oder von deren Mangel, ganz von der Breite der äußeren Erfahrung und vom inneren Status, den dessen Leiter erreicht hat. Jedenfalls sind solche Methoden der Masseneinkehrtage ungeeignet für uns, die wir der modernen Welt angehören, und besonders nicht für uns aus dem Westen. Zumindest ist es besser, Mensch zu bleiben, da unsere Füße immer noch in schweren Lederschuhen stecken und wir auf dieser Erde wandeln müssen. War es nicht ein kluger Deutscher, der sagte: »Wer nichts erlebt hat, den macht die Einsamkeit nicht klüger?«

Dwight Goddart, der Übersetzer von *A Buddhist Bible*, machte, nachdem er sich dazu durch ein Studium unter den Mönchen, Asketen, Einsiedlern und Gelehrten in China und Japan qualifiziert hatte, mehrere Versuche, in Thetford, in den Bergen von Vermont, und in Santa Barbara, an der Küste Kaliforniens, einen Ashram, eine buddhistische Freizeit einzurichten. Später schrieb er mir, daß er dabei jedesmal äußerst schlechte Erfahrungen gemacht habe und deswegen schließlich zu der Überzeugung gekommen sei, daß

Amerika zu einem derartigen Experiment nicht bereit sei. Das bestätigt meine eigene Meinung, daß der Westen sich nicht etwa deswegen weigerte, die Flucht in den Asketizismus und Eskapismus anzutreten, weil er zu solchen Dingen nicht bereit wäre, sondern weil er bereits über sie hinausgewachsen ist. Jede Inkarnation ist Träger ganz spezifischer Lehren, die wir notwendig haben, mögen sie noch so lästig sein. Deshalb ist der Versuch, diesen Lehren in einer wirklichkeitsfliehenden Umgebung durch eine wirklichkeitsfliehende Haltung aus dem Weg zu gehen, keinesfalls lobenswert.

Aber das heißt nicht, daß wir die Vergangenheit unterbewerten. Sie hat eindeutig ihren Wert. Aber wenn die Menschen Fortschritte machen wollen, müssen sie nur aus ihr lernen und sie dann beiseite schieben – und nicht blind in ihr weiterleben wollen. Wir müssen uns den gegenwärtigen Bedürfnissen zuwenden. Der moderne Mensch kann unmöglich in Systemen Fuß fassen, die auf Bedürfnissen beruhen, die längst veraltet sind und mit unserem modernen Leben allem Anschein nach überhaupt nichts mehr zu tun haben; ist er außerdem noch aufgeweckt, dann hegt er nicht nur eine Abneigung gegen sie, sondern mißtraut ihnen sogar häufig. Wir selbst sollten uns vor einem solchen Atavismus hüten, sollten uns davor hüten, durch Regression dem Kampf mit den modernen Zuständen zu entrinnen suchen, um bei primitiveren unsere Zuflucht zu finden. Das Ziel unserer wechselvollen menschlichen Existenz kann nicht so beschränkt und defätistisch sein, als daß es das Leben eines Lotosessers verherrlichte, einen Menschen mit ständigen Trancezuständen oder tranceähnlichen Zuständen einlullte, oder ihn sich gar in einen permanenten Zustand verträumter Sinnlosigkeit hineinmeditieren ließe. Noch kann es darin bestehen, daß er all seine Jahre in diesem freudigen Hiatus emotionellen Kitzels verbringe. Aber die entschlossenen Mystiker, denen es gelingt, sich von den fanatischen Extremen exzessiver Meditation zu befreien, ohne dabei den Fehler zu begehen, das Meditieren völlig aufzugeben, sind eine Rarität. Der ist in der Tat groß, der vor der Gefahr, von seinen ekstatischen Gefühlen überwältigt zu werden, in die Betäubung der sozialen Betätigung fliehen kann. Der Asket, der in defätistischer Tugend und sicherer Abgeschiedenheit vom Kampf der Welt dasitzt, mag zwar glücklich sein, aber der Weise, der solche egoistischen Befriedigungen verächtlich zurückweist und anderen mitten im Lebenskampf behilflich ist, dient als ein besseres Vorbild. Ein solches Leben ist schöpferisch und kein mit den blassen Farbtönen der Zwecklosigkeit hingetüpfeltes.

Deshalb stellt sich die Frage, ob die Mystiker nun ihre alte Rolle, passive Zuschauer der Weltaufführung zu sein, weiterspielen sollen, oder ob sie die Ansprüche dieser einzigartigen Gelegenheit erfüllen und diese so angebrachte Hilfe auch leisten werden. Diejenigen, denen ein kurzer Einblick in das in weiter Ferne liegenden göttliche Ziel gewährt worden ist, auf das alle

Dinge hinstreben, sollten sich klarmachen, daß sie im gegenwärtigen Schema einen Platz innehaben, der der Mühe wert ist, einen Platz, den nur sie einnehmen können. Sie können beisteuern, was kein anderer beisteuern kann. Sie können, wie jeder ehrbare Mensch, nicht nur den Mächten der Rechtschaffenheit helfen, den äußeren Sieg über die Mächte der Gottlosigkeit sicher zu stellen, sondern können darüberhinaus den nicht minder wichtigen inneren Kampf der Kräfte der Erkenntnis gegen die der Unwissenheit unterstützen.

Der Einsiedler, der in einem Vakuum sitzt, abgeschnitten von der Welt, mit der er nicht fertig werden kann und die zu verstehen er über zu wenig Vorstellungskraft und Zuneigung verfügt, muß heute einer inneren Krise ins Auge sehen, vorausgesetzt, er ist intelligent und reif genug dazu. Der Weltkrieg und seine Nachwirkungen betrifft uns alle, ihn miteinbezogen. Entweder müssen die schrecklichen Ereignisse ihn wachrütteln und ihm seine soziale Verantwortung zu Bewußtsein bringen, oder er muß als ein zeitgenössischer Verlust vom Kontostand der Menschheit abgebucht werden. Er muß aufwachen und die neue Weltlage als solche erkennen. Wie kann ein Mensch, der einen Kopf auf den Schultern und ein Herz in der Brust trägt, so tun, als ob ihn die tragischen äußeren Kräfte, von denen er heute umgeben ist, nichts angingen?

Wie können diejenigen, die mit und für ihre Leidensgenossen empfinden, die diesen einzigartigen Krieg als den geistigen Konflikt erkennen, der er ist und die die schrecklichen moralischen Konsequenzen verstehen, die dessen Ergebnis für die Menschheit mit sich bringt – wie können sich solche Menschen in den Elfenbeintürmen yogischer Ashrams oder Klosterfreizeiten einsperren? Diese kaltherzige Gleichgültigkeit gegenüber anderer Menschen Unglück, dieses Lagern in einer herrlichen Oase, die man ganz für sich behält, dieses straußengleiche Sicheinmauern in einem kalten Elfenbeinturm ist keineswegs ein Zeichen, daß man zu den Weisen gehört, gleich welcher Meinung der Pöbel ist. Es war Vasishta, ein Weiser der Antike und kein Asket, der sagte: »Solange aller Wohl nicht auch das deinige wird, wirst du dir nur noch mehr Fußfesseln anlegen«, als er in einen jungen Prinzen drang, der, wie Buddha, die Welt aufzugeben und seinen Pflichten zu entrinnen suchte, aber um egozentrischen Frieden zu gewinnen. Wer seine innere Verwandtschaft mit seinen Mitmenschen und -kreaturen und die Mitverantwortung für sie wirklich versteht und tief empfindet, kann dem Kult der Gleichgültigkeit niemals beipflichten. In einer Weltkrise wie der jetzigen könnte er es beispielsweise niemals übers Herz bringen, faul dazusitzen und mit einem Achselzucken davon zu schwatzen, daß die Menschen eben ihr Karma zu tragen hätten und daß alles ja genau so sei, wie Gott es wolle, während aggressive menschliche Istrumente unsichtbarer böser Kräfte der menschlichen Rasse und dem menschlichen Geist mit Eisennägeln versehene Handschellen anzulegen suchen. Ganz im Gegenteil. Er wird dem dringenden Ruf der Stunde Folge leisten.

Dieser Punkt der Notwendigkeit altruistischer Dienstleistung ist der eine Punkt, an dem sich der philosophische Weg unmißverständlich vom mystischen trennt. Eine solche Divergenz war zwar schon immer notwendig, ist aber zu unseren eigenen Zeiten notwendiger geworden als jemals zuvor. Die Tage geistigen Isolationismus sind vorbei. Wie könnte eine derart selbstsüchtige Doktrin für jene von Interesse sein, die von den verzweifelten und dringenden Bedürfnissen der modernen Menschheit berührt worden sind! Der Mystizismus sucht einen statischen Zustand zu erreichen, während die Philosophie einen dynamischen zu erreichen sucht. Der Mystizismus begnügt sich mit einem Rückzug vom Leben, aber die Philosophie wird immer alles, was zum Leben gehört, miteinbeziehen wollen. Der Mystiker ist glücklich, wenn er seinen *eigenen* inneren Frieden sichern kann, aber der Philosoph wird erst dann glücklich sein, wenn sich alle Menschen im Besitz eines solchen Friedens befinden. Der klare, heitere Zustand, der den Philosophen umhüllt, ist nicht durch selbstsüchtige Indifferenz gegenüber seinen Mitmenschen erkauft und isoliert ihn nicht von deren Kämpfen. Er ist einer inneren Notwendigkeit unterworfen, der Menschheit zu dienen.

Die großen Weisen sahen die verzweifelte Not der Menschheit und standen ihr zur Seite, wo sie nur konnten. Sie distanzierten sich nie; sie zollten denjenigen, die am weltlichen Leben teilnehmen mußten, keine Verachtung und wandten sich nie von ihnen ab, sondern hatten sehr wohl Verständnis für deren Lage und halfen ihnen. Sie verbrachten ihr Leben nicht damit, in Berghöhlen und Waldfreizeiten, Ashrams und Klosterverstecken vor sich hinzusitzen, sondern mischten sich unter die Menge, gingen dorthin, wo sie am meisten gebraucht wurden. So handelte Jesus. Und so handelte Buddha. Jesus arbeitete tatsächlich so unermüdlich für die Erleuchtung anderer, daß er sich oft nicht die Zeit nahm, Nahrung zu sich zu nehmen. Diese Zeilen verkörpern exakt die Gefühle, die das Herz eines solchen Menschen überströmen. Und es ist dieses hervorstechende Kennzeichen, das die Weisen von bloßen Yogis unterscheidet. Sie hatten Mitleid; sie fühlten mit ihren Mitmenschen. In der Bhagavad Gita gibt Krishna unmißverständlich zu verstehen, daß der Yogi, der in der Welt lebt und ihr dient, dem Yogi haushoch überlegen ist, der sich von ihr abwendet und sie aufgibt. Doch trotz dieser unzweideutigen Lehre seitens eines der meistverehrten Weisen Indiens, wird einem von vielen hinduistischen Asketen gesagt, daß ein selbstsüchtiges Klosterdasein überlegener sei!

Jeder, der die wahre und permanente Einsicht gewonnen hat, muß seine Zeit nicht immer damit verbringen, zu meditieren. Denn das Meditieren ist eine Form geistiger Ertüchtigung und dazu da, dem Praktiker zu helfen, in das transzendente Bewußtsein des reinen *Geistes* einzudringen. Keiner, der den reinen *Geist* immer sieht, hat es nötig, irgendeine Übung zu praktizieren, die ihn in die Lage versetzt, ihn wahrzunehmen. Wenn uns also gesagt wird, daß jeder Weise an abgelegenen Plätzen und in Berghöhlen leben muß, um seine Praktiken ungestört ausüben zu können, dann können wir sichergehen, daß es sich dabei nur um einen Kandidaten, nur um einen Pseudoweisen handeln kann. Die Massen, beeindruckt von seiner asketischen Leistung und angesichts seiner Trance von Ehrfurcht ergriffen, betrachten einen solchen Yogi oft als einen Weisen. Und er selbst mag eine derartige Beurteilung durchaus annehmen. Aber in Wirklichkeit kommt ihm lediglich der Status eines Mystikers zu, und vielleicht sogar der eines perfekten. Wenn er eine solche Perfektion erreicht und ihn der Zauber seiner vergänglichen Trancezustände gefangen hält, dann hat er das Gefühl, sich selbst völlig genug zu sein, das Gefühl, von der Welt nichts zu brauchen. Das hat leider zur Folge, daß auch die Not seiner Mitmenschen nichts mit ihm zu tun hat. Wenn er anfängt, sich von der emotionellen Befriedigung, die seine Leistung umgibt, faszinieren zu lassen, entwickelt sich bei ihm eine Gleichgültigkeit gegenüber der leidenden Menschheit, die darauf hinausläuft, daß er zum selbstgefälligen Einsiedler wird und nichts mehr. Aber das bedeutet nicht, daß ein Weiser niemals meditiert. Ganz im Gegenteil. Er meditiert. Aber wenn, dann eher zum Wohle anderer als zu seinem eigenen. Und er wird all seinen anderen persönlichen und sozialen Pflichten so nachkommen, wie seine Weisheit und karmischen Umstände ihn tun heißen; auf keinen Fall wird er ihnen davonlaufen wollen oder der Meinung sein, daß seine Erleuchtung ihn ihrer gar enthoben hätte.

Eine Würdigung all der bewundernswerten Vorteile mystischer Praxis sollte uns aber nicht blind machen für deren Grenzen und uns nicht den Fehler begehen lassen, jene als das einzige Ziel der gesamten Menschheit aufzustellen. Früher oder später wird der Nachdenkliche auf diese Grenzen stoßen und die dadurch hervorgerufene Unzufriedenheit wird ihn veranlassen, sich aufs neue auf diese Suche nach dem Überselbst zu machen. So wird er schließlich seinen Horizont erweitern und zu der Erkenntnis gelangen, daß der Idealtypus nicht der Mystiker, sondern der Weise ist.

Was ist ein Weiser? Er ist ein Mensch, der die drei Entwicklungsstufen der Religion, des Yogas und der Philosophie abgeschlossen und das Überselbst erkannt hat und infolgedessen in den Besitz eines großen Mitleides für seine Mitmenschen und – Tiere gekommen ist. Da ihm klar ist, daß nahezu alle menschlichen Schwierigkeiten und Leiden unserer Ignoranz entspringen, ist ihm klar, daß die beste Form von Hilfe, die er leisten kann, darin besteht, andere zu erleuchten. Daher widmet er sich deren innerer Wohlfahrt, soweit seine äußeren Lebensumstände und Fähigkeiten es zulassen und soweit es auf Grund der Bestrebungen anderer angezeigt ist. Und deswegen wird er auch unermüdlich zum Wohle anderer tätig sein; das ist sein Beruf. In der Geschichte ist der Mystiker schon immer mit dem Weisen verwechselt worden, und das einfach deswegen, weil letzterer schon immer eine Rarität und eher ein ideelles Ziel unserer Bestrebungen war, als eine realisierte Möglichkeit. Der höchste Mystikertypus erreicht einen Zustand, der »yogische Immobilisation« genannt werden kann. Dieser Zustand wird dadurch erreicht, daß man einen Weg des *Sichlossagens* von allen Bindungen folgt, einem Weg, der notwendigerweise eine geistige und physische Disziplin darstellt, aber immer noch ein defätistischer ist. Er genügt nicht. Jenseits dieses Weges befindet sich der letzte Weg, der den Menschen wieder in die Welt zurückführt, ihn aber im Besitz einer geheimen inneren Freiheit beläßt. Die Aura intensiven geistigen Friedens, die man in der Gegenwart eines perfekten Mystikers verspürt, ist nicht, wie die Unwissenden meinen, notwendigerweise ein Zeichen von Perfektion, sondern ein Zeichen einer mit Erfolg nach innen gerichteten Konzentration. Er übt vorsätzlich eine hypnotisierende Kraft auf die Schüler aus, die passiv um ihn herum sitzen. Aber der Weise verwendet die ganze Macht seiner Konzentration zum Handeln, das darauf abzielt, anderen wirklich zu helfen, wobei er gleichzeitig auch das gibt, was der Mystiker den Suchenden gibt, und zwar spontan und mühelos.

Die zwischen ihnen bestehenden geistigen Unterschiede sind zu subtil und komplex, als daß die uneingeweihte Masse sie begreifen könnte; aber die *praktischen* Unterschiede zwischen ihnen zu verstehen ist leicht. Hier wird uns eine einfache Analogie helfen. Es gibt zwei verschiedene Arten von Elektrizität – die statische und die dynamische. Die statische wirft bestenfalls einen einzigen nutzlosen Funken ab, während die dynamische einen ununterbrochenen Stromfluß liefert, der nutzbar ist. Die elektrische Strömung, die wir anzapfen, um Licht, Wärme und Energie zu gewinnen, gehört zu der zweiten Kategorie. Der Mystiker, der seine Betätigung auf ein Minimum zu reduzieren sucht, kann mit dieser statischen Elektrizität verglichen werden, und der Weise, der während seines Lebens sein Letztmögliches für andere zu tun sucht, mit der dynamischen.

Der Mystiker, mit seinem echten Bedürfnis nach Einsamkeit und Stille, wendet seinen Kopf vorsätzlich von der Welt ab. Der Weise, der sich voller Mitleid der Dunkelheit bewußt ist, die über der Welt liegt, wendet seinen Kopf vorsätzlich der Welt zu. Psychologisch gesehen befindet sich der Mystiker auf einer Entwicklungsstufe, wo er die Denkprozesse zum Stillstand bringen muß und er sich nicht betätigen sollte, um deren störende Auswirkungen auszuschalten, während der Weise diesen Punkt schon längst hinter sich gelassen hat und es sich leisten kann, dem Denken und Handeln völlig freien Lauf zu lassen, ohne davon nachteilig betroffen zu werden. Der hockende Mystiker muß die Erde mißachten, weil er sich in den wunderbaren Himmel emporzuschwingen sucht; der arbeitende Weise muß auf der Erde stehen, weil er sieht, daß sie diesen widerspiegelt! Der Mystiker ist stolz auf seine Mißachtung materieller Angelegenheiten und auf seine Gleichgültigkeit, mit der er seinen materiellen Pflichten nachgeht. Der Weise ist stolz auf die Effektivität und Konzentration, mit der er die seinen erfüllt. Der Mystiker mag selbstgerechterweise der Meinung sein, daß Materialismus praktizieren und sich in angemessener Weise um die materielle Seite des Lebens kümmern ein und dasselbe seien. Der Weise ist klugerweise der Meinung, daß man törichte Dummheit praktiziert, wenn letztere vernachlässigt wird. Das Ziel der Philosophie besteht also nicht darin, eine Abwendung der Menschen von der Welt zu bewirken, was das Ziel des Mystizismus ist. Ganz im Gegenteil. Es ist ihr Wunsch, daß der Mensch das Leben trinken solle, aber das mit Selbstbeherrschung, völligem Verständnis und uneigennütziger Hilfsbereitschaft.

Gemäß dieser Lehre ist es die harmonische Entwicklung und Aufrechterhaltung eines klugen Gleichgewichts unter drei Faktoren, die in ihrer letzten Synthese die Verwirklichung des philosophischen Ideals ergeben und somit einen Weisen. Bei diesen drei Faktoren handelt es sich um mystisches Empfinden, metaphysisches Denken und selbstloses Handeln. Nur bei einer mittelmäßigen Mentalität vertragen sich diese Tendenzen nicht miteinander. Bei hochentwickelten Seelen ergänzen und helfen sie sich. Warum wird dieser letzte Faktor so hervorgehoben? Er wird nicht nur deswegen so stark betont, weil sich die ganze, das heißt, die physische, ethische und geistige Wohlfahrt der Menschheit nicht mehr von seiner eigenen trennen läßt; nicht nur, weil der Wachzustand – das heißt, die Welt in der das Handeln seinen Höhepunkt erfährt – seine eigene, ganz eigentümliche Wichtigkeit besitzt, was unser Studium des Tiefschlafs noch ermitteln wird; sondern auch, weil das Handeln aufs engste mit dem Karma verbunden ist. Handeln ist die Kraft, die dem Karma den letzten Anstoß versetzt. Und wir tun den letzten Schritt, mit dem wir unser normales Leben zum Guten oder zum Schlechten wenden, vermittels unserer Taten. Ein alter Sanskrit-Text erklärt diesen Punkt mit Prägnanz: »Des Menschen Denkgewohnheit entspricht seinen Wünschen, seiner Denkgewohnheit entsprechend führt er eine Tat aus, und sein karmisches Los im Leben entspricht der ausgeführten Tat.«

Gleich wie erhaben und gleich wie geläutert – Denken und Fühlen sind von sich aus nicht genug, einen Menschen in seiner Erkenntnis des Überselbst zu vervollkommnen. Sie sind die Samen, die langsam wachsen müssen, bis sie zur Blume uneigennützigen Handelns erblühen. Und deshalb gibt es für die Philosophie auch keinen Unterschied zwischen Theorie und Praxis, denn in ihren Augen bilden beide in Wirklichkeit eine Einheit. Der Student stellt ganz zu Recht die Frage, welchen praktischen Zweck, welchen menschlichen Vorteil, welch greifbares Ergebnis er sich denn von diesen Studien erwarten könne. Und es ist nicht möglich, eine bessere Prüfung zu erfinden, mit der eine Lehre auf die Probe gestellt werden könnte, als die, die Jesus seine Zuhörer anwenden hieß: »An ihren Früchten sollt ihr sie erkennen.« Das ist heute genauso gültig und effektiv wie zu seinen Zeiten.

Genau dieselben Punkte werden von den zwei Weltkriegen und ihren Nachwirkungen nur allzu deutlich gemacht. Wie kann ein Mensch angesichts einer Welt, die leidet, wie sie nie zuvor gelitten hat, gleichgültig oder gar faul für sich in seinen eigenen Frieden vertieft bleiben, wenn er tatsächlich eine mystische Einheit mit der Menschheit empfindet? Die Antwort darauf – so leichtfertig gegeben und so leichtgläubig für bare Münze genommen – ist, daß die Mystiker doch am besten wüßten, was sie zu tun hätten, daß es für sie doch genug sei, auf mysteriösen »geistigen« Seinsebenen zu arbeiten, und daß es ein Sakrileg sei, Kritik an ihnen zu üben. Aber unsere Antwort ist, daß Träume zu Tatsachen werden, wenn sie unseren Kopf verlassen und die Hand erreichen, und daß, um mit Buddha zu sprechen, »ein schöner Gedanke oder ein schönes Wort, dem die entsprechende Handlung nicht auf dem Fuße folgt, einer hellfarbigen Blume gleiche, die keine Frucht hervorbringen wird.« Im allgemeinen übersteigt es die Fähigkeit des Durchschnittskandidaten, richtig beurteilen zu können, wer nun ein realisierter Weiser ist und wer nicht, aber um seines persönlichen praktischen Lebens willen hat er das Recht, sich ein vorläufiges Arbeitsurteil zu bilden. Der mystische Asket mag zwar gleichgültig beiseitetreten, aber der Philosophiestudent kann es nicht, noch kann er die Suche als eine Entschuldigung für Trägheit benützen, wenn er sich sozialen Pflichten gegenübergestellt sieht. Der Asket, der sich von der Funktion der Sinne loszulösen sucht, der Mystiker, darauf bedacht, seine Interessen gänzlich nach innen zu verlegen, der Atavist, der in einem indischen Ashram Schutz vor der komplexen Last, im Westen zu leben sucht – ihnen allen steht auf Grund ihres Standpunktes, auf Grund ihrer klösterlichen Weltanschauung, die für eine praktische und menschliche Lehre wie die unsere so wenig Verständnis aufbringt – ihnen allen steht zu, sich abzukehren; aber nicht uns, die wir von unserer höheren Intelligenz Gebrauch machen und zu Meistern der wahren Philosophie werden wollen. Der Wert einer solchen Lehre beweist sich am besten unter dem grausamen Druck schrecklicher Ereignisse; sie offenbart ihren praktischen Wert besonders dann, wenn derjenige, der sie gemeistert hat, der Einwirkung eines Krieges wie des letzten Widerstand leisten muß.

Die Philosophie kann sich nicht ausschließlich im Einzelmenschen erfüllen. Ihr Werk muß darüberhinaus gesellschaftlich wirksam sein. Die gegenseitige

Beeinflussung beider Faktoren liefert bei Befolgung der höheren Lebensgesetze das Feld, in welchem sie vollständig zum Ausdruck kommen kann. Das stellt einen grundsätzlichen Gegensatz zwischen der alten und der neuzeitlichen Lehre dar. Für gewöhnlich trennte die alte Lehre das kontemplative vom aktiven Leben, während die neuzeitliche Lehre das kontemplative Leben immer mit ihm verbindet. Der Christ, der Hindu und der buddhistische Mystiker mußten für gewöhnlich den Schoß der Gesellschaft verlassen, wenn sie das innere Leben bis zu seinem notwendigen Ende bringen wollten, während sich der philosophische Mystiker von heute mit Leidenschaft in die Arena der Welt stürzt, um der Menschheit zu dienen. Jeder sieht den historischen Kampf zwischen den verbrecherischen und wohltätigen Kräften im Leben, zwischen dem, was Antipathie erwecken und zur Selbstsucht unter den Menschen anstiften will und dem, was Sympathie erwecken und zur Selbstlosigkeit anregen will; aber nur der Weise sieht sowohl den Kampf als auch die verborgene Einheit unter ihm. Während der Mystiker, der die verborgene Einheit des Lebens für einen kurzen Augenblick zu Gesicht bekommen hat, von diesem Erlebnis emotionell hypnotisiert und körperlich gelähmt wird und den Kampf infolgedessen aufgibt, spielt der Weise auch weiterhin seine Rolle und steuert auch weiterhin seine Hilfe zur Verstärkung der Mächte des Guten bei. Die Schüler der Philosophie sollten nicht zögern, eine Kraft in der Welt zu werden, wobei sie diese Kraft nicht nur um ihres eigenen Wohles willen einsetzen sollten, sondern im gleichen Maße, wenn nicht in einem höheren, zum Wohle der Menschheit. Ihre soziale Aufgabe besteht darin, ihre persönliche Wohlfahrt auf die der Allgemeinheit abzustimmen und nicht die eine auf Kosten der anderen zu ignorieren. Etwas Lohnendes im Leben zu tun, das uns selbst zugute kommt, stellt eine Frucht der Ambition dar, aber darüberhinaus etwas Lohnendes zu tun, das der Gesellschaft zugute kommt, stellt eine Frucht der Sehnsucht dar. Es liegt in der Natur der Offenbarung, ewig aktiv zu sein. Und deshalb kann der Mensch auch nicht der Gefahr entgehen, in die eine oder andere Art von Tätigkeit verwickelt zu sein. Aber er kann und sollte der Gefahr entgehen, an seinen Taten zu hängen.

Wir warnen den weniger Erfahrenen vom Land, der zum erstenmal in eine Großstadt reist, sozusagen vor den Gefahren, auf die er dort stoßen wird, und vor den Fehlern, die er auf seinem Weg machen wird. Aber wir warnen ihn nur. *Wir legen ihm nicht nahe, nicht in die Großstadt zu reisen.* Die Kandidaten der Mystik sollten sich demzufolge nicht von dem kritischen Ton entmutigen lassen, der mit Absicht in diesem Essay angeschlagen worden ist als Protest gegen solch klösterlich gesinnte Lehrer, die das Königreich des Himmels nur für chronische Eigenbrödler wie sie selbst und für ihre Anhänger in Anspruch zu nehmen gedenken, wobei sie uns – die unglückseligen

Gefangenen sozialer Umstände und menschlicher Pflichten – draußen stehen lassen wollen! Mögen sie diesen Weg antreten und ihr Ziel mit Eifer und Fleiß verfolgen, denn ihre Mühen werden reichlich belohnt werden; aber mögen sie unsere Kritik doch als nützlichen Rat auffassen, der ihnen zeigt, was sie vermeiden sollten – und nie vergessen, daß der Geist mehr ist als unser Alltagsgewand. Wenn wir ihnen einen Schock verabreicht haben, so gilt auch, daß diejenigen, die durchstehen, eines Tages die Hand segnen werden, die ihn verabreicht hat. Denn sie werden aufgefordert, eine Halbwahrheit nicht mit einer ganzen zu verwechseln. Und uns ging es darum, sie durch Beschämung zu den höheren Idealen der Nützlichkeit für die leidende Menschheit zu bringen.

8 Die Einsicht

Wenn die Wirklichkeit irgendwo existiert, dann muß sie in einer nicht zurückführbaren Unendlichkeit existieren. Aber ein solches Wesensmerkmal stellt sie jenseits unserer endlichen Sinneswahrnehmungen auf. Aus diesem Grunde bedarf es einer transzendentalen Einsicht, um eine Beziehung zwischen der Wirklichkeit und dem Menschen herzustellen. Wenn gesagt wird, daß die *Höchste Wirklichkeit* nicht gewußt und nicht gedacht werden kann, dann wollen wir damit nur sagen, daß sie nicht mittels der körperlichen Sinneswahrnehmung gewußt und nicht mittels des intellektuellen Bewußtseins gedacht werden kann. Obwohl das *Absolute* jenseits der üblichen Erkenntnismittel des Menschen liegt, liegt es nicht jenseits seiner unüblichen Mittel. Denn der Mensch verfügt über eine Fähigkeit, die er zur Entfaltung bringen kann und die höher ist als seine üblichen Erkenntnismittel; es ist dies die Fähigkeit der transzendentalen Einsicht, die ihn in die Lage versetzen kann, die *Wirklichkeit* zu wissen und zu erfahren. Die Suche vollzieht sich im philosophischen Erlebnis, welches diese ungebrochene, dauerhafte Einsicht in die innere Wirklichkeit darstellt.

Der Mensch entdeckt sich selbst als einen Körper durch die Augen, aber er entdeckt sich selbst als das *Überselbst* mittels der Einsicht. Wenn die Erfahrung ihre eigene Selbsterkenntnis aufbereitet und vervollkommnet hat, dann hat sie das Instrument der Einsicht entwickelt. Wenn der Mensch von seiner Persönlichkeit so hypnotisiert ist, daß er das *Überselbst* als nicht existent betrachtet, und wenn er von der Welterscheinung so hypnotisiert ist, daß er den *absoluten Geist* als eine reine Illusion betrachtet, dann wird gesagt, daß er in der Unwissenheit weile. Ist er sich aber der Wirklichkeit mit derselben Vertrautheit bewußt, wie er sich seines eigenen Körpers bewußt ist, dann, und nur dann, ist er im Besitz der authentischen Einsicht. Seine Bemühungen, zu einem Verständnis des Lebens zu gelangen, werden keinen Erfolg haben, bevor die Einsicht nicht in voller Blüte steht.

Diese Fähigkeit darf nicht mit einer rein intellektuellen, einseitigen sogenannten Einsicht verwechselt werden. Das ganze Wesen eines Menschen hat Teil an ihren Arbeitsprozessen, wie auch seine gesamte Gefühlsnatur von ihr durchdrungen ist. Wer immer dieses Verständnis besitzt, besitzt ewigbrennendes Licht. Wenn die Vernunft ihre Einseitigkeit besiegen kann und eingesteht, daß andere Elemente mit im Spiel sind, dann wird sie selbst in die höhere, reichere, alles umfassende Fähigkeit der unmittelbaren Einsicht absorbiert werden. In gewisser Hinsicht ist die Einsicht eine synthetische Fähigkeit, denn sie verbindet in sich die abstrakte Vernunft des Metaphysikers, das Gefühl des Künstlers, die Intuition des Mystikers, die konkrete Vernunft des Wissenschaftlers und den praktischen Willen des tätigen Menschen. Sie vereinigt all diese und ist doch auch etwas Höheres, das sie alle übersteigt. Was der Metaphysiker nur intellektuell erkennt und was der Mystiker nur emotionell fühlt, ist in der philosophischen Einsicht enthalten, in ihr miteinander verbunden und wird dennoch transzendiert.

Sie sollte nicht mit der Intuition durcheinandergebracht werden, welche die höhere Oktave ist, noch mit bloßem hellseherischem Sehvermögen.

Die Einsicht ist eine Drei-in-einem-Fähigkeit: sie sieht, sie weiß und sie ist, und das alles gleichzeitig. Weil Wissen eine Dualität beinhaltet, den Wissenden und das Gewußte, verschwindet es in diesem Augenblick der Einsicht und geht im Sein auf. Die Realisierung ist kein persönliches Erlebnis, denn im Wirklichen gibt es nichts Persönliches. Sie besteht nicht aus einer intellektuellen Tätigkeit, obwohl der von echter intellektueller Tätigkeit ausgeübte Druck einer der Faktoren ist, die uns dabei helfen, sie zu erreichen. Ihr Dekret allein ist authentisch. Wer über diese sichere Einsicht verfügt, ist frei von den Dogmen der Geistlichen und den Spekulationen der Theologen, frei von den geistigen Verirrungen der Mystiker und den Phantasiegebilden der Visionäre. Hat der Mensch dieses höhere Bewußtsein einmal erreicht, dann wird seine Weltanschauung eine Gewißheit besitzen, die selbst die der Mathematiker übersteigt.

Wie können wir der Wahrheit der Einsicht gewiß sein? Durch das Verschwinden der Ignoranz, ihres Gegenspielers. Beides kann nicht gleichzeitig vorhanden sein. Ihre Wahrheit ist kein Beweis, sondern ein Werk. Das Kommen der Einsicht bedeutet, daß die Blindheit gewichen ist. Jetzt kann der Mensch da sehen, wo ihm die Illusion bisher die Augen fest verschlossen gehalten hat. Denn von jetzt ab ist das in ihm vorhanden, was seinen Blick unbeirrbar auf das *Zeitlose*, das *Wirkliche* und das *Unpersönliche* richtet. Nur die Einsicht vermag die universelle Wahrheit und ewige Wirklichkeit des Daseins zu verkünden, denn nur sie vermag, die Welterscheinung zu durchdringen und die Glückseligkeit zu kontemplieren, die hinter jener liegt. Für diese unverschleierte Fähigkeit wird die *Wirklichkeit* dann etwas Offensichtliches sein, so wie der Mensch weder ein äußeres Zeichen noch einen vernunftmäßigen Beweis für die Existenz der Sonne braucht: Was seine eigene Erfahrung betrifft, ist deren Existenz vollkommen offensichtlich.

Die Erleuchtung beginnt als ein fortschreitender Prozeß, aber endet als ein plötzliches Ereignis. In die Entdeckung des Überselbst wächst man langsam und allmählich hinein, aber das glorreiche Erblühen ist abrupt. Die Einsicht entsteht von selbst und ohne weitere Anstrengungen unsererseits, sobald die notwendigen Vorbereitungen beendet sind. Dann kommt es zu etwas wie einer wahrhaften Umkehr an der gesamten Bewußtseinsbasis. Der Mensch realisiert seine eigene unmittelbare Einheit mit dem Letzten durch ein endgültiges Aufblitzen der Erleuchtung, das alle Zweifel und alle Unwissenheit auf immer beseitigt. Dieser allererste Einblick wird eine so gewaltige und funkelnde Offenbarung für den Menschen sein, daß er einen unauslöschbaren Eindruck auf ihn machen wird und er das, was er dabei lernt, niemals vergessen kann, selbst wenn er es wollte. Sein Glaube an die Existenz dieser inneren Wirklichkeit ist danach absolut unerschütterlich, seine Entschlossenheit, mit der Suche fortzufahren dann völlig unausrottbar.

Jeder, der einen solchen Erleuchtungsblitz, ein solches Wirklichkeitserlebnis oder einen solch schwachen Schimmer der Erleuchtung erlebt hat, wird sich natürlich danach sehnen, daß dieser ständig gegenwärtig sei oder zumindest, daß dieser sich immer wieder aufs neue nach Wunsch einstelle. Er wird die Erfahrung machen, daß die Einsicht sich zwar mit dem befaßt, was einzigartig, letzt- und endgültig ist, aber daß sich ihre volle Entfaltung im Menschen in voneinander getrennten, abgestuften Stadien vollzieht. Es dauert unverhältnismäßig lange, bis die Rose ihre Knospen hervorgebracht hat; aber wie rasch brechen die grünen Knospenblätter auf und treiben Blüten! Mit der Entfaltung der Einsicht verhält es sich ähnlich. Der Kandidat plagt und müht sich monate- oder jahrelang ab, er befindet sich oft in düsterer Stimmung und ist ergriffen vom Gefühl des Versagens, der Niedergeschlagenheit und Eintönigkeit. Plötzlich bricht das Licht hervor, seine Blindheit schwindet und er fängt an, wieder zu sehen. Die Blitze der Erleuchtung gehen nur allzu rasch vorbei; aber die Anpassung seines Charakters und seiner Mentalität, seines Lebens und seiner Persönlichkeit an diese Blitze zieht sich über einen unverhältnismäßig langen Zeitraum hin. Jahre mögen vergehen, während er darauf wartet, daß sich der göttliche Besuch wiederhole. Das volle Erwachen der Einsicht ist ein progressiver, abgestufter Vorgang, aber zwischen jeder Stufe liegt eine gewisse Zeitspanne. Dies kann besser anhand einer Analogie verstanden werden, mit welcher die Einsicht gewöhnlich dargestellt wird. Der erste kurze Einblick in die Wirklichkeit dauert nicht länger als das Aufflammen eines Blitzes, der den Himmel durchzuckt. Deswegen wird das erste Erwachen der Einsicht »Blitzschlag« genannt. In seiner Siebten Schrift hat Plato dieses spezielle Wesensmerkmal der Entstehung der Einsicht auf ähnliche Art beschrieben. Er schreibt: »Sie wird in der Seele geboren, urplötzlich, wie ein Licht, das von einem springenden Funken entzündet wurde.« Und tatsächlich ist der kurze Einblick so flüchtig und daher so schwer faßbar, daß dessen Empfänger klug und auf der Hut sein muß, seine verwirrende Bedeutung zu ergreifen, bevor sie verschwunden ist. Er bleibt nicht, sondern vergeht in weniger als einer Sekunde. Aus diesem Grunde gibt Augustinus diesen Rat: »In diesem ersten Augenblick, wenn dir ist, als ob dich der Blitz getroffen hätte, wenn du im Innersten die Affirmation ›*Wahrheit*‹ vernimmst – bleib dort, wenn du kannst.« Der Intellekt muß mit diesem ›Aufblitzen‹ so behutsam umgehen, als ob es eine zarte Orchidee sei. Überanalysieren kann zu dessen Zerstörung führen, Unteranalysieren zu dessen Unverständnis.

Der Student sieht die Wirklichkeit zuerst wie ein in einem dunklen Raum sitzender Mensch die sich in diesem Raum befindenden Objekte sieht, wenn diese plötzlich von einem Blitz erleuchtet werden, der zu flüchtig ist, als daß er das Zimmerinnere mehr als nur schwach umreißen könnte. Dieser Grad der Einsicht ist, als ob man die Umrisse eines Menschen aus einer gewissen Entfernung sieht, aber nicht in der Lage ist festzustellen, ob es sich nun um eine Frau oder um einen Mann handelt. Wenn dem Studenten daher bei der ersten Gelegenheit viel von der Bedeutung dieses Aufblitzens der Einsicht entgeht – und das wird es wahrscheinlich – dann sollte ihm dies als Warnung dienen; das nächste Mal sollte er besser vorbereitet sein. Mit jedem weiteren Aufleuchten lassen sich die verschiedenen Dinge immer besser voneinander unterscheiden. So wie ein Beobachter beim Aufleuchten des ersten Blitzes nur die Innenwände eines Raumes zu sehen vermag, beim zweiten Aufleuchten auch einen Tisch und einige Stühle, beim dritten Aufleuchten gar einige Anwesende, bis er zuletzt eine gründliche Kenntnis der Beschaffenheit des Raumes erworben hat – so entdeckt der Student, daß jedes augenblickliche Aufleuchten der philosophischen Einsicht, wie und wann es eintritt, dazu neigt, das sichtbare Bild abzurunden und zu vervollkommnen.

Trotzdem bleibt die Tatsache bestehen, daß diese kurzen Einblicke in die Wirklichkeit nur augenblickliche sind, gleich wie oft sie sich wiederholen; daß der Student nach jedem Blitzschlag von dessen unvergeßlicher Erinnerung leben muß, die die Form einer mächtigen Intuition hat, aber nicht die Form einer beständigen Wahrnehmung. So wird es notwendig, weiter zum zweiten Stadium überzugehen, bei dem es so ist, als ob derselbe Mensch, der einen Raum früher von einzelnen und flüchtigen Blitzschlägen erleuchtet sah, denselben Raum jetzt von einer kleinen Öllampe erleuchtet sieht. Das Licht ist jetzt beständig und brennt einige Stunden, bis das Öl versiegt. Es wird sich herausstellen, daß der erste leuchtende Blitzschlag nur ein Vorgeschmack eines stabilen Zustandes ist, den wir eines Tages als unseren permanenten Besitz beibehalten werden. Die Einsicht ist zuerst kurz, dehnt sich mit weiterer Erfahrung aber immer mehr aus.

Das dritte Stadium besteht darin, daß er die Wirklichkeit so sieht, wie der im dunklen Zimmer sitzende Mensch die vom Licht des Vollmondes beleuchteten Objekte sieht. Das vierte und letzte Stadium besteht darin, daß er die Wirklichkeit so sieht, wie derselbe Mensch dieselben vom vollen Licht der Mittagssonne erleuchteten Objekte sieht.

Diese Einsicht müssen wir bekommen, während wir noch in dieser Welt sind, in deren Tiefen das bildlose, nicht faßbare *Wirkliche* auf immer und ewig weilt, und nicht nur, während wir uns außerhalb ihrer in einer Trance befinden. Denn was wir als die Welt sehen, ist nicht deren wirkliche Beschaffenheit, sondern nur ein Gedankengebäude. Die Wachwelt wird teilweise vom Individuum konstruiert, und das Individuum ist zum Teil ein konstruiertes Wesen. Derselbe Geist, der das eine mitkonstruiert, breitet dieses vor dem anderen als ein äußeres aber vorgestelltes Ding aus. Die uns in unserer Erfahrung tatsächlich gegebene Welt besteht aus Abermillionen von Individuen und unabhängigen Einzelheiten. Und die Welt, die die rational metaphysischen Untersuchungen vorfinden, besteht aus einem Stoff – dem *Geist*. Das *Eine* erscheint als das *Viele*! Auf diese Art und Weise löst sich die scheinbare Vielfalt der Dinge letztlich zur Einheit auf. Die ganzen Myriaden von Ideen existieren nicht nur für den Geist und im Bezug zum Geist, sondern sind auch ihrem Wesen nach nichts anderes als Geist. Jedes Land, jeder Berg und Fluß, jedes gearbeitete Objekt, jedes Lebewesen, selbst jeder Mensch ist nichts als ein Gedankengebäude, dessen Form kommt und geht wie die Wellen auf einem unendlichen Meer. Die Wellen verebben, aber das Meer bleibt. Die Ideen vergehen, aber der *Geist* bleibt. Er ist nicht mehr und nicht weniger als der erste Ursprung und letzte Quell aller Gedanken, Wesen und Dinge.

Die Objektivität und Materialität der Welt existiert für das Individuum, aber der Geist, der beiden zugrunde liegt, erkennt sie als reine Erscheinungen. Wenn das Individuum zu einem hinreichenden Verständnis dieses Punktes gelangt, seine Aufmerksamkeit diesem verborgenen Geist zuwendet und diesen schließlich als das erkennt, was er ist – ob er nun reglos in sich selbst ruht oder sich in äußerer Tätigkeit offenbart – dann wird behauptet, daß er die überragende Einsicht gewonnen habe. Alle anderen Arten von Erfahrung befassen sich mit etwas, als sei es vom *Geist* getrennt. Nur diese befaßt sich mit etwas, das ausschließlich zum *Geist* an sich gehört. Alle anderen Erlebnisse befassen sich mit Formen, aber dieses befaßt sich mit dem einzigartig Formlosen. Der Augenblick, in dem der Geist klar erkennt, daß er selbst die hinter der vergänglichen Erscheinung liegende permanente Wirklichkeit ist, daß er der gleichbleibende Wahrnehmende seiner eigenen, sich immer ändernden Gedankenformen ist, ist der Augenblick, in dem sich die Wahrheit plötzlich offenbart und die Illusion verjagt wird. Denn die Einsicht des Menschen ist der sich selbst kontemplierende *Geist*.

Macht die Lehre des Mentalismus aus der vielfältigen Welt eine Fata

Morgana? Nein! Zwar scheint eine oberflächliche Praxis des Yoga, so wie auch das oberflächliche Studium dieser Lehre, die Welt ihrer Wirklichkeit zu berauben; eine fortgeschrittene stellt sie aber wieder her. Die Welt findet ihre Wirklichkeit im *Weltgeist*, und demzufolge ist die Welt eine abhängige Wirklichkeit. Der Mentalismus vermittelt uns die Erkenntnis der Welt als etwas, das auf seine eigene Art wirklich ist, aber nur abhängig wirklich. Die Einsicht ist die Realisation der Einheit der Geistesmaterie. »Es gibt nur ein *Nirvana* und auch nur eine *Wahrheit*, nicht zwei oder drei« stellte Gautama Buddha einem Zweifelnden gegenüber fest. Der Mystiker muß erst noch zu der Einsicht kommen, daß der *Geist* all seine Gedanken aufrecht erhält, muß erst noch fühlen, daß er in all seiner äußeren Erfahrung gegenwärtig ist und als diese existiert. Die Menschen betrachten diese Welt entweder als eine Wirklichkeit oder als eine Illusion, was davon abhängt, ob ihr Standpunkt materialistischer oder spiritualistischer Natur ist. Aber die philosophische Einsicht weiß, daß Materie Geist ist und daß Geist Materie ist, weil sie weiß, daß beides nichts anderes als *absoluter Geist* ist. Infolgedessen wird der Gegensatz sinnlos und kommt für sie nicht auf.

Das Überselbst befindet sich im vierten Stadium, wenn es nicht davon begrenzt ist, daß es träumt oder unbewußt ist; dann ist es sein eigenes reines Selbst, ist sich auf seine eigene Art seiner selbst und um seiner selbst willen bewußt, und sonst nichts! Die Entdeckung des *Geistes* in seinem nackten reinen Alleinsein wird in einem selbstabsorbierten, psychologisch freien Stadium gemacht, in der gedankenfreien, sinnesfreien *Leere*, aber es genügt nicht, die Leere zu streifen, obwohl die meisten Mystiker der Meinung sind, das genüge. Als nächstes muß die *Leere* in das *Volle* gebracht werden; das *Licht* muß in die *Dunkelheit* hinabsteigen; die Persönlichkeit darf nicht um ihrer ekstatischen Freude willen in der *Leere* schwelgen, vielmehr ist es unerläßlich, daß sie die Seligkeit in Dienst umwandelt. Dieses Bewußtsein der *Leere* muß nicht nur in jeden Augenblick des wachen Lebens, sondern auch in jeden Augenblick des Traumlebens hineingetragen werden. Jetzt muß die Unterteilung in *Wirklichkeit* und *Schein*, in *Sein* und *Werden* als das erkannt werden, was sie ist, nämlich als ein vorläufiger Schritt und nicht als ein endgültiger. Der Student, der sich so weit hocharbeiten kann, muß jetzt auch diesen Unterschied transzendieren. Er muß sehen, daß sich alle Dinge nicht von der ursprünglichen Geistesessenz unterscheiden, muß sie mittels einer einzigen Realisation in sich selbst aufnehmen mit der Essenz selbst. Der Mensch erreicht das letzte Stadium der Einsicht erst, *nachdem* er diese frühere Erfahrung der *Leere* gemacht hat. Erst dann mag er zu der Welt des Scheins zurückkehren und deren tiefstes Geheimnis ergründen. Dies besteht darin, deren Einheit mit der *Leere* wahrzunehmen, deren Nichtverschiedensein vom ungesehenen und unsichtbaren *Endlosen Raum*. Nachdem plötzlich die

Einsicht der Bedeutung der *Leere*, des *Nichts*, auf ihn herniedergefahren ist, setzt er seine Reise fort, um ein Verständnis des *Alls* zu gewinnen, der universellen Offenbarung selbst. Wenn diese beiden Stadien gemeistert und die Einsicht zu ihrer vollsten Blüte gebracht worden ist, dann wird das Einströmen unterschiedlicher Gedanken sein transzendentales Bewußtsein nicht mehr brechen und kann aus diesem Grunde als ein Teil des *Wirklichen* angenommen werden. Dieser höchste Grad der Einsicht ist nicht etwas, das sich hin und wieder einstellt, vielmehr ist er etwas, das auf unbeschreibliche Weise ewig gegenwärtig ist, während des Schlafes oder im Wachzustand.

Die Erleuchtung ist kein Prozeß, der als Ergebnis eines einzigen Faktors stattfindet. Ist die Einsicht durch rein mystische Mittel gewonnen worden – was den kürzeren Weg darstellt –, dann betrifft sie immer nur einen Teil und ist immer vom Zufall abhängig. Ist sie durch philosophische Mittel gewonnen worden – was die mystischen miteinbezieht und demzufolge den längeren Weg darstellt –, dann ist sie vollständig und permanent. Die Wissenschaft der Biologie hat bewiesen, daß die Natur mehr Zeit in Anspruch nimmt, ihre höheren Organismen zur vollen Reife zu bringen; ihre niedrigeren bringt sie schneller auf denselben Entwicklungsstand. Ähnliches trifft auf die Entwicklung der höheren Fähigkeiten des menschlichen Geistes zu; es braucht lange, sie zu ihrer vollen Reife zu bringen, während die niedrigeren Fähigkeiten sich schneller entwickeln. Aus diesem Grunde kann die Einsicht, die die höchste, subtilste und versteckteste dieser Fähigkeiten ist, erst lange nachdem jene entstanden sind entstehen. Das heißt, daß wissenschaftliches Denken und metaphysische Reflexion, weltliche Emotionen und mystische Gefühle, der Intellekt und die Intuition zuerst ihren Beitrag aufbieten müssen, bevor sich die Einsicht etablieren kann. Deswegen läßt sich die Einsicht nicht durch Intellekt oder Emotion, Intuition oder Willen erreichen, solange diese getrennt tätig sind. Keines davon kann das Ziel allein erreichen. Der ganze Mensch muß sich auf es zubewegen. Wenn die Fähigkeit der Vernunft ständig in ihrem höchsten Grade ausgeübt wird, das heißt in ihrem abstraktesten und am meisten metaphysischen Grad; wenn solches Ausüben auf eine gewisse Art mit der Praxis mystischer Meditation in Verbindung gebracht wird; wenn tiefe Verehrung und altruistisches Mitleid die Atmosphäre darstellen, in welcher sich jene Fähigkeiten bewegen, dann werden sie eines Tages unversehens und ganz spontan durch die höhere Fähigkeit der Einsicht ersetzt. Der Mystiker findet sein inneres Selbst. Er entdeckt, daß die Persönlichkeit in einem tieferen, größeren Wesen wurzelt – dem *Überselbst*. Aber er entdeckt nicht die Bedeutung des *Alls*. Ist eine philosophische Erleuchtung einmal erreicht, dann wirft sie ein gleichmäßig ewig brennendes Licht. Sie verdunkelt sich nie, nicht einmal für einen einzigen Augenblick. Anders ausgedrückt wandelt der Philosoph im immerwährenden Licht und nicht in intermittierenden Lichtmomenten wie der Mystiker. Die philosophische Erkenntnis ist eine gut etablierte, während die des Mystikers eine gelegentliche ist. Die philosophische Wahrheit ist eine unveränderliche und ungetrübte Macht des einen, während flüchtige Intuitionen oder bestenfalls temporäre Ekstasen die Macht des anderen sind. Wenn eine stetige Erleuchtung auf unseren Lebensweg fällt, dann haben wir etwas gewonnen, das den launischen Gefühlen der Ekstasen, die den Schüler oder Mystiker hin und wieder besuchen, fraglos überlegen ist. Diese Gefühle sind nicht so beschaffen, als daß sie ausreichten, uns während der Zwischenzeiten, zu welchen wir sie nicht haben, von Irrwegen abzuhalten; aber die philosophische Erleuchtung zeigt uns ganz klar jedes Stückchen des Bodens, auf dem wir gehen. Der Mystiker bekommt seine unregelmäßigen Teileinblicke in das *Überbewußtsein*, aber beim Philosophen brennt es gleichmäßig, wie eine Lampe, die sich an einem windgeschützten Ort befindet. Die innere Wahrnehmung wird letztlich anhalten, und dann kann die Einsicht in das, was er wirklich ist und in das, was die Welt wirklich ist, nicht mehr von ihm getrennt werden. Sein inneres Auge schaut unverwandt in die Unendlichkeit und seine körperlichen Augen gleichzeitig in die Welt.

Was sind die inneren Wesensmerkmale aufgrund welcher ein Mensch weiß, daß er die Einsicht erlangt hat? Die Entwicklung der verschiedenen Stadien der Einsicht – wenn auf philosophische Art erlangt – bewirkt notwendigerweise bestimmte Veränderungen des moralischen Charakters wie auch des geistigen Verständnisses. Im ersten Stadium kommt es in bezug auf die moralischen Veränderungen zu einer permanenten Entkräftung der Selbstsucht, so wie ein vom Blitz getroffener Baum derart entkräftet ist, daß er nicht zu wachsen aufhört, sondern sogar früher sterben wird, als das sonst der Fall gewesen wäre; im Bereich der geistigen Veränderungen kommt es zu einer permanenten Auflösung falscher Ansichten über sich selbst und *Gott* und zu einer permanenten Auflösung aller Illusionen über Materie, Zeit und Raum. Im zweiten Stadium ist das moralische Ergebnis eine permanente Entkräftung der Wollust, des Zorns und des Hasses, das heißt, daß wir gelegentlich zwar von rebellischen Gedanken der Feindseligkeit und sinnlichen Begierde gestört werden mögen, aber nicht, daß diesen Gedanken Kraft oder Intensität innewohnt, und deshalb können sie auch nicht länger als eine sehr kurze Zeit bestehen. Wir werden beispielsweise bald bereit sein, unseren Kritikern zu vergeben oder freundlich zu unseren Widersachern zu sein. Unser unvollständiges Verständnis wird erweitert, unsere illusorischen Ansichten ausgemerzt und unsere langen Angewohnheiten, falsch zu denken, werden korrigiert werden.

Im dritten Stadium werden alle Leidenschaften völlig bewältigt; Wollust, Zorn und Haß sind gänzlich ausgelöscht worden und können sich niemals wieder auf unsere Gefühle auswirken, nicht einmal für einen Augenblick. Das vierte Stadium ist von einem vollkommenen Gleichgewicht zwischen den gerechtfertigten Bedürfnissen des Egoismus und den klugen Ansprüchen des Altruismus gekennzeichnet. Unvoreingenommenheit zeichnet all unseren Umgang mit anderen Menschen aus; unsere Eitelkeit ist völlig dahin. Wir empfinden ein kontinuierliches, ungebrochenes Gefühl erhabener Heiterkeit, das ganz unabhängig von den Sinnen existiert. Unsere besten Charaktereigenschaften, die aufgrund unserer Lebensumstände bisher latent geblieben waren oder sich nur halb entfaltet hatten, sind jetzt in der Lage, sich in ihrer ganzen Fülle zu offenbaren, woran sie von nichts gehindert werden. Obwohl die frühen Entwicklungsstadien der Einsicht den Studenten in die Lage versetzten, die Wirklichkeit mit ständig zunehmender Klarheit unmittelbar zu erkennen, tritt dieses Erlebnis unregelmäßig auf; ihm folgt notwendigerweise ein Zurückfallen ins Normalbewußtsein. Nur die Erreichung des vierten Stadiums liefert eine permanente und ungebrochene Realisierung, die unser ganzes Leben währt. Der Geist ist jetzt immer im Gleichgewicht, er ist ruhig und konzentriert sich ständig auf das *Wirkliche*. Er besitzt die Macht, zu jeder Zeit in sich selbst einzugehen, die Macht, versunken und gedankenfrei zu bleiben. Unser Bewußtsein des *Wirklichen* wird unerschütterlich sein, und unsere Wahrnehmung der Vergänglichkeit und Unzulänglichkeit der Form wird genauso unerschütterlich sein. Aufgrund der Erfüllung durch die Erfahrung des *Göttlichen* haben wir das Gefühl, in uns selbst vollkommen zu sein.

Und dennoch bleibt das *Absolute* ein großartiges *Geheimnis* – selbst nachdem wir nach langen Kämpfen ans Ziel gelangt sind und jetzt vor ihm in seinem Lichte stehen. Aber kein Mensch wird jemals Gott. Dessen größtmögliche Errungenschaft ist es, im *Licht* der Göttlichkeit zu stehen. Damit offenbart sich ihm das ganze Universum als ein *göttlicher* Gedanke. Das ist Einsicht.

Die Einsicht ist etwas, das nicht mitgeteilt werden kann, sondern persönlich realisiert werden muß. Sie ist ausschließlich empirisch. Der Guru, der den Anspruch erhebt, sein bloßer Wunsch, ein anderer Mensch werde erleuchtet, könne *auf die Dauer* in diesem verwirklicht werden, betrügt den anderen. Ein klares Zeichen einer solch irreführenden Doktrin ist, wenn ein Guru erklärt, daß der Weg zur Realisation nur durch ihn und nur zu ihm führe. So wie das Träumen dem Menschen mit nichts beigebracht werden kann – denn es muß von selbst kommen oder gar nicht –, so kann dem Menschen auch das letzte Stadium mit nichts beigebracht werden. Das Erlebnis muß spontan, von selbst eintreten. Geistige Fertigkeit zu erwarten, ohne sich diese durch eigene Anstrengung verdient zu haben, ist genauso unsinnig wie Fertigkeiten im Maschinenbau zu erwarten, ohne jemals an einer Maschine gearbeitet zu haben. Die persönliche Gunst eines Meisters oder Priesters kann sie uns nicht geben, was immer der Aberglaube eigennütziger ›Lehrer‹ dem entgegenzusetzen hat. Der Mensch, der glaubt, die Erkenntnis stelle sich eines Tages deswegen von selbst und ohne sein Bemühen ein, weil er sein Leben völlig in die Hände eines solchen Gurus gelegt hat, steuert auf ein böses Erwachen zu. Eine große menschliche Täuschung ist die, die uns in unserem Wunsch bestärkt, etwas umsonst zu bekommen. Der reiche Sozialparasit, der es zufrieden ist, nichts zum allgemeinen Vorrat beizusteuern, sondern im Gegenteil viel zu nehmen, nur weil ein Familienvorfahre irgendwann einmal eine Spende getan hat, ist ein Beispiel; der religiöse Eiferer, der erwartet, daß ihm Gott von jemand anderem gegeben werden könne, ohne selbst etwas dafür zu tun, ist ein anderes. In mystischen Kreisen gibt es zu viele Suchende, die nur darauf warten, daß ein Meister am Horizont auftaucht, der sie bequemerweise mit dem beschenkt, was nur als ein Ergebnis ihrer eigenen Bemühungen zustande kommen kann.

Ein echter Lehrer ist darauf bedacht, dem Schüler zu helfen, das zur Entfaltung zu bringen, was bereits in ihm steckt; er gibt nicht vor, Wunder wirken zu können. Hätte der Mensch die Fähigkeit, einen anderen in das Überselbst hineinzuheben, wäre er fähig, sein eigenes Bewußtsein des Überselbst auf einen zweiten zu übertragen, dann wäre dieses Meisterstück von all den großen Weisen der Vergangenheit ausgeführt worden; die Geschichte der Menschheit hätte dann einen anderen Lauf genommen, und ihr gegenwärtiger Entwicklungszustand wäre dann wesentlich edler. Es ist noch niemals vollbracht worden, weil es niemals Geschenk sein kann. Nur durch die Prozesse der biologischen Evolution reift eine Samenzelle zu einem erwachsenen Menschen heran, und nur durch die Prozesse der geistigen Evolution reift ein Mensch zum Weisen heran. Es gibt keine raschen, plötzlichen Transformationen. Die transformierende Berührung der Gnade wird sich zum psychologisch richtigen Augenblick unsrer Geschichte ereignen, dann, wenn sie sollte. Aber dieser Augenblick wird vom Überselbst eines Menschen bestimmt und nicht von einem anderen Menschen – sei er ein noch so gepriesener Lehrer oder Heiliger.

Im Rahmen ihres Aufgabengebietes spielen Lehrer eine zugestandenermaßen nützliche und hilfreiche Rolle, aber sie können niemandem zu der einen Sache verhelfen, die von größter Bedeutung ist – zu der etablierten Realisierung des *Überselbst*. Dazu kann uns nur durch die Gnade *Gottes* verholfen werden und nur zu einem Zeitpunkt, den *Gott bestimmt* – nicht zu dem unsrigen oder dem ihrigen. Kein leibhaftiger Zwischenträger kann dies für den anderen tun, kann die eine Einweihung verleihen, die, weil sie künftig eine permanente, bewußte und ungebrochene Zwiesprache hervorbringt, mehr zählt als alle anderen. Letzten Endes muß Unterweisung in ihrer reinsten, nicht von menschlichen Grenzen getrübten Form erteilt werden. Kein endliches Wesen kann den Menschen bleibend in das *Unendliche* einweihen; dazu ist nur das *Unendliche* selbst imstande. Die Wahrheit läßt sich am besten an ihrer Quelle studieren. Und deswegen sollte der Kandidat die Universalität des Überselbst nicht länger dadurch profanieren, daß er dessen Großartigkeit und Größe auf irdisch Sterbliche überträgt, noch sollte er dessen reine geistige Natur von deren anthropomorphischem Gottesdienst besudeln lassen. Jetzt muß er allein vor *Gott* stehen, ohne Guru. Denn *Gottes* Stellvertreter, das *Überselbst*, ist ein wirkliches Wesen, dessen Gegenwart gespürt werden kann, dessen Verständnis und Bewußtsein tatsächlich existiert und das über die Macht verfügt zu antworten. Daher wird unser Ruf gehört werden, und unser Gebet um Hilfe werden wir nicht umsonst äußern, wenn wir es mit Lauterkeit äußern.

Wenn die Geistigkeit auch nicht wie ein Koffer von einem Menschen zum andern getragen werden kann, dann mag dessen Gegenwart und Macht dennoch von denjenigen empfunden werden, die feinfühlig sind. Ein fertiger Meister ist durchaus in der Lage, einem ergebenen Schüler einen vorübergehenden Einblick in die Wirklichkeit zu verschaffen, indem er ihm einen augenblicklichen Einblick des *ersten* Stadiums der Einsicht zukommen läßt. Das bewirkt er dadurch, daß er die Gedankenprozesse des Schülers telepathisch zur Ruhe bringt und dessen Gemütsbewegung vertieft.

Das philosophische Ziel läßt sich nicht mit Massenproduktionsmethoden erreichen; das religiöse schon. Jeder einzelne muß seinen eigenen, ganz speziellen Weg dazu finden. Er mag es mit Hilfe eines anderen, mit Hilfe eines Lehrers erreichen, aber trotzdem wird und muß es sein eigenes sein.

9 Selbstvertrauen oder Anhängerschaft

Wieviele fragwürdige Visionen sind einem Meditierenden wohl von seinem sogenannten geistigen Lehrer suggeriert worden? Wieviele mystische Erlebnisse hätte er nie gehabt, wenn dieser Lehrer ihn nicht darauf aufmerksam gemacht hätte, daß er sie zu erwarten habe? Wieviele halbhypnotische Phänomene geben sich als mystische Erfahrung aus? Fassen wir doch diejenigen ins Auge, die von den alten Lehrsätzen und Methoden so fasziniert sind, daß sie sich ihnen mit Haut und Haar verschreiben, ganz in der Vergangenheit leben und ihre kostbare Zeit damit verschwenden, alten Lehrstoff neu zu lernen, Lehrstoff, den sie bereits in früheren Epochen bewältigt hatten. Sie werden von den Toten betrogen. Sie ignorieren die Lektionen der westlichen Kultur. Warum sind sie im Westen wiedergeboren worden, wenn nicht zu dem einen Zweck, Neues zu lernen? Unaufgeklärte Lehrer, denen es an Inspiration fehlt und die diese Sachlage nicht zur Kenntnis nehmen, erteilen auch weiterhin ausschließlich Unterricht in den alten Methoden, wobei sie phonographisch übermitteln, was sie selbst aus der Tradition geschöpft haben. Könnten sie das lebendige innere Prinzip ihres geistigen Erbes erkennen und nicht nur dessen modrige Form, dann könnten sie sich von der Vergangenheit befreien. Denn dann würden sie *allein* in der großartigen *Alleinheit* dastehen. Und aus einer solchen Gesinnung heraus würden sie instinktiv geben, was heute gebraucht wird, und nicht, was in früheren Jahrhunderten gebraucht wurde.

Der Schüler, der sich kriecherisch unter die Fuchtel eines vermeintlichen Meisters begibt oder einen guten Menschen gar zum Objekt abergläubischen Götzendienstes macht, wird zum reinen Roboter. Wem der Mut fehlt, selbständig, ohne seinen Lehrer zu denken, zu sprechen und zu handeln, der wird nie die Möglichkeit haben, die Wahrheit für sich selbst zu erkennen. Wer der Hilfe, die der Meister seinem Schüler angedeihen läßt, zu viel Bedeutung beimißt, steht unter dem Einfluß von Emotionen und nicht unter dem der Vernunft. Wenn ein Mensch nur das Gedankensystem studiert, das der Meister verkündet, wenn er sich, um es kurz zu sagen, völlig und in jeder Hinsicht in die Hände seines Lehrers begeben hat, dann kann zu Recht gesagt werden, daß ein solcher Mensch nie die Wahrheit erkennen, nie Verwirklichung erlangen und nie selbst ein Weiser werden wird. Die sklavische Mentalität, die sogenannte Lehrer und Pseudogurus bei ihren bedauernswerten Schülern heranzüchten und fortbestehen lassen, führt zu deren moralischem Verfall. Weil sie nicht mehr daran glauben, daß sie selbst die Fähigkeit besitzen, aus eigener Kraft die Wahrheit zu erlangen, versuchen sie es erst gar nicht und erreichen infolgedessen gar nichts.

Sobald die Menschen diktatorischen und ausbeuterischen Lehrern ihre Seele in blindem Glauben verschreiben, verlischt ihnen das Licht des Gewissens, und die Stimme des gesunden Menschenverstandes verstummt. Sie fangen an, sich in geistiger Umnachtung zu bewegen und können nicht sehen, wohin sie getrieben werden. Diejenigen, die einem solchen Lehrer folgen, werden sich letzten Endes, wenn sie Glück haben und es ihnen ernst ist, aus lauter Enttäuschung gezwungen sehen, ihren Weg Schritt für Schritt zurückzugehen. Diejenigen, die sich ihm völlig und blind ausliefern, verzichten auf die einmalige Gelegenheit, um deretwillen sie in einem menschlichen Körper geboren worden sind. Wer ihnen eine gebrauchsfertige Lehre aushändigt, so daß sie nichts weiter zu tun haben als zu glauben, blockiert ihren wahren Weg und hindert sie daran, wirkliche Fortschritte zu machen. Anstatt seinen versklavten Schülern ihre innere Kraft bewußt zu machen, mißt er seiner eigenen Aufgabe einen restlos übertriebenen Wert bei und sucht zu bewirken, daß sie sich ihr Selbstvertrauen gänzlich aus dem Kopf schlagen. Infolgedessen werden sie zunehmend antriebsschwächer und negativer als zuvor.

In früheren Zeiten spielte der Priester eine dominierende Rolle und bürdete sich die verantwortungsvolle Last der Suche nach der Wahrheit auf. Sein Werk leitete sich selbst fehl, sobald es die Menschen glauben machte, daß sie ohne die Vermittlung anderer, ohne die Fürsprache bezahlter Pfaffenhierarchen, nicht in der Lage seien, einen inneren Status zu erreichen. Es ist leider eine historische Tatsache, daß besonders im Altertum und im Mittelalter fast jede Priesterschaft dazu neigte, sich soziale, politische und ökonomische Privilegien anzumaßen und das aufgrund ihres vermeintlich sanktionierten Rechtes, Gott hier auf Erden zu vertreten. Mit der Zeit hatten viele Priester mehr Interesse an der Ausbeutung dieser Privilegien als an der Förderung der Menschheit. Nicht echte Religion, sondern selbstsüchtige Pfaffenlist hat dem Fortschritt der Menschheit im Namen Gottes so viel Schaden zugefügt und ihn in einem solchen Maße behindert. Aus diesem Grunde ist ersichtlich, warum eine wichtige Rolle der Mission solch großer Seelen wie Jesus, Buddha und Mohammed darin bestand, ungesunder Macht Grenzen zu stecken und dem Einfluß der den Aberglauben schürenden orthodoxen Priesterschaft ihrer Zeit ein Ende zu bereiten.

Die leichtgläubigen, ungebildeten und unterprivilegierten Massen sind den Versprechungen und Drohungen organisierter Pfaffenlist schon immer leicht zum Opfer gefallen. Aber parallel dazu entwickelte sich dort, wo wir es am wenigsten erwartet hätten, ein noch raffinierteres Ausbeutungssystem. Es tauchte auf einer anderen Ebene auf, wo es durch das Medium übertriebener Guruanbetung diejenigen in den Griff zu bekommen suchte, die über den orthodox religiösen Entwicklungsstand bereits hinaus- und in den Mystizismus hineingewachsen waren. Ursprünglich war der geistige Lehrer ein Mensch, der den Suchenden lenkte und ihm hilfreich zur Seite stand, aber im Laufe der Zeit bewirkte entgleister Glaube, daß er für ihn eine Inkarnation Gottes darstellte. Besonders im Orient nahm die dumme Vergötterung lebender Menschen – deren Folgen oft zu sklavischem Gehorsam und zur Verleugnung des Intellekts führte – geradezu phantastische Ausmaße an. Daran hat sich auch heute nichts geändert. Das führte zur Begünstigung des allemal um sich greifenden Aberglaubens, zum Verlust des Selbstvertrauens und zur Zerstörung der Fähigkeit, selbständig denken zu können, womit vielen Scharlatanen Tür und Tor offenstand.

Der Brauch, die Menschen dahingehend zu beeinflussen, daß sie einen anderen Menschen als Inkarnation Gottes betrachten, mag in alten Zeiten, als die Massen noch einfältiger waren, als sie es heute sind, durchaus eine Hilfe gewesen sein; in modernen Zeiten hat er mit Sicherheit zu bedauerlichen Ergebnissen geführt. Er hatte bestenfalls einen praktischen und keinen philosophischen Wert, und das für die ungebildeten Massen, nicht für die gebildeten Klassen. Zu verlangen, daß ein moderner Anhänger des Mystizismus demselben Brauch folgen solle, heißt, seinem inneren Leben eine ungesunde Richtung geben und seinem intellektuellen eine irreführende. Einen Guru beim Namen der Gottheit zu nennen und ihm göttliche Kräfte zuschreiben zu wollen, ist reine Blasphemie.

Die Philosophie ist der Lehre von Prinzipien gewidmet, nicht der Erhöhung, Verherrlichung oder Ausbeutung von Personen. Sie ist der Meinung, daß die Autorität ihrer Boten wesentlich unwichtiger ist als die Wahrheit der Botschaft, daß das Dauerhafte Priorität hat und nicht das Vergängliche, und daß die Menschen ein Umdenken und eine Erneuerung ihrer Praktiken viel nötiger haben als die Verehrung spezieller Individuen. Für göttliche Ideale empfindet sie große Achtung, aber nicht für menschliche Idole. Sie ersetzt die Anbetung von Personen durch ihre Ehrfurcht von Wahrheiten. Sie stellt die Behauptung auf, daß der Mensch, der darauf besteht, Toten, wie Jesus, zu huldigen, seine Gedanken sinnlos ins Leere denkt, während der Mensch, der den unsterblichen Prinzipien huldigt, die *Jesus gelehrt hat*, einen Schatz im Himmel speichert. Sie strebt eher danach, große Wahrheiten einzuprägen, als große Menschen zu vergöttern. Sie ist nicht daran interessiert, was A oder B gesagt oder getan hat, vielmehr daran, ob die Worte von A oder B wahr sind und ob er richtig handelt.

Neuerdings hört man häufig, daß das eine oder andere Land seine politische Unabhängigkeit haben möchte, aber wie selten hören wir, daß dieser oder jener Mensch seine geistige Unabhängigkeit anstrebt. Und doch kann eine Individualisierung des menschlichen Wesens, die ja das gegenwärtige Ziel der Evolution darstellt, nicht ohne sie erreicht werden. Was in früheren Jahrhunderten durch einen Appell an den blinden Glauben zustande gebracht worden ist, muß heute durch einen Appell an die wissenschaftliche Rationalität zustande gebracht werden. Kein Mensch und keine Gruppe hat ein ersessenes Recht, das Denken und Fühlen eines anderen Menschen oder einer anderen Gruppe auf ewige Zeiten in Beschlag zu nehmen. Kein Lehrer handelt ethisch, der seine Studenten heute daran erinnert, ihre eigenen latenten und unerschöpflichen Hilfsmittel zu entdecken und zu entwickeln, mag das in primitiveren Zeiten noch so zulässig gewesen sein. Der Glaube, daß es jemanden geben muß, der immer neben uns geht, um unsere Gedanken und Handlungen ständig zu steuern, daß es einen Führer geben muß, zu dem wir immer aufschauen, ist kein Glaube, den die Philosophie hegen kann.

Innerhalb der sehr weitgesteckten Grenzen der Treue zum Weg sollte der Lehrer dem Studenten ein großes Maß an Freiheit zugestehen, seine eigenen Schritte zu wählen. Er sollte sich entlang seiner eigenen Linien entwickeln können und dazu angehalten werden, als ein freies Individuum zu denken und zu handeln.

Alle alten Religionen suchten die Menschen in Gruppen zu fassen; sie waren immer noch dem Stammes- oder Rassendenken verhaftet. Das war angesichts der äußeren Bedingungen angebracht, von denen die soziale Existenz des Menschen früher beherrscht wurde. Vor nur tausend Jahren waren zum Beispiel die Einwohner Amerikas völlig von den Völkern Europas abgeschnitten. Infolgedessen erwies sich die Religion, die dem einen Volk nützlich war, als nicht nützlich für das andere; ihre Bräuche und Erbanlagen waren gänzlich verschieden. Diese Bedingungen haben sich heute in erstaunlichem Maße geändert. Das Antlitz der Erde ist durch menschliche Geschicklichkeit verwandelt worden. Jetzt verfügt der Mensch sowohl über die Möglichkeit als auch über die Fähigkeit, universell denken zu können, ist in der Lage, die Ideen, die er annehmen will, und die Ideale, denen er folgen will, selbst zu bestimmen. Er wird geistig zum Individuum. Er kann anfangen, Lebenswerte und Existenzideen neu einzuschätzen, und das nicht als bloße Einheit in einem Stamm oder einer nationalen Gruppe, sondern als ein sich selbst achtendes Individuum. Das ist nichts anderes als die Demokratisierung der Religion. Damit unternahm der Mensch den ersten Schritt in Richtung Mystizismus. Der Mystizismus ist der Höhepunkt aller ernsten Religion. Einige detaillierte Informationen über die zweite Evolutionsbewegung befinden sich im neunten und zehnten Kapitel von *Die Weisheit des Überselbst*.

Organisierte Gruppen

Was hier über persönliche Führer und einzelne Lehrer gesagt worden ist, trifft gleichermaßen auf autoritäre hierarchische Institutionen und öffentliche oder geheime, an ein Dogma gebundene Organisationen zu. Stereotyper religiös-mystischer Institutionalismus mißtraut dem Mitglied, das mit einem frei und selbständig denkenden Verstand nach der Wahrheit suchen möchte. Das ist die Regel. Wer seine Suche nicht aufgibt, sondern ausharrt, kollidiert früher oder später sicherlich mit ihr. Wenn das passiert und man feststellt, daß es weder diplomatisch ist, einen Kompromiß einzugehen, noch weise, sich zu fügen, wird man als Rebell hinausgeworfen oder als Häretiker exkommuniziert.

Wenn der kluge Wahrheitssuchende erkennt, wie häufig diese Organisationen traditionelle Feinde des inneren Fortschrittes des Menschen waren – beispielsweise bei Buddha und Jesus –, dann wird er ihnen aus dem Weg gehen und ihnen gerne alles Gute wünschen; sie mit seiner Mitgliedschaft zu beehren, käme ihm aber nie in den Sinn. Wenn er aus Biographien und aus der Geschichte erfährt, mit welcher Unvermeidlichkeit konventionelle Körperschaften dazu neigen, das Wichtigste zu vertreiben und das Unwichtigste beizubehalten, dann wird ihm klar werden, wie gefährlich ein Herdenleben für die Wahrheit ist.

Die meisten Organisationsformen sind zu unliberal und gerade aufgrund ihrer Schablonen dazu verpflichtet, ihre alte Engstirnigkeit beizubehalten. Sie werden rasch zu neuen Käfigen für den Kandidaten. Der fromme Mensch ist jetzt so eng an die von ihm errichteten Strukturen gebunden, daß er diese Wahrheiten nicht aussprechen darf, selbst dann nicht, wenn er sich ihrer bewußt ist, während dem Philosophen die Gefahren, welcher die Menschheit sich heute gegenübergestellt sieht, so deutlich vor Augen stehen, daß er sie aussprechen muß.

Will der Philosophiestudent nun einer Gruppe beitreten, dann sollte es sich dabei nicht um eine äußere handeln. Sie sollte nicht durch sichtbare Bande zusammengehalten werden, sondern durch eine Haltung, die sich durch große Ernsthaftigkeit auszeichnet, durch eine allen Mitgliedern gemeinsame Hingabe an die Suche nach der Wahrheit. Er darf nicht in eine bestimmte Schublade gesteckt werden, und eine Organisation könnte er nicht ertragen. Denn das eine würde ihn unverzüglich von jeder anderen geistigen Gruppe trennen, und das andere würde ihn zum Rivalitätsdenken zwingen, zum Kampf um weltliches Prestige oder weltliche Macht auf Kosten konkurrierender Organisationen. Eine der Schönheiten der Philosophie besteht darin, daß sie die einzige Weltanschauung darstellt, die keine Neubekehrten sucht, keine Propaganda betreibt und über keine monopolitischen

Interessen verfügt. Sie ist die einzige Weltanschauung, die wahre und totale Freiheit gewährt; alle anderen sperren ihre Anhänger in Käfige.

Die Menschen bewundern eine allgemein beliebte Bewegung hauptsächlich, weil sie so groß ist. Sie beten eherne Idole an, während sich auf den goldenen der Staub sammelt. Es ist unwahrscheinlich, daß eine Lehre, die die höchsten Anforderungen an sich stellt, sich jemals großer Popularität erfreuen wird. Auch diesen Nachteil nimmt die Philosophie gerne in Kauf. Sie versteht sehr wohl, daß sie nur für die scharfsinnige Minderheit gedacht ist und daß ihr von ihrem Funktionsgebiet her unvermeidliche, klar umrissene Grenzen gesteckt sind. Sie kann nicht erwarten, auf die Massen einen unmittelbaren, direkten Einfluß auszuüben oder sie gar wachzurütteln, und nimmt aus diesem Grunde davon Abstand, ihre Gunst zu suchen. Demzufolge werden sich ihre Verwahrer nicht durch die Tatsache aus der Ruhe bringen lassen, daß die Zahl der Anhänger der Philosophie kaum mehr als eine kleine Handvoll umfaßt. Sollte es ihnen gelingen, ein Instrument der esoterischen Erleuchtung und individuellen Neubelebung dieser Männer und Frauen zu werden, sollten letztere ihrerseits dazu inspiriert werden können, anderen auf ihre Art und Weise zu helfen, dann ist mit Sicherheit genug erreicht worden. Es geht ihnen nicht darum, den Beifall der Massen zu ernten. Der Erfolg, auf den sie abzielen, besteht nicht aus großen Zahlen, nicht aus der großen Anerkennung, der allgemeinen Billigung, vielmehr daraus, die paar Wartenden zu erreichen, die willens sind zu hören, in Empfang zu nehmen und zu verstehen.

Die Philosophie ist von einem kleinen Kreis ergebener Anhänger umgeben und wird nicht unklugerweise außerhalb der Grenzen dieses Kreises herumirren. Sie suchte unser Einflußgebiet absichtlich zu begrenzen. Ihr ist durchaus an der Freundschaft ihrer Anhänger gelegen, sie möchte diese aber nicht auf einer falschen Basis gewinnen. Wenn die Basis daraus besteht, daß die Philosophie Vorurteilen und Gefühlen schmeichelt, falsche Ideen bestätigt und Illusionen aufrecht erhält, und nicht aus der Suche nach der Wahrheit, dann wäre es keine wahre Freundschaft. Ob die Menschen nun bereit sind, zu hören oder nicht, ist nicht von Belang; von Belang ist unsere Pflicht, denen, die suchen, den höchsten Rat und die klügste Führung zur Verfügung zu stellen und zugänglich zu machen, die zu geben wir fähig sind. Die Philosophie ist eine erzieherische Bewegung; mit Propaganda hat sie nichts zu schaffen. Infolgedessen sucht sie nicht mit anderen zu konkurrieren, und zwar einfach deswegen, weil sie es nicht kann. Sie ist gezwungen, sich auf die wenigen zu beschränken, die ein großes Interesse an ihrer speziellen Lehre haben, ihr sehr ergeben sind und deren Denken und Fühlen reif genug ist, ihr von Natur aus gewogen zu sein.

Jetzt mag besser verstanden werden, warum unsere Behauptung, daß die

Philosophie sich aufgrund ihrer Einzigartigkeit von der buntgemischten Schar anderer Lehren abhebt, nicht herabsetzend ist. Ihre Einzigartigkeit ist Schicksalssache: das Schicksal formt den Charakter. Andere Lehren spielen durchaus ihre Rolle, aber keine von ihnen ist in der Lage, der Philosophie gerecht zu werden. Es muß unerschrocken betont werden, daß sie sich, was ihre Lebensbetrachtungen und was die Tiefe ihres Lebensverständnisses betrifft, auf ein exklusives Neuland begeben hat. Ist dieses Wissen erst einmal *verstanden* worden, wenn auch nur von einigen kompetenten Köpfen, dann setzt es sich von selbst in der Welt durch. Seine Verbreitung wird nicht dadurch sichergestellt, daß man viel Aufhebens macht, sondern dadurch, daß es verstanden und gelebt wird. Dies sind die Gründe, warum es seine subtile Botschaft mit Bescheidenheit kundtut und nicht die Rolle des heiseren lautschreienden Propagandisten spielt, warum seine Ruhe und Würde als Beispiel für seinen eigenen ausdrücklichen Befehl dienen, wie die Höhen und Tiefen zeitgenössischer Ereignisse anzugehen sind. Es wird nicht ins Horn der Masse blasen, sondern immer seinen eigenen Richtlinien folgen.

Der fortgeschrittene Kandidat ist ein schlechter »Vereinsmeier«. Ihm genügt die Philosophie. Nie wieder wird es ihm ein Bedürfnis sein, einen neuen Glauben anzunehmen oder einem neuen Lehrer zu folgen. Er ist auch nicht darauf versessen, es seinen leichtfüßigeren Schwestern und Brüdern gleichzutun, die alle paar Jahre dem neusten Kult beitreten. Er wird immer eine weise Reserviertheit gegenüber neuen Propheten und Klüngeln, Lehrern und Lehrmeinungen an den Tag legen und es schlechterdings ablehnen, sich Hals über Kopf zu verpflichten. Er wird nichts davon wissen wollen, sein Denken und seine Suche in ein geschlossenes System einzusperren. Er wird nichts akzeptieren, was seine Ansichten einschränkt und seine Perspektive schmälert. Demzufolge wird er um seiner inneren Weiterentwicklung willen keiner Sekte, keiner Organisation, keiner institutionalisierten Religion und auch keinem mystischen Kult beitreten. Der Mensch, den die philosophische Wahrheit gefangengenommen hat, ist auf immer ihr Gefangener, denn sie hat ihn befreit. Einmal ein Philosoph, immer ein Philosoph. Wir werden nie von Menschen hören, die der Philosophie untreu werden. Wenn es tatsächlich zu einem solch bisher noch nie dagewesenen Ereignis kommen sollte, dann nur deswegen, weil die Überläufer die wahre Philosophie niemals wirklich akzeptiert haben. Nur sie befaßt sich mit der Wirklichkeit, nicht mit schwankenden Gefühlsduseleien oder hirnlastigen Meinungen über die Wirklichkeit. Hat sich der Mensch erst einmal seinen Weg bis zu den letzten Fundamenten der höheren Lehre gegraben, dann können wir sicher sein, daß er niemals abtrünnig werden und ihr mit jedem Jahr, das vergeht, noch treuer ergeben sein wird. Wie töricht wäre es aber, erwarten zu wollen, daß mehr als eine mikroskopisch kleine Minderheit – diejenigen, denen das brennende Verlangen, die innerste Bedeutung des Lebens zu verstehen, angeboren ist – sich jemals die Mühe machen wird, so tief zu graben. Aus diesem Grunde werden nur ein paar von denen, die nur *über sie lesen,* jemals wirklich loyal sein.

Durch ihre lange Geschichte hindurch läßt sich die Menschheit der Philosophie in diese beiden Gruppen unterteilen: in diejenigen, die sich bewußt der Suche nach der Wahrheit widmen, und in diejenigen, die nichts mit ihr zu schaffen haben. Die Suche ist nur für den, der willens und in der Lage ist, aus der Masse herauszutreten; nur für den Leidenden, der genug vom blinden Leben gehabt hat, und für den Denker, der sich mehr zum einsamen Pfad eines kargen Individualismus hingezogen fühlt als zur übermäßig beschrittenen Straße einer sich selbst täuschenden Orthodoxie.

Wieviele vielversprechende Seelen haben ihre Integrität verletzt gesehen, waren gezwungen, den Weg aufzugeben, auf dem die Intuition sie richtig zum erhabeneren Ziel der Erkenntnis hinführte, nur um von ihrer Organisation, Gruppe oder von ihrem persönlichen Lehrer auf einen Weg gestellt zu werden, der letzten Endes in bitterer Enttäuschung oder Unglück führte. Der Mensch, der sich an einen Lehrer hängt, hat nicht nur an Unwissenheit und Fehlern teil. Eine solche Möglichkeit mag in alten Zeiten, als es noch keine unüberwindlichen Schwierigkeiten bereitete, einen Lehrer zu finden, der die Wahrheit *realisiert* hatte, kaum von Bedeutung gewesen sein; aber heute, wo man einen ganzen Kontinent vergeblich nach einem Lehrer solchen Formats durchkämmen kann, fällt sie um so mehr ins Gewicht.

Der Weg der Anhängerschaft

Im Westen gibt es viele Kandidaten, die den besten und längsten Teil ihres Lebens damit verbracht haben, auf die Begegnung mit einem Lehrer der geistigen Dinge zu warten, damit, nach einem Lehrer vom Kaliber eines Mahatmas oder Adepten zu suchen. Das taten sie, weil die Theosophie – insbesondere die Neutheosophie der Post-Blavatsky-Periode – und die indische Vedantaphilosophie ihnen sagte, daß die Initiation, Hilfe und ständige Führung einer derart gehobenen Persönlichkeit für die innere Suche absolut unentbehrlich sei und daß die Suche ohne Initiation nur mit einem Mißerfolg enden könne. Aber ihre Suche war für gewöhnlich vergebens. Wir geben durchaus zu und weisen nicht von der Hand, daß man von einem wahren Lehrer echte Hilfe bekommen kann, aber es ist keine leichte Sache, heutzutage einen vertrauenswürdigen Lehrer zu finden, der uns durch den Irrgarten des Mystizismus führt. Dort, wo jemand der Überzeugung ist, einen solchen Meister gefunden zu haben, ist diese Suche oft mehr als umsonst – sie ist obendrein noch eine Selbsttäuschung, was noch schlimmer ist. Man setzt sein inneres Leben tatsächlichen Gefahren aus, wenn man es mit zweifelhafter Inspiration und unangebrachter Unterwürfigkeit verbindet. Aber wir wollen hier keine Urteile fällen, nur Tatsachen feststellen. Angesichts der großen Schwierigkeit, heutzutage auf kompetente, lautere, authentische und selbstlose Unterweisung zu stoßen – und im Osten ist sie fast genauso groß wie im Westen –, erscheint es uns klüger, öffentlich und mit Nachdruck darauf hinzuweisen, daß es möglich ist, aufgrund eigener Anstrengungen Fortschritte zu machen, daß es möglich ist, latente Reserven zur Entfaltung zu bringen, ohne überängstlich hier und dort nach einem Lehrer zu suchen. So viele Kandidaten verschwenden mit vergeblichem Suchen und enttäuschendem Probieren kostbare Zeit und Kraft; hätten sie sich ihre eigne innere Führung zunutze gemacht, dann hätten sie längst Fortschritte machen und Reife erreichen können.

Wenn wir auf die Seltenheit qualifizierter, zuverlässiger Lehrer zu sprechen kommen, dann bekommen wir oft zur Antwort, daß es in der Tradition der Mystiker doch folgendes Sprichwort gäbe: »Wenn der Schüler bereit ist, dann tritt der Lehrer in Erscheinung«. Wir wollen die Wahrheit dieses Sprichwortes nicht bestreiten, aber wir wollen es mit einer anderen Wahrheit ergänzen: »Der hier erwähnte Meister muß nicht notwendigerweise ein inkarnierter oder äußerlicher sein.« Er mag aus Fleisch und Blut sein oder im innersten Herzen des Schülers weilen. In beiden Fällen erhält der Schüler Anleitung und Hilfe von innen und zwar durch das Mittel der Intuition. Der Meister kann aber auch ein gedrucktes Buch sein, das ein Mensch, der die Suche mit Erfolg abgeschlossen hat, der Nachwelt als Unterrichtsmaterial und Orientierungshilfe hinterlassen hat. Heutzutage können viele ausgezeichnete Bücher erworben werden, in denen die meisten Kandidaten ausreichende und zuverlässige Anweisungen vorfinden, die ihren unmittelbar praktischen Zwecken Genüge leisten. Letzten Endes ist das, was den Suchenden und die gesuchte Wahrheit zusammenbringt, ob letztere nun in der eigenen Person, in einem Buch oder in einem anderen Menschen gefunden wird oder nicht, die direkte Tätigkeit seines eigenen Überselbst.

Durch Suggestionen von außen wird die tiefempfundene Sehnsucht nach der *Seele* von Anfängern fälschlicherweise oft als Sehnsucht nach einem Meister aufgefaßt. Der Mensch, der sich entweder von alten Traditionen – insbesondere von orientalischen – oder von gegenwärtigen Kulten verführen läßt, der Suggestion Glauben zu schenken, daß man ohne Führer unmöglich Fortschritte machen könne, läßt sich in Wirklichkeit zu einer Suche nach einem menschlichen Wesen verführen und nicht zu einer Suche nach der eigenen Seele. In seiner Unwissenheit gibt er ihr dessen Namen und zeichnet ihn mit einer Verehrung aus, die nur der Seele gezollt werden sollte. Anstatt sich auf die Suche nach seiner Seele zu begeben, begibt er sich auf die Suche nach einem Menschen. Da sich das eine innerhalb und das andere außerhalb seiner eigenen Person befindet, sind die Richtungen völlig verschieden. Infolgedessen müssen diese zwei Suchen zu zwei verschiedenen Ergebnissen führen.

Als das Christselbst durch Jesus sprach: »Ich bin das Tor«, da gab es einen Rat, der heute noch Gültigkeit besitzt. Er bedeutete: ›Suche nicht nach anderer Menschen Tor; suche nicht bei anderen Menschen nach dem, was dein eigenes höheres Selbst dir geben will‹. Die heilige Proklamation, die dieses Christselbst in jedem Menschen äußert, lautet: *»Ich bin der Weg, die Wahrheit und das Leben.«* Das heißt, daß wir den Lehrer, den wir brauchen, die Erkenntnis, nach der es uns verlangt, und das Ziel, nach dem wir suchen, in uns selbst finden können. Um aber diese Dinge finden zu können, müssen wir rückhaltslos an die Christseele in uns glauben und nicht von einem Menschen zum anderen gehen. Entweder existiert diese Seele in uns, oder sie tut es nicht. Wenn ersteres der Fall ist, dann stellt sie notwendigerweise eine lebendige und wirksame, hinter den Szenen unseres sichtbaren Lebens liegende Kraft dar. Dann ist sie mit Sicherheit nicht weniger kompetent, uns auf unserem inneren Weg zu führen, als jedes inkarnierte menschliche Wesen. Wenn es nicht wahr ist, daß unsere Seele uns direkt führen kann, nicht wahr ist, daß sie selbst uns zur Selbsterkenntnis führen kann, dann besteht der Anspruch, daß sie existiert, zu Unrecht, dann ist nichts Wahres an den Zeugnissen ihrer Macht. Aber es ist eine Tatsache, daß die Stimme, die uns ruft, die Stimme der Seele ist, obschon wir ihr in unserer Unwissenheit den Namen eines Menschen geben. Wenn diese Suche nichts anderes ist als eine Suche nach unserem eigenen tiefsten Selbst, dann kann das Sichanhängen an ein anderes menschliches Selbst, an äußere Meister, die Erkenntnis nur verhindern; fördern kann es sie nicht.

So wie der Suchende durch Enttäuschung und Leid lernen muß, daß er sein Glück nicht ausschließlich von einem Menschen abhängig machen kann, daß er sich von dieser Abhängigkeit befreien muß, so muß er durch dieselben Mittel lernen, daß er die Hilfe und Anleitung, die er sucht, nicht ausschließlich von einem Menschen abhängig machen darf. Nur das Höhere Selbst kann ihm dauerndes Glück geben, nur es kann ihn perfekt anleiten. Letzten Endes werden ihn die tragischen Ereignisse des Lebens zu dem wesentlichen Alleinsein jeder menschlichen Seele zurückbringen. Nur wenn er mutig genug ist, diesen Ereignissen und diesem Alleinsein in all seiner Weite die Stirn zu bieten, ohne sich dabei an einen lebenden Menschen um Hilfe zu wenden, hat er die einzigartige Chance, dessen geheimen Bewohner zu entdecken: die göttliche Seele. Wenn ihm durch Enttäuschungen und Desillusionen hinreichend klar geworden ist, daß er sich der Hilfe und

Lenkung, die von innen kommt, anvertrauen muß, und zwar nicht nur weil sie allein seine ganz speziellen Bedürfnisse kennt, sondern auch, weil sie von eben jenem zweiten Selbst herrührt, das er zu entdecken sucht, dann hat er den wahren Eingang des mystischen Weges erreicht. Damit hat er eine der Voraussetzungen für das authentische Erleuchtungserlebnis erfüllt – er hat sich von anderen Dingen abgekehrt und die Richtung zur Seele selbst eingeschlagen. Will er von den Anfangsstadien zu den höheren Graden übergehen, dann kann ihm das nur gelingen, wenn er aufwacht und sich dieser fortgeschrittenen Wahrheit bewußt wird: Seine Seele ist der rechtmäßige *von Gott gegebene* Lehrer. Ist der Novize weit genug gereist, diese Situation verstehen zu können, dann wird er sich daran machen, sich selbst zu formen und nicht unnütz warten, bis ein Meister kommt, der diese Aufgabe übernimmt. Er wird anfangen, seine Ideen selbst auszuarbeiten, wird anfangen, seine Meditationen selbst zu leiten und nicht hilflos auf dem Rücken liegen, bis er diese Dinge von außen erhalten kann. Er wird seinen Willen zum Einsatz bringen und nicht schlapp und träge oder gar wie gelähmt herumhängen.

Es ist des Schülers und nur des Schülers Aufgabe, alle bösen Leidenschaften zu zerschmettern, sich allen bösen Gedanken zu widersetzen und alle bösen Emotionen zu überwinden, denn es sind seine. Wenn er sie nicht selbst angeht, werden seine Charakterschwächen, von denen sie herrühren, nicht verschwinden. Es ist nicht nur absurd, sondern auch ein Akt der Selbsttäuschung, damit rechnen zu wollen, daß ein Meister ihm diese Aufgabe abnehme. Kein äußeres Agens ist in der Lage, ihn äußerlich einer Sache zu versichern, deren er sich selbst innerlich versichern muß. Die Kenntnis, zu der er durch selbständiges Denken gelangt, die Stärke, die er aus seinem eignen Selbst schöpft, das Mitleid, das seinem eigenen Herzen entspringt – all das ist den aus zweiter Hand gelieferten Produkten äußerer Suggestion unermeßlich viel überlegener. Der Mensch, der sich nach dieser Wahrheit richtet, braucht keinen anderen Lehrer. Sein göttliches Selbst ist da, ist ewig gegenwärtig und ist ein besserer Lehrer.

Selbst der heilige Sri Ramakrishna, der unter den Swamis viele Anhänger hatte, die ihn als die Inkarnation Gottes feierten – selbst er gestand ein, daß »der Mensch, der in der Lage ist, sich Gott mit Ernsthaftigkeit, tiefem Gebet, voller Sehnsucht und ohne Mittelsmann zu nähern, keinen Guru braucht«. Doch der Heilige hat diese Feststellung mit folgendem Nachsatz qualifiziert: »Aber eine so tiefempfundene Sehnsucht nach der Seele ist eine Rarität; daher die Notwendigkeit eines Gurus.« Ist die Sehnsucht stark genug, dann werden wir finden, was wir wirklich brauchen, und zwar ohne viel Hilfe von außen. Ist sie das nicht, dann werden wir uns ständig im Kreise bewegen, dann werden wir Sklaven einer Handvoll engstirniger und ungeeigneter

Methoden, die entkräfteten Opfer einiger ausbeutender Lehrer, bevor wir uns letzten Endes bewußt werden, daß wir den Weg finden müssen, der unseren individuellen Wesensmerkmalen entspricht, bevor uns die befreiende Lehre zuteil wird, deren Ursprung die Lauterkeit unseres eigenen *Überselbst* ist.

Jeder ist ein Individuum und deswegen einzigartig. Indem man immer das Denken, Sprechen und Handeln eines speziellen Lehrers imitiert, immer den suggerierenden Einfluß bejaht, den er auf von ihm faszinierte Anhänger auszuüben sucht und nur die Methode anwendet, die sich für einen solchen Lehrer eignet, folgt man nicht dem Weg zu einem größeren Frieden.

Niemand sollte sich von den stereotypen Formeln eines Lehrers oder den mechanischen Gesetzen einer Methode auf den Abweg der Selbsttäuschung leiten lassen. Das bedeutet nicht, daß wir die Dummheit begehen werden, das, was wir von anderen Menschen übernehmen können, schroff abzulehnen. Es bedeutet lediglich, daß wir solche Hilfe zwar mit Freuden annehmen, ihr aber weder eine grundlegende Bedeutung beimessen, noch den Erfolg oder Mißerfolg unserer Suche übermäßig von ihr abhängig machen werden. Wenn wir diese Situation richtig verstehen, dann bedeutet sie nicht nur Vertrauen auf die begrenzten Hilfsmittel unserer Persönlichkeit, sondern auch Vertrauen auf die unbegrenzten Hilfsmittel dessen, vor dessen Hintergrund die Persönlichkeit existiert. Kurz gesagt heißt das, daß wir uns mit einem unerschütterlichen Glauben an das *Überselbst* wenden werden, daß es uns letztlich in die Erkenntnis des Göttlichen einführe, die unser erhabenes Ziel ist.

»Ich bin gezwungen, mir meine Philosophie aus meinem eigenen Kopf zu ziehen«, stellte Sokrates fest, der seine Lehre von niemandem gelernt hatte. Seine Weisheit war etwas, das er aus den versteckten Tiefen des Seins herausgegraben hatte. Kein Lehrer stellte ihm die Füße auf den Weg, keine Schule übermittelte ihm seine Erkenntnis; er hatte sie sich selbst erarbeitet. Deswegen lag ihm selbstverständlich auch nicht daran, dem Menschen ein Bündel gebrauchsfertiger Lehren aufzubürden, sondern daran, ihn zu eigenständigem Denken zu bringen. Die Unterweisungen eines Lehrers führen bestenfalls zu mittelbarem Wissen, während die Erkenntnis der Wahrheit unmittelbar sein muß. Erstere stellen zwar eine notwendige vorläufige Maßnahme dar, die zu dieser Erkenntnis führt, aber die Erkenntnis selbst zu vermitteln sind sie nicht in der Lage. Der Student muß demzufolge seinen eigenen Einsatz aufbieten, um zu realisieren, was ihm gelehrt worden ist. Wenn er die Wirklichkeit will und nicht bloß Worte oder Gedanken über sie, kann er dieser Pflicht nicht entrinnen. Der Suchende von heute befindet sich in derselben, nach eigener Anstrengung verlangenden Lage. Daran hat sich seit Sokrates' Zeiten nichts geändert. Es mag eine Tatsache sein, daß die alten Sanskrit-Texte viele unserer möglichen Schlußfolgerungen vorweggenommen haben, aber wir müssen uns auf einem anderen Weg auf sie zu bewegen. Jetzt müssen wir alleine gehen, müssen selbständig denken und unsere eigenen bahnbrechenden Erfahrungen sammeln. Wenn wir gezwungen sind, auf eigenen Füßen zu stehen, dann sind wir gezwungen, unsere eigenen Probleme zu untersuchen; was wir dabei gewinnen, gehört uns und kann uns nicht verlorengehen.

Schließlich hat es kaum einen Zweck, von anderen zu erwarten, uns mit dem zu versorgen, womit wir uns letzten Endes selbst versorgen müssen. Wir mögen in der eingebildeten Sicherheit eines Meisters Zuflucht suchen, wir mögen bei einer Methode, bei einem Glaubensbekenntnis, bei einer Kirche, einem Ashram, einer Gruppe oder einer Organisation Zuflucht suchen – aber wir fliehen vergeblich. Letzten Endes verlangt uns das Leben die Entdeckung unserer *eigenen* Hilfsmittel ab. Wie Sokrates so lebensklug bemerkte, kann der Lehrer bestenfalls die Funktion einer Hebamme übernehmen, die dem Studenten bei der Geburt seiner eigenen Wahrheit Hilfe leistet. Jedem sollte klar sein, daß es größtenteils seine Aufgabe ist, seine eigene Erlösung auszuarbeiten. Wir müssen allen hinterhältigen Suggestionen, die auf verstärkte Abhängigkeit, Schwächen und Versklavtheit abzielen, nachhaltig Widerstand leisten, wenn wir Studenten der Philosophie sein wollen. Die erste Aufgabe eines wahren Lehrers besteht infolgedessen darin, in uns dieses so notwendige Selbstvertrauen aufzubauen, uns zu helfen, uns unserer eigenen latenten Kraft bewußt zu werden, uns zu ermutigen, unser eigenes Verständnis dadurch zu nähren, daß wir unsere eigenen Erlebnisse überdenken. Intellektuelle Integrität verlangt dem Philosophiestudenten das eine ab – daß er seine Freiheit zu handeln nicht völlig an ein anderes Individuum abtritt, daß er sich dessen Willen nicht völlig unterwirft und daß er seinen freien Willen nicht völlig aufgibt. Wenn es unethisch ist, einen Schwächeren zu tyrannisieren, dann ist es nicht minder unethisch, der Tyrannei eines Stärkeren nachzugeben.

Der Student ist es, der sich von seinen eigenen Illusionen befreien muß; das kann ihm kein Meister abnehmen. Gelegentlich mag er die Wahrheit für einen Augenblick durch die Augen seines Meisters erblicken; aber sie ständig und ungebrochen sehen – das kann er nur mit den eigenen. Will der Meister dem Studenten wirklich helfen, dann besteht die gesunde Methode, die er anwenden sollte, darin, den Studenten so zu beeinflussen, daß dieser sein eigenes Urteilsvermögen selbständig einsetzt, darin, daß er ihm genug Selbstvertrauen einflößt, seine eigenen Erkenntnisfähigkeiten zu entwickeln, darin, daß er dessen Konzentrationsvermögen schult und dessen denkerische Fähigkeiten anregt. Auf diese Art lernt der Schüler, seinen eigenen inneren Mitteln in zunehmendem Maße zu vertrauen.

Die orthodoxen, von den führenden Köpfen älterer indischer Richtungen so egoistisch vertretenen und von deren Anhängern so blindlings befolgten Anschauungen besagen, daß Erleuchtung ohne einen Lehrer ein Ding der Unmöglichkeit sei. Buddha behauptete das Gegenteil. Er erklärte ganz offen, wenn auch ketzerisch, daß es zwei Methoden gäbe, mit welchen man zur rechten Einsicht gelangen könne. Die eine bestünde darin, die Einsicht von anderen zu lernen, und die andere darin, sie sich durch Selbstbetrachtung zu erwerben. Derselbe Punkt ist im *Yoga vasishta,* einem alten Sanskrit-Text, ausführlich, aber auf eine etwas andere Art dargelegt worden: »Es gibt zwei Wege, die zur Freiheit der Wahrheit führen. Schenkt ihnen jetzt Beachtung. Wenn man dem von einem Lehrer vorgeschriebenen Weg ohne den geringsten Mißerfolg folgt, dann wird die Verblendung allmählich von uns abfallen, und es wird entweder in der Geburt unserer Initiation seitens unseres Gurus oder in irgendeiner der späteren Geburten zur Befreiung kommen. Der andere Weg besteht darin, daß das durch makelloses, spontanes Wissen leicht gestärkte Denken unaufhörlich über dieses Thema meditiert, dann steigt die wahre Erleuchtung in uns auf wie eine Frucht, die unerwartet von oben herabfällt.« Dieser zweite Weg ist derjenige, den wir hier vertreten. Er beruht darauf, daß entweder die Erinnerung an ein kurzes Sichtbarwerden, an eine Intuition oder flüchtige Illumination, die man möglicherweise einmal erlebt hat, oder die in Büchern gegebene Beschreibung einer solchen Erfahrung zum Gegenstand rationaler Überlegungen und mystischer Meditationen gemacht wird.

Aus diesen Tatsachen muß ein ganz einfacher Schluß gezogen werden. Mit der in *Die Weisheit des Überselbst* enthaltenen zusätzlichen Feststellung, daß das *Überselbst* der eine, vor allen anderen zu suchende wahre Lehrer sei, ist zwar jeder auf sich selbst zurückgeworfen worden; aber zu wirklichem Schaden ist deswegen keiner gekommen. Als wir die Suchenden ihrer zweifelhaften äußeren Lenkung beraubten, gaben wir ihnen die sicherste innere Lenkung zurück, nämlich das Licht und die Macht *Gottes,* welche sich in ihnen selbst befinden. Wir haben den Versuch gemacht, die Menschen zu wecken, sie aus der sklavischen Abhängigkeit von anderen Menschen herauszubringen, sie aus ihrem Dasein als Schwächlinge, die sich immer nur an andere anlehnen, emporzuheben, damit sie zu selbstbewußten Lernern werden mögen. Wir haben danach gestrebt, ihnen ihr eigenes Leistungsvermögen und ihre eigenen Erkenntnismöglichkeiten bewußt zu machen. Wir trachteten danach, ihnen zu helfen, das Leben von ihrem eigenen geistigen Mittelpunkt aus zu betrachten, ihnen zu helfen, aus sich selbst ein weises Lebensverständnis zu schöpfen, wollten ihnen helfen, lieber mit ihren eigenen schöpferischen Ideen ans Werk zu gehen als mit geborgten. Wir zielten darauf ab, einzelnen zu helfen, sich in das Bewußtsein ihrer eigenen inhärenten Göttlichkeit hineinzuentwickeln und so den wahren Zweck ihrer Inkarnation zu erfüllen. Denn die einzige Befreiung, die die Philosophie proklamiert, ist die Selbstbefreiung. Sie ist der Meinung, daß der Mensch durch eigene Kraftanstrengungen ein neues Verständnis aus seinem eigenen Bewußtsein erschaffen muß, ein Verständnis, das ihn völlig umwandeln soll. Denn letzten Endes ist die Realisation des *Überselbst* nichts weiter als eine Gewichtsverschiebung innerhalb unseres eigenen Wesens und kann aus diesem Grunde von keiner äußeren Kraft bewirkt werden.

»Haltet fest an der Wahrheit, sie ist eure Zuflucht. Sucht bei niemandem nach dem Heil als bei euch selbst«, so sprach der im Sterben liegende Buddha zu seinem anwesenden Schüler Ananda, der diese an alle Schüler gerichtete Abschiedsbotschaft weitergab. Was Buddha darüber hinaus noch sagte, ist auch im Hinblick auf unseren Gegenstand sehr aufschlußreich. »Seid euch selbst ein Licht«, ist eine annehmbare Übertragung, aber »Seid euch selbst eine Insel«, ist eine andere. Ob wir nun die eine Übertragung annehmen oder die andere, die Bedeutung ist in beiden Fällen letztlich dieselbe. Sie ist eine Botschaft des Selbstvertrauens, des Suchens nach Hilfe und Stärke im Innern und nicht außen. Schließlich enthält sie die Warnung, sich nicht unnötig auf menschliche Lehrer zu verlassen, sondern in erster Linie auf das in uns selbst vorhandene Element der Erleuchtung. »Arbeitet eure eigene Erlösung mit Sorgfalt und mit großem Fleiß aus«, waren die letzten Worte dieses wunderbaren Menschen, dessen ruhende Gestalt, lächelnder Mund und friedlicher Gesichtsausdruck Beweis für sein eigenes sublimes Selbstvertrauen waren.

Die Wahl, vor welcher der Suchende steht

Es kann nur dem unausgeglichenen Extremisten in den Sinn kommen, auf die richtige Sorte weiser Unterweisung verzichten zu wollen, *sollte diese überhaupt vorhanden sein.* Ohne sie ist der Mensch gezwungen, Schicksalsprüfungen zu erdulden und Fehler über Fehler zu machen und als Folge davon viel Leid zu ertragen. Ja, wir brauchen dringend einen zuverlässigen Meister. Er darf aber nicht nur ein Mensch mit Erkenntnissen sein. Er muß auch ein Mensch mit Macht und Mitleid sein – Macht, weil diejenigen, die zur Suche hinfinden, selbst so schwach sind, und Mitleid, weil es keinen anderen Beweggrund für ihn gibt, anderen zu helfen. Wenn wir also nicht imstande sind, unsere schweren Probleme selbst zu lösen, dann sollten wir einen anderen Menschen um Rat und Hilfe bitten und diese akzeptieren. Sich den freundlichen Rat eines Menschen zu verschaffen, der die vor uns liegenden Wegstrecken kennt, ist vernünftiges Handeln; der entkräftete geistige Sklave eines anderen Menschen zu werden, der päpstliche Unfehlbarkeit verströmt und von wissenschaftlichem rationalem Denken nichts hält, ist schlechterdings sinnlos. Die Hauptfunktion eines kompetenten Lehrers besteht darin, seinen Schülern einen gesicherten ungefährlichen Weg zu zeigen und so den Zeitraum des nötigen Ringens und Kämpfens zu verkürzen. Seine Nebenfunktion ist, ihnen den Impuls einzupflanzen, der sie auf das Ziel hintreibt.

Die meisten Kandidaten sind der Meinung, daß das Überselbst kein Ding ist, auf das sie zustreben oder das sie zum Gegenstand ihrer Meditationen machen können, solange es für ihren normalen Verstand undenkbar, unvorstellbar und unerfaßbar bleibt. Für sie ist es eine formlose, völlig eigenschaftslose Leere, die ihnen keinen Ansatzpunkt bietet. Für ihr Bewußtsein ist es zu ungreifbar, zu vage und zu unbestimmt, als daß sie sich von ihm beleben lassen könnten oder von ihm dazu angeregt würden, ihre Aufmerksamkeit auf es zu konzentrieren. Diese Idee läßt sie sozusagen frei in der Luft hängen. Deshalb brauchen sie ein Ding oder eine Person, die ihnen als ein sichtbarer Brennpunkt ihrer Sehnsucht nach der Wirklichkeit dient, als ein vorstellbarer Mittelpunkt ihrer Meditationen über sie. Das heißt, daß sie ein attraktives *Symbol* des Wirklichen brauchen.

Ein solches Symbol läßt sich in einer historischen biblischen Persönlichkeit finden, die uns durch Überlieferung bekannt ist; in einem derzeit lebenden Meister, den wir persönlich kennengelernt haben; in einem Buch, sei es ein altes oder ein modernes, dessen Sätze den Eindruck erwecken, als seien sie von der Kenntnis der Wirklichkeit inspiriert; in den musikalischen, malerischen, bildhauerischen oder anderen künstlerischen Produkten menschlicher Genialität; in der Schönheit, Herrlichkeit, Unermeßlichkeit und heiteren Stille der *Natur* selbst. Auch ein paar Blumen, die still in einem einfachen Gefäß stehen, mögen dem kultivierten Menschen als ein angemessenes Symbol göttlicher Huld dienen. Was immer es ist, wenn das Symbol seine Wirksamkeit haben soll, ist es unerläßlich, daß es uns persönlich anspricht, daß es uns persönlich liegt. Selbst die Hilfsmittel, Werkzeuge, Zeremonien, Rituale und Sakramente der Religion können zu diesem Zweck benutzt werden, aber nur unter der Voraussetzung, daß sie nicht im Lichte der extravaganten, in ihrem Namen gewöhnlich erhobenen Ansprüche benutzt werden, sondern als Symbole des *Nichtfaßbaren*, als Gegenstände, die uns an die *Suche* erinnern. Eine kleine Statue eines in Kontemplation versunkenen Buddhas kann demzufolge in den Augen eines buddhistischen Mystikers, so oft er seinen Blick auf sie richtet, zum bedeutungsschweren Träger der hoffnungsvollen Botschaft von der Stille des *Nirvanas* an den seinen Begierden verhafteten Menschen werden und als ein Antriebsmittel dienen, neue, weitere Meditationsübungen anzustrengen. Jedesmal, wenn der christliche Mystiker das kleine, unter seinem Hemd getragene Kreuz berührt, mag es in seiner Vorstellung zu einem geradezu lebendigen Bedeutungsträger, zu einem Zeichen der Gegenwart des verborgenen, in einem offenbarten Universum »ans Kreuz geschlagenen« Geistes werden und ihn an die Notwendigkeit erinnern, dem niedrigeren Ego den Rücken zu kehren.

Die Kandidaten, die einen vertrauenswürdigen derzeit lebenden Lehrer gefunden haben, einen idealen Lehrer, der sich mit seiner eigenen Seele vereint hat und bereit ist, anderen dabei zu helfen, denselben Zustand zu erreichen, mögen diesen aus Zweckgründen als ihr endliches *Symbol* des unendlichen *Überselbst* betrachten. Ihn als einen Lehrer der geistig heiligen Dinge zu akzeptieren, ist kein grober Schnitzer. Im Gegenteil. Es stellt einen Akt der Klugheit dar, weil es ihnen helfen wird, große Fortschritte zu machen. Denn damit wird der Vorstellung etwas Konkretes gegeben, mit dem sie in ihrem Aufmerksamkeitsbereich arbeiten kann, etwas, an dem sich die Gedanken und Gefühle nicht nur während der Stunden stiller Einkehr festhalten können, sondern auch außerhalb dieser Zeiten. Deswegen wäre es dumm, wenn diejenigen, die das Stadium eines voll in Gang gekommenen Mystizismus noch nicht erreicht haben – und weil es ein so fortgeschrittenes Stadium ist, ist es nicht leicht zu erreichen –, den Wert solch äußerer Hilfsmittel zu gering schätzen, wäre es unklug, wenn sie die Nützlichkeit eines solchen Symbols nicht zu würdigen wüßten.

Es gibt gewisse andere Vorteile – und diese gehen über die unpersönlicheren hinaus –, die mit der Verwendung des Namens und der Person eines Meisters bei dieser Art von Meditation verbunden sind. Für viele ist es einfacher, mit den vertrauten physischen Sinnen auf eine phantasiereiche Art und Weise zu arbeiten als mit den viel weniger benutzten Fähigkeiten abstrakten Denkens. Der Kandidat kann das geistige Bild des Meisters im Handumdrehen schaffen; er kann sich schnell des erhebenden Gefühls erinnern, das vom starken Einfluß der Aura des Meisters herrührte; er kann eine Tätigkeit aufstellen, in deren Rahmen er aus dessen lebendiger Gegenwart mit telepathischen Mitteln eine größere Konzentrationskraft und Geschicklichkeit, sich nach innen zu kehren schöpft; und auf diese Weise ist er in der Lage, ein sichtbares Objekt für seine aufgestauten Gefühle treuer Ergebenheit zu finden, wobei er den Versuch machen kann, seine eigenen Bemühungen so zu gestalten, daß sie ein Abbild dieses Objektes darstellen. Während solcher Meditationen wird sich das befriedigende Gefühl einstellen, daß man nicht mehr gezwungen ist, sich auf die eigenen begrenzten Hilfsmittel zu beschränken.

»Sobald ein einziger Schüler bereit ist, erscheint der Meister.« Damit muß nicht sein physisches Erscheinen gemeint sein; in Wirklichkeit bedeutet es sein geistiges Erscheinen. Hat der Schüler aufgrund seiner eigenen Bemühungen ein gewisses Maß an Läuterung und Selbstdisziplin erreicht, ist er durch das Meditieren empfindsamer geworden und durch das Studieren im Besitz besserer Informationen, dann mag das Überselbst seine Gedanken auf einen geistig reifen Menschen hinlenken, der als Brennpunkt für seine weiteren Meditationen, Gebete und Bestrebungen dient. Wir sagen hier ›mag‹ weil das nicht immer der Fall ist. Das hängt ganz von der Geschichte, den Lebensumständen, der Veranlagung, der Kapazität und dem Charakter des einzelnen ab. Geistige, in früheren Geburten geformte Bindungen mögen so stark sein, daß sie eine Lehrer-Schüler Beziehung erneut notwendig machen, wenn auch nur für eine gewisse Zeit. Das Bedürfnis nach einem emotionellen Ventil persönlicher und greifbarer Natur mag so überwältigend sein, daß es dringend notwendig wird, einen Lehrer von Verdienst und Würde zu finden, um weitere Fortschritte machen zu können. Die natürliche Schwäche der meisten Menschen mag Depressionsgefühle begünstigen, die seine Bemühungen lähmen, so daß Ermutigungen und Anregungsmittel seitens Stärkerer erforderlich werden.

Andererseits mag ein Mensch die Fähigkeit des Selbstvertrauens, der Selbständigkeit und der Ausgewogenheit in einem solchen Ausmaß entwickelt haben, daß ihn solche Überlegungen nicht belästigen. In diesem Fall ist es nicht nötig, daß ihm ein Meister erscheint; er wird es auch nicht. Sein eigenes *Überselbst* wird ihm direkte Anweisungen von innen erteilen und nicht wie in den oben beschriebenen Fällen von außen.

Selbst wo der Mensch aufgrund seines eigenen Wunsches und aufgrund des Plans des Schicksals in Kontakt mit einem Meister gebracht wird, heißt das nicht notwendigerweise, daß er für immer bei diesem zu bleiben hat. Es genügt, ein paar Minuten lang bei ihm zu sein. Selbst wenn der Schüler den Meister nicht getroffen hat, genügt der durch einen Briefwechsel hergestellte innere Kontakt. Auch wenn er nie schriftlich mit ihm in Verbindung getreten ist, wird die Absorption der Ideen eines von ihm geschriebenen Buches zu einem derartigen Ergebnis führen.

Sich vorzustellen, daß man tatsächlich der Heilige ist, der unser Ideal darstellt, sich bildlich vorzustellen, daß *man selbst* plötzlich in den *Guru*, dem man folgt, verwandelt wird, ist tatsächlich die kürzeste und schnellste Methode *mystischer* Errungenschaft. Aber diese Errungenschaft wird dem Schüler erst am Ende seiner Abenteuer des Meditierens zuteil werden. Um in der Lage zu sein, eine so wirksame Methode erstens überhaupt anwenden zu können und sie zweitens sicher anwenden zu können, ohne zu Schaden zu kommen, muß der Schüler charakterlich ausreichend geläutert sein, ein Experte in der Konzentration und in der Kontemplation sein, metaphysisch genug, um das formlose Sein von dessen äußerer Erscheinung zu trennen und sich in einem ausreichenden Maße von seinem persönlichen Ego lossagen zu können.

Bei dieser Übung muß er den Lehrer *spielen*, muß vorgeben, dieser zu sein und all seine schauspielerischen Fähigkeiten heraufbeschwören, um dessen Eigenheiten zu imitieren. Das anfänglich beschleunigte Hinübergleiten in die Kontemplation setzt dann ein, wenn er auf diese Weise an die Gestalt des Lehrers denkt; die endgültige Vollendung der Kontemplation aber erst dann, wenn er sich ausschließlich mit dessen innerstem Wesen verbindet, mit dessen Geist.

Wenn man sich den Lehrer bildlich vorstellt, sollte man in erster Linie an den *Geist* denken, der den Körper des Lehrers benutzt. Es ist wirksamer – und stellt deswegen den fortgeschritteneren Teil der Übung dar –, an ihn als ein *Medium* der höheren Macht zu denken, als einen Träger der göttlichen Gegenwart, und nicht nur als eine Person, die autark ist. Man sollte weniger an den leibhaftigen Lehrer denken als an den Geist, der ihn inspiriert. Man sollte sich die Persönlichkeit des Lehrers nicht in ihrem gewöhnlichen Zustand vorstellen, vielmehr in ihrem außergewöhnlichen Zustand der Absorption, denn es ist ja des Schülers Ziel, sich mit des Lehrers innerem, sich in diesem tiefen Meditationszustand befindenden Bewußtsein, das er selbst zu erreichen sucht, zu identifizieren und dieses innere Bewußtsein zu kontemplieren. Wir sollten nicht dem Menschen huldigen, sondern dem *Geist*, der von ihm Besitz genommen hat, und sollten uns mit unseren Gedanken weniger auf dessen leibhaftigen Körper als auf die in ihm weilende Gegenwart konzentrieren. Wir sollten nicht den Namen eines toten Propheten oder lebenden Lehrers zum Gegenstand unserer Verehrung und Hingabe machen, sondern das *Namenlose Wesen*, das diesen überschattet. Auf diese Weise gleitet der Kandidat von der Welt des Scheins in die Welt der Wirklichkeit hinüber. Dadurch bereitet er sich darauf vor, selbst ein Träger desselben göttlichen Lebens zu werden.

Wenn ein Lehrer, der immer noch schwach und fehlbar ist, weil immer noch menschlich, als eine Gottheit betrachtet wird, wenn ihn seine Schüler mit göttlichen Titeln ausstaffieren und ihn voller Ehrfurcht als ein Heiligtum jenseits der profanen Reichweite des gesunden Menschenverstandes bewahren, dann bleibt dem philosophisch Denkenden nichts anderes übrig, als sanft zu lächeln und sich still zurückzuziehen. Von anderen angebetet zu werden, ist seiner Meinung kein Privileg; es ist eine Plage. Einen Guru beim Namen der Gottheit zu nennen und ihm göttliche Macht zuzuschreiben, ist reine Blasphemie. Die Wahrheit über diesen Punkt ist von Paulus kurz und bündig niedergeschrieben worden: »Ich habe angepflanzt, Apollos hat begossen, aber Gott hat alles gedeihen lassen«. (1. Korinther 3.6).

Wir sollten keinen Menschen anbeten, keinen. Wir sollten seine Verkörperung des Ideals anbeten, seine Verkörperung des Herzens und Denkens im Zustand der Vollkommenheit. Denn die Idee, die der Meister vertritt, soll angebetet werden, nicht die Person. Trotzdem tritt die Philosophie mit großer Leidenschaft für die Notwendigkeit der Ehrfurcht ein; eine blinde und leichtgläubige Ehrfurcht, der es an Intelligenz und Klugheit fehlt, kann sie aber nicht gutheißen. Wir sollten den Meister doch nicht deswegen bewundern, weil wir aus einem Menschen Gott zu machen gedenken – das tun die Abergläubigen oft genug. Vielmehr sollten wir ihn deswegen bewundern, weil wir aus *uns selbst* einen Meister machen wollen, was das Ziel des philosophisch gelagerten Menschen darstellt.

Es gibt viele Berichte, die zu belegen scheinen, daß Gurus, selbst wenn sie keine anhaltende Realisation vermittelten, ihren Schülern doch zumindest transformierende Okkulterlebnisse vermittelt haben. Was ist die versteckte Wahrheit über diese Sache? Finden diese Erlebnisse in Gegenwart des Lehrers statt und führen sie zu einem Zustand halber oder völliger Absorption nach innen, dann sind sie hypnotischer Natur. Handelt es sich um einen wirklich hervorragenden Lehrer, der tatsächlich tiefer in seine eigene Seele vorgedrungen ist als der Durchschnittsmensch, dann ist dieser in der Lage, dem Schüler etwas von dieser Tiefe zu übermitteln, vorausgesetzt, letzterer verfällt selbst in einen derart tiefen Zustand von Selbstabsorption. Eine an dieser Stelle besonders nützliche Übung besteht darin, sich die Beschaffenheit des nächsten mystischen Meditationsstadiums bildlich vorzustellen. Vom philosophischen Standpunkt aus ist diese Übung nur begrenzt wertvoll, und zwar wegen ihres vergänglichen Charakters. Die übersinnlichen Offenbarungen, von denen sie häufig begleitet ist, mögen nichts anderes sein als hypnotische Suggestionen zweifelhafter Art. Darüber hinaus führt sie nicht zu dauerhaften Ergebnissen und erspart dem Studenten keineswegs die Arbeit, seine eigene Entwicklung bis zu diesem Stadium hin auszuarbeiten. Charakter und Wert dieser Erfahrung sind in Indien oft maßlos übertrieben worden aus Unkenntnis der historischen Tatsache, daß die Annalen des Mesmerismus im Westen viele Fälle ähnlicher Erlebnisse zu verzeichnen haben; der Mesmerisierende war aber nicht notwendigerweise, wenn überhaupt, ein spiritueller Mensch.

In Fällen, in denen der Schüler die übersinnliche Gegenwart seines Lehrers erlebt, obwohl sich beide in verschiedenen Städten oder weit voneinander getrennten Ländern befinden, in denen er unter solchen Bedingungen die Vision des Gesichts und der Gestalt des Lehrers vor sich sieht und er in Gedanken tägliche Gespräche mit dieser lebendigen Gegenwart und Gestalt führt, in solchen Fällen muß er natürlicherweise zu dem Schluß kommen, daß der Lehrer tatsächlich in einem ›Astralkörper‹ bei ihm ist und daß der Lehrer dieses Treffen vorsätzlich und aufgrund seiner yogischen Kraft erfolgreich herbeigeführt hat. Diese Schlüsse können freilich falsch sein. Die Tatsachen, auf denen sie beruhen, mögen lediglich in der Phantasie des Schülers existieren. Der Lehrer selbst hat höchstwahrscheinlich keine Ahnung von diesen Erlebnissen des Schülers und ist sich dieser täglichen Besuche und telepathischen Gespräche keineswegs bewußt. Was ist wirklich vorgefallen? Die Antwort ist, daß es sich bei der Form dieser Erlebnisse und bei den aus ihr resultierenden Ideen um reine Selbstsuggestionen handelt. Die Intensität, mit der sich der Student auf die Idee des Lehrers konzentriert hat, gewaltiger Glaube an die Macht des Lehrers und seine tiefempfundene Verehrung für ihn haben die latenten Fähigkeiten seines eigenen Geistes mobilisiert und sie vorübergehend zu kinetischen Kräften verwandelt. Mit dieser Interpretation seiner Erlebnisse wird die Existenz yogischer Kräfte nicht widerlegt. Ganz im Gegenteil. Damit wird sie bewiesen. Nur handelt es sich nicht um die Kräfte des Lehrers, sondern um die des Studenten.

Das erklärt zwar viele, aber keineswegs alle Fälle. Handelt es sich um einen Lehrer, der sich im Besitz des echten *Überselbst-Bewußtseins* befindet, dann kommt eine weitere Kraft zum Tragen. Dabei kommt es zu einer spontanen Reaktion auf den Gedanken des Studenten an den Lehrer, zu einer Reaktion, die allerdings vom *Überselbst* herrührt und ihren Weg direkt und sozusagen über des Lehrers Kopf hinweg zum Studenten findet. Es ist nicht notwendig, daß der Adept getrennt an jeden einzelnen Schüler denkt. Es genügt, wenn er sich täglich eine halbe oder ganze Stunde lang vom Kontakt mit der Welt zurückzieht und seine Aufmerksamkeit nach innen, ausschließlich auf das *Göttliche* lenkt und sich dabei wie ein Tor öffnet, so daß das Göttliche dieses Tor passieren möge, um andere Menschen zu erleuchten. Während dieses Zeitraumes werden *alle,* die ihm geistig innig zugetan sind, automatisch den auf diese Art übermittelten Impuls in Empfang nehmen, ohne daß der Adept zu dieser Zeit bewußt an sie denkt. Ein solcher Lehrer ist aber eine Rarität, und infolgedessen sind solche Fälle nicht die Regel.

Lebt der Schüler eines derart qualifizierten Meisters in großer Entfernung oder gar im Ausland und kann ihn aus diesem Grunde nur in großen Zeitabständen, wenn überhaupt, besuchen, dann mag ihm die zwischen ihm und dem Meister bestehende mystische Verbindung trotzdem zugute kommen. Hat er durch das Meditieren ein genügendes Maß an Empfindsamkeit entwickelt, dann wird der Schüler in Zeiten der Not oder nach Perioden intellektueller Verwirrung das Gefühl haben, sich geistig in der Gegenwart seines abwesenden Lehrers zu befinden. Dabei wird ihm entweder dessen innere Hilfe zuteil oder er führt mit seinem Lehrer Gespräche über ein Thema, welches der Klärung bedarf. Auf diese Art mag ihm Mut zugesprochen werden, und so mögen seine stummen Fragen durch einen unverfälschten telepathischen Prozeß zufriedenstellend beantwortet werden. Der Einfluß, den die Macht eines solchen Lehrers auf das Denken und Fühlen des Schülers ausübt, kann sich nur günstig für ihn auswirken.

Aus diesem Grunde wird im Chisto Tao Lun, einem fünfzehnhundert Jahre alten Text, festgestellt, daß ein Anfänger auf dem Gebiete dieser Suche mit Sorgfalt nach einem Menschen suchen solle, der über die Fähigkeit der Einsicht verfüge. Ist er nicht in der Lage, einen solchen Menschen ausfindig zu machen, dann solle er sich auf die Suche nach einem Menschen machen, der sich gut aufs Meditieren verstehe und über fortgeschrittene Kenntnisse verfüge. Ist ein passender Lehrer gefunden worden, und sei es ein jüngerer als man selbst, dann solle man, so fährt der Text fort, seinen brennenden Wunsch nach Erleuchtung und Hilfe mit Respekt zum Ausdruck bringen.

Die Hilfe, die ein solcher Lehrer geben kann, muß durchaus anerkannt werden. Aber da es nur wenige Philosophen auf der Welt gibt und die Zahl der Mystiker und Metaphysiker im Vergleich zu den Philosophen übermäßig groß ist, muß zur Kenntnis genommen werden, daß es erhebliche Schwierigkeiten bereitet, Hilfe zu finden, die nicht auch Komplikationen schafft. Denn ein Mensch kann freilich mystische und metaphysische Fortschritte gemacht haben und möglicherweise bereit sein, anderen zu helfen, dasselbe zu tun; aber diese Bereitwilligkeit nicht mit anderen Motiven zu verfälschen, mag etwas sein, dessen er noch nicht fähig ist. Dazu mag seine Kenntnis noch zu unvollkommen sein. Er mag vom Wunsch nach finanziellem Gewinn beherrscht werden oder von der unbewußten Schwäche, seinen sexuellen Regungen nachzugeben, oder vom Wunsch, Macht in der Welt auszuüben, oder dem Komplex, von vielen Anhängern verehrt zu werden, oder er mag von unsichtbaren Kräften beherrscht werden, die ihn zu seiner eigenen Zerstörung verführen wollen. Der Mystiker, der Fortschritte macht, aber von den eigenen Ambitionen verraten oder der eigenen Arroganz angespornt wird, mag den Lehrweg einschlagen, bevor er dazu qualifiziert ist. Ein Ergebnis ist, daß er zum Ausbeuter wird, nicht zum Lehrer. Er beherrscht die Seelen seiner Schüler, hindert sie absichtlich daran, selbst irgend etwas ausfindig zu machen, das gegen seine Interessen oder Lehren läuft, erläßt willkürliche Befehle, erwartet gedankenlosen Gehorsam und verhindert wahres Wachstum, er unterstützt sie nicht. Wo er von seinen Schülern unter Androhung der Denunziation als Ketzer verlangt, daß sie all seine Lehren sklavisch nachbeten, wo er jede Erscheinung selbständigen Denkens rituell als Sünde behandelt – dort lehrt er sie in Wirklichkeit nicht. Dort erweitert er seinen Egoismus, um sie mit zu beinhalten, vergrößert er sein »Ich« so, daß er überfließt, in sie hinein.

Es ist nicht schwierig, einen solchen Guru zu finden, der über konfuse Motive verfügt oder über den Wunsch, andere auszubeuten, aber gleichzeitig auch über den Wunsch, sie zu erleuchten. Wo das Instrument unrein ist, kann auch die inspirierende Kraft nicht rein sein. Das läßt sich nicht vermeiden. In diesen Fällen wird es zu einem abwechselnden Hin- und Herpendeln zwischen dem Überselbst und den egoistischen Illusionen kommen, was für die unglückseligen Schüler verwirrende Folgen hat –, denn es kann nicht erwartet werden, daß sie verstehen, was im Kopf ihres Lehrers vor sich geht. Wir sagen ›unglückselig‹, weil sie in manchen Punkten freilich richtig geführt werden mögen, aber in anderen mit Sicherheit nicht. Infolgedessen ist es äußerst wünschenswert, daß ein Schüler, der meint, einen Lehrer finden zu müssen, nach einem Lehrer sucht, dessen persönliche Umstände solche Versuchungen unnötig machen. Das heißt, ein Lehrer sollte einerseits ein vom Karma begünstigter Mensch sein und andererseits über geistig religiöse Kompetenz verfügen – entweder sollte er finanziell unabhängig sein und über eigene Geldmittel verfügen oder er sollte sich durch die Ausübung eines freien Berufes oder das Betreiben eines Geschäftes finanziell etabliert haben; er sollte glücklich verheiratet sein; er sollte aufgrund seiner Herkunft eine angesehene Stellung in der Welt innehaben oder diese durch seine freiberuflichen, geschäftlichen oder sozialen Dienste erworben haben. Diese Qualifikationen stellen freilich ideale äußere Qualifikationen dar; sie alle in der Person eines einzigen Menschen vereint anzutreffen, ist so gut wie unmöglich. Es ist trotzdem gut, mit ihnen vertraut zu sein und deswegen gut, nach jemandem Ausschau zu halten, auf den möglichst viele dieser Kategorien zutreffen.

Das alte Ideal eines absolut asketischen Lehrers, der die Welt völlig aufgegeben hat, ist in der modernen westlichen Kultur von heute äußerlich nicht durchführbar, es sei denn in sektiererischen Klöstern; aber innerlich kann es existieren, nämlich im Herzen eines Menschen, der seine Gedanken und Emotionen absolut gemeistert hat, selbst wenn er die besten Kleider trägt und eine mit Juwelen besetzte Krawattennadel. Vor fünfhundertundfünfzig Jahren hat Shaikh Sharfuddin, ein weiser Sufi, einen Brief auf Persisch verfaßt, der folgende Passage zur Aufklärung für den Suchenden enthält: »Ein Lehrer geistiger Dinge ist nicht der Körper, ist nicht der Kopf und auch nicht der Bart, den wir Menschen sehen. In Wirklichkeit ist er das innere Wesen, das sich dort befindet, wo die *Wahrheit* thront.« Die Klugheit dieser Worte ist etwas, das wir heute brauchen und immer brauchen werden. Der Kandidat sollte sich keineswegs von der Sklavenmentalität mönchischer Lehrer beeinflussen lassen, die angesichts des von uns entworfenen Bildes eines modernen Lehrers vor Schrecken zittern. Er sollte vielmehr von seiner gottgegebenen Fähigkeit, selbständig denken zu können, Gebrauch machen und verstehen, daß die Form, in welcher Anweisungen gegeben werden, sich den Bedürfnissen und Umständen der Zeit anpassen muß, wenn sie wirklich brauchbar sein soll. Ein aufrichtiger Lehrer muß mehr sein als ein wohlwollender Zuschauer. Ernste echt geistige Führung, deren Ziel darin besteht, den Kandidaten letzten Endes in die Lage zu versetzen, ganz ohne die Dienste eines Lehrers auszukommen, ist eine gesunde Sache und eine große Hilfe; aber selbstsüchtige Hilfe, die vorgegaukelt oder unsachverständig ist und die Kräfte und Intelligenz des Kandidaten ausbeutet, ist schlechterdings ungesund und schädlich. Mit ersterer wird ihm ein Schlüssel in die Hände gegeben, und der Kandidat wird aufgefordert, Gebrauch von ihm zu machen, während die zweite weder über einen solchen Schlüssel verfügt, noch im Falle seines Besitzes willens wäre, ihn herzugeben. Anstatt Gefühle der Unvollkommenheit im Studenten zu nähren, zielt der wahre Lehrer darauf ab, ihm ein gesteigertes Selbstvertrauen und eine tiefere Überzeugung einzuflößen, die eine Begleiterscheinung der Ausübung seiner persönlichen Kraft sind. Sein ihm immer vor Augen stehendes Ziel besteht darin, den Kandidaten auf die Erwerbung einer ihm angemessenen Reife hinzuführen. Der rechte Lehrer, wie die richtige Art von Buch, wird den Studenten freilich nicht ersparen, selbständig denken zu müssen; er wird ihnen aber mit Sicherheit helfen, gut zu denken. Kein Lehrer kann die Suche für sie verfolgen, aber er kann ihnen helfen, dabei die richtige Richtung einzuschlagen. Der rechte Lehrer muß in der Lage sein, seine Schüler von der Wahrheit seiner Lehre zu überzeugen – freilich nicht von heut auf morgen, sondern innerhalb eines zumutbaren Zeitraumes. Verworrenes Denken und vage Wahrnehmungen, ungenügende Erfahrung und unvollständige Entwicklung teilen sich unvermeidlich in düsterer obskurer Ausdrucksweise und einer unzulänglichen Auslegung mit, der es an Überzeugung fehlt.

Wir, die wir dies schreiben, vergleichen diese uralte Weisheit manchmal mit einer riesenhaften Statue, deren erlesene Schönheit einst einen großartigen Anblick bot; jetzt aber ist sie verfallen und liegt verblichen, halb im Wüstensand begraben, als ob sie der Ankunft eines Napoleons der Einsicht harre, der sie eines Tages wieder aufrichten wolle. Manchmal spielen wir sogar mit dem Gedanken, daß die entkörperte Stimme eines Verwahrers dieser halbverlorenen Weisheit plötzlich aus den Radioapparaten der Welt erschalle und diese authentischen Worte spreche, die viele Studenten so gerne willkommen heißen würden. Ist es nicht die Aufgabe der Weisen, die Lehren der Philosophie der Wahrheit zu bewahren, zu verhindern, daß diese dem Gedächtnis der Menschheit entfallen, ist es nicht ihre Aufgabe, den Menschen Möglichkeiten zu weisen, das Überselbst in ihrer eigenen Erfahrung zu realisieren?

Leider ist es sinnlos, sich selbst oder andere zum Narren zu halten. Die Tatsache bleibt bestehen, daß die Weisen, im Sinne der alten unversehrten Bedeutung dieses Ausdrucks, jetzt eine verschwundene Rasse darstellen. Laßt uns also unsere Zeit nicht damit verschwenden, nach solch perfekten Menschen zu suchen. Wir werden sie kaum finden. Laßt uns nicht damit rechnen, hier auf Erden auf Götter zu stoßen. Laßt uns nicht fragen, wo solche Weise existieren, nicht fragen, wo sie zu finden seien. Denn wer wüßte das schon? Alles, was zu diesem Thema geschrieben worden ist, ergibt in Wirklichkeit ein buntgemischtes Bild, das sich einerseits aus verschiedenen fortgeschrittenen Typen zusammensetzt, denen man zu begegnen hat, und andererseits aus idealen Meistern, von denen man nur träumen kann. So laßt uns gute Hilfe gern entgegennehmen, wo immer wir auf sie stoßen, froh, daß wir sie bekommen, ob nun von einem, der seinerseits ein Stück vorwärts gekommen ist, oder von einem inspirierten Werk, das von einem Weisen geschrieben worden ist, ob alt, ob modern, ob östlich oder westlich.

Angesichts dieser Sachlage müssen Studenten ein klares Verständnis für die Realitäten behalten, aus welchen sich die heutige Situation zusammensetzt. Zwar waren es vor allem historische Veränderungen, die das Verschwinden der lehrenden Weisen verursacht und damit die heutigen Kandidaten günstiger Gelegenheiten beraubt haben, Fortschritte zu machen; aber sie haben auch neue Gelegenheiten bewirkt, die Fortschritte begünstigen. Wir sind zumindest in zwei Punkten besser daran als unsere früheren Mitbrüder. Heute haben wir Zugang zu den geschriebenen oder gedruckten Zeugnissen der Gedanken und Schlüsse, der Mühsal und Siege, der Methoden und Ergebnisse einer ganzen Schar von Suchenden, Yogis, Mystikern, Weisen und Philosophen, die in verschiedenen Jahrhunderten und verschiedenen Ländern über die ganze Welt verstreut gelebt haben. Infolgedessen kann der Wissensschatz, der während einiger Jahrtausende entwickelt worden ist, jetzt zu unserem eigenen hinzugefügt werden. Wenn feststeht, daß der wertvollste Dienst eines Lehrers darin besteht, Anfängern den Weg zu zeigen, ihnen in verwirrenden Situationen mit Rat beiseite zu stehen, ihnen schwierige Lehren auseinanderzusetzen und sie vor Fallgruben und Fußangeln zu beschützen, dann steht gleichzeitig fest, daß solche Hilfe auch aus verfügbaren Büchern geschöpft werden kann. Zum andern sind unsere Lebensbedingungen einfacher, wodurch wir der den Menschen total in Anspruch nehmenden manuellen Mühsal enthoben sind, die so viel von der Anstrengung und Energie dieser damaligen Menschen verschluckte. Letzten Endes erreicht der Suchende ein Stadium – und dieses muß er erreichen, andernfalls ist an Fortschritt nicht zu denken –, wo er lernen muß, ohne Hilfe zu gehen, lernen muß, alles Notwendige dem eigenen Inneren abzuringen. Freilich mag der Student, der alleine geht, einige Fehler begehen, aber er wird auch nützliche Erfahrungen sammeln und seine Fähigkeit entwickeln, mit Verantwortung umzugehen. Er wird zum Lernenden; anderen fällt er immer weniger zur Last. Letzten Endes kann ein anderer Mensch ihm nur beibringen, was er wissen muß und tun soll; ihn von seinem Ego, von den Bewußtseinsgrenzen zu befreien, die sich über so viele Evolutionszeitalter bis zu seinem gegenwärtigen Punkt entwickelt haben, ist er aber nicht in der Lage. Die Überzeugung, daß wahre Lehre nur von außen kommen kann, stellt einen Irrtum dar. Es ist vielmehr früher oder später unbedingt notwendig, daß der Kandidat die höchste Art von Selbstvertrauen lernt, die Art, bei der er in zunehmendem Maße beim Überselbst nach Hilfe und Führung sucht und nirgendwo anders.

Es trifft zu, daß der Student einen schwerwiegenden Fehler begehen würde, wenn er verfrüht eine Haltung völliger Selbständigkeit annähme – das heißt, bevor er über die nötige Reife dazu verfügt; ist er aber bis zum Philosophiestudium vorgestoßen, dann ist der richtige Augenblick gekommen, zur Selbständigkeit anzusetzen. Damit sehen wir uns einem Paradox gegenübergestellt: So wie das Stadium der langen Suche nach einem Lehrer sich selbst überholt, wenn dieser gefunden worden ist, so muß umgekehrt das Stadium der Anhängerschaft sich selbst überholen, wenn das Überselbst gefunden werden will. Der Meister aus Fleisch und Blut muß dem körperlosen Überselbst weichen. So wie unser gereiftes Denken aus dem Glauben an einen äußeren, persönlichen Gott herauswächst und diesen mit dem Glauben an einen inneren, unpersönlichen Gott vertauscht, so wächst es auch allmählich aus seiner Abhängigkeit von einem äußeren, persönlichen Lehrer heraus und vertauscht diese mit der Abhängigkeit von der inneren, unpersönlichen Seele. Jetzt kann der Schüler sehen, daß alle Mittel – von den ersten feierlichen Ritualen, dem Befolgen biblischer Gebote und dem Studium metaphysischer oder mystischer Werke bis zur persönlichen Lehrlingszeit unter einem Meister – nur vorübergehender Natur und aufeinanderfolgende Hinweise auf das wirkliche Mittel waren, das darin besteht, alles und jeden anderen, allein um der völligen Auslieferung in die Hände des Überselbst willen aufzugeben. In seiner geistigen Kindheit hat der Schüler diese Mittel gebraucht. Damals haben sie ihm gute Dienste erwiesen, weil sie gesehen, berührt und gelesen werden konnten, weil sie als sinnlich wahrnehmbare Formen in Raum und Zeit existierten. Weil das Überselbst in der unsichtbaren, nicht greifbaren, namenlosen, zeitlosen und raumlosen Leere existiert, muß der Mensch, der es sucht, zu guter Letzt aus solchen sinnlichen Begrenzungen heraustreten. Nur dort kann er es in all seiner reinen Transzendenz suchen.

Erst wenn die Zweckdienlichkeit einer solchen Suche erschöpft worden ist und wir aus diesem Grunde aufhören, nach einem menschlichen Lehrer zu suchen, erst dann beginnen wir, den inneren Rat zu erhalten, der uns zeigt, warum alle in einem Körper steckende Lehrer aus unserem Leben verschwinden müssen. Um es kurz zu sagen: Der Suchende, der nicht locker läßt, lernt, daß er die falsche Selbständigkeit seines kleinen isolierten endlichen Lebens ausliefern muß, aber nicht an den einen oder anderen Menschen, sondern an das in seinem Herzen weilende, ewig gegenwärtige, universelle Wesen; daß es sinnlos ist, sich weiter an Menschen zu wenden, und daß der letzte Schritt darin besteht, sich direkt an den *universellen Geist an sich* zu wenden. Die Gnade, die wir brauchen und suchen, muß von Gott kommen; die kann uns keine Institution verleihen. Alle gegenteiligen Ansprüche sind lediglich ein Akt menschlicher Ausbeutung und keine Affirmation göttlicher Vermittlung.

Das erklärt, warum ein göttlicher Mensch niemals einen direkten Nachfolger ernennt. Das kommt für gewöhnlich nur bei den Institutionen vor, die vor oder nach seinem Tode um ihn herum entstehen. Ist das der Fall, dann reicht der Nachfolger nie an das Format seines Vorgängers heran. Ursache für den Verfall aller geistlichen Institutionen ist tatsächlich die Überzeugung, daß eine historische Nachfolge als innere und authentische Tatsache wirklich möglich ist; daß sie nur als äußere und scheinbare Tatsache möglich ist, wird nicht erkannt. Geistige Genialität ist individuell und einzigartig. Sie läßt sich nicht durch solch äußere Methoden wie mündliche oder schriftliche Amtsberufung übertragen, genausowenig wie sich künstlerische Genialität delegieren läßt. Shakespeare wäre wohl kaum in der Lage, auf diese simple Methode einen Nachfolger zu ernennen, der fähig wäre, Theaterstücke zu schreiben, die genauso perfekt wären wie die seinen. Wenn das wirklich möglich wäre, dann hätten solch göttliche Menschen wie Jesus und Buddha die gesamte Menschheit längst gerettet: Sie hätten sie einfach über Nacht verwandelt. Dann wäre der Zustand der Menschheit unermeßlich viel besser und auf eine so wunderbare Weise anders gewesen als er jetzt traurigerweise ist. Das haben sie aber nicht getan. Dazu waren sie nicht in der Lage. Das Werk, das sie vollbrachten, war gut, aber immer ein Werk, das unvollendet blieb. Den Zustand geistiger Genialität muß man sich durch Fleiß und ständigen Einsatz erarbeiten; ihn zu erlangen, bedeutet einen Kampf, der sich über viele Lebzeiten erstreckt. Kein Guru kann sein höheres Bewußtsein plötzlich als permanentes Geschenk weggeben, aber er ist in der Lage, uns kurze Einblicke in dieses Bewußtsein tun zu lassen. Kein Guru kann plötzlich die gesamte Entwicklungsgeschichte seines Schülers und seine gegenwärtigen Wesensmerkmale mit einem nachhaltigen Zauberspruch völlig und unwiderruflich verschwinden machen. In der abergläubischen Befolgung ununterbrochener päpstlicher, apostolischer, bischöflicher, hierarchischer und lamaistischen Nachfolgelehren, die oft einen Unfehlbarkeitsanspruch beinhalten, der diesem einen Fehler entspringt, liegt der Ursprung und die Entwicklung fast allen religiösen Betrugs, Verfalls, aller religiösen Heuchelei und allen religiösen Materialismus'. Alle derartigen Lehren sind philosophisch unhaltbar und intellektuell ungesund. Die einzig wahre Nachfolgelinie, die Gültigkeit hat, besteht darin, daß jeder Avatar vor seinem Tode die Ankunft des nächsten Avatars voraussagt. Auf diese Weise geben seine

Worte denjenigen Hoffnung, die nach ihm in einer Verfallsperiode leben und denen die Zukunft der Menschheit ein Anliegen ist, während sie anderen das Versprechen geben, daß der *Weltgeist* seine sterblichen Jünger nicht vergessen wird.

Wenn wir, der wir hier schreiben, jetzt auf ein reiches Leben von über dreißig Jahren der spirituellen Suche zurückblicken können, mit seinen Diensten, seinem höheren Streben, mit seinen Meditationen, seinen Überlegungen und Studien, mit seinen Reisen und persönlichen Kontakten mit frommen Menschen – wenn uns jetzt, wo wir ausgewogener und urteilssicherer sind als jemals zuvor, jemand fragen wollte, aus welcher Quelle wir die größte Hilfe geschöpft hätten und welchem Umstand wir die schnellsten und größten Fortschritte zu verdanken hätten, dann müßten wir zur Antwort geben, daß wir weder das eine noch das andere frommen Menschen zu verdanken hätten, sondern unseren eigenen vielfachen Anstrengungen und unseren demütigen Gebeten; das heißt, wir müßten eine Antwort geben, die, was diese Sache betrifft, in starkem Gegensatz zum überlieferten Glauben der Inder steht. Und dem würden wir sogar abschließend hinzufügen, daß das Gewicht, das der Rolle der Person im Bereich der Religion und Mystik beigemessen wird, fast immer maßlos übertrieben ist. Diese Übertreibung wurzelt in der menschlichen Schwäche, die das formale Symbol anziehender findet als den formlosen Geist, die qualvolle Allegorie überzeugender als das klar umrissene Konzept und das die Sinne ansprechende Bild wirklicher als die abstrakte Idee. Und doch ist es die Lehre, die den Propheten immer überlebt – die Wahrheit, die die Substanz ihres Botschafters ist, und das Prinzip, das über der Persönlichkeit steht. Aus diesem Grund haben wir in unseren veröffentlichten Schriftstücken versucht, den Suchenden von rein persönlichen Bemerkungen wegzuführen, hin zu sublimen Prinzipien.

Was auf den vorangehenden Seiten gesagt worden ist, soll nicht heißen, daß wir etwas gegen Organisationen und Institutionen als solche einzuwenden hätten. Es ist uns klar, daß sie ihren speziellen Zweck haben, der darin besteht, geistige Gewinne zu bewahren und zu verhindern, daß geistige Lehren oder geistige Literatur verlorengehen. Wenn sie den richtigen Menschen an der Spitze haben, wenn sie in Ehren geführt werden, wenn sie auf der Hut vor den Auswüchsen der Ausbeutung, Selbstsucht und des Materialismus sind, wenn sie sich immer den inneren ernsten Zweck ihrer Entstehung vor Augen halten – dann mögen sie in der Tat eine nützliche, unterstützende und ehrenvolle Rolle spielen. Wenn man aber aus ihnen Maschinen macht, mit denen das Denken und Fühlen ihrer Mitglieder beherrscht und deren Gewissen tyrannisiert werden soll, mit denen abergläubische Bräuche bewahrt und Privatinteressen gedient werden sollen – dann haben wir etwas gegen sie einzuwenden.

Diejenigen, die uns mit einem hinreichenden Verständnis bis zu diesem Punkt gefolgt sind, werden jetzt auch verstehen, daß wir die Institution der Anhängerschaft als solche nicht angegriffen haben. Wir haben lediglich versucht, ihre spezielle Funktion aufzudecken und ihre speziellen Grenzen zu umreißen.

Der körperlich Blinde zögert nicht, um Führung zu bitten und leistet dieser gerne Gehorsam. Der geistig Blinde bittet nicht einmal, denn er leidet unter Wahnvorstellungen und bildet sich ein, seinen Weg zu sehen; in Wirklichkeit sieht er nichts dergleichen. Buddha lehrte zwar geistiges Selbstvertrauen, sprach sich zwar gegen die Pfaffenlist aus und stellte das Gurutum bloß, aber nur deswegen, weil er sich in einem Land befand, wo diese Dinge so mißbraucht und so auf die Spitze getrieben worden waren, daß sie mehr Schlechtes als Gutes anrichteten. Buddha hatte nicht den Wunsch, daß seine Lehren bezüglich dieser Punkte universell vertreten werden oder ewig gültig sein sollten. Kein Weiser bezieht ausschließlich einen solchen Standpunkt. Er ist immer ein praktischer Mensch und wird deshalb immer das geben, womit seiner Zeit und seiner Umgebung am besten geholfen wird. Der Student ist nur aufgrund der eigenen, durch seine verschiedenen Experimente gewonnenen Erfahrung in der Lage, die Fähigkeit zu entwickeln, seine Probleme selbst lösen zu können. Erst aufgrund seiner Erfahrung ist er in der Lage, die Fähigkeit zur Reife zu bringen, das Wirkliche vom Scheinbaren, das Wahre vom Falschen und das Gute vom Bösen trennen zu können. Will er Fortschritte machen, dann ist es unerläßlich, daß er sich seiner schwachen Seiten, seiner Irrtümer und Unwissenheit bewußt wird und diese dann zu korrigieren sucht. Das soll aber nicht heißen, daß er immer Blindversuche machen und von Fehler zu Fehler gehen muß. Er kann sich die Kenntnis derer zunutze machen, die vor ihm, in vergangenen Zeiten, die Straße des Lebens beschritten haben, und die Kenntnis derer, die heute schon einen Vorsprung auf derselben Straße gewonnnen haben. Jeder kann das höchste Ziel aus eigener Kraft erreichen – das ist eine unumstößliche Wahrheit. Wenn wir aber einen Lehrer haben, der unsere Zweifel beseitigt und unsere Fehler korrigiert, der unsere Meditationsfähigkeit steigert, unsere Anstrengungen inspiriert und uns unsere Pflichten erklärt, dann werden wir es schneller erreichen und auf eine sichere Art. Es gibt Zeiten, wo jeder das Bedürfnis hat, sich anzulehnen, sich an etwas oder jemanden zu wenden, den er um Hilfe bitten kann, um ermutigende Worte, Unterweisung und Inspiration, darum, daß er ihm die rechte Richtung weise und ihm durch die dunklen Gänge der Hoffnungslosigkeit und des Zweifels helfe. Gewiß, es ist nur vernünftig, nach dem Menschen zu suchen, der diese Dinge geben kann. Wir mögen freilich nach einem Lehrer suchen, nur sollten wir dabei weder zu vorsichtig noch zu voreilig sein. Nur aufgrund eines solch idealen Gleichgewichts werden unsere Bemühungen unter den gegebenen Voraussetzungen die besten Ergebnisse erzielen.

Es ist schwierig, einen solchen Menschen zu finden, schwierig auch, nur einen zu finden, der Weisheit, Mitleid, Erfahrung, Stärke in sich vereint und bereit ist, anderen ohne Entgelt zu dienen. Der Durchschnittssuchende wird lange und vorsichtig suchen müssen, bevor er einen kompetenten oder gar ehrlichen Lehrer finden können wird. Wie soll er sich angesichts dieser Tatsache verhalten? Soll er so töricht sein, sich einem inkompetenten, unehrlichen oder verrückten Lehrer anzuvertrauen? Wenn er sich weigert, das zu tun, wenn er zu scharfsinnig ist, sich mit einem betrügerischen Ersatz zu begnügen – ist ihm dann beschieden, einer immer tieferen Niedergeschlagenheit und immer größer werdenden Verzweiflung zu verfallen? Oder soll er den schlichten Worten Jesu vertrauen: »Suchet, und ihr werdet finden. Klopfet an, so wird euch aufgetan.« Das heißt: Soll er nach der Führung des in seiner eigenen Brust und in seinem eigenen Verstand existierenden Strahl der *Gottheit* suchen?

Warum sollte ich nach einem Lehrer suchen? Warum sollte ich einen Vermittler wollen, um Gott zu entdecken? Befindet sich alle Wahrheit denn nicht in mir? Ist der dringende Wunsch, einen Lehrer zu haben, der letzte, auf den ich verzichten muß? Bedeutet das Hin- und Hersuchen nach einem Lehrer den letzten Schritt in die falsche Richtung? Gestehen wir damit nicht ein, daß wir innen suchen, in unserem eigenen inneren und geistigen Sein? Das ist der Verdacht, der früher oder später seine Schatten auf unseren Weg werfen wird und uns stillstehen heißt. Wenn wir diesen Gedankengang weiterverfolgen, dann suchen wir doch bereits außerhalb des Lehrer-Schüler Rahmens nach der Wahrheit, der Hilfe und Inspiration, die letztlich allein vom göttlichen Selbst kommen muß. Besteht denn des Lehrers Werk nicht daraus, uns zu der Erkenntnis unseres eigenen wahren Selbst zu führen? – So lauten einige der von innen hervorgerufenen Fragen, die sich in einem Zeitalter, in dem die menschliche Spezies ihre Mentalität in zunehmendem Maße individualisiert, von selbst ergeben.

Angesichts dieses Gedankenkonflikts, bei dem jeder einzelne Gedanke wahr zu sein scheint, mag uns der Kopf freilich schwirren. Aber auf Krieg folgt Frieden, und die aufgewühlte Seele vermag eine ehrenwerte Lösung zu finden. Sie heißt: Laßt uns täglich zu der Gottheit in uns beten, laßt uns so beten, als ob wir in großer Gefahr schwebten und ums nackte Leben flehten; laßt uns so beten: »Oh, du Gottheit, die du in diesem Körper weilst! Dir erweise ich Liebe und Gehorsam. Keinen andern kennt dieses Selbst, an den es sich wenden kann. Nur dich. Doch du bist in undurchdringliche Dunkelheit gehüllt. Du bist das Ziel dieser Suche, aber wie kann ich dich finden? Wenn nur durch dein Licht in einer anderen menschlichen Form, wenn nur durch einen Lehrer, dann gib Gewähr, daß dieser Mensch ihn, der hier vor dir kniet, bald treffe, und daß er ihn erkenne, sobald er ihn trifft. Aber wenn du begehrst, daß dieses Selbst dich direkt wisse, ohne Hilfe eines anderen, dann mußt du durch deine Gnade das Tor auftun, das nach innen führt, denn ich bin hilflos und nicht in der Lage, es zu tun.«

Eine sehr ernsthaft Suchende aus dem Westen reiste einmal in ein östliches Land, um nach einem Guru zu suchen. Ihre Wahl fiel auf ein Kloster, das einen ausgezeichneten Ruf hatte, und sie mietete sich eine Hütte, die auf einer Anhöhe lag. Sie bat den Abt, sie als seine Schülerin aufzunehmen, aber ihre Bitten wurden nicht beachtet. Nach sechs Monaten, als es ihr sinnlos schien, länger zu bleiben, traf sie Anstalten abzureisen, um nach Hause zurückzukehren. In diesem Augenblick wurde ihr wie aus heiterem Himmel klar, daß ihr kein Außenstehender die Arbeit abnehmen könnte, die zur Selbsterkenntnis hinführt. Damit schien sich ihre verwirrende Unsicherheit gelegt zu haben. Jetzt sah sie die Möglichkeit, sich selbständig weiterzubilden und war infolgedessen bereit, in Ruhe abzureisen. Aber genau in diesem Augenblick stattete der Abt ihr einen unerwarteten Besuch ab und teilte ihr mit, daß sie jetzt für seine Hilfe fertig sei. Sie blieb, und das war der Beginn ihrer Jüngerschaft. Es ist bezeichnend, daß das Land, in dem sich diese Episode zutrug, nicht Indien war.

Jeder wirkliche Meister hat den brennenden Wunsch, daß seine Schüler einen Entwicklungsstand erreichen, in dem sie auf seine eigenen Dienste verzichten können. Er weiß, daß er seinen Schülern mehr hilft, wenn er ihnen die Kraft verleiht, ihm zu entrinnen; mit einer zunehmenden Abhängigkeit ist ihnen nicht geholfen. Es bereitet jedem wahren Meister eine große Freude, wenn seine Schüler beginnen, auf eigenen Füßen zu stehen. Verfügt er nicht über diesen Wunsch und diese Freude, dann ist er kein Meister, sondern ein Ausbeuter. Es ist eine Tatsache, die vielen aufgrund rechtmäßiger Interessen und selbstsüchtiger Ausbeutung jahrtausendelang verborgen geblieben ist, daß göttliche Führung, Inspiration und Hilfe auch dem Kandidaten zuteil werden kann, der fest entschlossen ist, alleine zu wandeln. Wenn er anfängt, mit Hilfe des Lichts seines offenbarten Verständnisses zu leben und nicht mit Hilfe der Lampe eines anderen, dann tut er die ersten sicheren Schritte. Ein solch sublimes Selbstvertrauen ist in jeder Hinsicht besser als die kriecherische Abhängigkeit von anderen Menschen, die so oft als Anhängerschaft angesehen wird. Die wenigen, die ihren Blick mit Vertrauen und nicht voller Verachtung auf diesen Zeilen weilen lassen; die wenigen, die sich aufgrund der Tatsache, daß sie den rechten Lehrer nicht finden können und den falschen nicht annehmen wollen, bereit erklären, das Experiment zu wagen, mit ihrer angeborenen Intelligenz zu arbeiten, entflammt von ihrer tiefempfundenen Sehnsucht, ihren aufrichtigen Gebeten und innigen Zuneigung für das Überselbst – die werden die Entdeckung machen, daß die göttliche Führung fraglos zu einer lebendigen Triebkraft in ihren Herzen werden kann, zu einer Triebkraft, die klug genug ist, ihnen all die nötigen neuen Unterweisungen zu erteilen, und stark genug, ihr ganzes Leben zu formen. Ihr innerer Lehrer wird sie so gut wie jeder äußere himmelwärts, zu der Erkenntnis ihrer göttlicheren Möglichkeiten führen; oder er wird sie zu einem solchen Menschen führen, vorausgesetzt es gibt ihn.

Nachdem der Student diesen entscheidenden Schritt getan hat, sich auf niemanden als auf sein eigenes Überselbst zu verlassen, macht er eine seltsame Entdeckung, eine Entdeckung, die heute von spezieller Bedeutung ist, wo authentische Weise, soweit uns bekannt ist, eine vielleicht ausgestorbene Rasse sind. Die Stille fängt an, mit einer neuen, einer bedeutungsträchtigeren Stimme zu ihm zu sprechen. Wir beziehen uns hier auf das als das ›Innere Wort‹ bekannte Phänomen. Er macht die Erfahrung, daß die *Wahrheit* die Menschheit nie verlassen hat. Sie umgibt jeden Menschen; sie befindet sich auch in ihm. Sie stellt seine verborgene Natur dar. Ob er wohl willens ist, sie in Empfang zu nehmen? Ist er bereit, sie zu erkennen und ihr zu vertrauen? Wenn er diese Frage bejahend beantworten kann, dann wird er wahrnehmen, daß er keinen anderen Lehrer braucht als das Überselbst. Wird er sich dieses Lichtes einmal bewußt, dann wird er an keinem anderen Ort mehr suchen müssen als an dem, den sein eigenes Herz in Anspruch nimmt.

Ramakrishnas früher angeführte Worte werden durch ein Zitat aus den arabischen Schriften Ibn Ul Farids, einem im dreizehnten Jahrhundert lebenden mystischen Adepten aus Kairo bekräftigt: »Ich sah, daß der, der mich zum Sehen brachte und mich zu meinem inneren Selbst führte, ich war... Und so war auch mein Gebet an mich selbst gerichtet... Hier gelangte ich zu einem Punkt, vor dem der Intellekt zurückschreckt, bevor er ihn gewinnt, und dort gesellte ich mich zu mir selbst, und dort vereinigte ich mich mit mir selbst... Und da ich mich selbst von mir selbst zu gewinnen suchte, lenkte ich mich zu mir selbst hin, und durch mich selbst wies mir meine Seele den Weg. Denkst wohl, daß es ein anderer war und nicht du selbst, der mit dir Zwiesprache hielt, als du im Schlaf verschlafen lagst und höhere Weisheit von verschiedener Art berührtest?«

10 Die Läuterung der Emotionen

Es genügt nicht, daß der Student bittet und betet, seine Seele solle sich ihm offenbaren. Das ist freilich notwendig – vor allem in anhaltender Form –, aber er hat auch die Aufgabe, die erforderlichen Voraussetzungen für eine solche Offenbarung zu schaffen. Angesichts der Tatsache, daß er sich für den philosophischen Weg zur Erkenntnis der Seele entschieden hat und daß er in der Verfolgung dieses Weges den höheren Zweck seines irdischen Daseins sieht, sollte er sich als nächstes überlegen, was er zu tun hat, um diesen Zweck zu erfüllen. Hat er die wenigen Grundprinzipien gemeistert und glaubt an die wichtigsten moralischen Ideale, dann muß er jetzt lernen, die Philosophie auf seine speziellen persönlichen Bedürfnisse anzuwenden. Hat er die Absicht, deren Lehren wirklich Folge zu leisten, dann bedarf es mehr als eines rein intellektuellen Interesses an ihnen. Er sollte nicht erwarten, von seinem höheren Selbst Erleuchtung zu empfangen, und schon gar nicht, daß es Besitz von ihm ergreife, solange er nicht die richtigen inneren Voraussetzungen für einen solch göttlichen Besuch geschaffen hat.

Ein derartiger Zustand kommt aber nicht von allein zustande. Um ihn vorzubereiten, müssen wir uns einer moralischen und mystischen Disziplin unterwerfen. Die anfänglich schwache Sehnsucht nach Selbstverbesserung und Charakteraufbau muß sich zu einer starken, beherrschenden Leidenschaft entwickeln. Der Kandidat muß mehr als sein Bestes geben und über seine eigene Vergangenheit hinauswachsen. Es steht ihm nicht zu, sich lässig in indolenter Selbstzufriedenheit zu räkeln, vielmehr sollte er Anstalten treffen, seine moralischen Impulse zu stärken, seinen Charakter aufzubauen und seine denkerischen Fähigkeiten auszubilden. Jetzt muß er seine dilettantischen Versuche einstellen und mit voller Kraft und großer Ausdauer auf ein klares Selbstverständnis und emotionelle Objektivität hinarbeiten. Darüber hinaus muß er rigoros bemüht sein, sich selbst zu bessern, während sein Streben nach moralischer Reinheit nie nachlassen darf. Es ist absolut unerläßlich, daß ein Kandidat der Philosophie auf eine derartige moralische Weiterbildung abzielt, daß er seinen Charakter übt und ausbildet und Wert legt auf die Haupttugenden, die von den großen Propheten aller Religionen gepredigt werden. Bei dieser Suche ist ein gut ausgewogenes Rüstzeug nicht minder wichtig als ein gut ausgewogener Einsatz, der weder zu schwach noch zu aggressiv sein darf. Der höhere Wille ist latent in ihm vorhanden und läßt sich nur durch Erkenntnis, Unterwerfung und konstantes Üben entwickeln. Er sollte sich schämen, wenn auch nur ein einziger Tag dahingeht, der nicht sein Maß an mystischer Meditation, an inbrünstigem Gebet und moralischer Bemühung, an geistiger Disziplin und emotioneller Läuterung gesehen hat.

Weiter haben wir die Pflicht, die letzten Spuren des Tierischen im Menschen loszuwerden. Aus diesem Grunde wird diese Frühphase unserer geistig religiösen Karriere in der mystischen Überlieferung als die Phase der Reinigung bezeichnet. Gewiß! Letzten Endes wird das *Höhere Selbst* kommen und in unser Bewußtsein eintreten, wenn wir nur die erforderlichen Voraussetzungen eines reglosen Geistes und eines reinen Herzens schaffen wollten. Dazu sind wir aber erst in der Lage, wenn wir *Es* mehr lieben als die Welt. Bei der ersten Voraussetzung, der Meditation, wird verlangt, daß wir auf unsere Gedanken verzichten, und bei der zweiten, der Selbstverleugnung, wird verlangt, daß wir auf das Triebhafte in uns verzichten. Es gibt zwei Faktoren, deren Abwesenheit im modernen Leben besonders auffallen und wieder in unser Leben hineingebracht werden müssen, wenn es ein geistig lebenswertes Leben sein soll. Dabei handelt es sich um Kontemplation und Entsagung. Solange unser Denken völlig von den Sinnen beherrscht wird, trägt es notwendigerweise den Stempel der Unwissenheit, und solange unser Herz äußeren Dingen völlig verhaftet ist, wird es gelegentlich von Leid und Schmerz heimgesucht werden. Nur wo wir unser Denken disziplinieren und unsere Gefühle introvertieren, kann das Licht des Verstehens aufgehen, nur dann kann sich die wunderbare Ruhe des Gleichgewichts einstellen.

Aber es ist nötig, sich hier vor extremen Ansichten in acht zu nehmen. Es gibt Tugendfanatiker, die der Meinung sind, daß sich keiner zum Meditieren niederlassen dürfe, der seinen Charakter nicht erst gründlich geläutert hätte. Und es gibt Meditationsfanatiker, die die Behauptung aufstellen, daß die Tugend an sich nur ein Effekt der Meditation sei, die Meditation aber deren Ursache. Die Philosophie legt mehr Vernunft an den Tag, weil sie ausgeglichener ist. Sie stellt die Forderung, daß die Bemühungen beider Wege parallel verlaufen und Hand in Hand gehen sollen. Sie sagt, daß wir meditieren sollen; sie sagt aber auch, daß es wichtiger sei, gleichzeitig unseren Charakter zu läutern und zu erhöhen. Das Werk des Kandidaten beginnt und endet mit moralischer Umerziehung; dessen mystischer Aspekt spielt eine zweitrangige Rolle. Er hat die Pflicht, seine Schwächen zu beseitigen und sich Tugenden zuzulegen.

Für die meisten Anfänger ist es häufig wichtiger, ihren Charakter zu bessern, als sich im Meditieren zu üben, und das aus folgenden Gründen: Erstens können die Meditationsergebnisse gut oder schlecht sein, was davon abhängt, ob unser Charakter gut oder schlecht ist. Zweitens ist der beim Meditieren erzielte Erfolg unterschiedlich groß, was seinerseits von der Ab- oder Anwesenheit von Tugenden oder Schwächen abhängt. Der dritte Punkt betrifft das Ego-Selbst, das der Vereinigung mit dem Überselbst im Weg steht. Es muß geschwächt und nach und nach mittels der Läuterung unseres Charakters so verdünnt werden, bis das große letzte Ringen mit ihm in der inneren, mystisch entwickelten Stille stattfinden kann.

Dieses Ego-Selbst besteht aus zwei Teilen. Der erste beinhaltet die emotionellen Begierden und geistigen Abhängigkeiten von Dingen oder Menschen in der Außenwelt. Der zweite beinhaltet die Elemente, die wir aufgrund unseres Körpers mit den Tieren gemeinsam haben. Somit ist der erste Teil menschlicher und der zweite animalischer Natur. Beide zusammen ergeben das niedere egoistische Selbst.

Unsere erste disziplinarische Handlung ist notwendigerweise mit Schmerzen verbunden. Das läßt sich nicht vermeiden. Sie besteht darin, daß wir alle Instinkte und Leidenschaften, die uns an unser tierisches Selbst binden, aus unserem Herzen entfernen. Wir mögen den Schmerz mindern, indem wir diesen Entfernungsprozeß in die Länge ziehen. Wenn wir jung an Jahren sind, werden wir das wahrscheinlich auch tun. Wenn wir aber mittleren Alters sind, dann können wir uns keinen Aufschub leisten, und schon gar nicht, wenn wir alt sind. Insbesondere müssen wir alle Mißgunst, alles aggressive Verhalten mit großer Gründlichkeit aus unserem Wesen entfernen; beides werden wir einer drastischen Operation unterziehen müssen.

Aber das stellt lediglich den Anfang unserer Arbeit dar. Das Ziel unseres nächsten Stadiums besteht darin, die bösartigen Eigenschaften und geheimen Bindungen, die den Weg zu unserer Seele versperren, ausfindig zu machen und uns von ihnen zu befreien. Es gibt so viele, so verschiedene Versuchungen, die wir zu überwinden haben, wenn wir inneren Frieden erreichen wollen. Dazu gehört die Ambition, Macht zu sammeln, die Sehnsucht, Besitzgüter zu vermehren, der Hunger, berühmt zu werden und die Lust, den Geschlechtstrieb zu befriedigen. »Gebt die Begierden auf« – das ist der wesentliche Kern der in der Bhagavad Gita, im Neuen Testament und im Tripitaka, dem buddhistischen Kanon, niedergelegten Selbstdisziplin. Warum? Dafür gibt es zwei Gründe. Zuerst muß der Geist frei gemacht werden, daß er sich auf die Suche nach der *Wahrheit* machen kann. Zweitens muß der Wille freigemacht werden, um sie zum Ausdruck bringen zu können. Ein Mensch, der von einer Begierde beherrscht wird und nicht in der Lage ist, diese aus eigener Kraft zu beherrschen, hat eine verzerrte Sicht. Er stellt die unbewußte Forderung, daß die *Wahrheit* mit seinen Begierden übereinstimmen soll. Er kann nicht »gerade sehen«, ist unfähig, sich ernsthaft der Untersuchung der *Wahrheit* zu widmen. Die philosophische Disziplin ist die beste

Methode, mit der ein Mensch sich von solchen Verzerrungen des Denkens und Fühlens befreien kann, mit der er sich wirklich fähig machen kann, die *Wahrheit* sicherzustellen. Sie befreit einen Menschen von den weltlichen Bindungen, von denen er nicht loslassen will, gibt ihm eine auf eigenen Füßen stehende Weltanschauung und schult ihn, die Dinge ohne persönliche Leidenschaft oder suggerierte Voreingenommenheit zu sehen.

Ein hartes Gebot ist das im *Light on the Path* enthaltene Gebot »die Begierde abzutöten«. Es ist nichts Unrechtes, unsere Bedürfnisse als solche zu erkennen und zu überlegen, wie wir für sie Sorge tragen sollen. Es ist aber ein Muß, zwischen niedrigen und höheren Begierden zu unterscheiden, zwischen edlen und unedlen, zwischen denen, die unseren Mitlebewesen schaden und denen, die ihnen helfen. Den einen müssen wir uns widersetzen, die anderen annehmen. Es gibt verschiedene Methoden, die uns, wenn sie zusammen angewendet werden, helfen, unsere niedrigen Begierden zu beherrschen und sie dazu bringen, der Suche nach dem Überselbst zu dienen. Was die körperliche Seite angeht, sollten wir unsere Willenskraft stärken, Selbstverleugnung üben, unseren Körper durch gelegentliche Fastentage disziplinieren, leichtfertige Handlungen unterlassen, die die Triebnatur stimulieren und der Leidenschaft Vorschub leisten. Was die intellektuelle Seite betrifft, sollten wir die Metaphysik und Ethik der Philosophie studieren und uns regelmäßig über den Bereich, in dem die Begierden funktionieren, hinausheben. Das Studium echter Metaphysik enthält Inspiration und Macht – nicht bloß Information und Argumente. Diese intellektuellen Anstrengungen, dieses Lesen und Studieren, diese Reflexionen und Träumereien sind notwendig und nützlich, und eines Tages werden sie anfangen, sich nicht nur auf unsere Kenntnisse auszuwirken, sondern auch auf unseren Charakter. Sie sind nicht nur geistig erbauend, sondern auch moralisch läuternd. Sie liefern nicht nur eine Erklärung für die Gegenwart der niedrigen Begierden und tierischen Leidenschaften im Menschen, sondern tragen auch dazu bei, sie in Schach zu halten. Sie geben uns nicht nur Gründe an, warum wir unseren Charakter bessern sollten, sondern geben uns ständig wirkungsvolle Eingebungen, um diese Verbesserung praktisch durchzuführen. Wenn unsere Zweifel und falschen Vorstellungen langsam geklärt werden, dann werden sich auch unsere moralischen Werte und Motive allmählich verbessern.

Ein anderes berühmtes Gebot der Ethik des Mystizismus, das auf eine geradezu gefährliche Art mißverstanden werden kann oder leicht nicht angenommen wird, ist der in der Bhagavad Gita enthaltene Befehl, nicht nach den Ergebnissen und Früchten unserer Handlungen zu suchen. Die korrekte Bedeutung ist, daß wir mit den Ergebnissen nicht so persönlich verbunden sein sollen, daß unsere geistige Ruhe und das Glück unseres Herzens völlig von ihnen abhinge. Wir müssen unsere Bedürfnisse richtig einschätzen und von unseren Fähigkeiten angemessen Gebrauch machen. Der in der Gita enthaltene Lehrsatz enthebt uns nicht dieser Pflicht. Tun wir das nicht, dann hat das mit Sicherheit seine Folgen, und wir werden mit Sicherheit verantwortlich für sie sein. Dieser Lehrsatz bedeutet nicht, daß wir abseits stehen und nichts tun sollen, um auf diese Art persönlichen Verwicklungen aus dem Wege zu gehen; im Gegenteil, der ganze Grundgedanke dieses Buches läuft einer solch nutzlosen Idee zuwider, einer solchen Verherrlichung kompletter Trägheit.

Die praktische Seite dieser Suche beginnt mit einer allmählichen Abkehr von unserer alten unüberlegten Lebensweise, beginnt mit einem gezielten Umordnen unzureichender Angewohnheiten, mit einem freiwilligen Herausschneiden unserer Begierden, die uns charakterlich schwächen oder degradieren und einer unablässigen analytischen Selbstuntersuchung, mit der Fehler beim Denken, Fühlen und bei unserer Verhaltensweise aufgedeckt werden sollen. Am Anfang müssen wir mit großer Ernsthaftigkeit an diese Aufgaben herangehen; denn mit authentisch geistiger Erfahrung, im Gegensatz zu mediumistischer, ist erst dann zu rechnen, wenn wir mit unseren Bemühungen einen gewissen Punkt erreicht haben. Bei jedem ethischen System, das auf innerer, geistiger Tatsache beruht, muß die natürliche Triebhaftigkeit des Menschen diszipliniert und manchmal sogar bekämpft werden. Eine Zeitlang werden wir das Tier in uns ans Kreuz schlagen und den Menschen kasteien müssen.

Das volle, obschon in weiter Ferne liegende Ziel besteht darin, sich von der uneingeschränkten Unterwerfung unter die Verlockungen des Fleisches und den aufreibenden Aufruhr des Denkens und Fühlens, sich von tierischen Trieben und menschlicher Habsucht zu befreien. Man muß von dem gewöhnlichen Zustand der Bereitwilligkeit, unsere fleischliche Natur als unseren Meister anzunehmen, zu dem ungewöhnlichen Zustand überwechseln, gegen sie zu rebellieren. Der Prozeß der Selbstläuterung beinhaltet notwendigerweise die Annahme von Disziplin, die Ausübung von Buße oder harter Selbstzucht, und beinhaltet sogar, daß wir moralischen Mut an den Tag legen. Für eine Weile müssen wir unserem Körper das eine oder andere Ding verwehren, in manchen Fällen sogar für immer. Wir müssen die Gewalt tiefverwurzelter, lang gelebter Gefühle im Zaum halten. Wir müssen uns an die Aufgabe machen, uralte Denkgewohnheiten rückgängig zu machen. Wir müssen die Emotionen aufgeben, die instinktiver Natur im Menschen sind. Es wäre fast ein Ding der Unmöglichkeit, mit diesen Bemühungen fortzufahren, wenn wir nicht durch kurze Einblicke in das Ideal immer wieder angeregt würden, wenn wir diese Sehnsucht nicht verspürten, dieses Ideal zu verwirklichen, und wenn die Gnade nicht wirklich wäre.

Für diese Kontrollmaßnahmen ist die Ausübung eines modifizierten Asketizismus – die Ausübung einer gewissen Enthaltsamkeit – unabdingbar. Sie muß aber von Ernsthaftigkeit geprägt sein und mit Verstand angegangen werden, was heißt, daß wir sie uns erstens durch intuitive Eingebungen selbst auferlegen müssen, und zweitens, daß sie nur kurzfristig und bemessen sein soll. Wir selbst müssen die spezielle Art und das Ausmaß unserer asketischen Bemühungen festlegen. Die Disziplin muß uns von innen, von unserer Seele abverlangt werden, die am besten weiß, was wir zu einem bestimmten Zeitpunkt nötig haben. Wir werden gewisse Opfer bringen müssen, aber sie werden uns erst abverlangt werden, wenn wir dazu bereit sind. Animalischer Instinkt und menschliche Habgier werden sich der inneren Intuition unterwerfen müssen, brauchen sich aber nicht verfrüht zu unterwerfen. Demzufolge verfolgt die Philosophie weder eine unmögliche Perfektion noch einen untunlichen Asketiszismus.

Begehren ist ein notwendiger Bestandteil des Lebens, und geistige Begierden löschen das Begehren nicht aus, vielmehr geben sie ihm eine andere, eine höhere Richtung. Wenn es das Begehren nicht gäbe, dann gäbe es auch kein Universum, da *Gott* das Universum nicht erschaffen könnte, wenn *Er* nicht begehrte, es zu schaffen.

Alles, was verhindert, daß der *göttliche* Wille in unserem Herzen und Leben in Kraft treten kann, muß letzten Endes hinausgeworfen werden. Was diese Hindernisse sind, wird uns von Zeit zu Zeit durch innere Eingebungen und äußere Ereignisse mitgeteilt werden. Wir müssen unseren niederen Willen mit unserem höheren verbünden; wir müssen bewerkstelligen, daß beide in Einklang funktionieren. All unsere Gedanken und Gefühle sollen von diesem göttlichen Motiv durchtränkt sein. Gleichmäßige Selbstzucht, konstanter Gehorsam gegen die Ideale, getreuliche Erfüllung innerer Pflichten – das sind die Anforderungen, die an den Willen gestellt werden. Um ihnen Genüge zu tun, müssen wir ihn stählen und stärken. Die Aufgabe, sich selbst stark genug zu machen, turbulente Leidenschaften und rastlose Gedanken im Zaum zu halten, ist nichts für Schwächlinge. Wenn unsere Leidenschaften, Begierden und Instinkte mit unseren Idealen in Konflikt geraten, gibt es nur den einen Ausweg: gegen sie ankämpfen und sie bewältigen. Wir können es uns nicht leisten, unser inneres Leben ihrer Willkür preiszugeben.

Die Läuterung unseres sinnlichen Lebens, die Schulung unseres gedanklichen Lebens und die Bezähmung unseres emotionellen Lebens stellen den großen vorbereitenden Zyklus der Suche dar. Infolgedessen ist er und muß er ein Zyklus der Verärgerungen, Spannungen, Konflikte und Leiden sein. Es kann zu Recht gesagt werden, daß das Bewußtsein eines Menschen, der sich auf dieser Suche befindet, bei seinem Kampf zwischen irdischer Leidenschaft und überirdischem Streben, zwischen egoistischer Kleinlichkeit und ethischer Großartigkeit und zwischen gegensätzlichen Stimmungen hin und her schwingt wie das Pendel einer Uhr. Daran läßt sich nichts ändern. Wir müssen zum Kampffeld mächtiger Widersacher werden, wobei der Preis, um den wir kämpfen, kein geringerer ist als unsere Seele. Der Engel und das Tier stecken in uns selbst. Wir werden die Feststellung machen, daß sich niedrige Emotionen schlecht beruhigen, aber leicht provozieren lassen; sie gänzlich zu meistern ist eine Leistung, die erst nach einer langen Zeitspanne erzielt werden kann. Den meisten Menschen ist es zu mühsam, sich die Aufgabe der Selbstverbesserung aufzubürden, oder sie finden es zu ermüdend, mehr zu tun als nur davon zu reden. Man kann ihnen das nicht einmal übelnehmen. Dieses anstrengende Unternehmen – hat man sich erst einmal auf es eingelassen – findet tatsächlich nie ein Ende. Wie lange es dauern wird, läßt sich mit einer generellen Feststellung nicht voraussagen, das wird von Mensch zu Mensch verschieden sein. Manchmal ist es eine Sache von zwei Jahren, meist eine Sache von mehreren, und nicht selten dauert es ein ganzes Leben lang. Die Erreichung eines ziemlich wunschfreien Zustandes ist notwendigerweise die mühselige Arbeit vieler Leben auf Erden.

Der Loslösungsprozeß von der niederen Natur läßt sich auch mit dem Prozeß des Zähneziehens vergleichen. Nur gibt es hier kein geistiges Betäubungsmittel, mit dem sich dessen Schmerzlichkeit lindern ließe. Nichtsdestoweniger mag der Schmerz leichter zu ertragen sein, wenn wir uns erstens die Tatsache vor Augen führen, daß nicht wenige Orientalen und Abendländer bewiesen haben, daß es durchaus im Bereich des Möglichen *liegt*, geistige Energien zu verinnerlichen, störenden Leidenschaften eine neue Richtung zu geben und starke Emotionen auf eine höhere Ebene zu bringen und zweitens die Tatsache, daß die Suche nach der Seele des Menschen zwar unter großen Schmerzen beginnt, ihre Entdeckung aber von Freude gekrönt ist. Dem Gefühl der Entmutigung, das die Lehre der Selbstverleugnung beim Anfänger immer hervorruft, wird eines Tages das Gefühl der Freiheit folgen – ein Gefühl, das dieselbe Lehre ihren reiferen Schülern verleiht. Für das Ego ist es ein Elend, seine Begierden aufgeben zu müssen. Das Gefühl, ein unerträgliches Opfer bringen zu müssen, lastet schwer auf seinem Gemüt. Welches Glück wird demselben Ego jedoch beschieden, wenn es zuletzt durch die Gnade des Überselbst umgekehrt von den Begierden aufgegeben wird, denn das Gefühl der Befreiung von ihrer Last wird es moralisch und geistig aufrichten.

Um einen Menschen in die Lage zu versetzen, sich dieser emotionellen Hindernisse zu entledigen und das Ziel zu erreichen, Herr seiner tierischen Gelüste zu werden, muß er systematische Vorbereitungen treffen, muß er einen Kurs in Selbstdisziplin mit Erfolg abschließen. Beim Menschen ist die Macht ungezügelter Begierde stark und schrecklich, aber sie kann durch einen zweifachen Prozeß überwunden werden. Zum einen kann sie dadurch überwunden werden, daß die schädlicheren und tiefgreifenderen Konsequenzen, die die meisten Menschen nicht beachten, ständig beobachtet und analysiert werden, und zum anderen dadurch, daß man sich in Gedanken ständig mit den Vorteilen und Attraktionen des Zustandes gezügelter Triebhaftigkeit beschäftigt. Wir werden bei unseren Meditationsübungen auf die Hilfe der analytischen Reflexion und kreativen Imagination angewiesen sein, bei unseren Andachtsübungen auf durch Reue verursachte Buße, demütiges Beten und höhere Bestrebungen, bei unserer körperlichen Lebensführung auf kurze, gelegentliche Fastenzeiten und eine fleischlose Kost.

Es fällt niemandem leicht, sich aus dem Dickicht seiner tierischen Tendenzen herauszuwinden, aber jeder kann den Willen schrittweise schulen, kann ihn von Schwäche zu Stärke führen, von tierischer Unterjochung zu heiliger Herrschaft. Zum Zwecke der Unterstützung und Beschleunigung dieses Prozesses schreibt die Philosophie asketische Übungen vor, die für eine kurze Zeit praktiziert und in bestimmten, für uns günstigen Zeitabständen wiederholt werden sollen. Sie werden aber niemals alleine vorgeschrieben. Sie werden mit den entsprechend richtigen Meditationsübungen verbunden, denn der wirkliche Kampf findet in unserem Denken und Fühlen statt. Durch ständiges Überdenken und wiederholtes Bestreben müssen wir uns mit den höheren Idealen so vertraut machen, daß wir ihnen instinktiv Gehorsam leisten. Wir müssen durch strenge Disziplin lernen, wie wir den höheren Intuitionen folgen können und nicht den niedrigen Instinkten, wie wir die verführerischen Bilder, die sich in unsere geistige Vorstellung hineinstehlen, in Empfang zu nehmen haben, wie wir sie unverzüglich analysieren müssen und wie wir die warmen emotionellen Versuchungen von den kalt durchdachten Tatsachen scheiden müssen. Sollten unsere animalischen Tendenzen und egoistischen Komplexe einer völligen Auslieferung an das höhere Selbst im Wege stehen oder gar unseren Glauben an die Möglichkeit untergraben, eine solche Auslieferung jemals zu bewirken, dann besteht immer noch kein Grund zur Verzweiflung. Denn mit unseren Gebeten können wir um die Gnade Gottes flehen, und mit der Gnade Gottes läßt sich das Selbst erobern.

Der Wille des Egos ist schlicht und einfach weder bereit, mit sich selbst ins Gericht zu gehen, noch in der Lage, sich unterzuordnen. Aus welcher Quelle soll dann die Kraft geschöpft werden, die Befehle des Überselbst auszuführen? Es gibt tatsächlich einen höheren Willen, der den gewöhnlichen übersteigt. Die erniedrigende Entdeckung machen zu müssen, daß die Eroberung der tierischen Seite unserer Natur sich letztlich unserer Macht entzieht – und da können wir tun was wir wollen –, ist eine notwendige, aber schmerzhafte Erfahrung für uns. Es mag Zeiten geben, wo wir den Eindruck haben, diese Eroberung erfolgreich bewerkstelligt zu haben, aber ein unerwartetes Vorkommnis oder ein plötzlicher Gedankeneinbruch wird uns desillusionieren.

Freilich wird sich diese Selbstentdeckung letzten Endes als äußerst wertvoll erweisen, vorausgesetzt sie führt dazu, daß wir unsere Unfähigkeit und Unvollkommenheit eingestehen, vorausgesetzt, sie bewirkt eine völlige Demut unseres Egos. Dann werden wir uns in unserer Not an eine höhere Macht um Hilfe wenden müssen, ob nun an das Überselbst oder an einen Menschen, der gelernt hat, im Überselbst zu leben. Kurzum, wir werden Gnade suchen und um Gnade flehen müssen. Und wenn sie kommt – dann wird es uns den Atem verschlagen, denn wir werden das Gefühl haben, aus unseren tierischen Instinkten und körperlichen Leidenschaften heraus auf eine höhere Ebene unseres Seins gehoben zu werden. Das wird ohne den leisesten Kampf unsererseits zu Wege gebracht, nein sogar mit wunderbarer Leichtigkeit. Jetzt nehmen wir die negativen Suggestionen unreifer Menschen und böser Geister unserer vergangenen Tendenzen oder moralisch niedrigen Umwelt nicht mehr wehrlos hin. Der höhere Wille richtet sich aus eigenen Stücken in uns auf und kämpft gegen sie an. Wir, die wir die Leidenschaften nicht mittels unserer eigenen Kraftanstrengungen haben ausrotten können, werden die Entdeckung machen, daß das *Überselbst* sie für uns ausrottet. Mit der Erzielung dieses sublimen Bewußtseins werden wir automatisch von deren Ketten befreit.

Wir werden wissen, daß wir Fortschritte machen, wenn uns Situationen, in denen wir weich werden und dem niedrigen Selbst unterliegen, immer klarer zu Bewußtsein kommen, wenn sich unsere Einsicht in diese Mechanismen vertieft und wir zu einem Verständnis für deren spezielle Abstufungen, Wirkungsweisen und Ursprünge kommen. Bei der philosophischen Suche ist der Suchende demzufolge nicht gezwungen, Wünsche und Begierden formell und im voraus aufzugeben; denn es sind die Begierden, die ihn Schritt für Schritt aufgeben! Die Macht, die das Prinzip des Bösen über uns hat, wird zunehmend schwächer und die Macht des göttlichen Selbst zunehmend stärker. Da dieses Selbst immer mehr Besitz von unserem Charakter ergreift, werden unsere Leidenschaften gedämpfter, werden wir immer weniger von unseren irdischen Wünschen und Sehnsüchten belästigt. Wenn wir meinen, es weit genug gebracht zu haben, um uns selbst auf die Probe zu stellen, dann können wir uns sogar verführerische Situationen und anziehende Formen absichtlich vorstellen und beobachten, wie wir auf sie reagieren; diesen Test zu einem zu frühen Zeitpunkt zu unternehmen, wäre allerdings ein Fehler. Wir mögen eine Versuchung vorwegnehmen, sie geistig im voraus bis zu ihren unvermeidlichen Konsequenzen durcharbeiten. Auf diese Art können wir uns durch rein rationale und imaginative Prozesse die Vorteile eines solchen Erlebnisses verschaffen, ohne die Sorgen und Leiden ertragen zu müssen, die sich in vielen Fällen aus ihm entwickeln.

Die wahre Bedeutung der Wunschlosigkeit

Wir empfinden unsere Unzulänglichkeit und Unvollständigkeit. All unsere Unternehmen auf dem Gebiet der Freundschaft und Liebe, der Ehe und Partnerschaft, sind wirklich Anstrengungen, dieses Gefühl zu entfernen. Aber es will uns nie vollständig gelingen und wenn, dann nur auf kurze Dauer. Das ist und muß so sein, weil das, was wir sind, und das, was wir außerhalb unserer eigenen Person suchen, nur in uns selbst existiert. Der fehlende Faktor ist kein anderer als unsere eigene lebendige Seele.

Der Mensch ist durch eine Menge von Wünschen und Sehnsüchten an die Erde gefesselt. Wenn er sich auf die Suche begibt, dann sieht er, daß all die süßen Begierden in saurer Gefangenschaft enden und daß er sich von ihnen lossagen muß, wenn er dem Elend eines gespaltenen Selbst entrinnen will. Aus diesem Grunde muß die Intensität seines gesamten Wunschwesens den Objekten entzogen werden, denen es früher nachjagte, und nach innen umgeleitet werden auf die göttliche Seele hin. Selbst der Körper soll nur zum Instrument unseres besten Wissens und unseres besten Willens werden und nicht zum Instrument unserer niedrigsten Natur. Das ist der große Wettkampf, zu dem wir aufgerufen sind.

Wenn wir uns ständig um unser leibliches Wohl und um ein Dach über unserem Kopf sorgen müssen, dann werden wir davon ganz in Anspruch genommen. Dasselbe trifft zu, wenn wir zu viel Hab und Gut besitzen, auch das nimmt uns völlig in Anspruch. Der Idealzustand besteht darin, einen Mittelgrund zwischen zu viel und zu wenig zu finden, so daß wir der ständigen Sorge um unseren Körper und dessen Hab und Gut enthoben sind und unsere Aufmerksamkeit anderen Dingen zuwenden können.

Lassen wir doch den physischen Körper und die Dinge, die er besitzt, die Rolle spielen, die ihnen von Rechts wegen zusteht, nicht mehr und nicht weniger, so daß sie uns als Instrumente des höheren Lebenszweckes dienen mögen, der darin besteht, die *Suche nach dem Überselbst* zu erfüllen. Aber der Mensch lebt in einer äußerst habgierigen Welt. Aus diesem Grunde gibt es immer noch so viele Nominalbuddhisten und Nominalchristen und so wenig wirklich Gläubige. Denn sowohl Buddha als auch Jesus bestanden darauf, daß der Weg zu dem Ziel, auf welches sie die Menschen zustreben hießen, darin läge, unseren Hunger nach Besitz und Gut, Stellung, Sex und Selbstbehauptung aufzugeben. Diesen Dingen wohnt kein unvergängliches Glück inne, nur dessen Wahn. Niemand kann dem Neuerwerbenwollen eines besseren Standes, größeren Reichtums, größeren Ruhms und überflüssiger Besitzgüter Grenzen setzen. Es ist ein Spiel, das man leichter anfängt als aufhört. Weil unsere Wünsche wachsen, wenn sie gefüttert werden, haben wir niemals genug. Heute ist ein Ding Luxussache; morgen wird es zur

Notwendigkeit. Heute ist etwas überflüssig; morgen ist es unersetzlich. Wir müssen unsere Wünsche rationieren, wenn wir inneren Frieden wollen. Je mehr wir sie mehren, um so mehr müssen wir uns abmühen, sie zu erfüllen. Erst wenn wir diesen Umstand ganz klar erkennen, kann Frieden in unserem Herzen Einzug halten. Innere Realisation gibt es nur für den, bei dem die habsüchtigen Hände des Ego auf immer unausgestreckt bleiben und bei dem vom lodernden Feuer der Leidenschaft nur noch die weiße Asche des Verzichts übriggeblieben ist. Was er zu seinen besten Besitzgütern zählt, ist in der höchsten Region seines Geistes und in der tiefsten Region seines Herzens zu Hause.

Diese Wahrheiten treffen einen Menschen vielleicht am härtesten, was die persönliche Liebe betrifft, die er einem Mädchen, einer Ehefrau oder einem Freund zu geben sucht oder umgekehrt zu erhalten hofft, denn er wird die Fähigkeit erlangen müssen, entschlossen auf seinen eigenen Emotionen herumzutrampeln, falls und sobald ihn das Überselbst dazu auffordert. Der ganze Einführungskurs seiner asketischen Schulung ist in der Tat ein einziges, sich in die Länge ziehendes Opfer. Sich gleichgültig neben solchen Emotionen wie die der persönlichen Liebe und sexuellen Zuneigung zu stellen, deren Natur gnadenlos zu analysieren und deren Eindringen standhaft abzuwehren, ist die härteste Zerreißprobe dieses Opfers. Es mag uns ein bißchen helfen, den Mentalismus auf diese Analyse anzuwenden. Alles Begehren ist wirklich geistiger Natur. Gäbe es keine Bilder, denen das Begehren in der Vorstellung Form gibt, dann gäbe es auch kein begehrtes Objekt, das uns anzieht. Wenn ein junger Mann sich sehr in eine bestimmte junge Frau verliebt, dann verliebt er sich in Wirklichkeit in seine Idee von ihr. In dem Augenblick, in dem er seine geistige Ruhe einer störenden Leidenschaft ausliefert, ob nun der Eifersucht, dem Sextrieb oder Zorn, liefert er sie einer *Idee* aus. Wollen wir unser Verhalten kontrollieren, dann müssen wir lernen, unsere Ideen zu kontrollieren. Und wenn wir lernen, unsere Phantasie zu kontrollieren, dann lernen wir, das Begehren zu kontrollieren.

»Alles Abhängigsein von einem anderen Menschen bedeutet Elend, aber abhängig von sich selbst zu sein, das bedeutet Glück«, lautet eine Erklärung, die der indische Gesetzgeber Manu vor mehreren Jahrtausenden abgegeben hat. In dem Ausmaß, in dem ein Mensch sein Glück auf andere baut, in dem Maße muß er damit rechnen, daß er es eines Tages durch Tod, Verlassenwerden oder Krankheit verliert. Weil normale sexuelle Lust völlig abhängig ist, ist sie auch völlig trügerisch. Wenn der Mensch nach einem Glück sucht, das ihn unter keinen Umständen verläßt, dann muß er nicht bei einem anderen Mann oder einer anderen Frau danach suchen, sonst bittet er die Enttäuschung zu Gast. Danach muß er bei dessen immerwährendem Ursprung suchen – beim Überselbst. Wer sein Glück von anderen abhängig macht, wird niemals in den Genuß dessen fortdauernder Wirklichkeit kommen, sondern nur in den Genuß dessen kurzlebiger Erscheinung. Denn nach einer gewissen Zeit mag uns die Liebe eines Menschen entzogen werden, aber die göttliche Liebe, die wird uns nie und nimmer entzogen. Wir müssen leben können, ohne das absolute Bedürfnis zu verspüren, daß es jemand anderen in unserem Leben geben müsse. Das müssen wir lernen. Denn wo ein solches Bedürfnis existiert, kann es auch kein dauerndes Glück geben. In dem Augenblick, in dem wir eine andere Person zum Hauptgrund unseres Glückes machen, haben wir der Möglichkeit des Unglücks die Tür geöffnet. Wir dürfen bei keiner verkörperten Kreatur nach dem höchsten Glück suchen. Denn ein derartiges Glück läßt sich in seinem wahrsten Sinne nur in und von uns selbst finden. Das ist so, weil man es nur vom Göttlichen, das reiner Geist ist, bekommen kann, und weil es sich nur durch das Tor des eigenen Herzens erreichen läßt und nicht durch das eines anderen. Des Menschen Suche nach idealer Liebe, geschweige denn nach perfekter Gemeinschaft, kann nie von einem anderen Menschen befriedigt werden, sondern nur von seiner Seele, die er in sich birgt. Sie ist die wahre *Geliebte,* die mit großer Geduld und Treue auf den Augenblick wartet, in dem er sie entdecken und um sie werben wird. Die Existenz der Liebe, die er in der Seele vorfinden kann, wird nicht von einer veränderlichen menschlichen Laune und nicht von den Zuständen oder Zufällen des menschlichen Fleisches abhängig sein – sie ist vollkommen zuverlässig und von heiterer Sicherheit. Darüber hinaus wird sie immer da sein, wird ihm immer treu sein, treuer als es eine menschliche Liebe jemals sein könnte. Wenn er von dieser Welt in eine andere geht, oder gar in fünfzig andere Welten – sie wird immer sein treuer Begleiter bleiben. Sie muß es. Denn sie rührt nicht von einem anderen, nicht von einem getrennt existierenden Wesen her: Sie entspringt seinem innersten Selbst und ist ein ewiges Attribut seiner ewigen Seele. Die Wahrheit bringt eine große Lauterkeit und eine große Unabhängigkeit mit sich. Wenn sie kommt, befindet sich unser Glück nicht mehr in der Gewalt anderer Menschen.

Der heranwachsende Schüler wird lernen, ein seltsames, paradoxes Dasein zu führen. Ereignisse werden sich so einstellen, der Verlauf seines äußeren Lebens so verlaufen, und Männer und Frauen sich ihm gegenüber so verhalten, daß er letzten Endes von äußeren Dingen weggetrieben wird. Dadurch wird er gezwungen, Wirklichkeit, Wahrheit, Liebe, Freundschaft, Besitz, Schönheit, Zufriedenstellendes und sogar innere Führung in sich selbst zu finden, in den Welten der Imagination und der Gedanken und dessen, was beides übersteigt. Letzten Endes wird er sich mit der Tatsache abfinden müssen, daß man der menschlichen Einsamkeit nicht entrinnen kann, daß die menschliche Seele unverletzlich ist und daß die Trennung, die zwischen dem einen menschlichen Wesen und dem anderen existiert, in Wirklichkeit nicht überwunden werden kann, sondern nur dem Schein nach. Der Mensch, der die *geliebte Seele* in sich gefunden hat, fürchtet sich nicht, alleine zu sein. Freilich nimmt er die Gesellschaft und Freundschaft, die Zuneigung und Hingabe, die ihm andere geben mögen, immer gerne und voller Dankbarkeit an, aber er kann ohne sie leben, wenn es das Schicksal so will. Der Mensch, der innere Selbständigkeit gewonnen hat, der sein Bestes für alle Menschen tut, aber von keinem etwas erwartet, dessen Werk das Äußerste zum Leben beiträgt, aber dessen Herz wenig vom Leben erwartet – der Mensch hat praktische Weisheit gewonnen. Weil er wenig von anderen erwartet, wird er das, was kommt, dankbar als Bonus entgegennehmen, aber nicht als mehr. Er sucht nur bei sich nach Glück, verläßt sich nur auf sich, um sein Ziel zu erreichen. »Was uns unverhofft zuteil wird, ist wie Nektar«, schreibt Swami Sahajananda, ein Kathiwar Meister, in einem Brief an seine Schüler vor mehr als einem Jahrhundert.

Das göttliche Selbst verlangt nichts weniger als unser ganzes Herz, verlangt ein absolutes und vollkommenes Opfer. Als Entgelt wird es uns das Bewußtsein seiner Gegenwart, das Bewußtsein seiner Liebe und die Glückseligkeit seines zeit-freien Zustandes geben. Wollen wir seinen himmlischen Frieden erreichen und auskosten, dann wird uns das nur möglich sein, wenn wir dafür mit der Münze himmlischer Wunschlosigkeit bezahlen. Die Natur gibt alles, aber zu einem bestimmten Preis. Vieles muß wegfallen, was wir als einen Teil von uns betrachten. Dieser Prozeß, sich der niedrigen Begierden und Emotionen zu entledigen, ist qualvoll – aber er ist unbedingt notwendig. Wir müssen zu dem Punkt gelangen, an dem unsere Sehnsucht, von der göttlichen Seele in Besitz genommen zu werden, alle anderen Sehnsüchte in den Schatten stellt.

Ein so schwer zu bewältigender Rat eignet sich nicht für die vielen, die es nicht nach Wahrheit hungert, die kein Interesse an einem höheren Leben haben. Für sie stellt die Versklavung durch Körper, Sinne, Leidenschaften und Gedanken den natürlichen Zustand des Menschen dar – so schwach sind sie geworden. Doch nur derjenige ist wirklich natürlich und vollkommen unbeschwert, der seine Selbstfreiheit und seine Selbstkontrolle gewonnen hat. Aber bei der Masse sind die irdischen Angewohnheiten so stark, die innere Sehnsucht aber so schwach geworden, daß ihr die disziplinarischen Voraussetzungen der Suche zu abstoßend und zu undurchführbar erscheinen. Solchen Menschen scheint das Ideal der Suche so kalt und unerbittlich zu sein wie die mit Schnee bedeckten Gipfel des Himalaja. Nein, dieser Rat wird nur Schülern angeboten, nur denjenigen, die sich freiwillig eine Selbstdisziplin auferlegt haben, um ihre Seele zu finden. Er wird nur dem Menschen angeboten, der die großen Entscheidungen getroffen hat, dem Menschen, der die animalischen Gelüste negiert, ihnen entsagt und menschliches Verlangen beiseite geschoben hat; dem Menschen, der die *nichtgreifbare Wirklichkeit* bejaht und sie als das oberste *Gute* in seinem Leben angenommen hat, das *Überselbst* aber als das wahre Ego seines Wesens. Ein Ethos der Wunschlosigkeit versetzt den modernen Menschen erst einmal in Erstaunen, später schreckt er davor zurück. Die damit verbundene Herabsetzung von Bedürfnissen, die doch natürlich sind, von Ambitionen, die legitim sind, und von Besitztümern, die uns kultivieren, hat anscheinend keinen Anspruch, diskutiert zu werden, weil sie keinen Sinn zu machen scheint. Zwischen dem intellektuellen Standpunkt, daß ein solches Ethos verrückt sein und dem emotionellen Standpunkt, daß es unmenschlich sei, liegt nur ein kurzer Schritt.

Was ist der praktische Wert eines solchen Lebensgrundsatzes? Inwieweit ist er erforderlich, um den Bedürfnissen des modernen Menschen gerecht zu werden? Diese Fragen können nur dann richtig beantwortet werden, wenn wir unsere Terminologie näher betrachten. Erstens sollten wir das Notwendige nicht mit Wünschen verwechseln. Wir sollten uns schlüssig werden, was unbedingt lebensnotwendig für uns ist und was nicht, so daß wir unser Leben vereinfachen und erhöhen können. Zweitens muß speziell darauf hingewiesen werden, daß der Aufruf zur Entsagung im wesentlichen einer inneren Entsagung gilt. Wir dürfen unser äußeres Hab und Gut behalten, wenn wir es innerlich aufgeben. Denn die Aufforderung, alles im Stich zu lassen, bezieht sich nur manchmal auf äußere Dinge, stellt aber immer eine Aufforderung dar, alles innerlich im Stich zu lassen.

Die Erklärung, daß sich nur der besitzlose Mensch Eintritt ins Reich Gottes verschaffen kann, entspricht der Wahrheit. Aber der Besitz, von dem hier gesprochen wird, ist nicht, was wir äußerlich besitzen – er ist gänzlich innerlich, ungreifbar und unsichtbar. Der Besitzlose hat kein Interesse mehr an der Welt, auch wenn er sich mitten in ihr zu bewegen, mitten in ihr zu arbeiten und mitten in ihr Freud und Leid zu erfahren scheint. Das ist sein Geheimnis, und so ist der wunschlose Zustand. Er muß die paradoxe Kunst lernen, natürliche Begierden und Wünsche zu haben, so wie andere auch, und doch so zu sein, als ob er sie in Wirklichkeit nicht habe. Das heißt: Insofern er ein menschliches Wesen mit menschlichen Bedürfnissen ist, mag er sie freilich besitzen – obwohl sie in seinem Falle einfach, diszipliniert und erhöht sind –, aber im Grunde seines Herzens ist er jederzeit bereit, ihnen augenblicklich den Rücken zu kehren. Auf diese Weise bewerkstelligt er ein gesundes Gleichgewicht zwischen dem Wunsch, zu besitzen und dem Willen, zu entsagen.

Die zufriedenstellendste Haltung, die man annehmen kann, ist die, die Buddha hat annehmen müssen, nachdem er sowohl das Extrem eines königlichen Palastlebens als auch das Extrem des spartanischen Lebens als Asket erlebt hatte. Letzten Endes lehrte er, daß der mittlere Weg der beste sei. So macht er sich die Dinge zunutze, ohne in sie hineingezogen zu werden. »Nachdem du auf alles verzichtest hast, magst du genießen«, wird in der Isha Upanischad gesagt. Der Welt zu entsagen, braucht uns nicht daran hindern, unsere Freunde zu lieben, braucht uns nicht davon abhalten, unsere Bequemlichkeiten schätzen zu wissen, braucht uns nicht die Nutznießung cleverer Erfindungen, luxuriöser Zuhause und Kunstwerke zu versagen. Aber all das wird uns nur in dem Maße gewährt sein, in dem es nicht auf unsere Zeit mit dem *Göttlichen* übergreift, solange es nichts wegnimmt von unserer Liebe zu ihm und unserer Entscheidung für es keinen Abbruch tut. Philosophische Regeln sind keine asketischen Regeln: Sie verlangen nicht, daß wir alle freundschaftlichen, ehelichen und familiären Bindungen und alle Zuneigung für andere Menschen aufgeben. Die mögen wir gerne behalten. Verlangt wird lediglich, daß ihnen keine Besitzgier anhaftet, daß unser tiefes Interesse an anderen Menschen nicht eine Abkehr von unserer Liebe zum *Göttlichen* zur Folge hat, daß wir alle kleinen Lieben in der großen Liebe zum Göttlichen am Leben erhalten und uns von ihnen nicht in Käfige einsperren lassen. Es wird nicht verlangt, daß wir unser weltliches Leben aufgeben. Verlangt wird, daß wir es zu etwas Heiligem machen. Es wird nicht verlangt, daß wir unsere persönlichen Bindungen aufgeben, sondern nur, daß wir unter einem neuen Gesichtspunkt auf sie zugehen. Es wäre ein trauriger Fehler zu meinen, daß diese Reise von Bindungen zum inneren Freisein, von irdischen Liebschaften zu himmlischen eine Reise ist, die nur dann zum Ziel führt, wenn man menschliche Beziehungen zerstört und menschliche Liebe entmutigt. Tatsache ist, daß der Mensch liebevoller gegenüber seiner Familie oder Freunden wird und nicht kälter. Es ist eine Liebe, die eine höhere Qualität als früher hat, die reiner ist, weniger selbstsüchtig und mildtätiger.

In der Philosophie bedeutet Reinheit des Herzens, daß wir alles Hab und Gut und alle Personen aufgeben, aber nicht vor den Augen der Welt, sondern vor den Augen Gottes. Frieden gibt es für die, die den wunschlosen Bewußtseinszustand erreicht haben. Solange sie innerlich kein Interesse an der Welt haben, solange mögen sie äußerlich in ihr tätig sein. Es kommt weder auf einen äußeren Asketizismus an, noch auf einen äußeren Verzicht auf das weltliche Leben; notwendig ist, sich innerlich losgelöst zu haben. Das wird verlangt. Wenn die asketische Entsagung ihren inneren Zweck erfüllt hat, wenn sie dazu beigetragen hat, das tierische Selbst zu unterjochen und das persönliche Selbst zu unterwerfen, dann mögen wir ihr selbst entsagen, wenn wir uns entscheiden, das zu tun. Denn die Entsagung ist kein Endzweck, sie ist nur ein Mittel zum Zweck. Sind unsere Gefühle lauter genug, dann sinkt der Wert einer aufopfernden Selbstdisziplin auf ein Minimum. Die Bedürfnisse des menschlichen Körpers und des in ihm hausenden menschlichen Wesens mögen unter zwei Voraussetzungen befriedigt werden: erstens müssen sie mit Vernunft diszipliniert werden und zweitens dürfen sie nicht die Bedürfnisse des inneren und höchsten Zieles des menschlichen Lebens in den Schatten stellen.

Wenn wir den wunschlosen Zustand wirklich erreicht haben, wenn wir nichts und niemanden mehr vermissen, wenn das Gefühl, das ständig aus unserem Herzen hervorbricht, ein Gefühl der Selbstvollkommenheit und Selbstzufriedenheit ist, dann sehen wir, wie bedauerlich der tragische Zustand der Menschen ist, die in ihrem irdischen Verhaftetsein immer noch Fesseln an Händen und Füßen tragen, sich dessen aber nicht bewußt sind und gar mit ihrer Knechtschaft prahlen. Die zwölf Aufgaben des Herkules sind eine allegorische Beschreibung des Kampfes, den der Kandidat mit seiner niederen Natur und gegnerischen Mächten führt.

Der Suchende muß aber nicht nur das Festhalten an Besitzgütern und das Sichhingeben an Leidenschaften hinter sich lassen. Er muß weiter gehen. Denn selbst die Überwindung dieser starken, auf diese Dinge gerichteten Wünsche des Egos bringt ihn nicht ans Ziel, obwohl sie ihm einen großen Vorsprung vor den gefangenen Massen verschafft.

Ihm steht immer noch die Aufgabe bevor, die Tiefen der Kontemplation zu durchdringen, wo alles eine unergründliche Leere ist, wo die persönliche Identität aufgelöst wird und wo nur Gott alleine ist.

Und dann muß er die Kunst lernen, all dies in bezug auf sein Alltagsleben zu bringen, auf seine Tätigkeiten in der Welt. Darüber hinaus muß er eine Neuorientierung zum Intellekt hin bewirken, muß seine Verachtung für ihn und seine Losgelöstheit von ihm mit einer konstruktiven, positiven und ergänzenden Haltung ersetzen.

Ist diese Periode der Selbstschulung zu Ende, dann ist er in der Lage, der Aufgabe, der Arbeit, Sache oder Freude, der seine Fähigkeiten sich zuwenden sollen, in angemessener Weise nachzugehen; und wenn er sie beendet hat, kann er sie sofort vergessen, ganz so, als ob sie niemals existiert hätte. Und damit kehrt er zu einer unerschütterlichen spontanen Konzentration auf das innere Selbst zurück und verweilt in ihm.

Wenn er diese Unabhängigkeit von äußeren Dingen in dem Maß erreicht hat, in dem der Mensch sie erreichen kann, wenn er aus seinem eigenen innersten Wesen lebt und diesem treu ist, dann entdeckt er eine plausible und unterbrochene Zufriedenheit, die der Mensch auf Erden niemals kennt.

Den Menschen, der die niedrige Natur mit Erfolg bekämpft und überwindet, den wird die Heiterkeit und das Wunder des Höheren erfüllen. Die Periode quälender Belastung und inneren Gespaltenseins wird plötzlich zu Ende sein. Auf sie wird eine Periode befriedigender Ruhe und innerer Einheit folgen. Der vorübergehende oder persönliche Konflikt, der sich in so vielen

Herzen abspielt, ist in seinem eigenen getilgt. Es wäre tatsächlich töricht, wenn er die Einsicht, die Ruhe und die Macht, deren Gewinn ihm so teuer zu stehen gekommen ist und ihn so viele harte Konflikte gekostet hat, für eine geringere Befriedigung opferte. Die Opfer, die ihm als Novize so enorm schienen, gehen ihm jetzt, wo er fortgeschritten ist, leicht von der Hand.

Wenn der Kampf mit seinen Leidenschaften und Gedanken zu einem triumphierenden Ende gebracht wird, legt sich eine großartige Ruhe auf unser Gemüt. Das animalische Leben hat uns verlassen. Jetzt fängt ein engelgleiches für uns an. Der intellektualistische Tumult ist zum Schweigen gebracht worden. Die sich in uns bekriegenden Impulse haben das Kämpfen eingestellt. Die Heiterkeit, sich so selbst zu sein, ist unbeschreiblich. Wo das Einzelbewußtsein auf diese Weise von den es aufwühlenden Leidenschaften, Emotionen und Ideen getrennt ist, wird es in zunehmendem Maße von Lauterkeit durchdrungen. Dann entdecken wir das große Paradox: Wer der Welt innerlich entsagen kann und in der Lage ist, sie freiwillig und insgeheim aufzugeben, bevor das Grab ihn zwingt, sie äußerlich und gegen seinen Willen und unverhohlen aufzugeben, dem gehört sie im wahrsten Sinne des Wortes, und sie wird ihm zu Füßen liegen. Diese prägnante Feststellung ist bereits von Patanjali in seinen *Yoga Aphorismen* [1.37, 1.40], die das erste aufgezeichnete Yogalehrbuch darstellen, gemacht worden:

»Oder die geistige Substanz erreicht den stabilisierten Zustand, wenn das Objekt dieser geistigen Substanz eine geistige Substanz ist, die von Leidenschaften befreit ist.«

Seine Herrschaft erstreckt sich vom kleinsten Atom bis zur größten Größe.

Wir mögen diese Worte der mystischen Feststellung Jesu gegenüberstellen: »Wer sein Leben verliert, gewinnt es wieder.« Diese Feststellung hat noch auf eine andere Art und Weise dieselbe Bedeutung wie die Bemerkungen Patanjalis. Denn beim höchsten Erlebnis des Mystikers, beim Erlebnis der nihilistischen Leere, wird dem Mystiker sein ganzes persönliches Ego weggenommen, wird ihm jeder Gedanke, jedes Ding und jede Begierde weggenommen. Er besitzt nichts und ist nichts. Nichtsdestoweniger hat er sich in eine Lage begeben, in der ihm alles gewährt werden mag, weil die *Leere* der Ursprung aller Dinge ist. Paradoxerweise gewinnt er alles dadurch, daß er alles aufgibt.

Swami Vivekananda hat einmal folgendes gesagt:

»Wenn man die Welt aufgibt, was bleibt dann übrig? Was bedeutet das? O doch, man kann seine Frau behalten; verlassen muß man sie mit Sicherheit nicht; aber du sollst Gott in deiner Frau sehen. Unsere Kinder aufgeben –

was soll das bedeuten? Sie vor die Tür setzen? Sicher nicht. Aber du sollst Gott in deinen Kindern sehen... Das ist, was Vedanta lehrt: Gib die Welt auf, die Welt, die du gedeutet hast, diese falsche Welt, die deine eigene Schöpfung ist. Tu die Augen auf, es war ein Traum, ein Maya. Was existierte, war Gott selbst.«

»Was bedeutet das, unser Wünschen aufzugeben? Wie geht das Leben dann weiter? Die Lösung sieht so aus: Nicht, daß wir kein Eigentum haben sollten, nicht, daß wir nicht die Dinge haben sollten, die wir brauchen, und selbst Dinge, die Luxus sind – hab alles, was du willst; nur mußt du die Wahrheit über das Eigentum wissen: es gehört niemandem. Laß die Idee, Eigentum zu besitzen, laß die Idee, überhaupt zu besitzen. Alle und alles gehört Gott.«

»Wenn du das Aufgeben der Welt in seiner alten groben Bedeutung verstehst, dann würde es bedeuten, daß wir nicht arbeiten müssen, daß wir faul sein und wie Erdklumpen herumhocken müssen und nichts denken und nichts tun. Aber das ist nicht, was es bedeutet. Wir müssen arbeiten. So gehe deiner Arbeit nach, sagt die Vedantaphilosophie, aber lege Gott in alles und wisse, daß Er in allem ist. Wenn die Wünsche so, durch Gott, geläutert sind, dann bringen sie nichts Böses, dann bringen sie kein Elend mit sich.«

Auf den vorangegangenen Seiten ist dieses Thema vom Standpunkt der Studenten und Kandidaten aus betrachtet worden. Laßt uns sie darauf aufmerksam machen, daß die dabei berührten ethischen Probleme und geistigen Konflikte nicht für den Weisen entstehen. Denn in dem Augenblick, in dem dem Studenten die höchste Erleuchtung zuteil wird, fallen die letzten Überreste der Begierden und Leidenschaften von selbst von ihm ab. Was immer seine äußeren Handlungen, jetzt kann nichts diesen inneren Zustand sublimer, wenn auch verborgener Losgelöstheit, in dem er sich ununterbrochen befindet, ändern. Er mag die Rolle des völligen Asketen spielen oder die Rolle des kompletten Weltlings, aber sein eigener erhabener Status wird weder von der einen noch von der anderen Rolle beeinträchtigt. Als er das Ego aufgab, gab er alles auf. Jetzt hat er den Punkt erreicht, wo nichts mehr übrig ist, das er aufgeben könnte. Seine Sehnsucht, die Sehnsuchtslosigkeit zu erreichen, ist erfüllt worden. Ein wunderbares Gefühl der Befreiung überflutet sein Herz, eine unermeßlich heitere Ruhe stillt seinen Geist. Eine intensive und anhaltende Zufriedenheit mit dem Überselbst ist gegenwärtig. Nichts anderes in der Welt scheint so wert, besessen zu werden, denn wo er dies besitzt, hat er das Gefühl, das Wertvollste im Leben zu besitzen.

11 Die ethischen Qualifikationen des Suchenden

Wer den Namen und die Form des Menschen trägt, soll erst dann respektiert werden, wenn die Vernunft das Übergewicht über das Tier in seiner Natur gewonnen hat. Die Gefahren solcher Leidenschaften wie sinnliche Begierde, Zorn und tierische Gewalt sind geradezu sprichwörtlich, aber die Blindheit solcher Emotionen wie Anziehung und Abstoßung wird häufig nicht erkannt. Die Leidenschaft wird mit der harten, von uns aufgebrachten Arbeit der Vernunft und des Willens bezwungen, und durch Gnade und Leiden, die jenseits unserer Macht liegen. Wir müssen das periodische Ungestüm der Leidenschaft unterdrücken, bis es zu müde ist, Widerstand zu leisten und den Kampf aufgibt, müssen uns weigern, unseren Emotionen zum Opfer zu fallen. Der Kampf gegen die tierische Natur wird in uns selbst ausgefochten. Was wir besonders lernen müssen, ist, gegen die eigenen Emotionen anzukämpfen. Manchmal müssen wir unseren angenehmen Gefühlen den Kampf ansagen und manchmal unseren schmerzlichen. Unsere sinnlichen Begierden und Gelüste stehen mit unseren würdigeren Ideen immer im Widerstreit. Deswegen sollten wir uns unentwegt bemühen, in unseren Gefühlen so aufrichtig und in unseren Emotionen so genau zu sein, wie wir bereits in unseren Ideen zu sein bestrebt sind. Gerade während dieser Perioden emotioneller Belastung fällen wir leicht die falschen Entscheidungen, ergreifen wir leicht die falschen Maßnahmen.

Sich zu schulen, unter allen Umständen ruhig zu bleiben, ist definitiv eine Hilfe für den Studenten, um Fortschritte auf dem Weg zu machen, denn dieser unerschütterlichen Ruhe entspringt spontan ein genauer Scharfblick für Werte und eine gerechte Urteilsfähigkeit.

Es gibt Momente großer Bedrängnis und großer Versuchung, Momente, in denen die Kontrollmechanismen eines Menschen zerschmettert werden mögen. Der Student darf unter keinen Zuständen zulassen, daß er über etwas so in Zorn gerät, daß er seine Selbstkontrolle verliert.

Seine Beurteilungen sollten sachlich und uneigennützig und nicht durch seine Begierden bedingt sein. Seine Bewertung der umstrittensten Probleme wird dann ausgewogen und gerecht, richtig und vernünftig sein. Er wird nicht negative Kritik üben, ohne gleichzeitig auch einen positiven Vorschlag zu machen.

Bei seinem Bemühen um Selbstbesserung zielt der philosophische Kandidat unter anderem auf die Befreiung von all den emotionellen Vorurteilen einer persönlichen und kommunalen Natur ab, die die Menschheit teilen und verfeinden und sie daran hindert, Fortschritte zu machen. Die Philosophie trägt zu einer nachsichtigeren Haltung gegenüber allen Menschen bei. Feindseligkeit muß einem guten Willen weichen, der nicht von Vorurteilen verzerrt ist. Solch guter Wille übt eine zersetzende Wirkung auf Vorurteile, Abneigungen, Reibungen, Neid- und Haßzustände aus, die das soziale Leben verdunkeln.

Nicht daß unsere Einstellungen emotionslos sein sollten (als ob sie das könnten!), aber wir sollten unsere Einstellungen nicht ausschließlich aufgrund von Emotionen formen. Nicht, daß der Philosophie der emotionelle Appell fehlte, aber bei ihr handelt es sich um einen Appell an unsere höheren Emotionen und nicht an unsere primitiveren. Die Philosophie sterilisiert die Emotion nicht, sie vergeistigt sie.

Wenn unsere Gedanken ohne alles Gefühl wären, dann würden sie kaum einen positiven Eindruck auf unser Denken hinterlassen. Dann würde jede Idee gleich wichtig sein, fiele jeder das gleiche Gewicht zu. Dann gehörte der Gedanke des Teetopfs zur selben Kategorie wie der Gedanke der Wahrheit. Es ist also nicht so, daß wir das Fühlen aus unserem Leben ausschließen sollten. Worauf es ankommt ist, daß wir unsere Gefühle kontrollieren und schulen, ihnen den Platz weisen, an den sie hingehören. Ein Bewußtsein, bei dem Leidenschaft oder Emotion die Oberhand hat und dem es an Vernunft fehlt, gleicht einer substanzlosen Filmleinwand, deren Objekte durch den Gesichtssinn erkannt, aber nicht durch den Tastsinn gefühlt werden können. Bei dieser Suche nach der Wahrheit müssen die metaphysischen Tatsachen zwar mittels der Vernunft untereinander in Bezug gebracht werden, verwirklicht werden sie aber mittels des Gefühls.

Als Mystiker müssen wir unser Mitgefühl so wirksam schulen wie wir unsere Intuition bereits geschult haben. Wenn dem Schaffen der Emotion die Zustimmung der Vernunft und der Intuition erteilt wird, dann ist es sicher und gesund. Erst wenn wir die Leidenschaften gezähmt haben und die Emotionen nicht mehr mit uns davon rennen, erst dann werden wir uns mit dem Leben aussöhnen und die Bedeutung der Heiterkeit entdecken.

Die Emotion, die wir je nach Heftigkeitsgrad entweder Befriedigung, Annehmlichkeit, Freude, Seligkeit oder Glück nennen, erreicht ihr vollstes Volumen und ihre erhabenste Qualität, wenn sie das niedere Selbst völlig im Stich läßt und nur das höhere zum Ausdruck bringt. Unsere Gedanken über diese höheren Dinge müssen sich mit unseren Gefühlen über sie verbinden.

Aber die Gefühle müssen in Harmonie mit den Ideen sein. Diese erhabenen Stimmungen dürfen nicht in dieselbe Kategorie mit schlampigen Gefühlsduseleien gesteckt werden, die das mystische Leben eher entstellen als zum Ausdruck bringen.

Der Suchende hat die Kunst zu lernen, unter jeder Art von Umstand sein eigener Herr zu sein. Der Weg des Sich-selbst-Besiegens ist ein Weg, der nach oben führt. Er ist freilich schwierig, aber er ist ein nicht minder wichtiger Bestandteil der Suche als der einfachere Weg, sich beim Meditieren emotionellen Ekstasen hinzugeben. Wir müssen Herr über die Gedanken sein, die uns hinunterziehen wollen, über die Gefühle, die uns zerreißen wollen und über die vielen törichten Selbste, die es darauf abgesehen haben, uns falsch darzustellen. Es ist nicht genug zu versuchen, sich mit den Offenbarungen des niedrigen Selbst nur durch das Medium des kreativen Denkens auseinanderzusetzen. Parallel dazu sollten wir unseren Willen anstrengen, sollten wir den selbstverleugnenden Versuch machen, das Handeln auf eine höhere Ebene zu bringen, sollten wir bis aufs Blut kämpfen, dem zu widerstehen, was ein wirklicher Teil unseres eigenen Wesens zu sein scheint. Wir müssen nicht nur die Tätigkeiten kontrollieren, mit denen wir unsere Wünsche gegen unser besseres Wissen zu befriedigen suchen, sondern selbst das Tagträumen, welches dasselbe Ziel verfolgt. Wir sollten uns vor den allerersten Anzeichen rein negativer und gemein destruktiver oder beschämend egoistischer Emotionen in acht nehmen. Es ist leichter, das Leben zarter Triebe zum Stillstand zu bringen, als das der reiferen. Das trifft insbesondere auf solche Emotionen wie Eifersucht, Groll, verletzter Stolz, bitteres Ressentiment und heißen Zorn zu.

Der Suchende muß sich disziplinieren, den Launen des Erfolgs die Stirn zu bieten und die Schicksalsschläge des Lebens zu überwinden. Eine derartige Selbstdisziplin wird ihm in seinen jungen Jahren eine größere Sicherheit verleihen und in seinem Alter eine größere Würde. Der Mensch, der nicht von innen, nicht auf eine friedliche Art und aus freien Stücken zu dieser Selbstdisziplin gelangt, dem wird sie von außen auferlegt, und zwar gegen seinen Willen und mit Gewalt.

Anhaltender Umgang mit gewissen Menschen kann tiefgreifende Veränderungen im Charakter eines Individuums hervorrufen und ihn mit Nachdruck von seiner generellen Richtung abbringen. Es hängt von ihm ab, ihren Einfluß anzunehmen oder sich gegen ihn zu wehren. Er muß sich vor einer Irreleitung seiner Kräfte in acht nehmen und davor, daß sein Streben in andere Bahnen gelenkt wird. Richtig lenken lassen sie sich erst, wenn wir dem Rat der Philosophie folgen. So wie aus dem Besten durch Korruption das Schlechteste wird, so wird aus irregeleiteter Stärke Schwäche. Wir müssen die Faktoren zu finden suchen, die eine ausgleichende und beschützende Wirkung haben.

Der Angewohnheit ordentlichen Denkens, die uns durch unsere Bildung und Erziehung vermittelt worden ist, müssen wir die Angewohnheit unvoreingenommenen Denkens hinzufügen, die uns nur die Philosophie in perfekter Form geben kann.

Er wird weder bei selbstgefälligem Eskapismus seine Zuflucht suchen, noch sich einer hilflosen Verzweiflung hingeben. Er wird der Situation ins Gesicht sehen, ruhig und unverwandt. Er wird als unvoreingenommener Wahrheitssuchender auf Menschen und Ereignisse, Ideen und Probleme zugehen, und nicht als einer, der zu den Strenggläubigen mit ihrem althergebrachten Denken gehört. Er muß die Dinge in ihrem wahren Licht sehen, muß sie ohne die durch Habgier, Haß, Wollust, Vorurteil und dergleichen hervorgerufenen Irreführungen oder Verzerrungen sehen. Seine persönliche Reaktion auf Weltereignisse muß mit dem Rest seines wahrheitssuchenden Unternehmens in Einklang gebracht werden.

Diejenigen, die ihr Denkvermögen auf die reinste Weise gebrauchen können – das heißt auf eine unvoreingenommene, unabgelenkte, unbelastete, nicht egoistische Weise –, sind eine extreme Seltenheit, aber die philosophische Ausbildung strebt an, den Menschen zu solchem Denken zu bringen.

Der Suchende sollte darauf abzielen, seine Ideale ständig aufrechtzuerhalten, gleich, was die Umgebung ist, in der er sich vorfinden mag. In einer Gesellschaft, die von engstirnigen Vorurteilen und unwürdigem Egoismus beseelt ist, muß er unbeirrt an seiner moralischen Integrität festhalten. Künftig muß er bestrebt sein, seine charakterliche Integrität als einen wichtigen Teil des Weges zum Überselbst aufrecht zu erhalten. Die Suche ist also nicht einfach und nicht immer angenehm. Er muß die Integrität seines geistigen Lebens gegen alle physischen Widersacher verteidigen, ob Menschen oder schädliche Umweltfaktoren.

Wir machen keine Fortschritte, wenn wir unseren Schwächen nachgeben, die sich als Tugenden ausgeben – wir machen Fortschritte, wenn wir unsere Stärke nähren, die freilich ein unangenehmes Gesicht aufsetzt.

Es ist nicht allein mit der Entdeckung der Prinzipien getan, die das menschliche Leben insgeheim kontrollieren. Denn der Student darf die sich aus diesen Prinzipien ergebenden Gesetze nicht verletzen, noch darf er ihnen in seinem täglichen Verhalten zuwiderhandeln. Diese Prinzipien sind nicht etwas, das man heute dickköpfig vertritt und morgen plötzlich aufgibt.

Während sein Charakter heranreift und seine Intuition sich entwickelt, tritt die Rechtmäßigkeit der Ideale, für die er arbeitet, immer deutlicher zu Tage. Ist es einem Menschen mit der Suche wirklich ernst, dann wird eines Tages der Zeitpunkt kommen, wo er für seine moralischen Prinzipien heroisch eintreten muß, wo er sich wird weigern müssen, sie um eines veränderlichen und vorübergehenden Vorteils willen preiszugeben. Er wird ein Stadium erreichen, wo er sich nicht nur weigert, diesen Sittenkodex zu verletzen, sondern auch dann bei seiner Weigerung bleibt, wenn ihm durch eine Übertretung große Vorteile entstehen würden oder diese niemals von anderen entdeckt werden könnten.

Der Kandidat sollte wissen, daß er, wenn er den Geboten der Lehre treu war, früher oder später von seinen Schwierigkeiten erlöst werden wird. Seine Schritte mögen immer noch zögernd sein, sein Denken seiner selbst noch nicht sicher, aber mit der Zeit wird er sehen, daß er tatsächlich Fortschritte gemacht hat.

Er wird ein körperliches Alter und eine geistige Reife erreichen, wo ihm gewisse Wahrheiten klarer zu sein scheinen und er sie weniger abstoßend findet. Er sollte besonders drei dieser Wahrheiten in Betracht ziehen: den illusorischen Wert des Sex, die Notwendigkeit, Emotionen der Vernunft unterzuordnen, und die Realität des unsichtbaren, nicht greifbaren Überselbst. Wenn er inneren Frieden haben will, sollte er diese Dinge immer wieder und immer wieder kontemplieren.

Sein Erfolg im Leben läßt sich nicht mehr ausschließlich anhand von Äußerlichkeiten messen. Das genügt nicht. Er muß auch daran gemessen werden, inwieweit es ihm gelungen ist, sein Herz zu läutern, seine Intelligenz zu entwickeln, seine Intuition zu entfalten und ein Gleichgewicht zu erhalten.

12 Verzicht auf das Ego

Die Philosophie ist nicht daran interessiert, einem Menschen zu schmeicheln oder seiner Eitelkeit Vorschub zu leisten. Aus diesem Grunde beginnt die praktische Seite der philosophischen Schulung mit einem Hinweis auf seine Fehler, Mängel und Unzulänglichkeiten, und darüber hinaus werden ihm endlich die Augen für seine Schwächen, Unfähigkeiten und Komplexe geöffnet, die bisher unbewußt waren oder verstellt. Um auf diesem Weg unversehrt weitergehen zu können, muß ein Mensch von fanatischen Zwangsvorstellungen und Irrationalitäten geheilt werden. Er mag zwar der Ansicht sein, daß die Beseitigung persönlicher Fehler wenig mit dem Finden des wahren Selbst zu tun hat, aber das entspricht nicht den Tatsachen. Diese Fehler haben ihren Ursprung in der falschen ›Ich‹-Vorstellung. Diese Beseitigung wird ihm aber noch aus einem anderen Grunde vorgeschlagen. Sie soll ihm nämlich nicht nur helfen, solche falschen Vorstellungen zu überwinden, sondern auch dazu, ein besserer Diener der Menschheit zu werden.

Es trifft freilich zu, daß ein Mensch nicht anders sein kann als er ist, daß die Verbindung von äußeren Umständen und innerer Veranlagung, von karmischen Tendenzen und vergangenen Erfahrungen seinen Charakter bilden. Erst wenn er sich selbst gegenüber ehrlich ist, wenn er aufhört, seine häßlichen Fehler zu verbergen und anfängt, sie ins volle Licht zu bringen, erst dann hat er die Chance, auf der Suche solide Fortschritte zu machen.

Er tut gut daran zu wissen, was sein Ego in Wirklichkeit ist, bevor er den Versuch unternimmt zu wissen, was sein *Überselbst* ist. Die erbarmungslose Untersuchung seiner Komplexe und Neigungen, seiner versteckten Eitelkeiten und Triebe stellt eine wertvolle Vorbereitung dar. Er sollte sich nach dem vortasten, dessen er sich bisher ganz unbewußt war.

Solange wir dieser konstanten Motivüberprüfung, dieser suchenden Charakteranalyse aus dem Weg gehen oder uns gar vor ihr fürchten, ist der Egoismus in der Lage, sich zu verstellen. Dabei manipuliert er die altruistischen Situationen unmerklich so, daß er selbst Vorteile aus ihnen zieht und seine triebhaften Wünsche ganz unvermutet befriedigt, obwohl es keineswegs danach aussieht. Wird ihm gestattet, sich in die Lebensbeobachtungen eines Menschen einzuschleichen, dann werden diese fehlbar, zweifelhaft, verzerrt oder falsch. Das Ego muß plattgedrückt werden und nötigenfalls sogar ein Loch bekommen!

Worauf es ankommt, ist Inspiration und Motiv. Ist die Handlung vom Ego hervorgerufen worden? Oder ist sie vom Überselbst hervorgerufen worden? Sucht sie sich persönliche Vorteile zu verschaffen? Oder sucht sie altruistischen Dienst zu erweisen? Die Gesetzmäßigkeiten der Pflicht mögen manchmal unklar sein, aber das Soufflieren des Egotismus ist immer deutlich. Es ist leichter, das Vorurteil des Temperaments zu überwinden, welches schließlich nur eine oberflächliche Sache darstellt, als das Vorurteil des Egotismus, welches nur allzuoft so tief verborgen ist, daß es ganz unsichtbar ist. Diese unbewußten Absichten funktionieren auf ihre eigene Art und Weise ausgesprochen effektiv, und das geübte Auge kann deren Einfluß bei einem Großteil unserer bewußten Tätigkeit unterscheiden.

Der Student muß mit der schlechtesten Meinung über sich selbst anfangen, wenn er eines Tages mit der höchsten aufhören will. Unter keinen Umständen darf er den Schnitzer begehen, sich für fortgeschrittener zu halten als er wirklich ist, denn damit steuert er auf einen Fehlschlag zu. Er darf sich nicht zu früh als einen der privilegierten Auserwählten wähnen, andernfalls läuft er Gefahr, geistig stolz oder moralisch eingebildet zu werden. In dieser Angelegenheit sollte er sich den Rat eines alten indischen Sprichwortes zu Herzen nehmen:

»Deine Beine streck! Nur nicht länger als die Deck'.« – – – Hindustanisch.

Solch rosarote Augengläser tragen, mit denen das Gute zum Besten vergrößert wird, dient keinem anderen Zweck als der Selbsttäuschung. Abweichungen vom Pfad wie auch die auf ihm erzielten Leistungen sollten überprüft werden; die dadurch verursachte Selbsterniedrigung muß man hinnehmen – man darf ihr weder durch einen Rückzug auf den Zynismus noch durch ein Ausweichen aufs Heucheln aus dem Weg gehen wollen. Der Student muß über die Demut verfügen, diese Fehler anzuerkennen und über die Bereitwilligkeit, sie sich auszutreiben.

Um ein Beispiel anzuführen: Besäße der Student nur die moralische Stärke – diese so wenig geschätzte Fähigkeit der Selbstverleugnung –, das niedrige Ego bei all seinen unfreundlichen Streitigkeiten, Auseinandersetzungen, Ärgernissen und schwierigen Verhältnissen mit anderen fallen zu lassen, dann würde ihm das mit innerer Zufriedenheit entlohnt werden, mit einem beschleunigten Heranreifen des Innenlebens, was um vieles wertvoller ist als die anfänglichen Kosten, die seinen persönlichen Gefühlen entstanden sind. Wenn er zaudernden Schrittes unter großen Schmerzen langsam lernt, das niedrige Ego bei all seinen Erwägungen, Reflexionen und Entscheidungen beiseite zu schieben, dann hat er eine der größten Lektionen gelernt, die das Leben ihm zu vermitteln hat. Wenn er über die Kraft verfügt, seinem eigenen Ego die Stirn zu bieten, und über die Großartigkeit, seine eigenen Ambitionen zu verleugnen, dann hat er die Schwelle der Selbstentsagung überschritten.

Der Unaufgeklärte hat keinen größeren Feind als sein eigenes niedriges Ego, während der Aufgeklärte keinen größeren Freund hat als sein eigenes höheres Selbst. Die niedrige Natur ist nicht nur unser größter Feind, sie auch unser subtilster. Sie wird vorgeben und täuschen, sich verstellen und Masken tragen, sich drehen und wenden, und zwar auf eine so hintertriebene Art und Weise, daß wir häufig unfähig sind, sie von unserem größten Freund zu unterscheiden, der sich auch in uns befindet.

Der Kandidat muß mit seinen Motiven besonders sorgfältig umgehen und sie gut überwachen, denn das Ego ist der wirkliche Feind auf dem Weg, ist der Berg, der sich nicht mit Glauben versetzen läßt, sondern nur mit qualvollem Verzicht. Die Qual wird geschmälert, wenn wir aufgrund angemessener Unterweisung hinreichend verstehen, wie illusorisch dieses ›Ich‹ in Wirklichkeit ist. Ohne dieses Wachehalten geraten wir, was diese Dinge anlangt, nur allzu leicht auf Irrwege. Die Trennlinie ist oft sehr dünn. Wir müssen uns der unbestreitbaren Gefahren, der mächtigen Versuchungen und der Fallgruben, von denen wir umgeben sind, bewußt sein. Wie schwer scheint es dem Menschen doch zu fallen, sich seinem eigenen Schutzengel anzuvertrauen, aber wie leicht, sich in die Hände seines beständig drohenden Dämonen zu begeben.

Der Student muß vor den schlauen Verkleidungen des sich auf dem Rückzug befindenden Egos auf der Hut sein. Er muß sich vor dessen Selbstschmeicheleien in acht nehmen, die vorgeben, Komplimente des Überselbst zu sein. Er muß sich vor jeder ›Mission‹ hüten, zu der er auserkoren wird. Wenn dir die innere Stimme eine bemerkenswerte Zukunft verspricht, ob nun mystische Lorbeeren oder weltlichen Triumph – glaub ihr nicht! Nur wenn sie uns demütiger macht und sanftmütiger – dann darf man ihr Glauben schenken.

Das Ego wird wiederholt Widerstand leisten und einen Kampf liefern, der sich lange dahinschleppt. Es muß ins Herz zurückgebracht und dort befestigt werden. Es wird mit Gewalt gegen diese Gefangennahme ankämpfen und sich gezwungen sehen, sich durch schlaue Rationalisierungen selbst zu verteidigen. Ist die Geduld des Kandidaten dem robusten Antagonismus des Egos ebenbürtig und bittet er um Gnade, und wird diese ihm erteilt, dann wird sich schließlich der Sieg einstellen. Das Ego ist ein so subtiler Feind auf dem Weg, daß es sich selbst dort, wo uns die Gnade des Überselbst durch unsere mystischen Übungen zu Augenblicken heiliger Erhabenheit führt, durch Betrug den Verdienst für diese Ergebnisse erschleicht.

Auf dem ganzen Weg, vom Anfang der Suche bis zu ihrem Ende, wird der Kandidat über die Fähigkeit selbstvernichtender Demut und selbsterniedrigender Verehrung verfügen müssen. Das erste benötigt man nicht in der Gegenwart von Menschen, sondern in der Gegenwart *Gottes*, das zweite nicht im Getöse der Welt, sondern in der Abgeschiedenheit des Herzens. Das niedere Selbst muß sich der höheren Individualität ausliefern, nicht einem anderen Ego.

Bei intellektuell veranlagten Kandidaten ist die Notwendigkeit, sich vor dem Überselbst selbst zu demütigen (was nichts mit einer Selbstdemütigung vor anderen Menschen zu tun hat) besonders groß. Der Schleier des Egoismus muß gehoben werden, der Stolz, aus eigenem Zutun gedemütigt im Staube zu liegen. Solange wir der Meinung sind, daß wir klug sind und Anerkennung verdienen, weil wir geistig höhere Bestrebungen haben, solange wird uns das höhere Selbst die Mittel zur Verwirklichung dieses Strebens vorenthalten. Sobald wir aber der Überzeugung sind, daß es uns an Weisheit fehlt, daß wir voller Sünde sind, fängt das höhere Selbst mittels seiner Gnade an, uns bei unserer Überwindung dieser Fehler zu helfen. Wenn unsere Demut wächst und zu der Erkenntnis führt, daß wir völlig hilflos sind, dann ist der Augenblick gekommen, sie mit intensiven Gebeten und brennender Sehnsucht nach göttlicher Gnade zu verbinden. Diese Demut gegenüber dem höheren Selbst sollte eine bleibende Haltung sein, so bleibend wie die Entschlossenheit, mit der wir unserem niederen Selbst gegenübertreten. Zum einen muß sie deswegen bleibend sein, weil wir uns ständig klar machen müssen, daß wir die Gnade des höheren Selbst ewig, für alle Zeiten brauchen werden, zum anderen deswegen, weil wir nie aufhören dürfen, unsere Unwissenheit, Torheit und Sündhaftigkeit anzuerkennen. Auf diese Weise wird das Ego von seiner eigenen Unklugheit überzeugt, und wenn es bußfertig zu Füßen des Überselbst sich neigt, dann legt es die Weisheit an den Tag, die ihm bisher gefehlt hat. Anstatt seine Zeit mit Kritik an anderen zu vergeuden, schlägt es mit Selbstkritik Kapital aus ihr. In altmodischer theologischer Sprache ausgedrückt heißt das, daß es sich für einen unwürdigen Sünder halten muß; erst dann wird es in der Lage sein, Gnade zu empfangen. Wir sollten unsere innere Statur nicht an den niederen Maßstäben der konventionellen Masse messen, sondern an den erhabeneren Maßstäben des *Ideals*. Das eine führt leicht zu selbstgefälliger Überheblichkeit, aber beim anderen kommen wir uns klein vor.

Gelegentlich bekommen wir das Tier in uns zu spüren, manchmal den Verbrecher, und ganz selten den Engel. Wir müssen uns selbst der Sünde überführen, müssen uns zutiefst bewußt werden, daß wir uns mit unserem hartnäckigen, langen Festhalten an Eitelkeit, Vertiertheit, an Selbstsüchtigkeit und der Materialität in einer jämmerlichen Lage befinden.

Wir mögen uns Sorgen machen über unsere Fortschritte, mögen enttäuscht sein über ihre Langsamkeit oder verwirrt über ihr Wesen, aber wir müssen mit unseren Bemühungen geduldig sein und immer weitermachen, dürfen dem so weit in der Ferne liegenden Ziel nie untreu werden und nie blind werden für die Notwendigkeit, eine ausgeglichene Persönlichkeit zu bewahren. Andererseits sollte man auch nicht so besessen werden von sich selbst, daß jede triviale Fluktuation unserer Gefühle mit übertriebener Wichtigkeit betrachtet und mit morbidem Analysiereifer inspiziert wird. Kurz gesagt: Man darf nicht zum überängstlichen Neurotiker werden. Wiederholtes Nachdenken über unsere Fehler, konstantes Analysieren unserer Unzulänglichkeiten, die Selbstenthüllung unserer Fehltritte und Fehlschläge – all das sollte uns demütigen, mäßigen und läutern.

Ein Tagebuch zu führen, in dem wir unsere Verhaltens- und Gefühlsfehler bekennen und niederschreiben, wie sie sich einstellen, mag uns bei der Arbeit unserer Selbstverbesserung eine Hilfe sein.

Weil wir unsere Fehler und Sünden erst einmal erkennen und korrigieren müssen, darf sich unsere kritische Selbstuntersuchung nicht nur auf sich selbst verlassen. Sie muß sich auch von den Konsequenzen unserer Handlungen und der Kritik unserer Feinde führen lassen. Worin der normale Mensch nur Feindseligkeit sieht, sieht der ernsthafte Kandidat eine Chance, seine Entwicklung voranzutreiben. Der eine jammert über Widerstand, der andere benützt ihn für seine eigene Ausbildung.

Das Ego ist immer schnell bei der Hand, sich mit der Methode der Selbsttäuschung zu verteidigen, immer erfreut, seine eigenen Unzulänglichkeiten dadurch zu überspielen, daß es andere Menschen anprangert, greift immer auf die falschen Beispiele zurück, die andere geben, um so sein eigenes Fehlverhalten zu rationalisieren.

So leicht kann es sich der Schüler nicht machen. Er kann nicht immer anderer Menschen Übertretungen anprangern, aber nie die eigenen. Was er über sein eigenes Selbst mit all seinen Mängeln und Schwächen und Sünden weiß, sollte ihn ein bißchen Vorsicht lehren, was andere angeht, ein bißchen Behutsamkeit in seinem Umgang mit ihnen. Er sollte über die Fehler seiner Mitmenschen kein Wort verlieren, aber stets darauf bedacht sein, seine eigenen zu korrigieren. Nur wo öffentliche oder private Pflicht fordern, daß er frei und offen spricht oder wo er tatsächlich von der betreffenden Person um eine solche Kritik gebeten wird, soll er diese Regel brechen.

Es bleibt ihm nichts anderes übrig, als sich von emotionellem Stolz und intellektueller Selbsteingenommenheit zu befreien. Sich seine persönliche Machtlosigkeit einzugestehen, stellt den ersten Schritt zur Entdeckung seiner unpersönlichen Stärke dar, und die Gnade wird dann anfangen zu wirken, wenn er das Gefühl hat, daß er selbst weder funktionieren noch sein eigenes Leben lenken kann, ohne tiefer in Sündhaftigkeit und Dummheit hineinzugeraten.

Das Ego eines Menschen ist natürlich nicht willens, sich dem Befehl des *Überselbst* gehorsam zu unterstellen. Erst wenn es aufgrund der elenden

Ergebnisse seiner eigenen Fehler zusammenbricht und es aufgrund des Gefühls seines eigenen Versagens eine verzweifelte Reue überkommt, erst dann fängt es an, diesen Widerwillen aufzugeben.

In dem Maße, in dem ein Mensch sich selbst leer macht, in dem Maße kann das *Überselbst* in dessen gewöhnliches Bewußtsein eintreten. Die Verdrängung des Egos wird und kann sich aber nicht durch einen Willensakt seitens des Egos einstellen, vielmehr wird sie mittels eines göttlichen Willensaktes in dessen intellektuellem und emotionellem Bewußtsein bewerkstelligt werden. Der Mensch, der über die Demut, Kraft und Weisheit verfügt, dem höheren Selbst seinen persönlichen Willen zurückzugeben, gibt damit größeren Kräften als sich selbst die Chance, ihn zu segnen, zu inspirieren und als Instrument zu benützen. Laßt ihn doch den Mut haben, diesen einen dynamischen Akt der Selbstverleugnung zu begehen. Er wird es nie bereuen, denn was es ihm auch wegnehmen mag – zurückgeben wird es mehr.

Die einfache Bedeutung dieser allgemein üblichen mystischen Redewendungen wie ›Selbstvernichtung‹, ›das Ego aufgeben‹ oder ›das Ich verlieren‹ ist, daß wir Gedanken, Emotionen und persönliche Angelegenheiten, die uns normalerweise beschäftigen, wegschieben und den Geist ungehindert in einen Zustand völligen Absorbiertseins in einer höheren Macht versinken lassen sollen, die etwas Gefühltes ist. Damit bringen wir uns selbst dem sublimen Wesen zum Opfer.

Dem Kandidaten wird nur deswegen gesagt, sein egoistisches Leben zu verdrängen, weil er dadurch ein tieferes und besseres Leben finden kann. Nicht daß er seine Existenz verleugnen soll, er soll nur deren Qualität verbessern. Das Ego selbst muß dieser phänomenalen Veränderung den Weg ebnen, indem es seinen Stolz auf sich selbst aufgibt und indem er das *Überselbst* anfleht, es völlig in Besitz zu nehmen.

Der Rat, nach innen zu schauen, wäre idiotisch, wenn er der Aufforderung gleichkäme, nur die menschlichen Schwächen und irdischen Dummheiten des Studenten anzuschauen. In Wirklichkeit bedeutet er, weiter, tiefer zu schauen. Er bedeutet einen nach innen gerichteten, auf Selbstbeobachtung gegründeten Untersuchungsprozeß, für den wesentlich mehr Zeit, Geduld und Ausdauer aufgebracht werden muß als für einen kurzen Einblick. Dieser Prozeß verlangt eine Intensität ersten Grades, ein ausgezeichnetes, unerschütterliches Konzentrationsvermögen und eine innere Sehnsucht, deren Inbrunst uns keine Ruhe läßt. Wir werden einen tieferen Blick in unser Herz tun müssen, tiefer als jemals zuvor, und in seinen dunklen Labyrinthen nach den Motiven und triebhaften Wünschen suchen, die sich dort vor unseren bewußten Bestrebungen versteckt halten. Was von uns verlangt wird ist, daß wir gründlichst Selbstkritik üben, und diese Kritik soll von emotioneller Dringlichkeit und tiefer Reue gekennzeichnet sein.

Solange wir die Sklaven unserer niederen Natur sind, solange werden wir Verwirrungen und Mißverständnissen unterworfen sein, solange werden wir uns während unserer Suche nach der Wahrheit an Halluzinationen und Trugbilder klammern. Daher die Notwendigkeit, eine Anstrengung zu machen, die niedrige Natur mit Selbstdisziplin zu übersteigen. Diese innere Arbeit fängt man am besten mit der unverrückbaren Erkenntnis an, daß man sündig, voller Fehler und unwissend ist, mit der demütigen Einsicht unserer persönlichen Unwürdigkeit und mit dem Wissen, daß wir Selbstverbesserung, Läuterung und Veredelung bitter nötig haben.

Der Kandidat sollte auf der Hut sein; er darf nicht zulassen, daß überstarke Emotionen oder undisziplinierte Leidenschaften die Aufrechterhaltung seines moralischen und geistigen Gleichgewichts zerstören. Selbst persönliche Verbitterung wegen einer großen Ungerechtigkeit kann sie gefährden.

Wir sagen nicht, daß der Philosophiestudent, im Gegensatz zum philosophischen Weisen, völlig leidenschaftslos sein soll. Was das betrifft, sagen wir nur diese zwei Dinge: Erstens sollte der Student versuchen, im Innersten einen Zentralkern zu schaffen, wo seine Leidenschaften ihn nicht berühren können und wodurch diese automatisch kontrolliert und diszipliniert sind – das heißt, daß er versuchen sollte, eine Ebene tiefgreifender Erinnerung zu schaffen, wo sie plötzlich still liegen; zweitens sollte er sie ihres ausschließlich animalischen Charakter befreien und sie in menschliche Bahnen umlenken. Man sollte intellektuelle und künstlerische Leidenschaft pflegen, um so die sich auf einer niedrigeren Ebene befindenden Leidenschaften zu ergänzen.

Wenn das Innenleben eines Menschen wiederholt durch Leidenschaft verwüstet wird, dann wird er sich nie eines Friedens versichert sehen, nie ein anhaltendes Ziel erreichen. Wir müssen uns beherrschen, müssen unsere Leidenschaften in Zaum halten und an unseren Emotionen arbeiten. Der höhere Wille muß auf Kosten des niederen gestärkt werden, denn ersterer fördert unsere geistige Evolution, während der zweite das Tierische in uns anstachelt. Wir müssen den unausweichlichen Höhen und Tiefen des Lebens eine unerschütterliche Stirn bieten und unser Herz davor bewahren, zum Spielball tosender Emotionen und aufwieglerischer Leidenschaften zu werden. Das heißt, daß wir unentwegt Wache halten müssen über unsere emotionelle Haltung gegenüber andern Menschen, andernfalls geben wir unsere tief verborgene Unverletzlichkeit preis mit dem Erfolg, daß wir sie verlieren.

Die schwierigste Aufgabe, die ein Mensch übernehmen kann, ist, sein niedriges Ego auf eine Linie mit seinem höheren Selbst zu bringen. Dieses Ziel läßt sich nicht mit schwachen Mitteln erreichen. Es verlangt dem Menschen den Einsatz all seiner Macht und Fähigkeiten ab, und das zu Spitzenleistungen. Es verlangt ihm eine pauschale und ernst gemeinte Wiedererstehung seines Denkens, seines Ideals und seines Willens ab. Zu glauben, daß man eine neue Lebensweise aufbaut, wenn man an der alten herumflickt, ist reine Selbsttäuschung. Soll sie einen karmischen Wert haben, dann darf die Reue nicht nur mit Emotionen aufhören. Der endgültige Beweis eines Gesinnungswechsels ist eine veränderte Lebensweise.

Das Ergebnis dieser selbstkritischen Bemühung, unsere Persönlichkeit zu erneuern, wird Selbstbestrafung sein. Wir werden die akute Notwendigkeit sehen, frühere Vergehen wiedergutzumachen, wobei diese Wiedergutmachungsversuche zwei Formen annehmen. Die erste erstreckt sich auf andere Menschen – mit ihnen werden wir Frieden schließen. Die zweite Form erstreckt sich nur auf uns – und wir werden Buße tun und uns einer asketischen Disziplin unterwerfen.

Der Kandidat muß sich schulen, seine Gedanken in ihrer richtigen Bedeutung zu sehen, muß sich weigern, deren hartnäckige Vorlieben und Abneigungen als die seinen zu betrachten. Er muß die Angewohnheit kultivieren, seine eigenen Gedanken und Tätigkeiten mit derselben Objektivität zu beobachten, mit der er Fremde auf der Straße beobachtet. Will er die Wahrheit über sich herausfinden, dann muß er sich selbst mit Unparteilichkeit betrachten. Wenn er aus seinen Erfahrungen lernen will, dann muß er sie ruhig ins Auge fassen. Solange er an seinem kleinen habgierigen Ego festhält, solange hält er auch an Ängsten und Sorgen fest, an Streitigkeiten und Verzweiflung. Er geht emotionell zu sehr in seinen persönlichen Problemen auf und verdrängt auf diese Art und Weise die wahren Themen, oder er verzerrt oder übertreibt sie.

Hat der Student seine Meditationen und seine Disziplin, seine Studien und seine Bestrebungen getreulich fortgesetzt, dann kommt die Zeit, wo er auf einen zyklischen Wendepunkt in seinem Innenleben zusteuert, wo er die Seiten seiner weit entfernten und näheren Vergangenheit einer Durchsicht unterzieht. Während dieses kritischen Stadiums wird er von den quälenden Gedanken seiner verabscheuungswürdigen Vergangenheit und den daraus resultierenden Selbstvorwürfen geplagt. Er wird eine Periode intensiver Selbstkritik durchleben. Diese stechenden Gewissensbisse, diese Schmerzen bitterer Reue lassen sich während dieser Läuterungsperiode, wo seine Vergangenheit im Licht, das auf sie fällt, eine häßlichere Gestalt annimmt, wo er zum ersten Mal auf die dunklen Winkel in seinem Charakter und die schwachen Stellen seiner Natur aufmerksam gemacht wird, nicht vermeiden.

Solche Erinnerungen stellen sich ungebeten ein. Sie beschäftigen sich aber nur mit der Schattenseite, nur mit seinen Sünden und Versehen, seinen Denkfehlern, Fehlurteilen und seinem falschen Betragen und mit dem Unrecht, das er anderen absichtlich oder unabsichtlich zugefügt hat. Diese Überlegungen werden von schmerzlichen Erinnerungen an die unnötigen

Leiden, die ihm daraus erwuchsen und ihn jetzt in Trauer stürzen, begleitet sein, und von Gewissensqualen angesichts seiner Abweichungen vom Weg der Rechtschaffenheit und Weisheit. Solche Reflexionen und Gefühle werden sich in Abständen und bruchstückweise über eine Periode von einigen Monaten oder gar Jahren hinziehen, aber zur rechten Zeit wird die Periode ein plötzliches, unerwartetes und abruptes Ende finden, das von einem emotionellen Umbruch gekennzeichnet ist. Dabei handelt es sich um die zweite ›mystische Krise‹ (bei der ersten wurde er an den Eingang zum Weg gebracht). Sie währt drei Tage. Während dieser Zeit werden viele der wichtigsten Episoden, Ereignisse und Entscheidungen bis zurück in die Kindheit unter großen Gewissensqualen und Schmerzen in Form einer Art Filmrückblick wieder erlebt, in dem der Student sowohl Zuschauer als auch Schauspieler ist. Während dieses Rückblickes sollte es nicht zu feindseligen oder zornigen Gefühlen gegenüber anderen von ihm betroffenen Menschen kommen. Falls das geschieht und er nicht sofort davon abläßt, wird die Krise ein abruptes Ende finden, ohne Nutzen bringen zu können. Diese Erinnerungen sollten sein Herz bis an den Rand mit Verzweiflung erfüllen angesichts seiner eigenen Gottlosigkeit, seiner eigenen Schwäche und Dummheit. Er wird von seinem inneren Gewissen dazu getrieben werden, seinen Charakter und seine Intelligenz, wie sie sich während innerer Kämpfe und äußeren Problemen offenbarten, in Frage zu stellen. Kurz vor Ende, oder am Ende dieser dreitägigen Erfahrung, mag ihn sogar das Gefühl übermannen, daß es besser sei, zu sterben, als ein derart wertloses Leben weiter zu leben. Er wird mit großer Klarheit wahrnehmen, wie anders, wieviel besser für ihn selbst und für andere, wieviel glücklicher und wieviel fruchtbarer dessen Verlauf gewesen wäre, wenn seine Entscheidungen und Handlungen weiser gewesen wären. Diese Erkenntnis wird ihm große Qualen bereiten, weil sie beinhaltet, daß er das, was war, mit dem vergleicht, was hätte sein können. Mit der Ankunft des vierten Tages werden ihn all seine Selbstvorwürfe verlassen. Jetzt wird sich eine eindringliche klare Intuition an ihn wenden, deren Wortlaut folgendem entspricht: »Nimm dir die Lektionen der Vergangenheit zu Herzen und erinnere dich ihrer stets, aber laß die Vergangenheit als solche fahren. Vermeide diese Sünden, entferne diese Schwächen aus deinem Charakter, verbessere dein Urteilsvermögen, leiste Schadenersatz, wo du nur kannst, aber schließe ab mit der Vergangenheit und sei mit ihr von jetzt ab in Frieden. Heute beginnst du ein neues und höheres Leben.« Darauf steigt in ihm ein unermeßliches Gefühl der Erleichterung auf, und für einige Tage umgibt ihn eine willkommene Friedensstimmung. Die Studenten werden feststellen, daß die zweite mystische Krise dem in *Die Weisheit des Überselbst* beschriebenen Nachtodrückblick auffallend ähnlich ist.

Die Verfolgung dieses geistigen inneren Selbst darf man nicht als ein

Hobby unternehmen, nicht als ein Anhängsel zum Essen und Arbeiten. Die Aufgabe, sich zu ändern, ist die größte Aufgabe, die sich ein Mensch stellen kann. Sie ist eine Lebensarbeit. Dieses Sichselbstverbessern und Vorwärtsbringen der Menschheit, dieses Verbessern seines Charakters und Mehren seines Verständnisses wird ihn bis zum Ablauf seiner Frist auf Erden beschäftigen. Das philosophische Leben ist weder leicht noch faul, und vielleicht sind es nur die Ungewöhnlichen, die sich auf dieses Abenteuer einlassen werden. Es ist Schwerstarbeit, die vielen Angewohnheitsmuster zu verändern, die jetzt im Lichte der philosophischen Lehre so ungenügend zu sein scheinen. Sofern er aber diese Lehre akzeptiert hat, kann der Student gar nicht anders, als sein ganzes Leben an sie anpassen wollen. Die Aufgabe ist enorm, aber nicht unmöglich. Sie ist nicht nur theoretisch vorstellbar, sondern auch praktisch durchführbar, und der Student soll sie zu seiner primären Aktivität machen, in der alle andern wurzeln und aus welcher sie Leben schöpfen.

Die Suche muß zum Mittelpunkt seines Denkens werden und daher zum Mittelpunkt seines Lebens. Er muß sich ihr ständig bewußt sein, muß sich völlig dem philosophischen Ideal anheim stellen. Damit wird er zum Wahrheitssuchenden. Jetzt hat er das Gefühl, daß sein Leben nur dann zu ertragen ist, wenn er das Ziel dieser inneren Vervollständigung, dieser vollen Besitznahme seiner selbst verfolgt und erreicht; jetzt weiß er, daß er bisher nur blind im Dunkeln nach ihr herumgetappt ist. Künftig muß seine Suche eine bewußte und vorsätzliche sein. Jetzt muß er vom Traum zur Wirklichkeit übergehen, von seinem Wunsch, die Seele zu finden, zu dessen Erfüllung. Diese Wahrheiten müssen im Rahmen der eigenen Erfahrung des Studenten bewiesen werden und nicht nur ein Konzept in seinem Kopf bleiben. Er muß mehr an seine eigene Erlösungsarbeit glauben als an ein Vertrauen auf einen einzelnen Lehrer.

Die Philosophie lehrt einen sublimen Moralkodex, dem der Schüler zu seinem eigenen Vorteil und zu dem seines Mitmenschen folgen soll. Was immer die Unterschiede zwischen ihm und anderen in bezug auf metaphysische Anschauung und äußere Praktiken sein mag – der Philosoph verabscheut Streitereien und liebt gutes Einvernehmen. Er übt allen gegenüber Toleranz. Und obschon es keinen Moralkodex gibt, den man als einen absoluten bezeichnen könnte, müssen alle Sittenlehren den Haß verurteilen, wenn sie es wert sein sollen, als solche bezeichnet zu werden.

Als eine Folge all dieser Bemühungen und Meditationen, Selbstzüchtigungen und Reflexionen werden beim Schüler gewisse Veränderungen vor sich gehen. Allmählich schwinden die seinem niedrigsten Selbst entspringenden geistigen Bilder aus dem Bewußtsein, und er mag sein ganzes vergangenes Leben tatsächlich als einen Traum ansehen. Das Empfinden der Nähe der

Seele wird wirklich, wird für ihn zu einer täglichen Gegenwart und einer fortwährenden Realität.

Allmählich stellt sich – je länger wir auf diesem Weg reisen – ein Sichunterordnen der persönlichen Identität ein, ein Schrumpfen dieser egoistischen Grenzen, die einen Menschen davon abhalten, das Beste im Leben zu erreichen, stellt sich eine Abstraktion vom gesamten Sortiment weltlicher Sehnsüchte ein, aus denen sich das Leben normalerweise zusammensetzt.

Solche Menschen heben sich aufgrund ihrer Bestrebungen und edlen Ernsthaftigkeit von der Masse ab.

Wenn die Menschheit nichts erreicht hat, dann deswegen, weil sie nicht gesucht hat.

13 Prüfungen und Probezeit des Kandidaten

Unsere Wünsche zu meistern, unsere Leidenschaften zu überwinden und unsere Emotionen zu erhöhen: Selbstverbesserung und Selbstläuterung sind die ersten praktischen Früchte der Philosophie. Demzufolge muß notwendigerweise eine lange Probezeit vorübergehen, bevor die Ergebnisse dieser Anstrengung in unserem Denken und Tun zu Tage treten können. Die Aufgabe, die vor uns liegt, ist wirklich eine gewaltige, die uns unsere ganze Natur und unser bestes Denken und Fühlen abverlangt. Alles, was weniger ist, bringt uns einem Fehlschlag um so viel näher. Ihre Bedeutung ist so weitreichend, daß umgekehrt ein Versagen ein entsprechendes Maß an geistigem Leiden zur Folge haben wird. Wir mögen der Überzeugung sein, gewisse Dinge bereits erreicht zu haben, aber wir sollten uns folgendes vor Augen führen. Erstens sollten wir uns das Sprichwort zu Herzen nehmen, daß das Bessere der Feind des Guten ist, und zweitens sollten wir uns vor Augen halten, daß es immer noch eine Frage ist, ob unser Erfolg echt ist und ob er, wenn er echt ist, auch aufrechterhalten werden kann – das muß sich erst noch beweisen. Unsere Treue zu den höheren Werten und inwieweit unsere Geistigkeit wirklich oder vermeintlich ist, sind Faktoren, die während unserer mystischen Laufbahn mit Sicherheit in Abständen auf bestimmte Proben gestellt werden. All unsere früheren Erlebnisse und vorangegangenen Kämpfe, Siege und Niederlagen waren eine Vorbereitung auf sie. Deswegen können wir damit rechnen, daß wir hin und wieder Versuchungen und Widerwärtigkeiten begegnen werden. Wir selbst haben so gut wie keine Vorstellung, welche Schwächen unser unterhalb der Schwelle unseres bewußten Lebens harren, bereit, an die Oberfläche zu kommen, sobald sich eine günstige Gelegenheit dazu bietet.

In manchen großen Mysterienschulen des Altertums hatte der Grand Master die Aufgabe, die notwendigen Prüfungen zu verabreichen, die Aufgabe, die schicksalhaften Zerreißproben zu planen, mit denen ermittelt wurde, ob der Kandidat sich eigne, zu einem der sukzessiven Einweihungsgrade zugelassen zu werden. Die ägyptischen Oberpriester wendeten ihre Würdigkeitsprüfungen der Kandidaten an, *bevor* sie ihnen die mit der Einweihung verbundene Aufklärung gewährten. Diese außerordentlich schwierigen Tests wurden in fünf steigende Schwierigkeitsgrade unterteilt, wobei jeder einem anderen Element entsprach – Erde, Wasser, Luft, Feuer und Geist. Die

Priester verlangten, daß der Initiationskandidat in einem esoterischen Stand sich an Plätze begab, die seine Nerven auf Zerreißproben stellten, und daß er sich schweren Prüfungen unterwarf, bei denen er seinen Mut unter Beweis zu stellen hatte. Sie brachten ihn auch in Umgebungen und unter Individuen, wo er enorme Versuchungen seiner sinnlichen Begierden zu überwinden hatte. Von diesen Schulen und ihren Methoden ist nichts übrig geblieben. Darüberhinaus wären sie für die Bedingungen der modernen Welt tatsächlich ungeeignet.

Je weiter wir vorwärtskommen, um so gewaltiger und weniger erkennbar werden die Hindernisse, Prüfungen und Versuchungen sein, die wir überwinden müssen. Männer, Frauen, und verschiedenste Situationen werden als Köder benützt, uns von den moralischen Idealen oder asketischen Phasen der Suche, von ihren intellektuellen Zielen und ideologischen Wahrheiten wegzulocken. Eine der merkwürdigen Methoden, die von den Kräften, die uns auf die Probe stellen sollen, benützt wird, besteht darin, Zufälle in unserem äußeren Lebenskreis zu arrangieren. Auf diese Weise wird uns ein bestimmtes Ding, das wir gerade hoch und heilig aufgegeben haben, innerhalb kurzer Zeit, manchmal innerhalb eines Tages, wieder angeboten! Solche Zufälle können schlecht sein. Sie mögen aber auch gut sein. In dem Augenblick, in dem wir von einer Sache oder Person, die wir uns wünschen, stark angezogen werden, müssen wir mit bewußter Heldenhaftigkeit auf sie verzichten. Mitten in einer Situation, in der das Ego nur seine Hand auszustrekken und zuzugreifen braucht, sollten wir die Methode der Selbstverleugnung anwenden, mit Umsicht, aber schonungslos. Zu solchen Zeiten ist es vorteilhaft, sich an die Warnung Awhadis, eines persischen Mystikers des Mittelalters, zu erinnern: »Wenn Fortunas Kelch in deine Hand gerät, denk an das Kopfweh, das dir bald entsteht!«

Diese Erlebnisse dienen dazu, uns unserer Charakterschwächen bewußt zu machen und uns zu zeigen, wie groß der tatsächliche Abstand ist, den wir von solchen Eigenschaften wie Eitelkeit, Leidenschaft, Ambition und Habgier gewonnen haben. Während dieser Probezeit wird sich herausstellen, was wir im Sinne unserer tiefsitzenden Impulse sind. Diese Feuerproben werden das endgültige Versuchsgelände für unseren Charakter sein und werden dessen Schwächen und Unzulänglichkeiten gewaltsam bloßlegen. Da läßt sich nichts verbergen. Zwar können sich dieselben günstigen Gelegenheiten, dieselben Proben und dieselben Versuchungen nicht unter absolut gleichen Umständen wiederholen, aber das heißt nicht, daß sie sich nicht auf andersartigen Ebenen wiederholen. Sünden und Fehler verschwinden selten völlig, sondern tauchen häufig wieder auf, wenn auch auf subtilere Art und in verfeinerter Gestalt. Dabei werden die latenten Hauptschwächen solange stimuliert werden, bis sie zum Vorschein kommen. Daß sie zum

Vorschein kommen, geschieht größtenteils, weil das Schicksal jetzt eine äußere Lebenslage geschaffen hat, in deren Rahmen sie ungehindert zum Ausdruck kommen können. Erweist der Kandidat sich als zu schwach, ihnen Widerstand leisten zu können, dann kommt es nicht nur zu seinem moralischen Verfall, sondern auch zu der Tragödie eines Wissensverfalls.

Einige dieser scheinbar günstigen Gelegenheiten haben ein so attraktives Äußeres, daß es nicht leicht sein wird, herauszufinden, was sich in Wirklichkeit hinter den Kulissen abspielt. In gewissen Abständen stellt der Teufel entlang dem Weg Fallen auf. Sie sind so geschickt getarnt, daß sie eher angenehmen Salons gleichen, wobei die, die ihnen in die Falle gehen, möglicherweise ganze Jahre in dem Wahn leben, sich tatsächlich in einem Salon zu befinden. Wenn die gegnerischen Kräfte uns nicht mit himmelschreienden Verführungsmanövern in die Falle locken können, dann werden sie es mit subtilen versuchen.

Sobald diese Versuchungen Fuß fassen, sollte man sich die Feinheit der Gefühle und die Erhabenheit der Ideen ins Gedächtnis rufen, die man bei mystischen Erlebnissen erlangt hat. Diese Versuchungen werden Formen annehmen, die sie bei der langen Reise der Menschheit aus der Versklavung durch das Fleisch zur Verzückung durch die Seele schon immer angenommen haben, nämlich die Form von Sex und Geld, Macht und Rang, Besitz und narzißtischem Rücksichtnehmen auf sich selbst. Darüber hinaus gibt es einige der mystischen Suche eigentümliche Spezialformen. Hier handelt es sich um Methoden, mit denen die Suche für persönliche Macht, Eitelkeit oder Profit ausgenützt wird. Das Ergebnis solchen Handelns ist ein zermürbender Dauerzustand inneren Widerspruchs. Wenn wir die Seele als ein Mittel benützen, um persönliche Vorteile für uns herauszuschlagen, dann verlieren wir sie. Denn sie bleibt bei keinem, der sie um weniger als um ihrer selbst willen liebt. Wenn wir die höheren Kräfte bitten, uns zu benützen, dann dürfen wir nicht erwarten, daß sie uns mit geringeren Kräften teilen.

Zum Beispiel sollte uns bei keinem Stadium die Idee in den Kopf kommen, unsere geistige Hilfe um finanziellen Gewinn zu verkaufen. Wenn wir das tun, stürzen wir uns in den Abgrund und werden mit Sicherheit unser Wissen und unsere Macht verlieren. Sind wir fortgeschritten genug, dann wird uns selbst die Idee freiwillig angebotener Spenden abstoßen. Zuerst mögen wir nicht verstehen, warum sich dieses Gefühl einstellt, denn es wird sich als eine vage innere Eingebung einstellen. Es stellt tatsächlich einen Fingerzeig unseres höheren Selbst dar. Sollten wir diese Eingebung nicht beherzigen, dann wird sich das höhere Selbst eine bestimmte Zeit lang nicht offenbaren. Wir sollen uns nach dem *Göttlichen* um des *Göttlichen* willen sehnen, sollen denen, die das *Göttliche* suchen, um des *Göttlichen* willen helfen; unserer Sehnsucht und Hilfsbereitschaft darf nicht einmal das gemischte Motiv zugrunde liegen, die innere Gegenwart des *Göttlichen* und seine äußeren Belohnungen sichern zu wollen.

Wenn innere Hilfe auf die Art und Weise gegeben wird, auf die sie gegeben werden soll – nämlich als altruistischer Dienst –, dann darf keine Bezahlung entgegengenommen werden, nicht einmal, wenn sie ausgezeichnet getarnt und als solche kaum zu erkennen ist. Geldspenden dürfen nicht angenommen werden, weder als Vergütung für geleistete Arbeit noch als Beitrag zu den Arbeitskosten. Ganz im Gegenteil. Der Lehrer muß sich die Studenten und Suchenden verpflichten, und zwar nicht nur geistig, sondern auch materiell. Wenn er es sich zur Aufgabe macht, in die Welt hinaus zu gehen und andere zu lehren, dann sollte er die durch diese zu ihnen unternommene Reise entstandenen Kosten so weit als möglich selbst tragen. Es ist höchst unerwünscht, die reine Lehrer-Schüler Beziehung dadurch zu trüben oder zu stören, daß der Schüler auf Belohnung zu sprechen kommt oder der Lehrer an Belohnung denkt. Das einzige, was der Lehrer, der unterwegs ist, von Rechts wegen annehmen darf, vorausgesetzt es wird ihm freiwillig angeboten und er entscheidet sich, dieses Angebot anzunehmen, ist Gastfreundschaft, das heißt, Unterkunft und Verköstigung als vorübergehender Gast.

Diese Verbote mögen uns übertrieben streng scheinen. Wenn wir aber bedenken, was damit aller Wahrscheinlichkeit nach gewonnen wird, dann sehen wir, daß sie der Mühe wert sind. Erstens wird den Studenten ein eindeutiges und inspirierendes Beispiel völlig selbstlosen Dienstes vor Augen geführt, und zweitens geht der Lehrer, der sein Ego noch nicht völlig zerstört hat, der Gefahr aus dem Wege, daß seine Motive an Reinheit verlieren, sein Herz seine Freiheit von Anhaftung und sein Leben seine Unabhängigkeit. Jedes Werk, das anderen Menschen wirklich hilft, aber gleichzeitig das Ego des Diestleistenden stärkt, mag zwar gut für die anderen sein; für den Dienstleistenden ist es aber schlecht. Die zweite Möglichkeit, Hilfen zu leisten, besteht darin, das Ego zu schwächen. Gott und Mensch stellen die Forderung, daß der Lehrer des Göttlichen die erste Person sei, die ihren eigenen Lehren Folge leistet und die Tugenden praktiziert, die sie vorschreiben. Aus diesem Grunde ist es eine schwerwiegende Verantwortung, vor der Welt als ein solcher Lehrer zu erscheinen. Seine Lehre muß nicht nur seiner eigenen Erfahrung, sondern auch seinem eigenen Denken entspringen, nicht nur seinen eigenen edlen Handlungen, sondern auch seinen hohen Meinungen. Nur der egolose Adept hat ein Recht, Geld zu erhalten, denn nur bei ihm kann erwartet werden, daß er es für unpersönliche Zwecke verwendet. Aber selbst ein Adept wird selten geneigt sein, Geld anzunehmen. Auf diese Weise bestehen wir zwei ernste Prüfungen, die mit Geld zusammenhängen.

Der verführerische Zauber des Okkultismus.

In einem bestimmten Entwicklungsstadium wird der Praktiker der Meditation aller Voraussicht nach außerordentliche Erlebnisse haben oder in seiner eigenen Person Kräfte visionären, mediumistischen oder hypnotischen Charakters entwickeln. Eine gereifte Konzentration verleiht all seinen Gedanken Tatkraft. In dem Maße, in dem sie an Macht gewinnen, in dem Maße sollte er sie mit zunehmender Sorgfalt überwachen. Hier lauern anderen und ihm Gefahren, aber auch Wohltätiges. Wer immer der Verlockung okkulter Kräfte zum Opfer fällt und sich in die Sucht verrennt, diese auf immer besitzen zu wollen, wird zuerst einmal in geistige Verwirrung gestürzt, als nächstes wird er völlig in die Irre gehen und den höheren Weg im Stich lassen, und schließlich wird er völlig der schwarzen Magie verfallen. Das Schlimmste, was passieren kann, ist, daß er sich selbst und die, die mit ihm eine Verbindung eingehen, ethisch ruiniert und materiell zu Grunde richtet. Der ernsthafte Student sollte es vorziehen, lieber seinen einsamen Weg zu gehen als mit der Masse, die aus lauter Dummheit hinter dem Sensationellen, Okkulten, Mediumistischen und Fanatischen oder hinter dem Pseudomystischen herrennt oder gar esoterischen Kulten beitritt.

Eine Methode, mit der die gegnerische Macht darauf hinarbeitet, den Untergang eines vielversprechenden Studenten herbeizuführen, besteht darin, ihn verfrüht und fälschlicherweise glauben zu machen, daß er eine außerordentlich fortgeschrittene Position bekleidet. Ihm werden schmeichelnde Dinge über sich selbst gesagt, womit seiner Eitelkeit auf den Zahn gefühlt werden soll. Auf diese Art wird er übermäßig selbstsicher gemacht und führt zunächst einmal sich selbst und dann andere hinters Licht.

Solange das Ego uns beherrscht, spielen wir mit den größten Gefahren. Erstens laufen wir Gefahr, unsere Erlebnisse intellektuell falsch zu verstehen, und zweitens laufen wir Gefahr, die Okkultkräfte ethisch zu mißbrauchen, um auf Kosten anderer – selbst wenn diese dadurch zu Schaden kommen – selbstsüchtige Ziele zu erreichen. In den meisten Fällen jedoch läßt das *Überselbst* in seiner Weisheit diese Okkultkräfte solange in Reserve liegen, bis der Zeitpunkt gekommen ist, wo die Stärke unseres Egoismus genügend zurückgegangen ist, bis wir genügend moralische Kraft und philosophisches Wissen an den Tag legen, um den Umgang mit diesen Kräften für uns Studenten und für diejenigen, mit denen wir uns beschäftigen, sicher zu machen. Erst wenn es uns nicht länger möglich ist, einen anderen Menschen auf irgendeine Art aus selbstsüchtigen Gründen freiwillig zu verletzen – erst dann erachtet uns das höhere Selbst reif, solche Kräfte auf immer zu besitzen.

Die Gesetzmäßigkeit des menschlichen Lebens hat jedoch ein unvorherbestimmbares Element aufzuweisen, das, wo die Qualität dieses Lebens über den Durchschnitt hinauswächst, eher zunimmt als abnimmt. Das läßt sich besonders im Falle eines fällig werdenden Kandidaten beobachten, der sich Prüfungen unterziehen und Qualen erleiden muß, die keinen karmischen Ursprung haben, sondern ihm von seinem eigenen höheren Selbst in den Weg gestellt werden, um seinen Fortschritt zu beschleunigen. Mit ihnen soll seine Entwicklung unterstützt und nicht verzögert, angetrieben und nicht verhindert werden. Diesen Zweck erreichen sie nur dann, wenn der Kandidat ihren wahren Zweck erkennt. Eine solche Erkenntnis ist unmöglich, wenn er den Standpunkt des niedrigen Egos nicht aufgeben will oder wenn er diesen Prüfungen, wo er sich des unverdienten Charakters seines Leids bewußt ist, mit Widerwillen gegenübertritt und nicht mit Verständnis, mit Bitterkeit und nicht mit Resignation. Das menschliche Leben bewegt sich also nicht völlig innerhalb der unnachgiebigen Grenzen des karmischen Gesetzes. Das *Überselbst*, das schließlich des Lebens wirkliche Substanz ist, ist frei. Wer sich auf dieses hohe Wagnis der Suche eingelassen hat, muß darauf gefaßt sein, seine ganze Existenz in ihre heiligen Hände zu legen, muß bereit, ja sogar darauf versessen sein, die Widerwärtigkeiten und Leiden zu verstehen, die es ihm in seiner tieferen Weisheit richtigerweise auferlegen mag.

Durch eine Reihe sukzessiver Verluste, Schwierigkeiten oder Enttäuschungen, oder dadurch, daß das sogenannte Glück mit einem dieser schmerzvollen Dinge zu Ende kommt, wird der Suchende Schritt für Schritt von solchen Bindungen getrennt, von denen er sich nicht aus eigener Kraft und eigenem Antrieb hat trennen können. Er ist zu einem Stadium vorgestoßen, wo er von innen und von außen geprüft wird, wo seine Sehnsüchte und Bindungen, seine Tugenden und Laster dazu gezwungen werden, ihre tatsächliche Stärke an den Tag zu legen.

Niemand soll sich auf die Suche einlassen, der fälschlicherweise damit rechnet, sich ständig zu amüsieren, denn er hat sich auch auf einen Kampf eingelassen. Tritt ein Kandidat die Suche erst einmal an, dann wird er keinen Frieden im Sinne inneren Müßiggehens oder äußerer Ereignislosigkeit mehr kennen. Die Beziehung zwischen seiner niedrigen und seiner höheren Natur wird immer von Spannungen gekennzeichnet sein, und das wird zu bestimmten Krisenzeiten schrecklich und nicht zu ertragen sein. Während seiner Anfangskämpfe werden ihm weder blasierte Ruhepausen noch selbstgefälliges Zufriedensein gegönnt sein, denn er wird immer wieder von deprimierenden Stimmungen heimgesucht werden. Daran läßt sich nichts ändern. Das ist so, weil er sich seiner Fehler und Unzulänglichkeiten nur allzu schmerzlich bewußt oder in zunehmendem Maße von Erinnerungen an Fehltritte und Fehlschläge heimgesucht wird. Es bleibt ihm nichts anderes übrig: Er muß Vorurteile überwinden und Leidenschaften erobern, muß die niedrigen Emotionen im Stich lassen und sein niedriges Denken züchtigen.

Feindselige Kräfte, ob offen oder verkleidet, werden ihn herausfordern oder ihm entlang des Wegs im Hinterhalt auflauern. Er wird sich zwischen ihnen durchfinden müssen, denn sie werden Köder legen, um ihn von der Suche wegzulocken, werden Fallstricke ersinnen, in denen er sich verfängt, und andere Menschen dazu benützen, verbrecherische Pläne zu erfüllen, indem sie ihn auf die eine oder andere Art Schaden zufügen. Suggestionen werden ihm eingegeben werden, deren Ursprung sich trotz ihrer scheinbaren Rechtmäßigkeit, Tugendhaftigkeit und Weisheit auf eben solche Kräfte zurückführen läßt, wenn man ihnen mit Hartnäckigkeit auf den Grund geht. Bei jedem Stadium droht ihm die Gefahr, sich zu verlaufen, und ist erst dann vorüber, wenn er sein Noviziat mit Erfolg abgeschlossen hat. Diese Situation existiert sowohl beim Kandidaten, der ohne Führer geht, als auch bei dem, dem von einem vertrauenswürdigen Führer geholfen wird. Kein Meister kann ihn von der Notwendigkeit befreien, diesen Feuerproben die Stirn zu bieten, diese Versuchungen zu erleben, sich diesen Prüfungen zu unterziehen und der Belästigung dieser gegnerischen Kräfte ausgesetzt sein zu müssen.

Der allerletzte Satz, den der sterbende Buddha seinen Schülern gegenüber äußerte, enthielt folgende Worte: »Seid auf der Hut.« Je weiter der Suchende fortschreitet, um so mehr muß er sich vor der List der Mächte des Bösen in acht nehmen, denn je weiser und stärker er wird, um so subtiler werden deren Machenschaften, mit denen sie ihn in die Irre zu leiten suchen. Je härter er arbeitet, je schneller seine Reise, um so häufiger die Versuchungen, Fallstricke und Fußangeln, auf die er stößt. Als Novize muß er gegen die Eingebungen solcher in ihm selbst vorhandenen Kräfte ankämpfen. Als Adept hat er sie aus seinem Denken und Fühlen verjagt, in dem sie sich buchstäblich verschanzt hatten, aber nur, um ihnen in den Köpfen und Herzen anderer Männer oder Frauen wieder zu begegnen, die sich ihm gegenüber plötzlich feindlich verhalten. In einigen Fällen mögen diese Personen zu seiner persönlichen Umgebung gehören, in anderen haben sie nur von ihm gehört. Jede aber wird als Reaktion auf dämonische Suggestionen irgendeine negative Eigenschaft an den Tag legen, die sie gegen ihn richtet. Jede Suggestion wird einen hypnotischen Charakter aufweisen. Dabei mag es sich um Zweifel, Vorschläge, Lügen, Zorn, Angst, Neid oder um Haß handeln. Es wird zu Versuchen kommen, bittere Gefühle zu schaffen, Leidenschaften zu entfachen und Haß zu schüren. Diese gegnerische Macht trachtet danach, den persönlichen Fortschritt des Kandidaten zu hindern, während sie es beim Adepten darauf abgesehen hat, dessen altruistische Bemühungen, den Fortschritt der Menschheit zu fördern, zu Grunde zu richten. Besonders der Adept mag unter Angriffen zu leiden haben, mag unverdiente Schmähungen oder gar verächtliche Gegenaktionen zu ertragen haben. Hat er seine inneren Schwierigkeiten endlich überwunden, dann fangen äußere an, ihre Köpfe zu recken. Den inneren mag er aus dem Wege gehen, indem er der Suche aus dem Weg geht, und den äußeren dadurch, daß er den Altruismus aufgibt und zum selbstsüchtigen Mystiker wird. Deswegen eignet sich die Philosophie nur für starke und mitfühlende Menschen, sie ist nichts für Feiglinge, Egoisten oder Faule. Trotzdem bietet das Adeptentum seine Entschädigungen. Wo andere in nächtlicher Finsternis herumstolpern oder im Halbdunkel sich herumtasten, geht der Adept sicheren Schrittes im klaren Mittagslicht. Wo sie alleine kämpfen müssen, ist er sich immer einer gesegneten Gegenwart bewußt, die nie von seiner Seite weicht.

Personen, die negativen Kräften Ausdruck verleihen, sind nichts weniger als geistige Straßenräuber und werden eines Tages die karmische Strafe für solche Vergehen bezahlen müssen. Dem Scharfsinnigen fällt es leicht, die unmißverständlichen Zeichen falscher oder skrupelloser Ansprüche zu erkennen, wo sie als extreme und übertriebene persönliche Ansprüche zu Tage treten – als der teuflische Pferdefuß kommerzieller Ausbeutung, als die Verführung zu sexueller Liederlichkeit, als freundliche Aufmunterung zu politischem Haß und zu sozialer Zersetzung – aber dem Naiven fällt es schwer, sie als solche zu erkennen, wenn sie die Maske erhabener Lehren oder feiner Schlagwörter tragen.

Die Gefahr des Besessenseins

Die nächste Gefahr, die der Schüler entweder vorauswissen und vermeiden oder eben meistern muß, ist die, entweder teilweise oder in Abständen von einem bösen Geist beeinflußt zu werden, der der Finsternis der tellurischen Tiefen entstiegen ist. Diese Gefahr rührt von seiner Unwissenheit über übersinnliche Kräfte und deren Vorgehensweise her, von den moralischen Unreinheiten und den emotionellen Disziplinlosigkeiten seines Charakters und vor allem von seiner gesteigerten Sensitivität und von der unentrinnbaren Notwendigkeit, eine passive, ergebene Haltung zu kultivieren, rührt vom falschen Meditieren her, wodurch die mystische Entwicklung verfällt und zur rein mediumistischen Entwicklung wird. So wie es zu göttlichen Invasionen des inneren psychologischen Wesens eines Menschen kommt, wenn das Licht der Gnade auf ihn fällt, so kann es, wenn er vom Weg abirrt, zu teuflischen Invasionen kommen. Daß der Wille eines nicht-inkarnierten Wesens den Körper eines Inkarnierten beherrschen kann, ist eine dieser abnormalen Möglichkeiten, die wir in unser Schema der Dinge aufnehmen müssen. Daß dieser Wille häufiger schlecht als gut ist, ist bedauerlicherweise nicht zu leugnen. Daß dämonische Zwangsvorstellungen eine psychologische Tatsache sind und nicht nur ein überholter Aberglaube, ist eine Warnung, die geäußert werden muß.

Die Möglichkeit, daß böse Geister gewaltsam vom rechtmäßigen Platz des Egos Besitz ergreifen, ist wirklich. Es ist eine Möglichkeit, die schon von den alten Rassen der ganzen Welt anerkannt worden ist und an die heute noch in den meisten östlichen Ländern geglaubt wird. Es tut gut zu wissen, daß in den *Naturreichen* eine starke psychische Trennmauer existiert, mit der diese Rasse unsichtbarer Dämonen abseits von der Menschenrasse gehalten wird. Zu wissen, daß sie diese Mauer unter abnormalen Bedingungen durchbrechen können, ist Grund zur Beunruhigung. Zu gewissen Zeiten, und zwar meistens während der Nachtstunden, mag das das Ego verdrängende Wesen den Willen seines unglückseligen Opfers restlos übermannen, sich seiner körperlichen Organe völlig bedienen und seine intellektuellen Fähigkeiten vollkommen überschatten. Nimmt ein bösartiges Wesen Besitz von einem Menschen und wird dessen Denken und Fühlen von einem unsichtbaren bösen Einfluß überschattet, dann hat jener das Gefühl, Handlungen zu begehen, die ihm nicht von seiner eigenen Persönlichkeit eingeflößt werden. Das unglückselige Opfer mag sich dessen, was er während dieser Stunden des Besessenseins tut, bewußt oder nicht bewußt sein. Ist er es, dann werden seine Bewegungen rein mechanisch sein. Ist er es nicht, dann wird ihn das nicht daran hindern, Unterhaltungen mit anderen Menschen zu führen.

Es ist ein allgemeiner Trick dieser unsichtbaren Wesen, sich durch schlaue Schmeicheleien, durch in Erfüllung gegangene Weissagungen oder erhabene Lehren das blinde Vertrauen eines Menschen zu sichern. Ist dieses Ziel erreicht worden, dann lenken sie seine arglosen Schritte über einen jähen Abgrund und stürzen ihn so ins materielle Unglück, in geistige Verzweiflung und manchmal sogar in moralischen Ruin. Zunächst verbergen sie ihren wirklichen Charakter und geben möglicherweise vor, dieselben moralischen Ideale und religiösen Meinungen zu haben wie der Mensch, den sie zu ihrem Sklaven machen wollen. Ihre Gegenwart mag zu Recht angenommen werden, wenn wir das dringende Bedürfnis verspüren, wichtige Entscheidungen in großer äußerer Hast und unter großem inneren Druck fällen zu müssen.

Jeder, der dieser Gefahr des Besessenseins zum Opfer gefallen ist, läßt sich am besten durch die Hilfe eines mystischen Adepten oder wahren Priesters von ihr befreien. Manchmal genügt ein einziges Interview, um diese Befreiung zu bewirken. Zusätzlich zu seiner inneren geistigen Arbeit wird der Teufelsaustreiber wahrscheinlich ein kurzes äußeres Ritual vollziehen müssen. Wo solche Hilfe nicht erstanden werden kann, mag der Leidende den Versuch machen, das Austreibungsritual selbst vorzunehmen. Es beginnt damit, daß man niederkniet und demütig um Hilfe fleht, um Schutz oder Erlösung, wobei man diese Bittgebete entweder an die höhere Macht oder den inspirierten Meister richtet, denen man am meisten Glauben schenkt. Zu Ende kommt es mit der entschlossenen Äußerung: »Im Namen und vermöge der Kraft und des Mitleids von X befehle ich dir, diesen Körper zu verlassen.« Während man diese Worte spricht, soll man langsam und mit Nachdruck das Zeichen des Kreuzes schlagen. Dieses Zeichen wird wiederholt, wobei man während der Wiederholung tief einatmet und während des Einatmens dieselbe Äußerung formuliert, diesmal aber nur in der Vorstellung, ohne zu sprechen. Das X stellt den Namen einer beliebigen Macht oder Person dar, zu der man uneingeschränktes Vertrauen hat. Dieses Ritual sollte jeden Morgen und jeden Abend, bevor man sich zur Nachtruhe zurückzieht, ausgeführt werden.

Stürze auf dem Weg

Unser Weg ist keine glatte ungetrübte Bewegung von einer zufriedenstellenden Position zur andern. Er ist ein Hin- und Herkämpfen, ein unablässiger Konflikt, ein Gemisch von Siegen und Niederlagen. Es sollte deshalb auch nicht wunder nehmen, daß so viele Kandidaten diese Prüfungen nicht bestehen und die Suche in ihren Anfangs- oder Zwischenstadien aufgeben. Selbst nachdem diese mit Erfolg abgeschlossen worden sind, droht die zusätzliche Gefahr, von den bereits erreichten Höhen abzustürzen, eine Gefahr, vor der sich Anfänger, Mittelmäßige und selbst Fortgeschrittene hüten müssen, das heißt genaugenommen alle, die noch nicht den endgültigen Grad erreicht haben. Erst wenn dieser Grad erreicht worden ist, läuft man nicht mehr Gefahr, die erreichte Position zu verlieren und einen Rückfall zu erleiden. Für den Experten ist das Risiko sogar noch größer als für den Anfänger, denn beim vorletzten Entwicklungsgrad erreicht die gegnerische Okkultmacht ihren Höhepunkt; die Versuchungen werden noch subtiler, treten häufiger auf und sind komplexer als jemals zuvor. Bei diesem Grad ist man dem Erfolg nahe, aber gerade deswegen muß man seine Gewinne mit äußerster Wachsamkeit behüten, andernfalls kann es sein, daß man sie alle aufgrund der Machenschaften böser Mächte wegwirft, ohne sich dessen überhaupt bewußt zu werden. Mit der Erreichung dieses vorletzten Stadiums hat man die Position eines Menschen erreicht, der sich zwar in Sichtweite des Hafens befindet, aber trotzdem noch Schiffbruch erleiden kann. Jetzt werden die gegnerischen Kräfte zu ihren allerletzten, zu ihren verzweifeltsten Versuchen ansetzen, uns zurückzuhalten, uns in die Knie zu zwingen oder zu zerstören, uns in unaussprechliche Verzweiflung zu stürzen oder uns moralisch zu ruinieren. Wir müssen uns vor teuflisch inspirierten Versuchen, uns alles wegzunehmen, was wir gewonnen haben, in acht nehmen, und deshalb die sorgfältigsten Sicherheitsmaßnahmen treffen, es zu schützen und zu erhalten. Während dieser Phase ist es notwendig, daß wir bei jedem Schritt, den wir tun, prüfen, ob wir festen Boden unter den Füßen haben, daß wir uns nur mit äußerster Vorsicht und den größten Vorsichtsmaßregeln vorwärtsbewegen. Wir müssen auf alle Schlauheit und Ernsthaftigkeit, alle Scharfsinnigkeit und Geduld, derer wir fähig sind, zurückgreifen, um diese schwierige Prüfung mit Triumph zu überwinden.

Auf den mäßig Fortgeschrittenen und den Experten kommen noch andere Prüfungen zu. Prüfungen, die durch egoistische Emotionen, die als eine Reaktion auf ekstatisch mystische Erlebnisse hervorgerufen worden sind oder durch die Entdeckung, daß sich bei ihm subtile geistige Fähigkeiten als Frucht dieser Erfahrung entwickeln. Sein Weg wird eine Bühne von Pseudoerrungenschaften sein, denen einige, aber niemals alle Kennzeichen wahrer, endgültiger Errungenschaft anhaften. Gehört das Erlebnis zu der richtigen Art Erlebnis, dann steigt es ihm nicht zu Kopfe, dann ist er nicht stolz, es erlebt zu haben. Im Gegenteil, er wird wesentlich demütiger sein als zuvor, denn er weiß, wie abhängig er von der Gnade des *Überselbst* ist. Es ist sogar besser, daß er es keinem anderen mitteilt, besser, daß er nicht darüber spricht, was mit seinem Innenleben geschieht. Dieser Rat ist noch aus anderen Gründen vernünftig. Wenn er sich von seiner inbrünstigen Sehnsucht oder aus purer Eitelkeit über seinen wahren geistigen Status täuschen lassen sollte, sollte er dieses Erlebnis gar als eine Rechtfertigung benützen, sich als öffentlicher Lehrer oder Kultgründer niederzulassen, dann bricht auch über ihn die ›dunkle Trauerzeit der Seele‹ herein.

Er sollte mit Geduld warten, bis er die klare und deutlich göttliche Zusicherung erhält, daß es im Rahmen seiner Kompetenz ist, eine solche Tätigkeit auszuüben. Bis dahin sollte er auf der Hut sein – sonst laufen seine Emotionen mit ihm davon, und zwar nicht aufgrund eines göttlichen Impulses, sondern aufgrund seiner eigenen Selbstsucht. Er sollte sich nicht in den selbst gewählten inneren Weg anderer Menschen einmischen. Was jetzt, in seinem gegenwärtigen Stadium falsch ist, mag in späteren Jahren, wenn er ein höheres erreicht, erlaubt sein. Dann wird er aus Weisheit sprechen und nicht aus Dummheit, dann wird er aus Unpersönlichkeit heraus handeln und nicht aus seinem beschränkten Ego heraus.

Es ist leichter, der Lehre mitten in einer Prüfung oder schweren Schicksalsprobe treu zu bleiben, wenn man erkennt, daß das Erlebnis wirklich eine Prüfung ist. Mit diesen Prüfungen wird nicht nur seine Loyalität den Idealen gegenüber getestet, sondern auch die Zulänglichkeit seines Verständnisses der Ideen. Läuft das Ergebnis darauf hinaus, daß er durcheinander ist und nichts versteht, dann ist damit ein Hinweis gegeben, daß er bei seinem Studium neue Bahnen einschlagen muß. Sollte er der Suche gar den Rücken kehren, dann werden äußere Umstände solche Formen annehmen, werden ihm hartnäckige Reuegefühle so zusetzen, daß er gezwungen ist, dem Ruf entweder innerhalb einiger Jahre oder eines halben Lebens nachzugeben, sonst wird er die Strafe zahlen müssen: Sein höheres Selbst wird ihn entweder durch einen frühzeitigen Tod zu Fall bringen oder durch lebensvergeudenden Wahnsinn.

Wir müssen intellektuell vorbereitet und emotionell geläutert sein, bevor das höhere Selbst herabsteigt, den Intellekt aufzuklären und die Emotionen zu veredeln. Es wird erst überprüfen, mit welcher Beharrlichkeit wir uns bemühen, wird es erst unseren Glauben auf die Probe stellen, bis unsere Seelenqual einen Punkt erreicht, an dem sie uns manchmal nicht mehr zu ertragen scheint – erst dann wird es den wohligen Schein seiner Gnade auf unseren Weg fallen lassen. Wenn uns die schwarze Stimmung der Verzweiflung überfällt, die jedem Fehlschlag unvermeidlich folgt, dann mögen wir immer wieder mit dem Gedanken spielen, die Suche ein für allemal einzustellen. Wenn wir aushalten, kommt ein Ende und mit ihm eine reiche Belohnung. Wenn wir immer wieder demütigen, reinen und reuigen Herzens auf den rechten Weg zurückkehren, dann wird uns die Hilfe beschieden werden, die wir brauchen, um uns mit unserer Vergangenheit zu versöhnen und unsere Zukunft zu sichern. Die Gnade ist ewig bereit, ihren beschützenden Glorienschein über den wahren Büßer auszubreiten.

All diese und andere Prüfungen sind letzten Endes Aufrufe zu immer größerer Selbstläuterung. Ist unsere Sehnsucht nach dem *Geist* mit inbrünstiger Leidenschaftlichkeit durchtränkt, die nicht an Tiefe verliert, sondern immer mehr wird, dann ist das eine große Hilfe, die schwierigen Verzichte zu leisten und Versuchungen zu überwinden. Letzten Endes läuft es darauf hinaus, daß all unsere kleinen Lieben notwendigerweise aus unserem Herzen hinausgeworfen werden müssen, um für die größte Liebe Platz zu machen, die uns unerbittlich abverlangt wird. Es hat wenig Wert, etwas aufzugeben, was uns nichts bedeutet; nur wenn wir aufgeben, was uns alles bedeutet, können wir mit Erfolg rechnen. Deshalb rührt der Test an die schwächsten Stellen unseres Herzens: Werden wir aus unserem kleinen eingeschlossenen Kreis der persönlichen Lieben, Sehnsüchte und Bande heraustreten und in das unendliche, unbegrenzte Meer der unpersönlichen Liebe, der Unabhängigkeit von fremder Hilfe, der Zufriedenheit und völligen Freiheit eingehen?

Die Wahl fällt uns nur solange schwer, solange wir unseren Blick nicht von der ersten Alternative abwenden, solange wir nichts von alledem wissen, was die zweite in Wirklichkeit bedeutet. Welche Freuden auch immer die erstere in der Lage ist, uns zu geben – sie sind bereits in der zweiten enthalten. Sie sind nur als eine verwässerte Lösung des großartigen, unaussprechlichen Bewußtseins enthalten, welches das *Wirkliche* uns zu bieten hat. Wir sollten klug oder erfahren genug sein, um endlich verstanden zu haben, daß jede Bindung freilich Freude am Besitz vermittelt, aber auch die Enttäuschung der Begrenzung. Man kann das eine nicht ohne das andere haben. Jedes egoistische Gefühl, das uns daran hindert, uns völlig dem *Geist* anheim zu stellen, jede persönliche Bindung, die unsere volle Selbstaufgabe hemmt – all das muß verschwinden. Die Qualen unseres Verlustes werden bald von der Freude über unseren Gewinn übermannt. Wir werden die Entdeckung machen, daß das uns abverlangte Opfer auf einer höheren Ebene mit unermeßlich reicheren Schätzen kompensiert wird.

Das bedeutet aber nicht, daß wir die kleineren Lieben völlig aufgeben oder zerstören sollten. Es bedeutet, daß wir sie an zweite Stelle setzen, daß sie von der Seele gelenkt und regiert werden sollen.

Prüfungen sind ein notwendiger Teil der inneren Weiterentwicklung eines Menschen. Wenn wir uns unter wünschenswerten Besitzgütern oder Lebensmitteln oder Frauen und Männer bewegen können, ohne versucht zu sein, unsere Hand nach dem auszustrecken, was für uns nicht angemessen oder richtig ist oder was unmäßig für uns ist, dann können wir als Meister unserer eigenen Person betrachtet werden.

Wir suchen nach der Wahrheit. Das Gegenteil der Wahrheit ist die Lüge. Infolgedessen trachten diese Kräfte danach, uns in Gedanken, in Gefühle und Handlungen hineinzuziehen, die unsere Suche verfälschen. Daher die in Platos Gesetzen enthaltene Warnung an Aristoteles: »Sei immer auf der Hut, denn das Bösartige arbeitet unter vielfachen Deckmänteln.«

Es gibt grausam gelegte Fußangeln, in die wir gehen sollen, klug ausgeklügelte Täuschungsmanöver, mit denen wir auf Abwege geführt werden sollen, und kaltblütig gegrabene Fallgruben, um uns zu zerstören. Dabei handelt es sich nicht nur um Schwierigkeiten, mit denen wir in unserem äußeren Schicksal fertig werden müssen, sondern auch um Schwierigkeiten, die in unserer eigenen Person zu Hause sind. Was uns verraten und uns in die Hände dieser gegnerischen Kräfte ausliefern mag, sind unser eigener Intellekt, unsere eigenen Emotionen, unsere eigenen Impulse und unser eigener Charakter. Wenn ein Schüler einer Versuchung zum Opfer fällt, eine falsche Entscheidung trifft, sich von einem falschen Lehrer täuschen oder einer falschen Lehre in die Irre leiten läßt, dann kann dies nur passieren, weil seinem Charakter oder seiner Intelligenz eine gewisse innere Schwäche anhaftet, die auf diese äußeren Ursachen anspricht. Er mag sie freilich für das unglückselige Ergebnis verantwortlich machen, aber die meiste Schuld muß er bei sich selbst suchen. ›Die dunkle Trauerzeit der Seele‹, die ihn infolgedessen übermannen mag, ist eine von seinem höheren Selbst herrührende Warnung, eine gründliche Prüfung der eigenen Person anzustrengen: Diese Schwäche muß ausgegraben und schrittweise beseitigt werden.

Somit sieht sich der Kandidat in einen regelrechten Krieg gegen böse Mächte verwickelt. Wenn wir die metaphysische Existenz dieser Mächte einräumen, dann müssen wir auch ihre praktische Nützlichkeit einräumen – sie tragen dazu bei, daß unsere Schwächen aufgedeckt werden. Das ändert aber nichts an der Notwendigkeit, sich gegen sie zu verteidigen. Wir müssen Sorge tragen, uns in unserem Denken und Handeln so zu betragen, daß ihren Machenschaften das Handwerk gelegt wird. Wie bereits erwähnt: Die erste Verteidigung gegen diese Mächte besteht darin, immer das niedrige Ego als unseren ärgsten Feind zu betrachten. Es ist die selbstgefällige Hochburg all unserer Fehltritte, Schwächen und all unserer Gottlosigkeit – ist die unbewachte Tür, durch welche diejenigen, die uns nicht mögen, uns bekämpfen oder hassen, uns wirklich Leid zufügen können. Aus diesen und anderen Gründen ist es von größter Wichtigkeit, daß jeder ernsthafte Student der Philosophie seine Eigenliebe und Selbstverherrlichung opfert, die diese Schwächen künstlich aufrechterhalten und sie gegen alle Anschuldigungen verteidigen. Solange wir darauf bestehen, ihnen innerlich ein Existenzrecht einzuräumen, solange wird es unmöglich sein, aus dem Loch der Dunkelheit, in dem wir mit dem Rest der Menschheit hausen, herauszuklettern, solange wird es unmöglich sein, diese unsichtbaren Kräfte in einem Zustand ständiger Niederlage zu halten.

Weitere Voraussetzungen sind Ehrlichkeit, was unsere Motive beim Umgang mit unseren Mitmenschen angeht, und Adel, was unseren Charakter bei unseren Gedanken über sie angeht. Beides wird uns vor einigen, aber nicht vor allen Gefahren, denen wir ausgesetzt sind, bewahren.

Wenn der Kandidat diesem Zwielichtbereich leerer Phantasien und verzerrter Realitäten entrinnen will, dann muß er sich der Aufgabe widmen, den Körper, die Emotionen und sein Denken zu läutern, die Vernunft zu entwikkeln und den Willen zu stählen.

Mediale Offenbarungen mögen uns freilich gewährleistet werden, aber die Frage ihres Authentizitätsgrades bleibt nach wie vor offen, ob wir das wahr haben wollen oder nicht. Es wäre klüger, sich erst dann um solche Offenbarungen zu bemühen, wenn wir den festen Boden ausreichenden Wissens, der Lauterkeit, Ausgeglichenheit und des kritischen Urteilsvermögens erreicht haben.

Zu viele werden von einer Strömung sensationeller medialer Botschaften und Erlebnisse weggeschwemmt, die ihren Anfang nirgendwo anders hat als in den Phantastereien ihres eigenen Unterbewußtseins. In diesem Bereich hat die Imagination freies Spiel und untersteht, so wie im Traumzustand, keiner Kontrolle. Infolgedessen kann alles geschehen und jedem begegnet werden. Hier findet der Wunsch, durch die Verbindung und Führung eines berühmten und exotischen *Meisters* persönlich geehrt zu werden, seine imaginäre

Erfüllung. Auf diese Art fängt die Selbsthalluzination leicht an, unser Leben zu beherrschen.

Diejenigen, die sich ausschließlich mit solchen Botschaften beschäftigen und diesen und ihrer Bedeutung restlos vertrauen, neigen dazu, von der wirklichen Suche abzuirren, die ja eine Suche nach dem Überselbst und keine Suche nach Okkultphänomenen sein soll, die lediglich ihre zufällige Begleiterscheinung sind. Wenn die Botschaften ein Produkt falscher Vorstellungen sind, dann laufen wir Gefahr, einem höheren Wesen zuzuschreiben, was in Wirklichkeit unsere eigenen unterbewußten Fabrikationen sind.

Wir werden in kurzen Kontakt oder in lange Verbindung mit Personen oder Ideen gebracht, mit Vorbildern oder der Atmosphäre anderer, die unbewußt dazu benützt werden mögen, unsere latenten oder halb zum Ausdruck gebrachten Charakterzüge vollständiger ans Tageslicht zu bringen. Je nach Beschaffenheit deren eigenen Charakters werden sie entweder das Böse oder das Gute in uns ans Tageslicht zwingen. Zum Beispiel mag ein einstmals demütiger Mensch anfangen, arrogant zu werden. Ein anderer, einstmals lauter Lebender, mag anfangen, liederlich zu werden.

Befindet sich der Kandidat im Begriff, einen falschen Kurs einzuschlagen, dessen Folgen zu Leid führen werden, dann wird er entweder durch eine Intuition von innen gewarnt oder durch einen Menschen von außen. In beiden Fällen ist das Überselbst die Quelle dieser Warnung.

Mit ihrem schmeichelnden Geflüster macht die Eitelkeit nicht nur Jagd auf den unerfahrenen Kandidaten, sondern auch auf den Experten. Selbst an der Grenze der göttlichsten Errungenschaften schleicht sich die Ambition bei uns ein, eine neue Religion gründen zu wollen, wo uns mit abergläubischer Verehrung gehuldigt wird, eine neue Sekte leicht führbarer Anhänger ins Leben rufen oder sich eine innerhalb einer Schule oder einem Ashram bildende Splittergruppe von Schülern verschaffen zu wollen, die uns anbetet. Selbstverständlich verkleidet sich die Versuchung als ein Akt altruistischen Dienstes am nächsten. Mit solch gutem Dienst kann aber erst dann zu Recht und ohne Risiko begonnen werden, wenn die Herrschaft des Egos völlig und auf immer verschwunden und unseren persönlichen Unzulänglichkeiten Abhilfe geschaffen worden ist. Dieser maskierten Versuchung voreilig nachzugeben, beschert uns mit Sicherheit das Elend einer ›dunklen Trauerzeit‹. Persönliche Ambitionen legen sich nur allzu leicht die Pfauenfedern guter Dienste an der Menschheit an. Wollen wir unserer Generation helfen, dann müssen wir uns auf einen solchen Dienst mit dem richtigen Rüstzeug vorbereiten, müssen unser inneres Wesen läutern, aufklären und entwickeln. Erst wenn wir selbst stark werden, können wir denen Stärke einflößen, die sich innerhalb unseres Einflußbereiches befinden. Zuerst muß unser Ego ein Instrument in seinen heiligen Händen werden, ein Diener seiner geweihten Befehle.

Diesen Erlebnissen, Prüfungen oder Feuerproben haftet ein spezieller Wert an, der ihnen eine entscheidende Bedeutung verleiht. Was der Schüler erst nach einer Reihe von Jahren mühseligen Selbsttrainings erreichen kann, mag er in ein paar Tagen durch eine ungewöhnliche, aber richtige Reaktion auf solche Prüfungen erreichen. Aufgrund der Tatsache, daß es eine dringend verlangte Entscheidung oder Handlung von umwälzender Bedeutung und weitreichenden Folgen sein mag, wird sein innerer Fortschritt unglaublich beschleunigt, vorausgesetzt, er hat den Mut, von einem niederen zu einem höheren Standpunkt zu springen, von einem egoistischen oder von Wünschen bestimmten zu einem altruistischen oder geläuterten.

Was immer sich während des langen und vielgestaltigen Verlaufs der Suche zutragen mag – der Kandidat darf den Glauben an die göttliche Kraft niemals aufgeben; das ist eine Grundvoraussetzung. Damit sind Menschen aus den größten Gefahren in absolute Sicherheit gebracht worden, aus hoffnungslosen Situationen in glücklichere und aus entmutigendem Stillstand zu ermutigendem Fortschritt. Sicher wird es zu Rückschlägen kommen. Sie mögen seine Bemühungen, die Wirklichkeit zu finden, untergraben, aber er sollte sie niemals seinen Glauben an die Wirklichkeit untergraben lassen. Was ihn während der unglaublichen und gelegentlich schrecklichen Schicksalsschläge der seinen mystischen Forschungen gewidmeten Jahre am Leben erhalten und letztlich vor völliger Zerstörung bewahren wird, ist Glaube und Hoffnung. Ein Glaube, der unkritisch und nicht überprüft ist, kann ihn jedoch genauso leicht schnurstracks ins lichtlose Unglück stürzen wie eine Hoffnung, die leer und trügerisch ist. Was sich als wirksam erweisen wird, ist ein Glaube an den *Geist*, nicht ein Glaube an Menschen, ist eine Hoffnung, die dem Geist unendlich mehr Wert beimißt als allem anderen. Er muß sich die Realisation des *Geistes* als ein Hauptziel vor Augen halten, auf das er mit Geduld und Ausdauer zusteuert.

Es gibt keinen wirksamen Ersatz für eine ausgezeichnete Urteilskraft. Im Verlauf seiner Suche wird er die Fähigkeit entwickeln müssen, Freunde von Feinden zu unterscheiden, hinter Masken zu schauen und Ereignissen den äußeren Schein wegzunehmen; andernfalls wird er von bösen Kräften, deren bösartige Aufgabe häufig darin besteht, ihre schädlichen Machenschaften unter tugendhaften Masken zu verstecken, in Widersprüche verwickelt, abgefangen oder hinterrücks überfallen werden. Infolgedessen ist es Teil seiner Aufgabe, auf der Hut zu sein und deren Äußeres durchschauen zu können. Wenn es die Aufgabe dieser Mächte ist, ihn vom rechten, so schmalen Weg abzubringen, dann besteht seine Aufgabe darin, sie als die hinter jedem Verführungsversuch liegende Macht zu erkennen und ihnen Widerstand zu leisten. Wenn es ihm gelingen soll, sie zu überwinden, dann genügt es nicht, daß er sich auf seine Selbstkritik, seine Wahrhaftigkeit und Gebete, seine

Großmütigkeit und Güte verläßt. Es ist absolut notwendig, daß er über die Existenz dieser Kräfte informiert ist, daß er die Zeichen kennt, an denen sie zu erkennen sind, Bescheid weiß über die Subtilität ihrer Vorgehensweise, daß er sich der Verlogenheit ihres Charakters bewußt ist und darüber Kenntnis hat, wie sie angreifen und Hinterhalte legen. Was ihn während dieser harten Prüfungen am Leben erhält, ist nicht nur Glaube und Hoffnung, sondern auch Intelligenz und Willen, List, kritische Urteilskraft, logisches Denkvermögen und Weltklugheit beim Umgang mit diesen Bewährungsprüfungen und bösartigen Widerständen.

Als Jesus sagte, daß wir »erst wie ein kleines Kind werden müßten, um ins Reich Gottes einzugehen«, forderte er seine Zuhörer nicht dazu auf, kindisch, dumm oder unrealistisch zu werden. Hier tut tatsächlich ein Wort der Warnung Not. Dem Mystiker, der der ergänzenden Mahnung keine Beachtung schenkt, »daß wir so schlau sein sollen wie die Schlangen« und darauf besteht, die Worte Jesu fälschlicherweise als Aufruf zur Unverantwortlichkeit, Einfältigkeit und zu völliger Kritiklosigkeit zu interpretieren, der glaubt, daß man mit solchen Eigenschaften näher an die göttliche Weisheit herankäme, dem steht frei, das zu glauben – nur disqualifiziert ihn dieser Glaube automatisch, die Wahrheit über diese Sache begreifen zu können. Diejenigen aber, die in der Lage sind, die philosophische Bedeutung dieser Stelle zu begreifen, wissen, daß es sich um eine extrem wichtige Äußerung handelt. Für den Philosophiestudenten, der sich darin geschult hat, unter die Oberfläche der Dinge zu blicken und Worte sowohl mit dem Kopf als auch mit dem Herzen zu verstehen, hat sie drei Bedeutungsebenen. Erstens stellt sie einen Aufruf dar, zur Kenntnis zu nehmen, daß der Schüler seinen Egoismus in *Gottes* Hände legen soll, so wie ein Kind sein Selbstvertrauen dem Menschen überantwortet, den es als ein höheres Wesen ansieht – seiner Mutter –, und daß er sich diese Haltung des Sichüberlassens, die wahre Demut bedeutet, zu eigen machen soll. Zweitens stellt sie eine Aufforderung dar, sich frischen Herzens, selbstlos und frei von althergebrachten Vorurteilen auf die Suche nach der Wahrheit zu machen. Drittens enthält sie die Warnung, daß man zuerst die natürliche Redlichkeit und Reinheit, aufgrund welcher Kinder sich so sehr von Erwachsenen unterscheiden, erlangen muß, bevor das mystische Bewußtsein erreicht werden kann. Es gibt unendlich viel Beweismaterial, mit dem diese Interpretation des Ausspruchs Jesu belegt werden kann.

14 Was können wir für die Philosophie tun?

Man hört hin und wieder von Menschen, die ihre Religion wechseln oder von einer seelisch-geistigen Weltanschauung zur anderen übergehen. Man hört auch von solchen, die einen speziellen sektiererischen Glauben gegen einen anderen austauschen oder aus einer Kirche aus- und in eine andere eintreten. Es ist leicht zu verstehen, daß es früher oder später dazu kommen muß, neigen doch die meisten Menschen, besonders die meisten Frauen, dazu, von der Popularität einer Organisation oder Institution, vom Zauber einer romantischen Persönlichkeit und der Macht ihrer eigenen Emotionen mitgerissen zu werden. Das ist auch der Grund, warum sie für gewöhnlich ausschließlich religiösen oder religiös-mystischen Gemeinschaften beitreten, deren Kreis sie nicht mehr verlassen. Wollen wir uns darüber aber freuen: denn damit beweist sich, daß die Religion oder der Mystizismus reichlich Sorge für sie tragen.

Die Aufwärtsbewegung des Lebens kommt und kann hier nicht zum Stillstand kommen. Eines Tages wird sie auch etwas von der intellektuellen Erhabenheit, etwas von der unpersönlichen Grandiosität und etwas von dem mitleidvollen Altruismus des philosophischen Zieles aufweisen müssen. Dieser höhere Weg beinhaltet zwar Emotionen, hängt aber nicht ausschließlich von ihnen ab, denn Emotionen sind wankelmütig und wenden sich instinktiv dem zu, was ihnen gerade gefällt. Wenn die Unzulänglichkeiten des Glaubens und die Fehler kirchlicher Gemeinschaft allmählich zu Tage treten, dann werden ihre Anhänger reif für eine Veränderung. Haben wir unsren Glauben aber einmal falsch angebracht, dann liegt es durchaus im Bereich des Möglichen, ihn zwei- oder gar dreimal falsch anzubringen. Wie können wir angesichts der Tatsache, daß wir gestern etwas für wahr hielten, was wir heute für falsch halten, uns in Sicherheit wiegen, daß wir die Sicht von heute morgen nicht wieder verwerfen, um sie mit einer neuen Wahrheitsidee zu ersetzen? Wie können wir angesichts der Intensität, mit welcher wir an diesen Ansichten festhielten, unserem eigenen Urteil auch weiterhin trauen?

Für den mystisch Gesinnten mögen Zeit und Erfahrung derartige Zweifel und Befürchtungen mit sich bringen, aber niemals für den philosophisch Gesinnten. Teil der Pflicht eines Philosophiestudenten ist es, seine Ideen inneren und äußeren Prüfungen zu unterwerfen. Er muß nicht nur wissen, daß ein Ding wahr ist, er muß auch wissen, daß die Grundlage seiner

Erkenntnis solide und unwiderlegbar ist. Daher ist der Eindruck, den eine philosophische Wahrheit auf diejenigen macht, die sie verstanden haben, so tief, daß er ein fortbleibender sein muß; aber der Eindruck, den irgendeine religiöse Organisation oder eine mystische Glaubensrichtung auf die Emotionen derjenigen macht, die sich von ihr angezogen fühlen, kann verblassen und völlig verschwinden, sobald sich eine andere Organisation oder ein anderer Glaube am Horizont abzeichnet und ihre Stelle einnimmt.

Bei der Philosophie handelt es sich nicht um eine besondere Lebensvorstellung, die in Widerspruch zu anderen Vorstellungen steht. Dazu ist sie zu weitreichend und zu tief. In Wirklichkeit passen keine der existierenden Etiketten und keine der vorgefertigten Klassifikationen auf sie. Der Intellektuelle oder der Mystiker, der Anhänger oder Handelnde, der ausschließlich in seinem eigenen, ganz speziellen Lebensweg aufgeht und nur die Fähigkeiten zum Einsatz kommen läßt, die mit diesem verbunden sind, die anderen aber unterdrückt, ist als Wahrheitssuchender defekt und unzureichend und kann infolgedessen nur defekte und unzureichende Resultate erzielen. Nur die Philosophie vermeidet eine derartige Einseitigkeit und erzielt die größten und besten Ergebnisse. Aufgrund ihres Charakters ist es ihr unmöglich, sich auf parteiliche Rivalität mit einer anderen Lehre oder einer anderen Art von Gottesdienst zu bringen. Dazu kann es niemals kommen. Dafür ist sie in ihrem innersten Kern zu liebvoll, in ihrer praktischen Haltung zu großzügig und in ihrem intellektuellen Verständnis zu großartig. Während jede Organisation, Gruppe oder Sekte jeder anderen die Himmelstür verschließt, läßt die Philosophie sie für alle offen.

Wenn wir das Wesen der wahren Philosophie mit dem Charakter der derzeitigen Menschheit vergleichen, dann kommen wir zu der Erkenntnis, daß es falsch wäre, sie zu propagieren. Wir können das Pferd freilich zum Trog zerren; aber es veranlassen zu trinken, was ihm ungenießbar scheint, sind wir nicht in der Lage. Es ist ganz natürlich und läßt sich nicht vermeiden, daß Menschen, die über mangelhafte Intelligenz, getrübte Intuition, einen fehlerhaften Charakter und egoistische Beschränkungen verfügen, ihrerseits über eine Weltanschauung verfügen, die mangelhaft, voller Fehler und beschränkt ist. Aus diesem Grunde weigert sich die philosophische Weltanschauung, die ja das Resultat einer bewußten Ausbildung des Denkens, Fühlens und Handelns ist, einer anderen entgegenzuarbeiten – genauso wie der Philosoph selbst davon Abstand nimmt, sich in den geistigen Weg Unreifer einzumischen. Die Tore der Religion stehen allen Menschen offen, ob sie qualifiziert sind oder nicht; aber die Tore der Philosophie stehen nur denen offen, die über ein gewisses Maß an Qualifikation verfügen. Jeder kann zum akzeptierten Mitglied einer religiösen Körperschaft werden, gleich welcher Art sein Charakter, seine Intelligenz, seine Wünsche oder Hoffnungen sind, aber es gibt kein philosophisches System, das ihn in seine Reihen aufnähme. Jeder, selbst der, der unter den verrücktesten Hysterieanfällen leidet, unter den absolut unausgeglichensten Neurosen, kann einer konventionellen Kirche beitreten oder gar einer mystischen Gesellschaft. Ein Philosophielehrer würde einen solchen Menschen erst dann aufnehmen können, wenn er eine ausreichende Wiederherstellung seines psychischen Gleichgewichtes bewirkt hätte. Bevor die Philosophie uns fruchtbare Dienste erweisen kann, müssen wir für ein gesünderes Gleichgewicht unserer Gesamtpsyche sorgen oder zumindest unsere Emotionen davon abhalten, mit uns durchzugehen, und unseren Egoismus davon, dominierend zu sein. Es ist nicht am Platze, um geistige Erleuchtung zu bitten, wenn man in Wirklichkeit psychologische Behandlung nötig hat.

Zuerst muß sich der Philosophiekandidat mit den nötigen Qualifikationen ausrüsten. Er ist es, der seinen Charakter verfeinern und erhöhen, seine Intuition kultivieren und sich auf ehrenwerte Weise verhalten muß. Er ist es, der lernen muß, selbständig zu studieren und zu denken. Also wird keinem der Zugang zur Philosophie mit Absicht verwehrt. Laßt ihn sich die nötigen Qualifikationen erwerben, und schon hat er sich seinen Eintritt verschafft. Aber weil wenige willens sind, diesen Preis zu bezahlen, muß man die Erfahrung machen, daß sich die meisten Menschen auf den rein religiösen Standpunkt beschränken; vom philosophischen haben sie keine Kenntnis. Angesichts dieser Tatsache ist niemand in der Lage, einen anderen zur Philosophie zu bekehren, genausowenig wie man aus einem Kind über Nacht einen Erwachsenen machen kann – man muß aus eigenen Stücken in sie hineinwachsen, und zwar durch charakterliches Heranreifen, bis man durch eigene Lebenserfahrung und durch die Ausübung intuitiver Reflexion bereit für sie ist.

Obwohl es so wenige Menschen gibt, die bewußt nach philosophischer Wahrheit suchen, ist der Weise nicht unzufrieden über diese Tatsache. Er weiß, daß es nicht anders sein kann. Er weiß, daß die verständnislose Schwerfälligkeit eines unterentwickelten Willens nur im Laufe von Jahrhunderten weichen wird, aber sie wird der Entfaltung der höheren Möglichkeiten, die in den Massen schon jetzt latent vorhanden sind, mit Sicherheit Platz machen. Diejenigen, die die günstige Gelegenheit hatten, sich die Lehren der Philosophie zu beschaffen, haben schlechterdings Glück gehabt. Wenn sie sie ablehnen, weil sie noch nicht bereit sind, kann ihnen das nicht zum Vorwurf gemacht werden.

Es ist ein großer, vor allem in religiösen und religiös mystischen Kreisen herrschender Trugschluß, meinen zu wollen, daß der Mensch seinen Charakter durch ein wunderwirkendes Mittel über Nacht ändern könnte. Was in solchen Fällen wirklich passiert, ist, daß eine temporäre Ader böser Tendenzen ausläuft, daß sie plötzlich zu demselben Zeitpunkt versiegt, zu dem eine etwas dauerhaftere Ader guter Tendenzen zum Vorschein kommt. Die Meinung, daß der moralische Charakter, die Motive, Ziele und Angewohnheiten der Menschen über Nacht verändert werden könnten, ist naiv. Tatsache ist, daß die Menschen sich jeden Ismus zu eigen machen, der bei ihnen aufgrund ihrer psychologischen Veranlagung, ihres Temperamentes und ihrer intellektuellen Ebene Anklang findet und als Mittel dient, die Veränderung herbeizuführen. Wenn es ihnen aber an Reife fehlt, dann handelt es sich dabei um eine oberflächliche Veränderung, nicht um eine wirklich tiefgreifende. Sie ist nichts mehr als eine Gefühlsduselei, die abhängig ist von einer Gegenveränderung, sobald eine neue Welle widersprüchlicher Emotionen einsetzt. Auch der philosophische Weg trachtet danach, den Menschen zu verändern. Er stellt dieses Ziel aber als ein letztes und nicht als ein unmittelbares auf. Durch weise Kenntnis zeigt er sich selbst den Weg; er sieht, er lebt nicht im Bereich des Wunschdenkens. Deswegen ist er es zufrieden, anderen bei ihrer Suche nach dem höheren Selbst so viel zu helfen, wie er kann, ihnen zu helfen, ein besseres Verständnis dieses Selbst zu gewinnen, ihnen zu helfen, auf einen nobleren Charakter als ihren gegenwärtigen hinzuarbeiten.

Ist dies alles begriffen worden, dann ist auch leicht zu begreifen, warum die durchschnittlichen Religionsgläubigen und Kultmystiker sich mit solchem Eifer daranmachen, Konvertiten zu gewinnen, während die Philosophie sich in aller Stille die Aufgabe stellt, ihr Wissen denen zur Verfügung zu stellen, die die Reife erreicht haben, sie zu schätzen – das sind zwei völlig verschiedene Tätigkeiten. Die Philosophie nimmt die unausweichliche Tatsache zur Kenntnis, daß die Menschen nur einzeln gerettet werden können, einer nach dem anderen, Mensch für Mensch. Sie hat niemals mit vielen Jüngern gerechnet. Wie könnte das auch anders sein, wo sie so viel von einem Menschen erwartet, bevor sie ihn aufnimmt? Denn sie erwartet Demut, das Bewußtsein unserer eigenen Ignoranz; erwartet Reue, das Bewußtsein unserer eigenen Sündhaftigkeit und tiefes Streben, das Bewußtsein, daß wir die Pflicht haben, die höchsten Anforderungen zu erfüllen; sie erwartet harte intellektuelle Arbeit, konstantes Meditieren und unbeugsames moralisches Verhalten. Weil die Philosophie etwas noch Wertvolleres zu bieten hat, verlangt sie von uns einen noch höheren Preis. Der zweite Weltkrieg hat zwar viele verschlafene Köpfe und Herzen wachgerüttelt, aber wie dumm wäre es, mit einem wachsenden Wirbelwind an echtem Interesse an der Suche nach der letzten Wahrheit zu rechnen. Eine quantitative Entwicklung ist freilich immer möglich, einen sensationellen und fesselnden Wechsel der Ereignisse vorausgesetzt; aber als Philosophiestudenten wissen wir, daß nur eine qualitative Entwicklung der Mühe wert ist, weil nur sie über die nötige Tiefe verfügt, das Leben der Menschen zu beeinflussen.

Man sollte in solchen Dingen wie der Verfechtung der Wahrheit, der Bekehrung dummer, ignoranter Menschen und der Verbreitung dieser großartigen Wahrheiten in einer nicht so großartigen Welt eine weise Zurückhaltung an den Tag legen. Wir mögen aufgrund des beklagenswerten Versagens der Religion, das ethische Betragen der Menschheit in so vielen Ländern heute nicht kontrollieren zu können, freilich versucht sein, unsere Philosophie als ein Universalheilmittel anzubieten, mit dem sich die ethische Gesundheit aller wiederherstellen ließe; wir mögen mit utopischen Träumen spielen, den Himmel über Nacht auf Erden zu bringen; mögen sogar die Hoffnung hegen, daß die menschliche Rasse, gebildeter und besser erzogen als jemals zuvor in ihrer Geschichte, das Angebot der Philosophie mit großem Eifer wahrnehmen und sie als den einzigen Glauben annehmen wird, der sich für das zwanzigste Jahrhundert eignet.

Aber solch optimistische Hoffnungen hegen heißt lediglich Selbsttäuschung begehen, und nach ihnen zu handeln heißt Versagen herausfordern. Die Philosophie verlangt einen durchdringenden intellektuellen Scharfsinn, der, selbst bevor ihre Grundlagen verstanden werden können, völlig über den Durchschnitt hinausgehen muß, und der Menschheit steht eine immens lange Reise bevor, bis die ersten Anzeichen einer derart vollentwickelten Intelligenz zu sehen sind. Sie fordert eine bewußt entschlossene Suche nach der Wahrheit *um der Wahrheit willen*, und davon ist heute fast nirgendwo etwas zu sehen. Ihr Appell ist nicht so marktschreierisch wie der solch religiöser und mystischer Systeme, die um eines materiellen Gewinnes willen darauf aus sind, Menschen mit Angeboten emotioneller Befriedigung zu bestechen. Aus diesem Grunde ist und muß sie eine Lehre für die Wenigen und nicht für die Massen bleiben. Unsere Träume, die soziale und ökonomische Struktur der Welt auf eine moralische Basis hin zu verändern, sehen sich der unliebsamen Tatsache gegenübergestellt, daß der menschliche Charakter sich nicht schlagartig *en masse* verändern kann und daß alle Systeme notwendigerweise fehlerhaft und unbefriedigend sein müssen, solange sich daran nichts ändert.

Es ist die Lehre der Philosophie, den Menschen keinen Vorwurf aus der Tatsache zu machen, daß sie sie ablehnen. Bei seichtem Denken, unterentwickeltem Willen und verweichlichtem Körper können sie gar nicht anders handeln. Aus diesem Grunde hat sie den Wunsch, jedem Menschen die Wahl seiner eigenen Wahrheitsvorstellung freizustellen; ihm durch Neubekehrungsversuche dazwischenzukommen, hieße, seinen wahren Fortschritt behindern. Macht er später aufgrund einer aus reiferer Erfahrung schöpfender Prüfung die Entdeckung, daß seine Vorstellung für ihn untauglich oder gar falsch ist, dann versetzt ihn die damit verbundene Enttäuschung in die Lage, sich dieser Idee ein für allemal zu entledigen; jetzt ist er frei, woanders zu suchen. Unsere Pflicht besteht darin, ihm unser Wissen zur Verfügung zu stellen, so daß er, hat sich erst einmal der kritische Augenblick eingestellt, wo er reif genug ist und sieht, daß er hier tatsächlich das Brot des Lebens vor sich hat, nicht eines unnötigen Tages herumtappen oder hungrig gehen muß.

Wenn wir diese Tatsachen verstehen, verstehen wir auch, daß es müßig ist, auf eine weitreichende Aufnahme dieser Ideen hinzuarbeiten. Deshalb besteht aber kein Grund zur Niedergeschlagenheit; wir müssen notwendigerweise alleine oder zumindest halbwegs alleine wandeln. Soll das bedeuten, daß wir überhaupt nichts unternehmen sollen? Nein, das soll es nicht! Wir haben trotzdem eine Pflicht. Was im Bereich des Möglichen und Durchführbaren liegt, ist eine allmähliche Verbesserung. Zuerst muß Kompetenz kommen und dann Konversion, und die Vorläufer einer Propagierung sind Erziehung und Bildung – auf diesem Gebiet steht uns keine andere Möglichkeit offen. Das heißt, daß wir die Aufgabe haben, in jedem der bevölkerten Kontinente der Welt Lehrer auszubilden, daß wir auf das gedruckte Wort zurückgreifen und dieses Wissen in Form regelmäßiger Veröffentlichungen, mit denen die Leser langsam ausgebildet werden, zur Verfügung stellen müssen. Auf jedem dieser Kontinente brauchen wir ein Zentrum für brieflichen Fernunterricht. Vielleicht bedarf es sogar der Benutzung des Radios, um einfache, grundsätzliche Vorträge über unsere Lehre zu halten; nur sollten wir dabei mit größter Sorgfalt darauf bedacht sein, propagandistische Übertöne zu vermeiden und uns ausschließlich auf das Erzieherische zu konzentrieren. Die beste, das heißt die wirksamste und dauerhafteste Art und Weise, auf die man Lehren predigen kann, ist erstens, unsere eigenen Tugenden zu fördern, und zweitens, unsere direkte Kenntnis zu mehren. Persönliches Beispiel und private vermittelte Lehren werden letzten Endes mehr Erfolg haben als aggressive öffentliche Propaganda. Wir Menschen sind immer noch wie Schafe, die dem Führer gehorsam auf den Fersen folgen. Als Pioniere ist es unser überragendes Privileg, heute die Ideen von morgen zu denken. Diese Lehren erscheinen deswegen zu diesem speziell heutigen Zeitpunkt und in dieser speziell heutigen Form, weil sie dem echten Bedürfnis eines Teils der Menschheit entsprechen. Sie erscheinen, weil bestimmte Suchende aus dem Westen jetzt eine neue Phase in ihrer Evolution antreten müssen. Das Ziel der Philosophie wird darin bestehen, solche Anweisungen über lebenswichtige Themen zu geben, die man sich sonst nirgendwo verschaffen kann. Nicht daß man den religiösen oder mystischen Menschen dazu auffordern wollte, philosophisch zu werden – vielmehr geht es darum, daß die potentiell oder tatsächlich philosophischen sich nicht auf die Religion oder den Mystizismus beschränken sollen. Obwohl die Philosophie nicht das geringste Interesse hat, irgend jemanden zu bekehren, ist ihr gewissenhaft daran gelegen, diejenigen zu stimulieren, deren moralische Weltanschauung, mystische Intuition und geistige Kapazität ohne große Schwierigkeiten um einiges erweitert werden könnte.

Der Novize und der Weise mögen einem Menschen dieselben Wahrheiten in der Absicht unterbreiten, ihm zu helfen. Der Anfänger stürzt sich auf die Aufgabe, das Denken und Fühlen des anderen so zu beeinflussen, daß er es akzeptiert, aber der Weise bleibt ruhig: Die Ergebnisse interessieren ihn nicht. Der Novize läßt seiner Missionsbegeisterung freien Lauf, aber der Weise tut nichts dergleichen. Er dient der Lehre auf eine so stille und zurückhaltende, auf eine so versteckte und demütige Art, daß sie nur von denjenigen entdeckt werden kann, die für ihren Einfluß reif sind. Seine Bemühungen erstrecken sich in erster Linie darauf, die Lehre auszulegen und weniger darauf, sie zu verbreiten. Seine Haltung gleicht der des Konfuzius, der folgendes bekannte: »Ich erkläre meine Lehre nur dem, der darauf versessen ist, sie zu lernen.« Der Weise weiß, daß die Verbreitung der Lehre mit Klugheit angegangen werden muß. Bei manchen Menschen darf es nicht offensichtlich, muß es nahezu unentdeckbar sein; bei anderen kann er mit aller Offenheit vorgehen. Dabei zieht er sowohl seine eigene Position und Kapazität im voraus in Betracht als auch die der Menschen, auf die er Einfluß nehmen möchte, und tut erst dann, was die Umstände erfordern und erlauben. An lauter und ostentativer Propaganda liegt ihm nichts. Ihm ist an stiller, unauffälliger Erziehung und Bildung gelegen. Bei der Verbreitung dieser abstrusen Ideen schlägt er den klügsten Weg ein; mit tiefschürfender Intensität arbeitet er auf kleinem Raum unter einem Häuflein von Loyalen, die der »Wahrheit Kinder« sind und nicht an der Oberfläche unter der Masse von Lauwarmen schwimmen, die heute hier und morgen über alle Berge sind. Seine Schüler leben ihr eigenes autonomes Leben. Sie stellen sich spontan ein und kommen aufgrund ihres verzweifelten Bedürfnisses nach innerer Führung zu ihm und seinem schriftlichen Werk. Auf diese Weise werden ihre Energien in rein geistige Bahnen gelenkt und davor bewahrt, in rein physischen vergeudet zu werden. Er wird dieses Wissen an einige indirekt, durch seine schriftlichen Werke weitergeben, während er andere direkt trainieren wird, mit der Arbeit nach seinem Tode weiterzufahren. Gelingt es ihm, eine lose, zersprengte und nicht organisierte Gruppe von einzelnen Studenten zu schaffen, die vereinzelt in alle Winde zerstreut leben und in denen nach seinem Ableben die edelsten ethischen Werte, die erhabensten intellektuellen Maßstäbe und die gesündesten mystischen Erlebnisse weiterleben, dann hat er damit, selbst wenn jedes ihrer Mitglieder in Abgeschiedenheit arbeitet und strebt, letztlich nicht weniger für die Menschheit getan, als hätte er eine formelle Organisation geschaffen. In den Augen derer, die das Leben von innen her betrachten können, hat er möglicherweise mehr getan.

Wenn wahr sein soll, daß die Welt nicht zu der Annahme solch edler Werte, solch erhabener religiöser, mystischer und philosophischer Prinzipien bekehrt werden kann, und wenn weiter wahr sein soll, daß die Welt eines Tages erlöst werden soll, worin besteht dann die Pflicht der Studenten in dieser Angelegenheit, die die gegenwärtigen Träger dieser Prinzipien und Werte sind? Sollen sie hilflos zuschauen und alle Arbeit dem Einfluß der Evolution überlassen? Oder sollen sie ihre Ideen überall fieberhaft verbreiten? Fest steht, daß es genauso trügerisch ist, dem Überpessimismus zu frönen wie dem Überoptimismus. Also dürfen sie weder die eine noch die andere Alternative akzeptieren. Sie begeben sich aber auf die Ebene ihrer Verpflichtung, indem sie ihren Mitmenschen gegenüber eine Geste machen, die nicht nur bei beiden das Beste zusammenbringt, sondern auch bei beiden dem Törichten den Riegel vorschiebt. Diese Geste besteht darin, der Menschheit die Ideen zur Verfügung zu stellen, die ihnen selbst geholfen haben, darin, still überall die Tatsache zu verbreiten, daß sie existieren, darin, sie mit großer Gewissenhaftigkeit zu leben, so daß sie, so gut sie dazu in der Lage sind, als ein Vorbild für diese Ideen dienen, wobei sie sich immer ins Gedächtnis rufen sollten, daß ihre Mitmenschen in ihrem persönlichen Betragen die beste Darstellung ihrer Ansichten und das beste Echo ihres Wissens entdecken können.

Nach Erfüllung dieser Aufgabe sollte es anderen völlig freistehen, ob sie annehmen wollen oder nicht. Studenten sollten ihr Leben nicht damit verschwenden, unwillige Mäuler von Millionen, denen es an einem Innenleben fehlt und die es zufrieden sind, in geistiger Apathie und emotioneller Indifferenz vor sich hin zuleben, mit ungenießbarer Nahrung vollzustopfen. Trotzdem muß die Gelegenheit zur Verfügung gestellt werden, in Besitz dieser Nahrung zu kommen, und daraus besteht unsere mitleidsvolle Pflicht. Es ist wahr, daß die Wahrheit keine Nachhilfe braucht. Sie kann kraft ihres eigenen Wertes leben. Nichtsdestoweniger ist es notwendig, die Tatsache ihrer Existenz bekanntzumachen. Sie braucht ihre Rufer in der Wüste, denn sie thront fernab für sich und stumm in Stille gehüllt. Es genügt nicht, daß das Leiden in der Welt so viele Menschen wachgerüttelt hat und daß der Krieg, der ihre Gefühle zutiefst erschütterte, dazu noch ihren Verstand so schnell geschärft hat. Dieses Wachwerden muß außerdem in die richtigen Bahnen gelenkt werden. Was ihre philosophische Fülle betrifft, geht die höhere Lehre zugestandenermaßen über die Köpfe der Massen hinaus, was sich aus deren gegenwärtigem Entwicklungszustand erklärt; aber in ferner Zukunft wird sie sicher in ihr Verständnis durchsickern. Die meisten Menschen haben kein Bedürfnis, sich mit Lehren herumzuschlagen, die den Anspruch erheben, Einsicht in das Geheimnis von Mensch, *Gott* und Natur zu vermitteln, wenn diese zu inhaltsschwer sind. Die höhere Lehre geht nicht über die Köpfe der wenigen unter ihnen, die Intelligenz oder Intuition besitzen, während ihr religiöser Teil durchaus im Bereich des intellektuellen Verständnisses aller und ihr mystischer Teil im Bereich des Verständnisses der meisten Menschen liegt.

Es gibt eine neue Hoffnung. In der Vergangenheit war die Philosophie nicht in der Lage, das öffentliche Denken zu erreichen. Was ihr im Wege stand, war das Unvorbereitetsein der Öffentlichkeit. Heute hat eine derartige Entwicklung stattgefunden, daß etwas davon direkt zum Menschen durchsickern kann. Der erbarmungslose Druck dieser Krise und die unsägliche Pein des kürzlichen Krieges haben eine Anzahl von Menschen abrupt aus ihrem geistigen Tiefschlaf gerissen. Für sie begann der Mystizismus, den sie – und das haben sie mit den meisten modernen Menschen gemeinsam – als eine leere Abstraktion abgetan hatten, eine lebhafte Bedeutung und eine persönliche Beziehung anzunehmen. Sie fingen an, sich für ihn zu interessieren, nach Information zu suchen und Bücher über ihn zu lesen, fingen an, ihren Freunden Fragen zu stellen und dieses Thema mit ihnen zu diskutieren. Mystische Wahrheiten und Praktiken haben mit Sicherheit ein Maß an Heiterkeit dorthin gebracht, wo Heiterkeit am meisten gebraucht wird – in Länder und in die Heime derer, die den unsäglichen Aufruhr, die Schrecken und Ängste eines wissenschaftlich geführten Krieges ertragen haben. Jetzt gibt es etwas, was es in den Vorkriegstagen nicht gegeben hat. Für diese Lehren gibt es eine völlig neue Öffentlichkeit, eine Öffentlichkeit, die den Gesellschaftsschichten entspringt, die durch Kriegserlebnisse in die Reihen der Suchenden getrieben worden sind.

Unter normalen Bedingungen sollte man einer kranken Welt philosophische Wahrheit in kleinen Dosen verabreichen, wenn der Patient einerseits dazu gebracht werden soll, sie zu schlucken und wenn sie andererseits mit Erfolg verabreicht werden soll. Wir leben heute aber unter enorm abnormalen Bedingungen. In früheren Zeiten war es eine Sünde, den einfachen ungebildeten Massen die höhere Lehre zu offenbaren und damit ihren Glauben an die einzige geistige Hilfe, die sie begreifen konnten, zu zerstören; aber heute wäre es eine Sünde, sie nicht zu offenbaren. Aufgrund tief wurzelnden Leidens und aufgrund der Demokratisierung der Erziehung sind sie reif geworden für ihren Trost, reif, von ihr unterrichtet zu werden. Der Zeitpunkt ist gekommen, wo fortgeschrittene Studenten die heilige Pflicht haben, mit Vorsicht ans Licht zu bringen, was ihren Mitmenschen in der gegenwärtigen Krise helfen wird, die Pflicht, diese Lehren allen Suchenden auf eine unauffällige und stille Art zur Verfügung zu stellen; denn die vergangenen Zeitalter der Geheimlehren haben ihren Zweck erfüllt und sind zu Ende gekommen. Sie brauchen nicht zu erwarten, die ganze Menschheit aufzuklären – eine solche Erwartung wäre tatsächlich verrückt –, aber sie können mit Recht erwarten, einen kleinen Kern aufzuklären, um den die Zukunft, unter dem Druck der Evolution, beständig zunehmende Anhäufungen formen wird.

Studenten, die in diesen dramatischen, epochemachenden Zeiten leben, sollten so viel Verstand haben, zu wissen, daß diese Tatsache kein Zufall ist. Das Karma hat sie auf diesen Planeten geschickt, und das bedeutet, daß die höhere Weisheit ihres eigenen *Überselbst* sie genau zu diesem jetzigen Zeitpunkt hierher gesetzt hat, weil dieser von ungeheurer Bedeutung ist. Daß diese edleren, religiösen, mystischen und philosophischen Ideen sich letzten Endes in genügendem Ausmaß durchsetzen werden, um den weiteren Kurs der Geistesgeschichte der Menschheit zu beeinflussen, ist sicher. Es ist ihre heilige Pflicht, alles zu tun, dessen sie angesichts ihrer unterschiedlichen Kapazität und Gelegenheiten zu tun in der Lage sind, um einen solchen Fortschritt zu beschleunigen.

Friede allen, die diese Zeilen lesen!

Weitere Werke von Paul Brunton
im Verlag Hermann Bauer

Entscheiden aus der Stille

Ein spiritueller Ratgeber für Menschen, die Verantwortung tragen

Paul Brunton gibt mit dieser Sammlung spiritueller Gedanken, die zum Meditieren einladen, Menschen in verantwortungsvollen Positionen einen Ratgeber in die Hand, der ihnen hilft, auf alle Fragen eine Antwort und auf alle Probleme eine Lösung zu finden. Wer sich der Höheren Macht anvertraut, kann intuitiv und in Harmonie mit dem Universum zum richtigen Zeitpunkt die richtige Entscheidung treffen und Probleme zum Wohle aller lösen. Die poetische Sprache Bruntons dringt in die Tiefe der menschlichen Psyche und hilft dadurch dem Leser, Angst und Unsicherheit zu überwinden. Die Aphorismen richten sich in erster Linie an Eltern, Lehrer, Ärzte, Rechtsberater und Menschen in Führungspositionen.

Entdecke dich selbst

2. Auflage, 349 Seiten, kart., ISBN 3-7626-0619-6

Mittelpunkt dieses Buches ist die Anleitung zur Meditation. Alle brennenden Probleme, an denen der Mensch unserer Zeit leidet und deren Lösung er ersehnt, öffnen sich, folgen wir den Anleitungen des Verfassers, jener konzentrierten Versenkung, die unser Inneres, die Tiefenschichten der Seele, aufschließt. Schon in den ersten Kapiteln erhalten wir Klarheit über die Mentalität des Universums und werden zu der geheimsten Tiefe in uns selbst, dem Überselbst, geführt, jenem Göttlichen in uns, das uns zu einem Teil des universalen Weltgeistes macht. Die letzten Kapitel widmet Paul Brunton uns selbst, um uns den Pfad entlang zu führen, der uns in Meditation über unser geheimstes Wissen schließlich mit dem Yoga des Unwidersprechlichen vom Gipfel in die strahlende letzte Wahrheit blicken läßt.